幸福密码——大学生学业与职涯发展导航

主　编　徐俊祥　兰　华

副主编　张　婷　黄　欢　刘　敏

现代教育出版社
Modern Education Press

图书在版编目(CIP)数据

幸福密码:大学生学业与职涯发展导航/徐俊祥,兰华主编.—北京:现代教育出版社,2017.5(2022.7 重印)

ISBN 978-7-5106-5222-6

Ⅰ.①幸… Ⅱ.①徐… ②兰… Ⅲ.①大学生—职业选择—高等学校—教材 Ⅳ.①G647.38

中国版本图书馆 CIP 数据核字(2017)第 086837 号

幸福密码——大学生学业与职涯发展导航

徐俊祥 兰 华/主编

责任编辑 魏 星

封面设计 王玉峰

出版发行 现代教育出版社

地 址 北京市朝阳区安华里 504 号 E 座

邮 编 100011

电 话 010-64251036

印 刷 廊坊市海翔印刷有限公司

开 本 787mm×1092mm 1/16

印 张 18.75

字 数 460 千字

版 次 2017 年 5 月第 1 版

印 次 2022 年 7 月第 5 次印刷

书 号 ISBN 978-7-5106-5222-6

定 价 39.80 元

前言

就业是民生之本，大学生就业是关乎国家的人才强国战略，关乎社会稳定，关乎大学生人生价值的一个重大问题。现如今，严峻的就业形势对大学生来讲是一种挑战，在大学阶段开展职业生涯规划课，对即将进入社会的大学生有着重要的作用。

开展大学生生涯发展教育，是贯彻落实以人为本、提高质量指导方针的具体体现，是新时期社会主义核心价值观教育的重要内容，是建立完善高校毕业生就业服务体系的重要举措，是全面加强就业创业教育和就业指导服务的必然要求。

本教材是在高校多年职业生涯教育课程实践基础上，参考国际生涯教育发展新趋势，兼顾高校课程教学安排的实际，对原有职业生涯规划课程的框架进行了大胆创新，主要体现在以下几点：

1. 打破“职涯”，强化“学涯”与“生涯”

职业生涯规划课程下延到高中已成事实，大学职业生涯规划课程的目标与内容要随之做出调整，以保证课程的延续性与区分度。因此，本教材在开发理念上，重点拓展“职涯”到“生涯”，强化了“生命”“生涯”和“理想与目标”等内容，大学生的职涯课程以“幸福人生”为基本出发点，打造大学生幸福课。打造幸福生涯的前提是，先科学规划大学几年的“学业生涯”。教材增加了学业生涯指导的章节，以使低年级学生快速适应大学生活，做好大学学业生涯的规划，为职业生涯做好准备。

2. 完善“训练”，凸显“体验”与“行动”

生涯具有独特性，生涯发展教育重在生涯意识的觉知与自省，而生涯意识的建立主要靠学生在生涯体验过程中的感悟。教材开发重在突出课程的“实践性”特征，每章设有“故事阅读与思考”“体验感悟与反思”“课堂活动与练习”和“课外实践与作业”等模块，一方面有助于互动体验式课堂教学的实施，另一方面要达到“以过程参与感悟生涯规划，以实训活动内化知识技能”的课程目标。教材第八章主题为【行动密码——积极构建生涯体验】，凸显了生涯规划靠行动，强化生涯规划在实践行动中进行规划与调整。

3. 重构“知识”，创新“阅读”与“学习”

教材精简了传统职业生涯规划课程的自我认知内容的比重，增加了“生涯”“学涯”

“职涯素养”和“生涯体验”等内容，使课程内容安排更为合理。生涯规划随着时代的发展，特别是职业生涯的变动频次增加，工作世界的更新也很快。教材在知识信息的选择上，在梳理筛选经典知识理论基础，尽可能搜集职业生涯的最新认知理念、现实信息和实践方法，以贴近时代，满足大学生职涯未来发展需求。比如在【基本理论与知识】的后面尽量添加了案例、拓展阅读等资料，每章增加【专家视点】和【案例与故事】。尽可能多地贴近行业新发展和大学生实际，创新“阅读界面”，增加教材可读性。另外，本教材在顶层设计上并不是单一的“读本”，而是将其定位发展为“多维立体”的一个学习资源平台。比如【网上精品视频课程】栏目，通过手机扫描即可通过在线实现不受时空限制的自主学习；也可以根据学校实际开展翻转课堂教学模式。

本教材共八章，每章设有本章地图、阅读与思考、体验感悟与反思、基本理论与知识、课堂活动与练习、网上精品视频课程、专家视角与课外实践与作业等模块。在内容体系上构建了：

第一章 生涯密码——活出生命的精彩

第二章 大学密码——用心经营你的大学

第三章 职涯密码——设计未来美好职涯

第四章 自我密码——现在，发现你的优势

第五章 职业密码——探索缤纷职业世界

第六章 决策密码——科学做出生涯决策

第七章 潜能密码——打造卓越职涯素养

第八章 行动密码——积极构建生涯体验

本教材共分为八章，具体分工如下：第一章由内江师范学院兰华负责编写，第二章由内江师范学院张婷负责编写，第三章由上海商学院黄欢负责编写，第四章由上海商学院黄欢负责编写，第五章由内江师范学院兰华负责编写，第六章由北京工业大学刘敏负责编写，第七章由内江师范学院张婷负责编写，第八章由北京工业大学刘敏负责编写。最后，由中青创想教育科技（北京）有限责任公司董事长徐俊祥与内江师范学院兰华负责统稿和审稿。

在编写过程中，借鉴、参考了部分国内外职业发展指导方面的文献资料，以及一些专家学者的理论和观点，在此一并表示感谢！

由于时间和编者水平有限，书中难免有疏漏和不妥之处，真诚欢迎广大读者提出宝贵建议和意见，以便更好地修订和完善。

编者

2017 年 5 月

目　录

第一章　生涯密码——活出生命的精彩 …… 1
【本章地图】 …… 1
【阅读与思考】 …… 2
一、人生的胡克定律 & 薛定谔的猫 …… 2
二、你是哪只毛毛虫 …… 3
【体验感悟与反思】命运之牌 …… 5
【基本理论与知识】 …… 6
第一节　生命与生涯 …… 6
一、生命与人生 …… 6
二、生涯 …… 8
三、舒伯的生涯发展理论 …… 9
第二节　理想与目标 …… 12
一、人生需求与价值 …… 12
二、人生理想与职业理想 …… 15
三、目标管理 …… 17
【课堂活动与练习】 …… 19
一、认识你的生活角色 …… 19
二、绘制生涯彩虹图 …… 20
三、理想之旅 …… 20
四、鱼骨生命线 …… 21
【网上精品视频课程】生命的意义 …… 22
【专家视角】 …… 22
一、设计人生最重要的五个小步骤 …… 22
二、成功人生的七个设计 …… 23
【案例与故事】 …… 26
一、值得保存十年以上的文章 …… 26
二、关于理想与追求，他们这样说 …… 28
【课外实践与作业】我的小组我的家 …… 30
第二章　大学密码——用心经营你的大学 …… 31
【本章地图】 …… 31

【阅读与思考】 …… 32
一、大一新生我想对你说 …… 32
二、读大学的意义，每一句你都会喜欢 …… 33
【体验感悟与反思】撕纸游戏与 Time bound …… 34
【基本理论与知识】 …… 35
第一节　深入探索大学 …… 35
一、大学之大在何处 …… 35
二、大学之新在何处 …… 37
三、大学资源在何处 …… 38
四、专业与职业 …… 42
第二节　学会自我管理 …… 44
一、学习管理 …… 44
二、时间管理 …… 46
三、人际管理 …… 48
四、情绪管理 …… 50
第三节　规划学业发展 …… 51
一、学业规划是大学生第一堂必修课 …… 51
二、以"国内读研"为目标的学业规划 …… 53
三、以"出国留学"为目标的学业规划 …… 56
四、就业型学业规划 …… 58
五、创业型学业规划 …… 59
【课堂活动与练习】 …… 62
一、你的人生大转盘 …… 62
二、寻找自己的个人成长顾问 …… 63
三、探索自己所学的专业 …… 64
【网上精品视频课程】规划学业生涯 …… 65
【专家视角】 …… 65
一、李开复：大学几年应该这样度过 …… 65
二、钱理群：如何度过你的大学 …… 66
【案例与故事】 …… 70
一、规划好大学学业是迈向成功的阶梯 …… 70
二、你在大学混日子，知道别人在干什么吗 …… 71
【课外实践与作业】完成学业规划评估与反馈表 …… 73
第三章　职涯密码——设计未来美好职涯 …… 74
【本章地图】 …… 74
【阅读与思考】 …… 75

一、说说这三位同学的职业规划的问题在哪 …………………………………… 75
二、你了解自己和职业有多少 ………………………………………………… 75
【体验感悟与反思】拟定墓志铭 ……………………………………………… 77
【基本理论与知识】 …………………………………………………………… 78
第一节　职业与职业生涯规划 ………………………………………………… 78
一、职业概述 …………………………………………………………………… 78
二、职业生涯的概念 …………………………………………………………… 81
三、职业生涯规划的内涵与类型 ……………………………………………… 82
第二节　职业生涯规划的步骤与方法 ………………………………………… 83
一、职业生涯规划的简单步骤 ………………………………………………… 83
二、职业生涯规划的一般方法 ………………………………………………… 85
三、职业生涯规划的重要作用 ………………………………………………… 86
第三节　职业规划基本理论 …………………………………………………… 88
一、帕森斯的特质因素论 ……………………………………………………… 88
二、格林豪斯的职业生涯发展阶段理论 ……………………………………… 89
三、施恩的职业锚理论 ………………………………………………………… 90
【课堂活动与练习】 …………………………………………………………… 91
一、结构性自传 ………………………………………………………………… 91
二、测测职业生涯成熟度 ……………………………………………………… 93
三、“从学校到企业” …………………………………………………………… 97
四、现在你要做的事情 ………………………………………………………… 97
【网上精品视频课程】职业生涯规划导论 …………………………………… 97
【专家视角】 …………………………………………………………………… 98
一、职业生涯规划的基本原则 ………………………………………………… 98
二、最成功、最幸福的状态，是眼里只有对自己有意义的东西 …………… 98
【案例与故事】 ………………………………………………………………… 99
一、施瓦辛格的职涯故事 ……………………………………………………… 99
二、糊涂的大学生活 …………………………………………………………… 100
【课外实践与作业】成长经历与自我评价 …………………………………… 100
第四章　自我密码——现在，发现你的优势 ………………………………… 103
【本章地图】 …………………………………………………………………… 103
【阅读与思考】 ………………………………………………………………… 104
一、选择职业从正确的自我认知开始 ………………………………………… 104
二、兴趣是职业选择的重要考量因素 ………………………………………… 104
【体验感悟与反思】我的过往经历 …………………………………………… 104
【基本理论与知识】 …………………………………………………………… 105

第一节　澄清职业价值观 …… 105
一、价值观与职业发展 …… 105
二、树立正确的职业价值观 …… 107
第二节　发掘职业兴趣 …… 110
一、职业兴趣及其影响因素 …… 110
二、职业兴趣对职业生涯的影响 …… 112
三、霍兰德兴趣类型及其对应职业 …… 114
第三节　明晰职业性格 …… 117
一、性格与职业性格的概念 …… 117
二、影响职业性格的因素 …… 118
三、性格与职业生涯发展的关系 …… 119
四、MBTI 性格理论 …… 121
第四节　梳理职业技能 …… 126
一、能力、技能和职业能力 …… 126
二、影响职业能力发展的因素 …… 128
三、职业能力的形成与培养 …… 136
四、提高技能的途径 …… 137
【课堂活动与练习】 …… 138
一、我是谁 …… 138
二、什么才是最重要的 …… 138
三、快快乐乐“抓周” …… 139
四、性格决定命运 …… 141
五、每人都有小宇宙 …… 146
【网上精品视频课程】自我认知 …… 147
【专家视角】 …… 147
一、正确对待测评结果 …… 147
二、1%自我实现者的十六种共同特征 …… 148
【案例与故事】 …… 149
一、我的未来不是梦 …… 149
二、“三无”工科男走进哥大 …… 149
【课外实践与作业】给现在一个期许，给未来一个回忆 …… 150
第五章　职业密码——探索缤纷职业世界 …… 151
【本章地图】 …… 151
【阅读与思考】 …… 152
一、工作对你意味着什么 …… 152
二、泰戈尔《职业》 …… 152

【体验感悟与反思】头脑风暴：手机相关的职业 …… 153
【基本理论与知识】 …… 154
第一节 职业世界概貌 …… 154
一、职业与行业的分类 …… 154
二、转变中的职业世界 …… 157
第二节 职业探索的方法与任务 …… 161
一、探索职业世界的方法 …… 161
二、职业探索的十大任务 …… 163
第三节 分析职业环境 …… 165
一、社会环境的宏观分析 …… 165
二、行业环境的中观分析 …… 168
三、岗位环境的微观分析 …… 170
【课堂活动与练习】 …… 173
一、家族职业树 …… 173
二、关于职业信息 …… 174
三、职业博览会 …… 175
四、职业搜索线 …… 175
【网上精品视频课程】认识职业与环境 …… 176
【专家视角】 …… 176
一、职业分析清单 …… 176
二、未来需要什么样的人才 …… 178
【案例与故事】 …… 179
一、体验是最好的职业认知方式 …… 179
二、通过访谈解决困惑 …… 180
【课外实践与作业】生涯人物访谈 …… 181
第六章 决策密码——科学做出生涯决策 …… 183
【本章地图】 …… 183
【阅读与思考】 …… 184
一、三个人的一生 …… 184
二、布里丹毛驴 …… 185
【体验感悟与反思】摘桃 …… 186
【基本理论与知识】 …… 187
第一节 生涯决策理论 …… 187
一、丁克里奇的生涯决策风格理论 …… 187
二、克朗伯兹生涯决策理论 …… 189
第二节 大学生职业目标的管理与行动方案 …… 190

一、职业目标的制定 …… 190
二、职业目标的管理 …… 195
三、制定行动计划方案 …… 200
第三节 制订职业生涯规划书 …… 202
一、制订职业生涯规划书的原则 …… 202
二、职业生涯规划书的基本内容 …… 203
三、职业生涯规划书的写作方法和技巧 …… 204
【课堂活动与练习】 …… 205
一、了解影响你生涯决策的要素 …… 205
二、测一测你的决策类型 …… 206
三、SWOT 职业决策分析 …… 208
四、制作职业生涯平衡单 …… 209
五、选择的机会成本 …… 211
六、写一份求职简历 …… 211
【网上精品视频课程】大学生职业生涯决策 …… 212
【专家视角】 …… 212
一、职业生涯明智选择的十一个方法 …… 212
二、大学生职业发展决策存在的问题 …… 217
【案例与故事】 …… 218
一、经验让你与众不同 …… 218
二、最大的麦穗 …… 218
【课外实践与作业】生命之花 …… 219
第七章 潜能密码——打造卓越职涯素养 …… 221
【本章地图】 …… 221
【阅读与思考】 …… 222
一、哈佛大学的老鼠实验 …… 222
二、俞敏洪：走出“舒适区”，才能有所突破 …… 222
【体验感悟与反思】测一下自己的“职商” …… 223
【基本理论与知识】 …… 227
第一节 个人修养 …… 227
一、积极心态 …… 227
二、正向思维 …… 229
三、人格养成 …… 230
四、诚信正直 …… 231
五、追求卓越 …… 234
第二节 职业素养与能力 …… 235

一、领导力 …… 235
二、高效沟通 …… 237
三、培养沟通能力 …… 240
四、创新能力 …… 243
五、团队合作 …… 247
【课堂活动与练习】 …… 250
一、打造个人品牌 …… 250
二、二十一天养成一个好习惯 …… 250
三、天生我才——学会欣赏自己 …… 251
四、解手链 …… 251
【网上精品视频课程】发展生涯能力 …… 252
【专家视角】 …… 252
一、习惯的力量 …… 252
二、塑造积极心态的方法 …… 253
三、决定职业生涯成功的正能量 …… 255
【案例与故事】 …… 256
一、周杰伦背后的方文山 …… 256
二、你在约会，正是别人拼搏的光阴 …… 258
【课外实践与作业】制作你的个人修养名片 …… 259

第八章　行动密码——积极构建生涯体验 …… 260

【本章地图】 …… 260
【阅读与思考】 …… 261
一、花十万学费买到的十二句话 …… 261
二、洛克菲勒给儿子的信：现在就去做 …… 263
【体验感悟与反思】反思你的职业生涯决策 …… 263
【基本理论与知识】 …… 264
第一节　职业生涯体验 …… 264
一、生涯体验的内涵 …… 264
二、生涯体验的意义 …… 266
三、生涯体验的形式 …… 267
第二节　职业生涯规划的评估与调整 …… 271
一、职业生涯规划评估的内容 …… 271
二、职业生涯规划评估的方法 …… 272
三、职业生涯规划的反馈与修正 …… 274
【课堂活动与练习】 …… 276
一、工作“影子”扮演 …… 276

二、生涯幻游 …… 276
三、兼职体验总结与分享 …… 278
四、行动管理日志 …… 278
【网上精品视频课程】生涯管理与评估 …… 280
【专家视角】 …… 280
一、高效能人士的七个习惯 …… 280
二、曾国藩六字箴言：有志、有识、有恒 …… 281
【案例与故事】 …… 282
一、善于规划，更要勤于实践 …… 282
二、社团是宝贵的人生经历 …… 283
【课外实践与作业】校外生涯体验活动 …… 284
参考文献 …… 285

第一章　生涯密码——活出生命的精彩

每一条河流都有自己的生命曲线，每一条河流都有自己的梦想——就是奔向大海。而我们的生命有时候就会是泥沙，你可能慢慢地像泥沙一样，沉淀下去了。一旦你沉淀下去了，也许你不用再为前进而努力了，但是你却永远见不到阳光了。所以我建议大家不管你现在生命怎样，一定要有水的精神。像水一样不断积蓄起来，当有一天时机来临的时候，你就能够奔腾入海，成就自己的生命。

——俞敏洪

每个人都有他隐藏的精华，和任何别人的精华不同，它使人具有自己的气味。

——法国作家　罗曼·罗兰

本章地图

第一章　生涯密码——活出生命的精彩

- 【阅读与思考】
  - 一、人生的胡克定律 & 薛定谔的猫
  - 二、你是哪只毛毛虫
- 【体验感悟与反思】命运之牌
- 【基本理论与知识】
  - 第一节　生命与生涯
    - 一、生命与人生
    - 二、生涯
    - 三、舒伯的生涯发展理论
  - 第二节　理想与目标
    - 一、人生需求与价值
    - 二、人生理想与职业理想
    - 三、目标管理
- 【课堂活动与练习】
  - 一、认识你的生活角色
  - 二、绘制生涯彩虹图
  - 三、理想之旅
  - 四、鱼骨生命线
- 【网上精品视频课程】生命的意义
- 【专家视角】
  - 一、设计人生最重要的五个小步骤
  - 二、成功人生的七个设计
- 【案例与故事】
  - 一、值得保存十年以上的文章
  - 二、关于理想与追求，他们这样说
- 【课外实践与作业】我的小组我的家

一、人生的胡克定律 & 薛定谔的猫

人生的胡克定律

人生的胡克定律是：崩溃与压力、放弃与困境……在人生中或许难以避免，甚至有的时候，生命的强度、韧性会因此被激发出来。例如，困境中奋斗让人生变得更加多姿多彩。在弹性范围内，压力会转变为动力、爆发力。有志者事竟成，破釜沉舟，百二秦关终属楚；苦心人天不负，卧薪尝胆，三千越甲可吞吴。何等霸气、豪迈！但压力超过承受范围，人就会被压垮，甚至觉得走到生命尽头。然而你是否知道自己承受压力的极限在哪里？

固体的弹性会随着时间、使用频次而变得越来越弱，即所谓的弹性疲乏。与此相反，生命的弹性与韧性，是岁月的产物。

年少时想不开、参不透，爱重怨深，情绪浓烈的让人疯狂，仿佛不这样就无法表现自己在爱恋中；做事情也是，“路见不平一声吼”，仿佛不这样就无法体现其青春活力、做事决心。

然终有一天少年长成发现，要面对的可能不是长度问题，而是宽度问题；不是朝朝暮暮、如影随形就能维持感情不坠，不是三分钟热度就能办成大事。重要的是，心灵的容量是否能够负载生命的情节！

你是否记得自己出发的原动力？你是否清楚自己生命的意义是什么？这是每个人都必须面对、回答的问题，而这个问题的答案又是别人无法教给你的，只有自己去探索！所以只有走过弯路，才更确信当初最想要的是什么，才能明白真正重要的不是生活中的岁月，而是岁月中的生活。时间真的很奇妙，让深的东西越来越深，让浅的东西越来越浅。

爱情弹性也好、事业弹性也罢，背后的支撑力道其实都是生命弹性，唯有不忘“初心”，才能有豁达与宽容，能够放进去的故事才会更多；拉长、拉远、拉深不止练体力，还能让你的生命不容易疲乏！

薛定谔的猫

热播剧《生活大爆炸》中谢耳朵曾经用这样一个量子力学理论——“薛定谔的猫”形容 Leonard 和 Penny 的恋情。

1. 什么是薛定谔的猫

一只猫被封在一个密室里，密室里有食物有毒药。毒药瓶上有一个锤子，锤子由一个电子开关控制，电子开关由放射性原子控制。如果原子核衰变，则放出阿尔法粒子，触动电子开关，锤子落下，砸碎毒药瓶，释放出里面的氰化物气体，猫必死无疑。同时还有50%的概率放射性物质不会衰变，而猫将活下来。根据经典物理学，在盒子里必将发生这两个结果之一，而外部观测者只有打开盒子才能知道里面的结果。如果不打开盒子，整个系统将处于一直不确定的波态，即猫将处于生和死的叠加态。

2. 思想实验

量子理论认为：如果没有揭开盖子，进行观察，我们永远也不知道猫是死是活，它将永远处于半死不活的叠加态，可这使微观不确定原理变成了宏观不确定原理，客观规律不以人的意志为转移，猫既活又死违背了逻辑思维。薛定谔的猫本身是一个假设的概念，随着技术的发展，人们在光子、原子、分子中实现了薛定谔猫态，甚至已经开始尝试用病毒来制备薛定谔猫态。

3. 其中蕴含的道理

王明阳在《传习录·下》中也说过一句有名的话："你未看此花时，此花与汝同归于寂；你来看此花时，则此花颜色一时明白起来……"如果王阳明懂量子理论，他多半会说："你未观测此花时，此花并未实在地存在，按波函数而归于寂；你来观测此花时，则此花波函数发生坍缩，它的颜色一时变成明白的实在……"测量即是理，测量外无理。

猫是死是活，打开了才知道，事情的结果到底会怎么样，只有做了才知道。人的一生中会遇见各种各样的盒子，我们应该勇敢地去打开，在得到结果之前，保持信心、努力拼搏，争取为自己赢得一个满意的结果。

（引自：https：//sanwen8. cn/p/5b44xjK. html，有删改）

二、你是哪只毛毛虫

第一只毛毛虫

话说第一只毛毛虫，有一天爬呀爬呀过山河，终于来到这棵苹果树下。

它并不知道这是一棵苹果树，也不知树上长满了红红的苹果。

当它看到同伴们往上爬时，不知所以的就跟着往上爬。

没有目的，不知终点，更不知生为何求、死为何所。

它的最后结局呢？也许找到了一颗大苹果，幸福地过了一生；也可能在树叶中迷了路，颠沛流离糊涂一生。

不过可以确定的是，大部分的毛毛虫都是这样活着的，不去烦恼什么是生命的意义，倒也轻松许多。

第二只毛毛虫

有一天，第二只毛毛虫也爬到了苹果树下。

它知道这是一棵苹果树，也确定他的"虫生目标"就是找到一棵大苹果。

问题是……它并不知道大苹果会长在什么地方？但它猜想：大苹果应该长在大枝叶上吧！

于是它就慢慢地往上爬，遇到分支的时候，就选择较粗的树枝继续爬。

当然在这个毛毛虫社会中，也存在考试制度，如果有许多毛毛虫同时选择同一个分支，可是要举行考试来决定谁才有资格通过大树枝。

幸运的，这只毛毛虫一路过关斩将，每次都能选上最好的树枝，最后它从一枝名为“大学”的树枝上，找到了一个大苹果。

不过它发现这个大苹果并不是树上最大的，顶多只能称是局部最大。

因为在它的上面还有一个更大的苹果，号称“老板”，是由另一只毛毛虫爬过一根名为“创业”的树枝才找到的。

令它泄气的是，这个创业分支是他当年不屑于爬的一棵细小的树枝。

第三只毛毛虫

接着，第三只毛毛虫也来到了树下。这只毛毛虫相当难得，小小年纪，却自己研制了一副望远镜。

在它还未开始爬时，就先利用望远镜搜寻一番，找到了一个超大苹果。

同时，它发觉当从下往上找路时，会遇到很多分支，有各种不同的爬法；但若从上往下找路时，却只有一种爬法。

它很细心地从苹果的位置，由上往下反推至目前所处的位置，记下这条确定的路径。

于是，它开始往上爬，当遇到分支时，它一点也不慌张，因为它知道该往哪条路走，不必跟着一大堆虫去挤破头。

譬如说，如果它的目标是一个名叫“教授”的苹果，那应该爬“升学”这条路；如果目标是“老板”，那应该爬“创业”这分枝；若目标是“政客”，也许就该选“厚黑之道”这条路了。

最后，这只毛毛虫“应该”会有一个很好的结局，因为它具备了先觉的条件。但也许会有一些意外的结局出现，因为毛毛虫的爬行相当缓慢，从预定苹果到抵达时，需要一段时间。

当它抵达时，也许苹果已被别的毛毛虫捷足先登，也许苹果已熟透而烂掉了……

第四只毛毛虫

第四只毛毛虫可不是一只普通的毛毛虫，同时具有先知先觉的能力。它不仅先觉知道自己要何种苹果，更先知——知道未来的苹果将如何成长。因此当它带着那“先觉”的望远镜时，它的目标并不是一个大苹果，而是一芽含苞待放的苹果花。

它计算着自己的时程，并估计当它抵达时，这朵花正好长成一只成熟的大苹果，而且它将是第一个钻入这个苹果大快朵颐的毛毛虫。

果不其然，它获得了应得的，从此过着幸福快乐的日子。

第五只毛毛虫

毛毛虫的故事本应到此结束了。因为所有故事的结局都应该是正面的且富有教育意义。

但仍有不少人好奇：第五只毛毛虫到底怎么了？

其实它什么也没做，就在树下躺着纳凉，而一个个大苹果从天而降落在它的身边。

因为树上某一大片树枝早就被它的家族占领了。

它的爷爷、爸爸、哥哥们盘踞在某一树干上，禁止其他的毛毛虫进入。

然后苹果成熟时，就一个个地丢给底下的子孙们捡食。

奉劝诸位，如果你不是含着金汤匙出生的，请不要妄想检到这些大苹果，因为可能会被砸死。

问题：

如果你是一只毛毛虫，你希望自己成为哪只毛毛虫呢？为什么？

你的选择是：

选择的理由是：

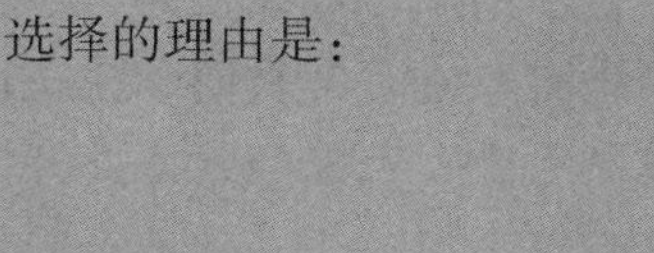

体验感悟与反思

命运之牌

让学生学会接纳自己，懂得珍惜现在所拥有的资源，感知幸福，同时让学生懂得“命运掌握在自己手中”。

1. 由于受到出生环境等各种因素的限制，每个人的命运是不同的。有的同学可能对自己的家庭环境不满意，有的同学可能对自己的长相不满意，也有的同学可能对目前的自己不满意……

假定每个人都能够获得第二次生命，每个人的命运可以重新选择。我手中有很多纸牌，每张牌就是命运的一种重新安排，它所包含的资料就是你新的生活资料，从现在起，你就是牌上的这个人。设想一下你处在这种情况下的命运，现在看看自己目前的处境、位置，将它与假设的第二次人生选择的处境相比，有什么不同？

2. 教师把纸牌放在一个盒子里，让同学们随机抽取一张，不得更换。

3. 全班同学交流全新的“自己”，并询问是否满意牌上的“自己”。

生命只有一次，你该怎样面对已经拥有的生活？

附：纸牌的内容

（1）自己不幸患了癌症，家里没有钱治疗。

（2）因家中意外发生火灾，脸部被大火烧伤，留下了一个很难看的伤疤。

（3）出生在一个贫困山区里，父母无力供养自己读书。

（4）自己的父母不幸患有重病，治疗花费了很多钱，家庭经济紧张。

（5）与周围的同学人际关系很紧张，很不受大家的欢迎。

（6）自己患有小儿麻痹症，生活很不方便。

（7）自己小时候因中耳炎治疗不好而变聋。

（8）自己的一只眼睛因意外事故而失明。

(9) 自己的一条腿因在一次车祸中受伤严重被截肢。

(10) 自己相貌普通，在班级里不引人注意，学习等各方面都一般。

(11) 学习成绩优秀，但人缘很差，不受老师和同学欢迎。

(12) 自己的妈妈对自己太唠叨，对自己管得太多，让自己不舒服。

(13) 以前家里很富有，现在却因意外事故而陷入经济拮据状态。

(14) 自己目前的学习成绩很差，经常被一些同学看不起。

(15) 自己患有口吃，常被同学模仿而引起大家的嘲笑。

(16) 因自己太胖，大家经常以此开涮，并且给自己起不太好听的绰号。

(17) 自己除了学习外，其他业余爱好基本没有。

(18) 自己患有先天性心脏病，很容易疲劳。

(19) 自己的父母对自己要求很严，很专制，很不自由。

(20) 家庭经济条件好，但父母对自己缺乏关爱，不喜欢自己。

(21) 自己经常受到别人的欺负，心里很忧郁。

4. 注意事项

(1) 若有同学对自己抽取的纸牌不满意要求更换，主持人可准备更差的纸牌，让图片显示比原牌更糟糕的生活，询问是否愿意更换。在游戏过程中，有的同学可能不太严肃认真，主持人要及时给予提醒。

(2) 对于纸牌的内容，这里只给出了一些参考。主持人在使用时可根据学生的实际情况自己设计一些内容。之所以设计的内容大都是不尽人如意的，主要是想让学生意识到，虽然我们每个人都无法选择我们的出身、我们的家庭，或许我们对目前的环境不一定很满意，但无论如何，我们都应该珍惜自己的境遇。

(3) 由于这个游戏的内容中有可能真的涉及学生的伤心处，如家庭离异的学生、身体外貌略有欠缺的学生，所以主持人在游戏之前应该先跟一些同学座谈沟通，取得学生的同意。游戏之前，主持人要强调游戏可能会给学生带来的负面效应表示歉意。

第一节　生命与生涯

一、生命与人生

生长和发育是生命的基本过程，而新陈代谢则是生命的最基本的过程，是其他一切生命现象的基础。生命的一般形态具有某种“合目的性”的行为，作为生命高级形态的人类则具有自觉的目的性行为。

生命特别是人的生命，应当由三个因素构成，即形体、心理（精神）和社会性。历史唯物主义认为，人的生命具有多重属性，其中最主要的是自然属性和社会属性，社会属性是人最主要、最根本的属性，它是决定人之所以是人的最根本的东西。生命的自然活动主要包括：新陈代谢、生长、发育、遗传、变异、感应、运动等。生命的社会活动又主要包括：感知社会、角色扮演、人际交往、求学择业、社会竞争等。

人的生命可以分为这样几种形态。首先是生物性生命。即人首先是作为自然生理性的肉体生命而存在的，这一点是和自然界的广大生物一样必须具有的基本属性。其次是人的精神性生命。人之所以为人就在于人有高于动物的意识活动，有超越生物性生命的精神世界。人不但要思考如何活下来，还要思考如何更好地生活。只要人在世界上存在一天，大脑就不会停止思考，人类就要创造、就要超越，就要更好地认识世界、改造世界。最后是人的价值性生命。每个人在一生中都要思考诸如“为何活着”的问题，这就是人对于生命意义发自内心的追问，是人对价值生命的一种诉求。人的价值性生命为人的生存夯实了根基，加足了动力。

自从地球上有了最早的生命，世界就变得如此美好，生命因自然而存在，自然因生命而美丽。自然界的生命是丰富多彩的，又是各具特点，千姿百态的。就像世上没有两片相同的树叶，人类中也没有两个完全相同的个人，每个人都是独一无二的，有自己独特的风格和特点。每一个生命不仅是独特的，而且是有限的。生命属于我们只有一次，任何代价都换不回来，我们必须热爱生命，珍重生命。

【拓展阅读】

刘伟：用灵魂演奏生命音符

当一名职业足球运动员是刘伟的青葱梦想，但10岁那年的一次触电事故，不仅让他失去了双臂，更剥夺了他在绿茵场奔跑的权利。

耽搁了两年学业，妈妈想让刘伟留级，他死活不干。在家教的帮助下，刘伟利用暑假将两年的课程追了回来，开学考试，他拿到班级前三名。重回人生轨道的刘伟，一直对体育念念不忘，足球不行，那就改学游泳。12岁那年，他进入北京残疾人游泳队，两年后在全国残疾人游泳锦标赛上夺得两金一银。

“在2008年的残奥会上拿一枚金牌。”刘伟跟母亲许诺。谁知厄运又来纠缠，过度的体能消耗导致免疫力下降，他患上了过敏性紫癜。医生警告说，必须停止训练，否则危及生命。无奈之下，刘伟只能与游泳说再见，走进了后来带给他成功的音乐世界。

练琴的艰辛超乎了常人的想象。由于大脚趾比琴键宽，按下去会有连音，并且脚趾无法像手指那样张开弹琴，刘伟硬是琢磨出一套“双脚弹钢琴”的方法。每天七八个小时，练得腰酸背疼，双脚抽筋，脚趾磨出了血泡。三年后，刘伟的钢琴水平达到了专业七级。

“我的人生中只有两条路，要么赶紧死，要么精彩地活着。”在《中国达人秀》的舞台上，刘伟演奏了一首《梦中的婚礼》，全场静寂，只闻优美的旋律。曲终，全场掌声雷动，他是当之无愧的生命强者。

二、生涯

（一）生涯

生涯，顾名思义，是指人生命的全部历程。庄子曰："吾生也有涯，而知也无涯"，也意味着人生的两个端点——生和死之间所有的生活内涵。

美国著名的心理学家舒伯指出，"生涯"是指生活中各种事件的演进方向和历程，它统合了个人一生中各种职业和生活角色，由此表现出个人独特的自我发展形态。换言之，生涯是一个人一生中所从事的工作、所担任的职务、角色的总和，例如学生、雇员、家庭成员、公民与退休者。

人的生涯发展既是一个自然生命的成长过程，也是一个自我设计与创造的过程，在这个过程中，由于职业在所有"事件"和"角色"中具有非同寻常的作用，很大程度上影响和决定着人生的其他角色和经历，对人有至关重要的影响，因此生涯是以职业为主轴和动力源的。

职业生涯是一个人一生的工作经历，特别是职业、工作待遇、职位的变动及工作理想实现的整个过程。职业生涯是人一生中最重要的历程，人们从 20 岁左右参加工作，到 6C 岁左右退出职业，职业生涯约占人生的三分之二，也是人生中精力最旺盛、创造力最强的时期。

大学生涯是大学生追求自我实现的重要阶段，大学生涯的成就将为自己未来职业生涯的成功奠定基础。因此，大学生应利用大学的宝贵时间，科学有效地进行职业生涯规划。

（二）生涯的特性

既然生涯是个人一生中各种角色的统合，因此在生涯发展过程中，必定会在不断的角色扮演中寻找自我，发掘人生意义与方向。了解生涯的特性，有助于认识生涯的本质，以便更合理地规划人生，从而在面对不同情境时都能坦然以对。

1. 独特性

每个人的生涯都不一样。就像世界上没有两片相同的叶子，人与人之间也绝不会完全相同。因此，进行生涯规划，无论是谁，都有其独特性，都有其专属的生涯规划，绝对不会与他人相同。

2. 终身性

生涯是一个人从生到死一辈子的事情，包含就学、就业、退休后生活。如果今天作一个生涯规划，明天又有另外的生涯规划，就不能称为生涯规划，只能算是计划而已。

3. 发展性

生涯是人生发展的整个历程，贯穿人从生到死的过程，且在人生发展的不同阶段呈现出不同的形态和特点，因而具有发展性，且随着个人成长、经验积累、社会发展而变化。

4. 全面性

生涯包含人生整体发展各层面，所规划的一生中包罗万象，亦即对一个人生涯规划所

考虑的点、线、面极为广泛，几乎无所不包。

生涯并不局限于个人的职业角色，尽管与职业相关，但比职业的内涵更加丰富，它涵盖了更长的时间，既包括就业前的活动，也包括离开工作后的生活。每个人的生涯发展都是独一无二的，是依据个人的人生理想，为了自我实现而逐渐展开的一种生命历程。

【拓展阅读】

选择决定结果（监狱）

有一个美国人、一个法国人和一个犹太人要被关上孤岛三年。岛主让他们3个一个人提一个要求。美国人爱抽雪茄，要了3箱雪茄。法国人最浪漫，要一个美丽的女子相伴。而犹太人说，他要一部能与外界沟通的电话。

三年过后。第一个冲出来的是美国人，嘴里、鼻孔里塞满了雪茄，大喊道："给我火，给我火！"原来他忘了要火了。

接着出来的是法国人。只见他手里抱着一个小孩子，美丽女子手里牵着一个小孩子，肚子里还怀着第三个小孩子。

最后出来的是犹太人，他紧紧握住监狱长的手说："这3年我每天与外界联系，我的生意不但没有停顿，反而增长了200%。为了表示感谢，我要送你一辆劳斯莱斯！"

这个故事告诉我们，什么样的选择决定什么样的生活。今天的生活是由三年前我们的选择决定的，而今天我们的选择将决定我们三年后的生活。我们要选择最新的信息，了解最新的趋势，从而更好地创造自己的将来。

问题：

你从故事里面得到了怎样的启示？

三、舒伯的生涯发展理论

美国著名的生涯研究专家舒伯（Super）提出了人一生的完整的生涯发展阶段模式，从人的终生发展角度出发，把整个人生分为成长、探索、建立、维持和衰退五个阶段。如表1-1所示：

表 1-1　生涯发展阶段

阶段	主要任务
成长阶段 0～14 岁	认同并建立起自我概念，对职业的好奇占主导地位，并逐步有意识地培养职业能力。
探索阶段 15～24 岁	主要通过学校学习进行自我考察、角色鉴定和职业探索，完成择业和初步就业。
建立阶段 25～44 岁	获取一个合适的工作领域，并谋求发展，是绝大多数人职业生涯周期中的核心部分。
维持阶段 45～64 岁	开发新的技能，维护已经获得的成就和社会地位，维持家庭和工作两者间的和谐关系，寻找接替人选。
衰退阶段 65 岁及以上	逐步退出职业和结束职业，开发社会角色，减少权利和责任，适应退休后的生活。

每一阶段都有一些特定的发展任务需要完成，每一阶段需达到一定的发展水准或成就水准，并且前一阶段的发展任务达成与否，关系到后一阶段的发展。

根据舒伯的看法，一个人一生中扮演的许许多多角色就像彩虹同时具有许多色带。为了综合阐述生涯发展阶段与角色彼此间的相互影响，舒伯提出“生涯彩虹图（life-career rainbow）理论”，引入生命广度（life-span）、生命空间（life-space）的概念，展示了不同发展阶段各种角色的相互作用，不同生涯发展阶段角色的继承与更替，如图 1-1 所示。

在生涯彩虹图中，纵向层面代表的是纵观上下的生活空间，是由一组职位和角色所组成。分成：子女、学生、休闲者、公民、工作者、持家者六个不同的角色，他们交互影响交织出个人独特的生涯类型。

他认为在个人发展历程中，随年龄的增长而扮演不同的角色，图的最外圈为主要发展阶段，内圈阴影部分的范围，长短不一，表示在该年龄阶段各种角色的分量；在同一年龄阶段可能同时扮演数种角色，因此彼此会有所重叠，但其所占比例分量则有所不同。

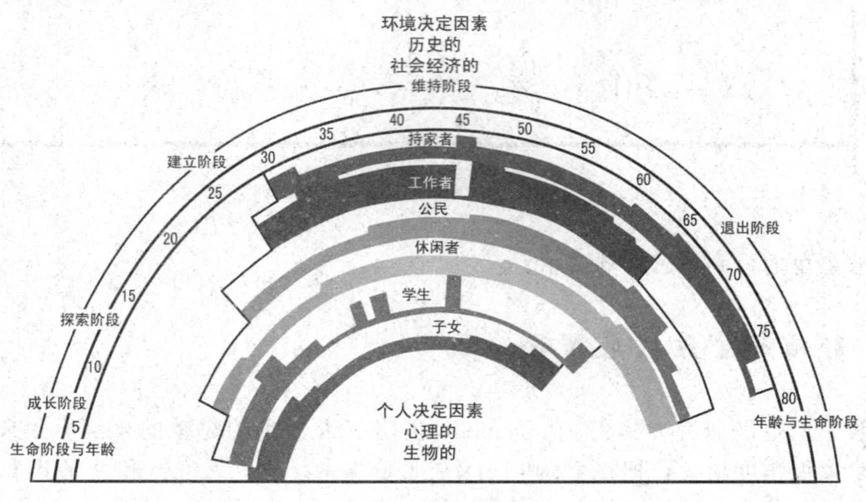

图 1-1　生涯彩虹图

1. 生涯彩虹图最里层子女的角色是一直存在的，在5岁以前是涂满颜色的，之后逐渐减少，10岁时大幅减少，到50岁时开始增加。表明早期作为子女享受父母的照顾，慢慢与父母平起平坐，父母年迈之际，则要开始照顾、赡养父母，直至父母去世，子女的角色也随之消失。

2. 生涯彩虹图第2层是学生角色，学生角色从4、5岁开始，10岁以后进一步增强，20岁之后大幅减少，25岁以后便戛然而止，30岁至50岁期间出现几次恢复，65岁以后还有出现。这表明，学习是一生相随的，离开学校工作一段时间之后，如果感觉自己已不能满足工作需要，那么重新返回学校充电是必需的，可以开创生涯发展新局面。

3. 生涯彩虹图第3层是休闲者角色，这一角色从5岁之后一直是平稳发展的，直到55岁之后显著增加。表明休闲是贯穿人一生的，是平衡工作的重要砝码，工作讲究劳逸结合，生涯发展也不能少了休闲。

4. 生涯彩虹图第4层是公民角色，这一角色从20岁开始，35岁后得到加强，65～70岁之间达到顶峰，随后慢慢减退。公民是一种法律上的含义，是同学们承担社会责任、关心国家事务的一种政治表现。

5. 生涯彩虹图第5层是工作者角色，这一角色大概从25岁开始，30岁之后得到加强，表明该阶段工作达到了顶峰。到45岁后，工作角色进入短暂的空白期，对比发现，此时学生角色和持家者角色得到增强，表明这张彩虹图的主人在该阶段进行了工作和生活中心的调整，进行了一段时间的脱产学习，以便未来更好地发展，并更多关注家庭及自身的转型。两三年之后，学生角色和持家者角色恢复平均水平，工作者角色重新占据生活的中心，直到60岁之后开始减少，65岁时终止工作者角色。

6. 生涯彩虹图第6层是持家者角色，这一角色从30岁开始，开始投入了相当多的精力，之后维持在一个适当的水平，65岁退休之后又加强了这一角色，75岁之后这一角色大幅减少，表明家庭责任大幅减轻，或许是因为伴侣的消失，或许是完全将家庭事务交于了小辈。

【拓展阅读】

孔子的人生阶段划分

《论语·为政篇》中论述了中国古代大思想家和教育家孔子的观点："吾十有五而志于学，三十而立，四十而不惑，五十而知天命，六十而耳顺，七十而从心所欲不逾矩。"

第一阶段：从学前期，即从出生到15岁。这段时期人的心智开始形成，已开始学习生活中的基本知识。这一时期的学习主要是靠家长的安排或受外界环境的影响，通常并非主动学习。

第二阶段：立志学习时期，并开始社会实践。即15～30岁。与从学前期相比，这一阶段的学习更为主动、积极，并且与个人志向相结合，是有目的的学习和实践阶段。

第三阶段：自立时期，即30～40岁。这一时期人的心智已完全成熟，懂得了很多道理，并且在经济上和人格上独立了。

第四阶段：不惑时期，即 40～50 岁。经过多年的学习与实践，已形成完整的个人见解，不被外界事物所迷惑，办事不再犹豫，行为果断。

第五阶段：知天命时期，即从 50 岁到 60 岁。丰富的人生经验可以让人认识自然规律，懂得自己的人生使命。

第六阶段：耳顺时期，即 60～70 岁。总结经验，能够冷静地倾听别人的意见，分真伪，辨是非。

第七阶段：从心所欲、不逾矩时期，即 70 岁以上。从心所欲并非为所欲为，更不是为非作歹。处于这个阶段，能够做到言行自由，同时并不违背客观规律和道德规范。

第二节　理想与目标

一、人生需求与价值

（一）人生需求

人生需求是有规律的，实现人生价值是人的高层次需求。美国著名人本心理学家马斯洛曾指出："人是永远不能满足的动物。"他第一个提出了著名的人生需求理论，指出人的需求由低级层次向高级层次推进，即从生理需求（饮食与性）——安全需求（生命安全与生活保障）——友爱和归属的需求（受到接纳、关怀与爱）——受尊敬的需求（受到认可和赞扬）——自我实现的需求（实现个人潜能和创造力），如图 1-2 所示。

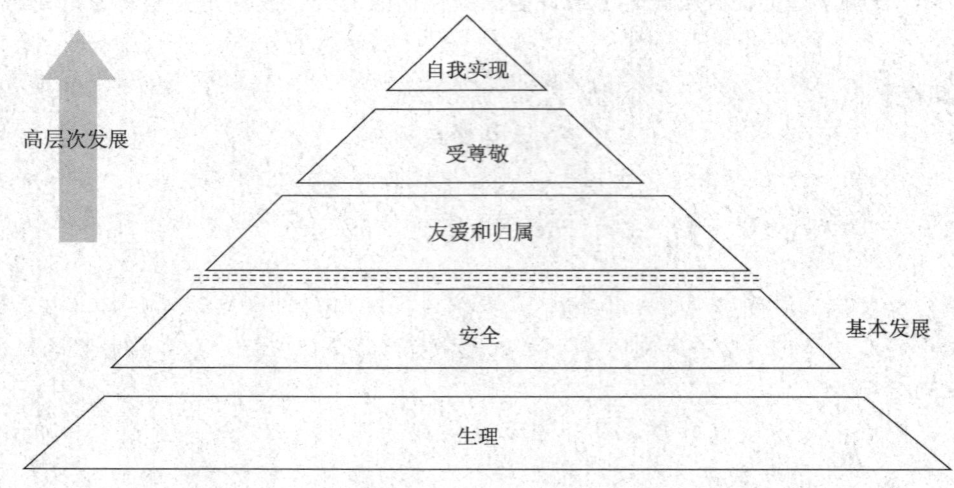

图 1-2　人生需求

马斯洛经过几十年的研究，发现人的需求是有规律的，是分层次的，而这个层次一般是在低级需求满足之后，就会自动上升到新的更高级需求。低级需求在金字塔底层，如生理需求、安全需求。低级需求是有限的，其满足是指向自我的。而友爱、尊重、自我实现等高级需要则是无限的，而且必须通过满足他人、公众和社会的需求才能实现。个人得到满足所需要的层次越高，人的心理就越健康。当人达到自我实现的高峰时，便可获得一种特殊的"高峰体验"。

一个人要想充分发挥自己的能力，实现自己的梦想，并得到企业和社会的承认，就一定要努力工作，为企业、为社会做出贡献。个人的成功、个人的自我实现，是在满足他人的需求后，社会环境对他的回报，这是一个客观规律。

（二）人生价值

人的价值由三部分组成：人的社会价值、自我价值以及人格价值。人的社会价值是个人对社会需求的满足。一个人对社会的贡献越大，他的人生价值就越高，即人生价值大小是由人对社会的贡献多少所决定的。一个人的人生有价值，即指人作为价值客体能满足他人、集体和社会的需要，对他人、集体和社会有一定的积极作用。

我们在强调人生价值在于社会贡献时，绝不能忽视人的"自我价值"和人的"人格价值"。自我价值是个人对自身需求的满足。个人通过努力，满足自身的生理、物质和精神方面的需求，即自我贡献和自我尊重。人格价值是指社会对个人需求的满足，特指作为人的权利、地位和尊严，人格价值人人平等。

实现人生价值就是实现自我价值、人格价值和社会价值的统一，缺少任何一环都不是完整的人生价值。在市场经济的现实生活中，一个人对社会的贡献越大，提高自我价值、获得人格价值的机会就越多。一个人的物质生活需求是有限的，而精神生活享受是无限的。只有立足于高层次需求，将自我实现与社会需要结合起来，才能创造人生的最大价值。

（三）通过生涯规划提高生命质量，实现人生价值

生涯规划的目的是要突破障碍、激发潜能、实现自我，它提供了一些有效的方法或工具，可以养成一种能力，能在不同发展阶段都能对自己的过去、现在和未来有一个重新审视、评估的机会，并不断调整自己、修正可执行的计划，为自己的每一个人生阶段创造最大的成就感和满足感。正如大海中航行的船只需要目标一样，只有经过规划的职业人生，才有明确的方向和强大的动力。通过职业生涯规划，对大学生的职业发展乃至人生发展都具有的重要作用。

生涯规划的本质是充分认识自我需求和透析个体特征的基础上，结合社会现实，帮助个体找到自己的最佳贡献区，制订合理的生涯发展目标。因此，经过规划的人生，可以最大限度地发挥自己的优势，获得人生成功的同时，提升个体的幸福指数，实现人生价值的最大化，进而提升生命的质量。

【拓展阅读】

《未来》

凝望着，依稀几分——绿色大山，
遥看着，无垠深蓝——天空大海。
注视着，白色裹着的——精细与生命，
体验着，血色侵染的——激情欢快。
红白蓝绿——未来，原来是希望的色彩。

未来，
幻想着，天高海阔摘星揽月，
期盼着，老当何为儿孙在怀。
感叹着，壮心不已成功安在？
憧憬着，风华正茂天生我才！
青壮老少——未来，原来是生命的等待。

未来，
担心着，丛林里草木荣衰，
陶醉在，天空中鸟儿畅怀，
贪恋在，大海中鱼儿自在，
守望在，屋檐下苦苦等待。
人鱼鸟兽——未来，原来是自由的期待。

未来，
回家来，无论贫富狗儿迎候，
昂起头，即使弱势尊严仍在，
依偎着，直到逝去数码记载，
打开窗，假话空话随风吹开。
真诚信义——未来，原来是情感的私宅。

未来，
抖落着，纷纷雪花——寒梅早报，
欢笑着，丰收果实——生息静待。
忍耐着，烈烈酷暑——干实稷穗，
滋润着，绵绵细雨——火热情怀。
春夏秋冬——未来，原来是时间的至爱。

（注：被学生习惯性地称为“根叔”的华中科大校长李培根院士在2011届毕业晚会上朗诵——《未来》）

二、人生理想与职业理想

（一）人生理想

理想是人类精神生活的产物。作为一种社会意识，是人们对客观现实发展趋势的超前反映，即人们在认识客观规律基础上给自己构成的未来美好蓝图。因此，理想不是人们主观的臆造，不是空想或幻想，而是经过努力可能实现的符合科学的目标。

苏格拉底曾说：世界上最快乐的事，莫过于为理想而奋斗。因此，如果说社会是大海，人生是小舟，那么理想信念就是引航的灯塔和推进的风帆。理想信念能够指引人生的奋斗目标，提供人生的前进动力，提高人生的精神境界，所以，树立正确远大的理想信念对我们大学生具有重要意义。

理想信念对人生历程起着导向的作用，指引人生的奋斗目标；理想信念提供人生的前进动力，激励人们向着既定目标奋斗前进；理想信念提高人生的精神境界，它一方面使人的精神生活的各个方面统一起来，另一方面又引导着人们不断地追求更高的人生目标。理想信念引导大学生做什么人。只有树立起高尚的理想信念，才能够解答在大学“做什么人”这一重要的人生课题。不论今后从事什么职业，我们都要把个人的奋斗志向同国家和民族的前途命运紧紧联系在一起，把个人今天的学习进步同祖国明天的繁荣昌盛紧紧联系在一起。

（二）职业理想

职业理想是指人们在一定的世界观、人生观和价值观的指导下，对其未来所从事的职业及事业上获取成就的追求和向往。不同职业有不同的职业期望。医生要以救死扶伤为天职，军人宣誓为国效忠，警察立志匡扶正义、维持法纪，教师追求为人师表、传道授业解惑，科学家致力于解开自然的奥秘，艺术家要为创造美的生活而献身等。职业理想是理想的重要组成部分，引领着人们职业价值观和择业行为。

职业具有多样性。一个人选择什么样的职业，与他的思想品德、知识结构、能力水平、兴趣爱好等有很大的关系。政治思想觉悟、道德修养水准以及人生观决定着一个人的职业理想方向。知识结构、能力水平决定着一个人的职业理想追求的层次。个人的兴趣爱好、气质性格等非智力因素以及性别特征、身体状况等生理特征也影响着一个人的职业选择。因此，职业理想具有一定的个体差异性。

同时一个人的职业理想的内容会因时因地因事的不同而变化。随着年龄的增长、社会阅历的增强、知识水平的提高，职业理想会由朦胧变得清晰，由幻想变得理智，由波动变得稳定。因此，职业理想也具有一定的发展性。树立正确的职业理想，对于大学生科学规划职业生涯，具有重要的意义。

1. 职业理想是职业选择的向导

由于职业理想是人们对未来职业的向往，一个人一旦确立了科学的职业理想，就会朝着实现这一理想的方向去努力。而为了实现自己的职业理想，首先必须选择一个与之相适应的职业，这个职业可以是所从之业，也可以是所创之业，否则，职业理想就无法或者很难实现。因此，在进行职业选择时，其职业理想将起着非常重要的导向作用。

2. 职业理想是取得职业成功的推动力

由于职业理想是人们对未来职业的追求，它不仅包括了工作的内容，工作的种类，还包括了工作的成就。无论是就业，还是创业，为了实现自己的职业理想，就必须积极进行相关知识的积累和相关能力的培养，为选择自己理想中的职业作准备；走上职业岗位后，还要能够利用自己所学的知识和所掌握的能力，努力地、创造性地做好工作，并最终取得职业成功。

3. 职业理想是事业成功的精神支柱

职业理想是成就事业、推动社会进步的精神力量，有了这样的精神力量，无论是在职业准备、职业选择还是在就业或创业的过程中，无论遇到什么样的困难，无论遇到什么样的曲折，都会朝着已经确立的职业目标前进，直到取得事业上的成功。

大学是人生的重要阶段，也是很容易自我迷失的阶段。对于大多数新生而言，在经历了刚进大学的喜悦和兴奋之后，大学初期的迷茫在所难免。常言道：“凡事预则立，不预则废”。预，指预测、准备、规划。如果我们有一个伟大的理想，我们一定能把很多平凡的日子堆砌起来，变成一个伟大的生命。

【拓展阅读】

青春不能没有梦想

赵磊是一名大二的学生，学习信息与计算科学专业，当初他压根儿就不知道这专业要学些什么，只是看到“信息”二字，认为是与计算机有关的，就填了，到了大学才知道大多都是数学课，怎么是数学专业，他都已经厌倦学数学了，开学后赵磊就开始厌学，上网，不把学习放在心上，他认为自己根本就不是学习数学的料。

在大学他迷上了网络游戏，一玩就是一天，但是等夜深人静的时候又常常感到极度迷茫、空虚、恐慌。

在他感到十分无助的时候，有幸听了职业生涯规划的课，深受感触．他认识到自己不能逃避，因为还要毕业。他开始醒悟，不再沉迷游戏，他也开始确信，他的未来不是梦。他想即使我对自己的专业没多大的兴趣，但是，我可以学习其他的东西来充实自己。大学，总不能只当“陪练者”，那样太窝囊了。

于是他开始思考自己的职业生涯规划，重新审视自己。当他仔细思考自己未来的职业目标时，惊奇地发现自己竟然想当一名数学老师，看来自己并不是真的不喜欢和“厌恶”数学，而是自己错误的主观认识在作怪。

“我要把那些令我深恶痛绝的游戏删除了，我不想沉迷于游戏的世界里，我要找回的是一个真实的自我”。

他说：“这些都是在学习职业生涯规划的知识后，我才醒悟的，要不是职业生涯规划课，我还不知道会在游戏的海洋中遨游多久。”

图 1-3　职业理想

三、目标管理

目标是通向成功彼岸的导航。大学生在自我管理的过程中，必须充分重视目标管理的重要性，切实有效地利用目标促进个人到达胜利的彼岸。在目标管理方面，大学生尤其应注意以下几点：

（一）确定自我的学习和奋斗目标

尺有所短，寸有所长。每个人都有自己的优势和劣势。因此，在制定目标之前，要充分认识自我，分析自身的长处和短处，给予自己准确的定位，客观地评估个人在各方面的潜能。大学生一定要深刻记住：切莫随波逐流。古罗马小塞涅卡说："有些人活着没有任何目标，它们在世间行走，就像河中的一棵小草，他们不是行走，而是随波逐流。"随波逐流的人不能明确自己前进的方向及动因，他们只会随大流、绕圈子，空耗时间，终其一生，有些也曾上演了一幕幕"悲剧"。

大学生应该在准确定位自我的前提下，确定自我的学习和奋斗目标。大学生自我管理中的目标既不能太高，也不能过低，一定要充分结合自身的实际情况及内在的发展潜力，而且也要充分考虑到所处的环境，进而使各方面的积极因素结合起来，共同促进目标的实现。更重要的是，大学生在追求学习目标的同时，应该意识到综合能力的全面发展在个人成长道路上的重要性，以此来进一步确定自我的学习和奋斗目标。另外，大学生需要注意的是：在制定目标时，应该量化，制定出的目标不能含糊不清。目标越明确，对个人的引导作用越大。同时，制定目标要有次序性、时间性。重要的、紧急的目标应在优先考虑的范围内，而对于一些长远的目标，则应该制定长期的规划。除此之外，在目标的时间性方面，大学生还应该注意：把短期目标与中长期目标结合起来，使之形成一个相互关联的体系，最终促进个人的进一步发展、飞跃。

（二）实践自我的学习和奋斗目标

对于大学生来说，仅仅制定目标是不够的。同样都是具有目标的人，有人成功了，有人却失败了，因此，在为实现目标奋斗的过程中，一定要专注目标，并且应该善于思考，持之以恒。专注就是把意识集中在某个特定的目标上的行为，并要持之以恒，找出实现目标的方法，而且成功地将之付诸实际行动。或许有些大学生并没有意识到专注的力量，但专注的力量的确是无穷的。同时，在实践目标的过程中要善于思考，想成就大事，就必须学会思考，善于思考是个人办事的思维资本，是通向成功之路的有利保证。在思考中不断创新，逐步实现个人的学习及奋斗目标。

一是制定合理可行的短期及长期计划，在制定计划时，要从个人的具体情况出发，结合自己所处的环境及各种可能的外部情况。

二是定期检查计划的实施情况，并对未完成的计划进行反思，使自己不断提高。

三是保持积极乐观的心态，通往成功的路不可能一帆风顺，遇到这样或那样阻碍目标实现的困难是正常的，最重要的是保持良好的心态，充满自信，勇敢地迎接挑战，战胜困难，战胜自己，最终获得成功。

【拓展阅读】

查德威克失败给我们的启示

1952 年 7 月 4 日清晨，美国加利福尼亚海岸笼罩在浓雾中。在海岸以西 33.6 千米的卡塔林纳岛上，一位 34 岁的妇女跃入太平洋海水中，开始向加州海岸游去。要是成功的话，她就是第一个游过这个海峡的妇女。

这名妇女叫弗罗伦丝·查德威克。在此之前，她是游过英吉利海峡的第一个妇女。在向加州海岸游去的过程中，海水冻得她全身发麻；雾很大，她连护送她的船都几乎看不到。时间一个小时一个小时地过去，千千万万人在电视上看着。有几次，鲨鱼靠近了她，幸而被人开枪吓跑了。她仍然在游着。

15 个小时之后，她又累又冷，知道自己不能再游了，于是就叫人拉她上船。这时她的母亲和教授在另一条船上。他们都告诉她离海岸很近了，叫她不要放弃。但她朝加州海岸望去，除了浓雾什么也看不到。在继续坚持了几十分钟后，人们把她拉上了船。在船上过了几个小时，她渐渐觉得暖和多了，却开始感受到失败带来的打击。她不假思索地对记者说："说实在的，我不是为自己找借口。如果当时我能看见陆地，也许我能坚持下来。"

人们拉她上船的地点，离加州海岸只有不足一千米！查德威克一生中就只有这一次没坚持到底。两个月之后，在一个晴朗的日子她成功地游过同一个海峡。

为什么查德威克第一次横渡卡塔林纳海峡失败了？

这给你什么启示？

有时，一个人、一个团队或者一个企业看不到自己的目标，结果真的很可怕。当人们有了明确的目标，并且把行动与目标不断加以对照，清楚地看到自己的努力与目标相近时，就会得到动力，自觉地克服一切困难，努力达到目标。

如果父母要求你的学习成绩进入班上前三名，是否比仅仅告诉你"要好好学习"更能激发你的学习劲头呢？答案显而易见。

"目标设置理论"更好地回答了这个问题。它是美国行为科学家爱德温·洛克提出来的，他认为：指向目标的工作意向是工作激励的主要源泉，具体的目标能够提高绩效；一旦我们确定了困难的目标，会比容易的目标带来更高的绩效；有绩效反馈比无绩效反馈带来的绩效更高。

大量的实事证明了目标设置理论的科学性。企业十分关注如何将这一理论应用于实际工作中，这就自然引发了目标管理的流行。

目标管理是管理大师彼得·德鲁克在1954年出版的《管理的实践》一书中提出来的，美国总统布什将2002年度的“总统自由勋章”授予彼得·德鲁克时，提到他的“三大贡献”之一就是目标管理。

目标管理成为一种越来越受欢迎的管理方式，它已经在全世界众多的公司中得到了广泛应用。

目标管理的定义是：根据公司的战略规划，组织运用系统化的管理方式，把各项管理事务展开为有主次的、可控的、高效的管理活动，通过激励员工共同参与，实现组织和个人目标的过程。

它强调把组织的整体目标转化为组织和个人的具体目标。

对员工个人来说，目标管理提出了明确的个体绩效目标，因此，每个人对他所在组织的绩效都可以做出明确而具体的贡献。如果所有人都实现了各自的目标，他们组织的整体目标也就能够实现。

课堂活动与练习

一、认识你的生活角色

1. 写出你自己目前所扮演的全部生活角色，然后按照投入的大小画一个饼图。

2. 如果你的生活可以朝着你理想的方向发生改变，那么，你把你理想的角色分配画一个饼图。

3. 对照现实的饼图和理想的饼图，看看有什么因素妨碍了你的理想实现？或者你准备做什么可以让你的理想尽可能实现？

现实的饼图

理想的饼图

感悟：________________

二、绘制生涯彩虹图

活动目标：通过该活动，引导学生认识生涯发展的规律，了解不同生涯发展阶段及其主要特征，激发生涯角色与规划意识。

活动说明：

绘制自己的生涯彩虹图：思考自己过去、现在以及未来可能承担的生活角色，在彩虹图上标注年龄阶段和你扮演的角色名称，然后在你某个年龄所扮演或希望扮演的角色区域，利用彩笔和文字区分出你对这些角色的理解。

注意要点：

（1）角色扮演的成功视个人的生理、心理因素及当时的社会环境等外在情境因素而定，该角色越成熟，代表的色带越饱满。

（2）生命中各阶段所扮演的角色，延续的时期可用色带的长度来表示。

（3）可用不同的颜色来代表对该角色的喜好。

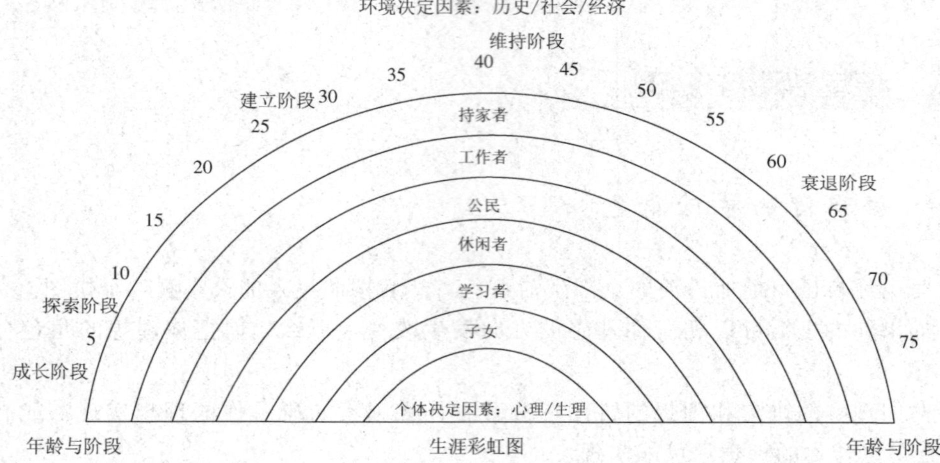

生涯彩虹图

三、理想之旅

活动目标：通过理想穿梭之旅，回顾自己曾经的理想并寻找和确立现阶段的人生理想和目标。

指导语及说明：经过高考，我们来到了大学。高中学习的目标似乎就是“考上大学”，这个目标曾经激励着我们为之刻苦努力。而今，这个目标已经成为过去，面对未来，我们需要有新的目标来指引我们的行动。以下这个表单可以帮助我们重新探索自己的人生目标：

很小很小的时候，我的理想是：________________

天真烂漫的小学，我的理想是：________________

初中的花季雨季里，我的理想是：________________

高中的激情岁月里，我的理想是：________________

现在，来到大学里，我的理想是：________________

以上这些理想的共通之处是：________________

____

通过这样的探索，我发现：________________

____

基于现实，我想到实现自己理想的具体计划有：________________

____

在理想实现的过程中，我渴望获得的支持是：________________

____

四、鱼骨生命线

鱼骨图原本用于生涯规划及管理。鱼眼，表示原点，即出生时刻及出生地；鱼头，呈现三角形，代表人出生后0～3岁的发展迅速的阶段；鱼尾，表示职业生涯结束后，生命逐渐老去的部分；鱼尾尖，表示生命的终点。

填涂说明：

1. 请你在生命的圆点上写上出生日期和0岁。再请你根据自己的健康状况、家族的健康状况和你所生活地域的平均寿命来预测自己和世界说再见的时间，并标注在箭头的终点上。

2. 请找出今天你的位置，用一个自己喜欢的标记表示在生命线上，并写上今天的日期和年龄。

3. 请你进一步仔细回忆过去，以生命线上的时间点为初始点，标出过去影响你最大或令你最难忘的5件事，积极影响事件鱼刺朝上，消极事件鱼刺朝下；并以线段的长短表示事件对自己影响的大小。

4. 现在请你在生命线上标出今后你最想做的3件事或最想实现的3个目标，能够由自己全权决定的鱼刺朝上，需要别人参与或者全部由别人定夺的鱼刺朝下。

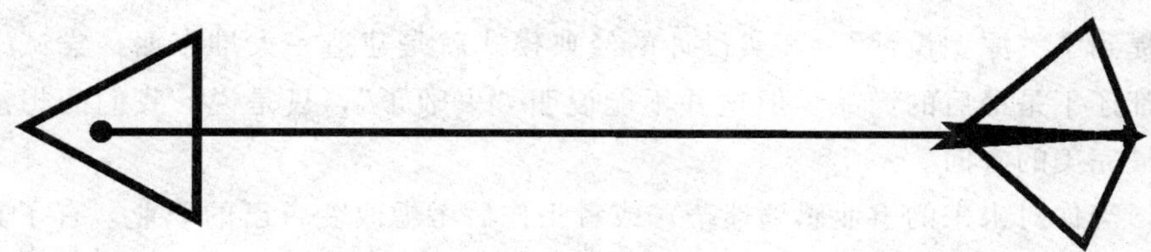

请参考“鱼骨”生命图，深入思考，并完成下面的问题：

1. 过去的事情对你有怎样的影响？你对这些事情的看法怎样？

____

2. 对于现在的自己，你是否感到满意？哪些人或事促成了现在的你？

____

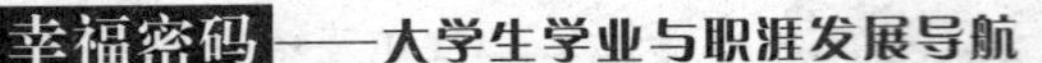

3. 对未来的自己，你的预期是什么？如果想要成为这样的人，你现在需要做什么？

网上精品视频课程

用手机“扫一扫”下面的二维码，用浏览器打开相应网址，进入视频课程学习。

专家视角

一、设计人生最重要的五个小步骤

（一）保持好奇心：问“什么”不如问“为什么”

我们习惯于接受摆在我们面前的问题——最近要完成的作业、下个商业项目……不过设计师更习惯在这个问题上笨一点，他们甚至会问：为什么要问这个问题？

爱因斯坦曾说，他除了充满激情的好奇心外，再无其他真正的才能。在运用创造力解决问题之前，多花点时间找到正确的问题，才能事半功倍。

（二）不断尝试：不求完美但求完成，然后不断修正

前面提到了“原型设计”，其实设计的经典模式就是建造一大堆东西，尝试一大堆东西……但都还不是最后的产品。但这并不能说明“失败了”，只是说，我们的想法正在不断趋近于最完美的方向。

所以，当你对未来的事业感到迷茫，或者工作后考虑改变自己的职业，有了具体想法后，可以去拜访某些正在做你想做的工作的人。更好的办法是要求跟着他们工作一天，或者周末去实地做这项工作。如果感觉很好，那就继续向前一步；如果感觉不好，那就忘了这回事吧。

在进行任何重大决策时都可以做这一步，它可以避免你一头冲进诱人的未知，从而毁掉你的生活，还可以避免更糟的情况——年复一年不采取任何行动，同时又闷闷不乐。

（三）重构问题：思考陷入停滞，就换个问法

还记得文章最前面的那个问题吗——“你什么时候看起来最充满活力？”这就是教授重新定义“你将来要做什么”后的结果，比起原来的版本，具象了不只一点两点。

曾有研究证明，我们如何理解一件事情，会直接影响我们处理它的效率。“将来做什么”是一个一辈子都不会停止地追问，是最基本的哲学问题，但我们可以跳出来，换一个角度看待它，就能很快走出死胡同，想到更多更好地解决方法。

（四）记录整个过程：随时反思人生

设计人生并没有真正的终点，去寻求答案的过程，比结果更重要，这将会使你最终必有收获。而设计最让人满意的地方就在于，它的结果是可以看得见摸得着的，如果你把这种思维方式应用到生活中去，记得把整个过程记录下来。它将是无价之宝，不仅可以用在枯燥的绩效考核和工作面试中，也可以用来反思人生。

（五）主动寻找导师

设计和发明是一个日益协同的过程，设计你的人生也一样。两位教授就建议，要随时采取开放的态度，从别人的建议和自己的想法中获取新的思路，同时积极对这些回应做出反馈。

对学生来说，自组互助读书会来讨论某些主题，写信给某些领域学有专精的人，向其请教学习上遭遇的难题，在网络上分享自己的学习成果，或向网络上的达人请教学习上遭遇到的难处……都是不错的方法。

（引自：https://sanwen8.cn/p/4dePNuB.html，有删改）

二、成功人生的七个设计

多年前有一本给学生们写的书叫《从现在出发》，内容是如何规划大学生生活，其实这也是对于人生规划的设计，人需要在年轻的时候，好好规划自己，认真去做出努力，一个人在年轻的时候努力的程度如何，就决定未来他自己的高度如何；一个人在年轻的时候有多自律，就决定未来他有多自由。

（一）设计你的梦想

到了成人的阶段，很多人觉得梦想已经与自己没有什么关联了，很多人关心的是现实生活的所有，大家在一起聊天的时候，说得最多的是财富、工作和生活，还有人不断地谈论现实的残酷、长大的烦恼、生活的无奈和自己的孤独，这些都是必要的话题，很少人会聊离现实生活稍微远一点的一些话题。人们之所以陷在现实的困惑中，是因为我们失去了想象的能力，失去了梦想的牵引，也就失去了梦想带给我们的所有的美好和期许。如果没有期许、没有理想、没有愿望，相信生活也就没有了色彩、没有了方向和追求。

理想愈高远，人的进步愈大，这是一个不断被证明的话题。人之所以成为伟人，首先是因为他有着崇高的理想，有着伟大的目标。人们喜欢姚明和刘翔的原因不仅仅是因为他们所取得的成就，而是他们用理想激励自己的过程，为了实现这个理想，他们训练自己拥有更多的知识和技能，还要超越个人的得失，做出某些重大的牺牲。正如姚明和刘翔一样，在理想指引下，你逐渐变得有超乎常人的能力，胸怀宽广，大公无私，以你独有的方式为公众、为国家、为民族，甚至为人类服务，而当你的这种服务取得成效后，自然能够得到社会和公众的认可与尊重。而公众和社会对你的认可和尊重，使得你成为伟大的人。

（二）设计你的努力

《说文解字》中对“智慧”的解释，“智”这个字，把它拆开是“日”“知”，可以据此理解为每天知道多一点，就叫“智”；再看“慧”字，把它拆开，它是三个字的组合，上面两个“丰”，中间一个“雪”，下面一个“心”，也就是说：当心像雪一样洁白平静的时候，就会有双倍的丰收，能双倍的接纳别人的人，就是充满“慧”的人。所以智慧就是每天知道多一点，让你的心平静下来，不断地吸收，双倍的吸收，你就可以成为充满智慧的人了，的确如此。

大家记住，有知识不等于有智慧，知识与智慧的唯一区别：知识有一个节点，智慧没有。智慧是每一天逐步增加的。你可以说这本书我现在看完了，但是智慧的积累没有结束，它是一个不断累积的过程。有智慧跟有知识的区别，就是你是不是能够每天多一点进步，你是不是能够平静地接受所有的东西。

成功与失败没有什么差别。成功与失败之间唯一的差别就是，成功比失败多那么一点努力的东西。成功真的不是太难的东西，真的只是需要稍微探索多一点。你都这样做了，那你一定就是会成功的，你要成功一定要比别人多付出一点。

要创造性地思考。如果你真的想探索多一点的东西，你一定要创造性地思考。那也就是说你看山一定不是山，看水一定不是水，这个时候你才是创造性地思考。现代人的基本素质只有三个词，叫作团队、速度、韧性。也就是说如果你不会跟人家合作，你一定不是一个现代人。如果你的速度没别人快，也无法当一个现代人。还有更重要的一点就是你要有韧性。因为今天的诱惑太多，坚韧的韧，韧性！这是现代人的三个基本要素。

（三）设计你的心态

第三个设计，叫作心态的设计。这是非常非常重要的，就是怎么样才能保证大学几年能为我们的未来做一个帮助，那就是应该在大学几年里面把心态调整过来。

第一个心态是回归为零。这个心态是在大学里边培养出来的，到你出来工作的时候，你就没有时间培养你的心态，为什么？因为你那时候压力太多，比如说你要成就事业，你要成家立业，你要有所作为，你要出人头地……你的欲望是太多了。在大学里毕竟还是非常的单纯，所以这个时候是你练心态最好的一个时期。我们很多人没有注意到这一点。

一个正确的心态应该怎么样来树立？第一个就是要学会归零。智慧的慧就是心要像雪一样平静就是这个道理，就是你要学会归零。一个能够归零的人，他的心态一定是成功的心态。当你错了的时候你就要承认错误，而且要真心实意地承认，承认完了那就把它扔掉。当你对的时候，你也要真心诚意地来想我是对的，但是欣赏完了就作罢。一定要有回归为零的这个心态，这是第一点。

第二个心态是学会欢乐地学习。学习是一件非常快乐的事情。每取得一点点的进步、每掌握一个公式、每知道一个定理，都会发现学习是非常的快乐。说实话我们要为自己未来的人生是否快乐负责。因为未来要终生学习。

第三个心态叫作积极的心态。快乐与积极其实是一样的，就是快乐的事情我们都认真做。可能你会发牢骚，但一定要仅限于偶尔而已。你所要做的所有事都要快乐地去面对，你要去解决所有的困惑。你积极的心态、欢乐的心态、归零的心态，它的重要性在于让你一生受益，这个你一定要在今天把它培养出来，然后你才有机会用这个心态去面对未来的生活。

（四）设计时间的价值

第四个设计就是时间的价值。你一定要把时间管好。大家谈到大学期间的生活时，最感可惜的就是对时间的浪费。

我从三个角度来教大家怎样把时间设计好。

第一个叫二八定律。在你整个大学生活里，你有20%的事情是最重要的，你要给它80%的时间，那这个应该就是学习。然后你还有80%的事情并不重要，但是你一定要做的事情，比如说你要吃饭、睡觉、洗澡、交友、花费时间做自己喜欢的事情等等，这些事情你是一定要做的，你用20%的时间去把它做掉。

第二个是学会时间管理的技巧。先要学会划分时间的四个象限，任何的事情在时间单位上都可以分为四种：很重要－很急迫、很重要－不急迫、不重要－很急迫、不急迫－很重要。那么一般人就先去处理很重要－很急迫，不重要－很紧迫的事情。但是对你来讲，如果你想真正发挥价值，你必须要抽出时间来做那个很重要不紧迫的事情，所以这个我们需要大家一定要学会去做。

（五）设计你的沟通模式

第五个设计，做快乐地沟通。学会与人沟通对你的帮助会非常巨大。一个真正会沟通的人，一定会得到知识和帮助。

沟通一定要“由心开始”。沟通由心开始最重要的就是想别人所想，而不是想你所想。要去帮助别人达成目的，而不是达成自己的目的。当你可以帮助别人达成目的的时候，你的目的自然会达成。

沟通就是做听众。喜欢说话的人在人群里面大约占80%，喜欢听人说的人在人群里面大约只占15%。所以如果你真的想沟通，大家记住最有效的沟通就是做听众，那你就可以面对80%的人。所以你一定要学会做听众，那么做听众就是我们讲的第一个模式。但是现在的同学就是不愿意当听众。

沟通就是不断地为别人提供方便。只有不断地为别人提供方便，这个沟通才会有效。所以好的沟通是你一定要为别人提供方便，然后才能把沟通做得好。还有一点，就是沟通不要形成定型，就是不能老用一个方法进行沟通。

6. 设计你的生活

如果我们要把大学生活设计得好，一个非常关键的点就是你要怎么去设法激励自己。激励自己是非常重要的，因为我们有时候会泄气，有时候会想不通，有时候你会想要放弃，所以一定要学会不断地激励自己。要激励自己的第一个概念就是要了解自己。今天的大学生大都不太了解自己，我们有两种同学很多，一种就是自我感觉良好；还有一部分正好相反，就是完全对自己没有信心，属于自卑型。这两种人都是因为大家没有认真地了解自己。那到底怎么才算是真正了解自己呢？

第一，自己对自己的评价；第二，别人对你的评价；第三，你认为别人对你的评价。如果这三种结果是一致的，你就了解自己，如果这三种结果是不一致的，你就不了解你自己。

弥补三大欠缺。对今天的学生有三样东西是大家所缺少的。第一个就是缺少责任感；第二个欠缺真正的自信；第三个欠缺的是对自己定位的理解，就是你作为学生的定位到底是什么？对这个定位的理解在没有非常清楚的情况下，我们就没有办法激励自己。

7. 设计你的行动

做好成功的计划。大家一定要做成功的计划，把每一天、每一个学期、每一个课程、每一项活动，都按着成功的标准去做，不要得过且过，不要不求品质。

（引自：http：//www.360doc.com/content/15/0320/07/21626180 _ 456597402.shtml，有删改）

一、值得保存十年以上的文章

（一）还生命以过程

文/余秋雨

不能设想，古罗马的角斗场需要重建，庞贝古城需要重建，柬埔寨的吴哥窟需要重建，玛雅文化遗址需要重建。这就像不能设想，远年的古铜器需要抛光，出土的断戟需要镀镍，宋版图书需要上塑，马王堆的汉代老太需要植皮丰胸、重施浓妆。只要历史不阻断，时间不倒退，一切都会衰老。老就老了吧，安详地交给世界一副慈祥美。假饰天真是最残酷的自我糟践。没有皱纹的祖母是可怕的，没有白发的老者是让人遗憾的；没有废墟的人生太累了，没有废墟的大地太挤了，掩盖废墟的举动太伪诈了。

还历史以真实，还生命以过程。

——这就是人类的大明智。当然，并非所有的废墟都值得留存，否则地球将会伤痕斑斑。废墟是古代派驻现代的使节，经过历史的挑剔和筛选。废墟是祖辈曾经发动过的壮举，会聚着当时的力量和精粹。废墟是一个磁场，一极古代，一极现代，心灵的罗盘在这里感应强烈。失去了磁力就失去了废墟的生命，它很快就会被人们淘汰。

（二）有所敬畏

文/周国平

在这个世界上，有的人信神，有的人不信，由此而区分为有神论者和无神论者、宗教徒和俗人。不过，这个区分并非很重要。还有一个比这重要得多的区分，便是有的人相信神圣，有的人不相信，人由此而分出了高尚和卑鄙。

一个人可以不信神，但不可以不相信神圣。是否相信上帝、佛、真主或别的什么主宰宇宙的神秘力量，往往取决于个人所隶属的民族传统、文化背景和个人的特殊经历，甚至取决于个人的某种神秘体验，这是勉强不得的。一个没有这些宗教信仰的人，仍然可能是一个善良的人。然而，倘若不相信人世间有任何神圣价值，百无禁忌，为所欲为，这样的人就与禽兽无异了。

相信神圣的人有所敬畏。在他的心目中，总有一些东西属于做人的根本，是亵渎不得的。他并不是害怕受到惩罚，而是不肯丧失基本的人格。不论他对人生怎样充满着欲求，他始终明白，一旦人格扫地，他在自己面前竟也失去了做人的自信和尊严，那么，一切欲求的满足都不能挽救他的人生的彻底失败。

相反，那种不知敬畏的人是从不在人格上反省自己的。如果说"知耻近乎勇"，那么，这种人因为不知耻便显出一种卑怯的放肆。只要不受惩罚，他敢于践踏任何美好的东西，包括爱情、友谊、荣誉，而且内心没有丝毫不安。这样的人尽管有再多的艳遇，也没有能力真正爱一回；结交再多的哥们，也体味不了友谊的纯正；获取再多的名声，也不知什么是光荣。不相信神圣的人，必被世上一切神圣的事物所抛弃。

（三）心灵的轻松

文/刘湛秋

生命是一个人自己的不可转让的专利。

生命的过程，就是时间消费的过程。在时间面前，最伟大的人也无逆转之力；我们无法买进，也无法售出；我们只有选择、利用。

因此，珍惜生命，就是珍惜时间，就是最佳地运用时间。由于我这种意识的强烈萌生，我越来越吝啬地消费我自己。

我试图选择一种轻松的生活方式，因此我提倡并创作轻诗歌。我所说的轻并非纯粹的游戏人生和享乐，而是追求心灵的轻松和自由，过自我宽松的日子。而这种感觉会导致行为的选择更富有人性和潇洒。一个人自己活得很累，会使你周围的人和社会也感到很累。如果说，我能有益于他人和群体，就是因为我能释放出这种轻松的气息，使别人和我有缘相聚（无论多么短暂）都能感到快乐。

只有轻松才能使人不虚此生，才能使整个世界变得和谐。以恶是治不了恶的。

对于我们这群黄土地的子孙来说，古老的文明、漫长的历史已使我们背负够重的了，复杂的现实和人际关系使我们体验够累的了。

我愿意以轻对重，以轻对累。对我自己，无论处于佳境还是不幸，我都能寻找到自我轻松，既不受名利之累，也不为劣境所苦。对周围群体，当我出现在他们面前，能带给他们所需要的轻松，从而增添或缓解他们生活中的喜悦和痛楚。

当然，这也是我在非常窄小天地里的一个愿望，为社会、世俗所囿的我，深知——追求一种轻松的生活方式，在某些时候和某些方面，也许会付出沉重的代价。

（四）一声鸟或一堵墙

文/（台湾）林清玄

我们如果有颗安静的心，即使是默默坐着，也可以感受到时间一步一步从心头踩过。当时间在流动的时候，使人感觉到自然中美丽的景观固然能撼动我们的心，但人文里时常被忽略的东西，也一样能震荡我们。例如一口在荒烟中被弃置的古井，例如海岸边已经剥蚀的废船，例如一个在村落边缘捡到的神像，例如断落了的一堵墙。

人，在这个宇宙之间，多么渴望企图去创造一些什么，有时是为了生活的必需；有时是对生命永恒的追求；有时，只是无意间的创作罢了。

时间以一种无声的脚步刷洗着人所创造的事物，使它从欢跃的春天，成为凋零的冬天。

这就是无常，无常是时空中一种必然之路，我们不能常住于某种情境、某种爱，乃至，也不能常住于忧伤或失落。

那就像坐在森林里听鸟的歌唱，每一声都那么像，而每一声都不同。一声鸟，或一堵墙，其实是没有不同的，我们每天看一堵墙，仿佛相似，其实每天都不一样，有一天它会断颓，有一天，它会完全的粉碎。

（引自：http：//learning. sohu. com/20160124/n435768002. shtml，有删减）

二、关于理想与追求，他们这样说

习近平总书记指出，青年一代有理想、有担当，国家就有前途，民族就有希望，实现中华民族伟大复兴就有源源不断的强大力量。

安玥琦：用奋斗与奉献点亮青春

我感觉，奋斗的青春是理想的外化。

我学习生活的华中农业大学是一所百年名校，秉承“勤读力耕，立己达人”的精神，拥有“不张扬，不浮躁，不盲从”的品格。一代代华农人以“弘农学，扬国光”作为人生理想，成就了属于华农人的骄傲。我在华农的八年时间里，用奋斗的青春为理想信念增色，让理想信念指引着自己在青春里奋斗前行。

我的专业是食品科学，当年三聚氰胺毒奶粉事件让我意识到自己所学的专业是和生活和生命休戚相关的，所以，无论学生工作和志愿服务的事情再多再忙，我也能沉下心来，去钻研专业，守护食品安全成为了我的理想。读博士之后，多次“产—学—研”实践，我发现可以通过专业技术为企业带去生产力，为社会带去效益。我感到，有意义、有价值的事情就在自己手中发生。虽然研究领域只是食品行业的一个小分支，但是却可以解决一个产业亟待解决的问题，实现发展与突破。并且我也拥有了学农人的家国情怀，在奋斗中实现理想！

我感觉，奉献的青春是追求的绽放。

徐本禹大哥是我们“本禹志愿服务队”的精神旗帜。他用奉献的青春照亮了山里孩子们的未来，也感召着我和我的伙伴们。从入校参加红杜鹃爱心社到本科毕业选择成为研究生支教团志愿者，再到攻博期间对志愿服务的坚守，一种对青春价值的追求让我始终在志愿服务的道路上笃定如一。

本科毕业时，专业成绩第二的我毅然加入研究生支教团，到贵州大山深处的华农大石希望小学支教一年。面对乌蒙山的崎岖，条件的简陋与孩子的单纯，我专注于面前淳朴自然的孩子们。曾经有一个学生在作文中写到“我笨，只有安老师耐心教我，我以后会做一个好人”，我教过的孩子现在也可以勇敢的用英语和外国人对话交朋友，还在这个暑假打电话告诉我，以后想要考上华农来看我，这就是志愿服务的意义。我们的追求不再单单是自己的人生目标，而是帮助更多的人种下关于梦想的种子，通过奉献，留下温暖、无悔的青春回忆。

2013 年 12 月 5 日，习近平总书记给我们“本禹志愿服务队”回信，指出青年一代有理想、有担当，国家就有前途，民族就有希望，实现中华民族伟大复兴就有源源不断的强大力量。在习近平总书记的谆谆教诲与殷殷冀望下，我们一定能够按照“六有”大学生的要求，无愧于青春，无愧于时代，无愧于人民，为实现中华民族伟大复兴中国梦增添强大正能量！

伊日桂：千里之行始于足下

记得刚入大学时，听到俞敏洪先生在北大演讲时说，人的一生是奋斗的一生，但是有的人一生过得很伟大，有的人一生过得很琐碎。如果我们有一个伟大的理想，有一颗善良的心，我们一定能把很多琐碎的日子堆砌起来，变成一个伟大的生命。但是如果你每天庸庸碌碌，没有理想，从此停止进步，那未来你一辈子的日子堆积起来将永远是一堆琐碎。我庆幸自己的不完美和周围事物的美好，让我有动力去作出改变，并以最诚恳的态度来回报社会。可以说，学生会这三个字贯穿了我的一整个大学，让我从一个腼腆、懵懵懂懂的蒙古族姑娘成长为以努力和善良为盾牌，以个人价值体现为理想的青年。

我最怀念的是，当我还是个学生会小部员的时候，每个周末的晚上办完活动后，在回寝室的路上，跟部门小伙伴们一起吃的那碗拉面。我们有共同的目标，即使这个目标只是要把眼前的活动办好，但是当在活动现场看到舞台上的同学一脸自信又或者是有那么点紧张到微红的脸的时候，就会感觉每次深夜的加班，每晚回寝室时候的蹑手蹑脚，每天吃不尽的鸡蛋灌饼都值了。不管台上的选手，还有台下的我们，都是一群正在为了实现梦想而努力拼搏的少年。

我很庆幸，自己一直在进步。从带着自治区学生干部学习理论知识到从挑战杯、创青春的举办、内蒙古青创板的上线，再到为同学们争取维护权益，我把自己的热情、专注和大部分时间都献给了这份事业，而这份事业重塑了我的世界观、人生观、价值观，让我对万千世界有了更多的求知欲，让我开始思考我还能为自己甚至是社会能做点什么。我将坚守自己的理想，为同学们服务，为祖国服务、为社会服务。

（引自：2016 年“中国电信奖学金”暨“践行社会主义核心价值观先进个人标兵”的获奖代表感悟，有删减）

我的小组我的家

每6—8人分为一组，以小组为单位制作小组展示牌，做好后与大家分享。

1. 为你的团队设置好不同的角色，确立小组的组长。
2. 给你的团队起一个响亮的名字。
3. 为你的团队想一个震耳欲聋的口号。
4. 为你的团队设计一个与众不同的logo。

第二章　大学密码——用心经营你的大学

大学之道，在明明德，在亲民，在止于至善。知止而后有定，定而后能静，静而后能安，安而后能虑，虑而后能得。物有本末，事有终始，知所先后，则近道矣。

——《大学》

古之立大事者，不惟有超世之才，亦必有坚忍不拔之志。

——苏轼

本章地图

第二章　大学密码——用心经营你的大学

- 【阅读与思考】
  - 一、大一新生我想对你说
  - 二、读大学的意义，每一句你都会喜欢
- 【体验感悟与反思】撕纸游戏与 Time Bound
- 【基本理论与知识】
  - 第一节　深入探索大学
    - 一、大学之大在何处
    - 二、大学之新在何处
    - 三、大学资源在何处
    - 四、专业与职业
  - 第二节　学会自我管理
    - 一、学习管理
    - 二、时间管理
    - 三、人际管理
    - 四、情绪管理
  - 第三节　规划学业发展
    - 一、学业规划是大学生的第一堂必修课
    - 二、以“国内读研”为目标的学业规划
    - 三、以“出国留学”为目标的学业规划
    - 四、就业型学业规划
    - 五、创业型学业规划
- 【课堂活动与练习】
  - 一、你的人生大转盘
  - 二、寻找自己的个人成长顾问
  - 三、探索自己所学的专业
- 【网上精品视频课程】规划学业生涯
- 【专家视角】
  - 一、李开复：大学四年应该这样度过
  - 二、钱理群：如何度过你的大学
- 【案例与故事】
  - 一、规划好大学学业是迈向成功的阶梯
  - 二、你在大学混日子，知道别人在干什么吗
- 【课外实践与作业】完成学业规划评估与反馈表

阅读与思考

一、大一新生我想对你说

大一，这个无数高中生仰望的未来，无数大学老生们再也回不去的曾经，朝气蓬勃，犹如一张白纸，充满了无限的可塑性与创造性。你用了长久的光阴来到这里，领略象牙塔的无尽美好，也踏上新的征途。

亲爱的你，请把握好那些可以让自己变得更好的时光。

（一）深入了解自己的专业

你选择了一个专业同时也选择了专门的一脉人类文明、一种独特的思考方式。

诚然，专业学习与择业不相干的情况不少，但假使你热爱并最终将投身于你的专业对口行业，你应该至少能用最切中要点的话向其他专业的人描述你专业的性质、研究模式、思维特点。

多与老师、学长、学姐交流，当有无数裨益。

（二）早点开始做职业规划

大学教育与高中不同，没有既定的框架，也没有全班同学一致的步伐。因此，如果你还像以前一样随波逐流，只是被动地上课下课作业考试，最后往往会茫然若失，收获甚微。

趁着还来得及，早点问自己“我将来想做什么”“怎样实现我的目标”，开始为你理想的职业锻炼技能、积累知识和经验。要知道，有太多人都在毕业时面对茫茫职海，才后悔自己当初无所作为。

（三）练就一项立足社会的技能

面向社会，练就一项技能，并不是教你功利，而是让你更好地适应这个纷繁复杂的快节奏社会。大学几年，绝大多数人最终将走向社会。

这时工作单位向你要求的绝不仅仅是学分，而更多是你身上能够发挥作用的社交、专业、技术本领。所以，如果你还有时间，请花点时间让自己拥有一个让单位雇佣你的理由。

（四）主动加入一些社团参与活动

大学之所以被称为小社会，更多是体现在学生会、学生社团组织工作的人情交际中。你要用自己的双眼，去真切地阅读如何能协助社团去完成一个项目、一个晚会、一次比赛。

在这些小集体中，你能最快地认清自己的特点、位置，你或许会提前意识到自己的致命缺点，从而更好地成长起来；同时，你会收获那些共同拼搏努力之人的友谊。

（五）多到图书馆内，静心读书

你应该至少有一次沉浸在书里。图书馆是人类文明精华的储存池，它就在那里等你，那些神奇的书就等你翻开。只要你走进去，只要你翻开那些书籍，一个浓缩着智慧和思想的世界将向你敞开大门。

打开一本书，从晨露微曦，到灯火阑珊，合上书本时，你的人生可能已经不同。

（六）多和父母交流

如今我对自己故乡，像匆匆来往的过客。往日里和家人天天见面已经变成一种奢望，我们甚至也会忘记一周打一次电话。

有学长说：在大学里觉得离家远了很自由，而工作后，连寒暑假都没有了。

将来我们都会成立自己的小家庭，越来越少机会看看老爸老妈，越来越少机会听到老妈唠叨、陪老爸喝酒。我们几乎忘了，相比你想父母而言，他们更想你。当他们老了，走不动了，谁来疼他们，爱他们？

（七）坚持运动，锻炼身体

进入大学以后，瞬间感觉自己自由了。没有早自习逼你早起，没有父母在身边唠叨，可以一觉睡到中午，也可以宅在寝室几天不出门。于是，经年累月，你从当年那个身手矫健的少年/少女，宅成了一个带着“游泳圈”的胖子……

但你要知道，身体健康是不应该由别人督促的，在天气好的早晨或傍晚，加入操场长跑的大军吧，或许你就会醒悟自己该好好运动运动了。

（八）与室友推心置腹地谈谈

在家靠父母，出门靠朋友。大学期间与你相处最长的人恐怕要数室友了。如果你愿意敞开心扉，室友可能胜似姐妹、兄弟。如果你愿意，室友很可能是一辈子的朋友。

未来的世界各地，你们天各一方，却肝胆相照；你们遥遥相隔，却紧紧相依。珍惜大学期间的室友甚至每一个出现在你生命中的人，不要给自己的青春留下遗憾。

大学，是场没有彩排的舞台剧，散场时，每个演员都有遗憾。有人说，大学几年，若能一技傍身、兴趣广泛、知音两三、四六过关、体格强健，则毕业无憾。

愿你们春华秋实，终有所获；平湖烟雨，象牙无悔。

二、读大学的意义，每一句你都会喜欢

大学是什么？

他是人生最好的时期，也是最坏的时期。

他是智慧的时期，也是愚蠢的时期。

他是信仰的时期，也是怀疑的时期。

他是光明的时期，也是黑暗的时期。

我们的前途有着一切，我们的前途一切都没有。

那，读大学的意义呢？

……

大学承载了你的青春，

大学承载了你的未来。

大学不是终点，

大学是你人生的加油站。

请不要辜负那人生最美的时光。

（引自：http：//www.360doc.com/content/15/0130/18/13231962_445055116.shtml，有删减）

撕纸游戏与 Time bound

活动目的：建立生涯意识，督促大学生意识到职业生涯准备很紧迫。

活动指导语：

1. 按下图所示，每位同学准备一个 1cm 宽的纸条，这个纸条的全部长度代表你的一生。

2. 先撕去作为一名大学生已经度过的岁月，大约 1/5。

3. 然后再撕去退休后的时间，大约 1/5。

4. 继续撕掉步入工作到退休期间的时间，大约 1/3。

5. 还要撕去 1/3 睡眠时间，撕去吃饭、清理个人卫生的时间，撕去交朋友，体育锻炼的时间，撕去看电视、玩的时间……现在，看看你还剩余多少？

Time bound 计算：大学四年的 1380 天，其中有四个寒假＋三个暑假＋四个 10 天长假（5.1＋10.1）＝355 天（－26％），还有 176 个双休日＝352 天（－25％），还有一半黑夜，余 336 天（－24％）。在这 336 天中再去掉你发呆、郁闷、抱怨、茫然、网游、恋爱、毫无目的的学习……还余多少天呢？

6. 现在剩下的纸条就是能够做职业准备的时间，拿着手中的小纸条，你都想到些什么？

活动反思与分享：

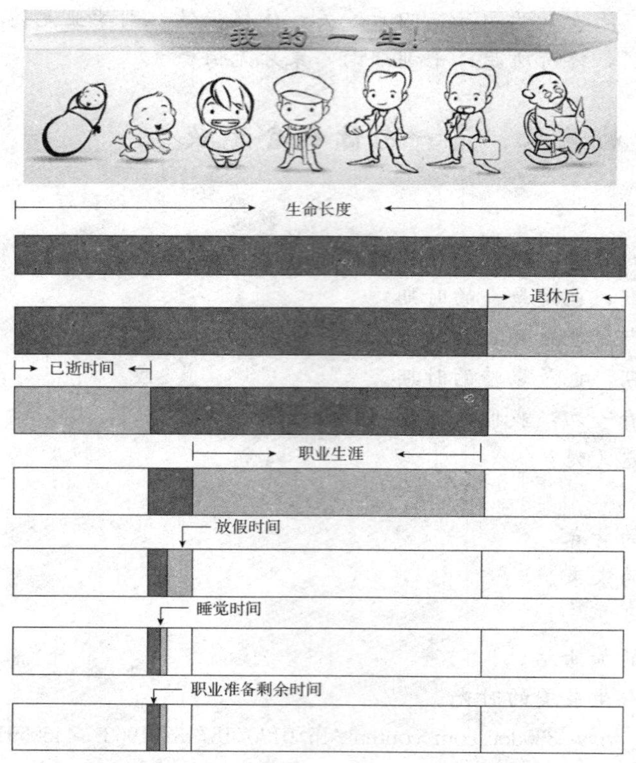

由此应该明白：

生命不是掌握在别人手里，它只有一个主人，那就是你自己。

生命最宝贵之处，并不在它的长度，而在它的广度和深度。

生命是一段旅程，最值得回味的不仅是目的地，更是路上的风景。

现在的你，是三年前的你所决定的。三年后的你，是现在的你所决定的。

……

基本理论与知识

第一节　深入探索大学

一、大学之大在何处

（一）大学之大，在于有大师

清华大学老校长梅贻琦先生曾经说过："所谓大学者，非谓有大楼之谓也，有大师之谓也。"蔡元培则说："大学者，'囊括大典，网罗众家'之学府也。"美国哈佛大学校长科南特也说："大学的荣誉不在于它的校舍和人数，而在于它一代又一代的教师质量。一个学校要站得住，教师一定要出名。"《资治通鉴》里有一句话："经师易遇，人师难遭。"大师应该是经师与人师的统一，也就是"道德文章，堪为师表"，不但有渊博的知识，有原创性、奠基性、开拓性、前沿性的学术成就，还能做到文以载道，是知识和品格完美结合的代表，是知行统一的典范。

大学教师既是教学者，也是研究者，更是激励学生研究学习的召集者和引路人：他们博学多闻，思想深邃，见解深刻，但仍然坚信学无止境，需要同学生一起共同成长；他们热爱教育，热爱学生，善于以其真知灼见给学生以有益的启示，激励学生的创造性；他们希望学生成人成才，并且不因为学生年轻、有这样那样的过失或者不成熟的言行举止而嘲笑他们的笨拙和幼稚，而是热情地给予帮助和指导；他们以自己的热忱开启学生的心智，唤醒学生对人、对生活的热爱；他们是学生的良师，也是学生的益友。

（二）大学之大，在于有"大气"

在英语中，"大学"university 这个词与"宇宙"universal 同源，大学也正像它的名字一样——海纳百川，有容乃大。它充满了博大精深、宽厚丰广的人文魅力，洋溢着浓郁的文化之灵性气韵，这种大气深深浸润和熏陶着置身其中的莘莘学子。这种"大气"看不清，摸不到，也许是因为馆藏丰富的图书馆，也许是因为年代久远的教学楼，也许是因为深刻独特的社会实践……这种"大气"日日夜夜，以或庄严或幽静或神圣或静美的潜移默化的形式，给学生以文化和智慧的熏陶。大学不是一个单纯的职业培训所，它还必须教给学生智慧，教给学生思维的方法，让学生探求知识，砥砺德行，养成健全的人格。这对于大学生的专业学习来说更为“有用”，也对生涯的发展以及获得有价值的生活具有重要意义。

（三）大学之大，在于有“大生”

有了“大师”和“大气”，还需要有“大生”与之呼应，才能构成名副其实的大学。“大生”指的是求知欲旺盛、学习得法、对各类知识接纳程度高的学生。大学是教师“传道、授业、解惑”的地方，这话听起来并不错，但是不够全面。什么是大学？它不是一个校长、一些教师和一群学生陈列在一起的展示柜，它是许多头脑、许多心灵相遇和对话的芳草地。对于个人成长有贡献的不仅仅是老师，还有身边的每个同学，就像细胞渗透原理一样，浓度大的必然要和浓度小的相互渗透，直到内外一致，达到均衡，这是一种自然而然的过程。“大生”就是大学里最有价值的细胞单元，每个都是独一无二的。

【拓展阅读】

大学期间应该学会的十件事

很多同学进入大学后，由于环境的变化，压力的消失，人一下子变得迷茫起来，失去了前进的动力。这个时候，就需要迅速调整自己，适应新的环境，树立新的方向。因此，大学期间应该学会如下十件事：

1. 树立目标，规划大学

一个人不可能在所有的方面都获得成功，这时就需要树立属于自己的真正目标，规划三年的大学生活。唯有如此，才能面对纷繁的世界进行选择和判断，要永远追随自己的目标。

2. 学会交流，推销自我

交流的过程，实际上就是“推销自我，展示自我，获得认可”的过程。交流已经成为人们必备的基本素质，无论是身在大学还是将来走向社会。

3. 学会做事，提高效率

效率很重要，但效能更重要。正确做事很重要，但更重要的是做正确的事。学会“提高效能”和“做正确的事”，提高工作学习的效率和效果。

4. 学好英语，练好口语

英语是职场的通行证，在某种意义上，英语就是力量。

5. 学会读书，多读好书

书，谁都会读，但关键是如何读，读什么书。回顾我们的读书生涯，大多是走马观花，浅尝辄止。在书籍泛滥的年代，我们缺乏古人“头悬梁，锥刺骨”的读书精神。我们习惯于读书“从厚到薄”，但却忽略了“由薄到厚”的基本功。

6. 提出问题，解决问题

平时我们在与人交谈中，常常会觉得某某人很有思想，谈吐不凡，其实这是他掌握了“提出问题，解决问题”的方法。

7. 学会时间管理，掌控时间

时间对于我们的重要性，想必每个人都知道。学会时间管理，有效掌控时间，才能保证大学生涯不虚度。

8. 学会减压，自我调节

做事不可能一蹴而就，难免会遇到失败和挫折。这个时候，就需要适当调解自我，从容应对压力。

9. 学会勤劳，积极进取

一分耕耘，一分收获。只有付出辛劳的汗水，才能够收获甜蜜的果实。只有不断进取，不断追求，才能真正发挥主体精神，走上成功之路。无数事实告诉我们，要想取得一些成绩，必须要有进取心；同样，只要有进取心，每一位同学都可以走向成功。

10. 学会执行，重在行动

不要做思想的巨人，行动的侏儒。一个人“想到”是一回事，“做到”却是另一回事，“重在执行”与其说是我们应该学会的一件事，倒不如让其成为我们的座右铭。

二、大学之新在何处

（一）新的学习要求

大学阶段的学习，知识的广度和深度大大增加，专业方向基本确定，需要大力发挥学习的主动性，创造性。大学主要实行的是学分制，除了公共科目、学科基础课和专业课属于必修课之外，各专业还开设选修课，同学们可以根据自己的兴趣爱好和能力选修相关课程，自由支配的学习时间增多，学习的自主性大大增强。大学图书资料和各种信息丰富，获取知道的渠道更加多样化，熟练利用图书馆和互联网搜集资料和掌握信息，成了同学们必备的学习技能，广泛涉猎相关知识，掌握科学的学习方法，培养自主学习和独立思考问题、分析问题、解决问题的能力，是大学阶段学习的重要特点。而中学生活相对单调一点，更多的是通过课本来获取知识，学习方法少，自由支配的学习时间相对较少。总之一句话，大学强调的就是自主学习。

（二）新的生活环境

大学生活是一个全新的天地，大学的生活环境较之于中学在空间、内容、方式上都发生了很大变化，自理能力强的同学会很快适应，应对自如；自理能力弱的同学，则可能计划失当，顾此失彼。大学生要尽快适应新的环境，既要学会过集体生活，又要学会独立处理学习生活中遇到的问题。进入大学之后，同学们离开父母独立生活，许多同学还远离家乡，个人自由支配度增大，衣、食、住、行、经济开支等都要靠自己安排处理；大学生来自五湖四海，兴趣爱好、生活习惯可能存在差异，互相理解和关心成为一种需要。

（三）新的社会活动

进入大学以后，党组织、团组织、班委会、学生会等组织活动增多；特别是由兴趣、爱好相同的同学自愿组织起来的各种学生社团的活动丰富多彩，同学们参加各种社会活动的机会大大增加。因此，同学们可以根据自己的特点和爱好、时间和精力积极参加各种活动，合理安排课余活动，锻炼组织和交往能力。这与中学时以学习任务为主、社会活动较少的情况有所区别。中学一般都没什么活动，同学们主要的任务是学习，很少出去接触社会，所以一定要扭转这种认知。换句话说，大学就是一个小型社会，在大学里一定要积极参加各种活动，让自己过得更充实，过得更有意义。

因此，大学生应该进一步树立自己的角色意识，适应角色的转换，实现中学到大学的"无缝对接"。可以通过积极的社会活动，产生角色的认知，找到社会角色与个性意志方面的最佳结合点；还可以积极向老师和高年级的学长请教，弥补自己在角色定位过程中的不足，学习过来人成长的经验，避免走弯路。树立正面的角色定位，完成角色转换。

【拓展阅读】

快速适应大学新生活

大学生可以通过以下几方面的努力，尽早适应、尽快融入大学生活：

（一）升华理想，确定新的奋斗目标

适应环境最根本的因素是要有明确的奋斗目标。进入大学后，专业方向已定，可以把美好的理想与所学专业结合起来，从社会理想的高度来认识上大学的意义，增强社会责任感和历史责任感，把社会需要与自身条件相结合，确立新的奋斗目标。

（二）摸索适应大学学习的方法

对大学学习的不适应最易产生情绪波动与自我评价偏差。刚入学，同学们要正确认识大学学习的特点，逐步摸索与自己水平、基础相适应的学习方法，注重自学能力的培养，学会管理和支配时间，学会应用工具书和利用图书馆等条件培养自学能力。

（三）尽快提高生活自理能力，养成科学的生活习惯

上大学后，同学们应该摆脱过去的依赖心理，在辅导员、班主任的指导下自觉主动参与集体生活，学会照顾自己。按时作息，养成科学的生活习惯，不要因为卧谈或者上网玩游戏而熬夜，影响第二天学习。计算机是一种学习的工具，控制好自己使用计算机的时间而不要让它来控制你。在大学里，一些同学由于网瘾荒废学习被退学、开除，追悔莫及！

学习之余参加一些文体活动，不但有利于缓解学习压力，调节生活，还可以放松心情，有助于提高学习效率。

（四）学习掌握人际沟通技巧

与来自祖国各地，性格、家庭背景、风俗习惯各异的同学交往，难免会有矛盾，需要同学们把握交往机会，学习沟通技巧，采取积极主动的方式与他人交往，并能够做到用宽容的心态去接纳别人，用赞赏的眼光去学习别人的长处。

三、大学资源在何处

（一）学校品牌

大学最大的资源是什么？据说基辛格考到哈佛，发现哈佛的信笺纸就是一种资源。所以，他到哈佛的第一件事，就是策划一个邀请各国政要参加的国际论坛。他用学校的信笺纸给各国的元首写信，不久收到十八封各国领导人的回信，表示有兴趣参加这个论坛。基辛格把信交给校长，随后给来信人发出正式的邀请函。这为基辛格日后的发展奠定了坚实的基础。所以，首先要明白，学校品牌是我们拥有的第一资源。

（二）大学精神

大学精神文化主要体现为自由精神、科学精神、民主精神和创新精神。这几种精神互相关联，互相促进，表现着大学精神文化的一般特征，共同构成大学精神文化的精髓。

自由精神。追求自由是大学基本的精神。大学依赖于自由的环境和对自由的追求完成其使命。自由精神主要体现在教学的自由、研究的自由、学习的自由。自由精神还体现在大学的办学自主权上，即大学具有面向社会自主办学的权力，这也是办大学的重要条件，是大学相对独立性自治的体现，它与教学、研究和学习的自由相伴而生，相辅相成。

科学精神。这里所说的科学精神，不是狭义的纯粹的单指自然科学的科学精神，而是包括人文精神与科学精神相统一的大科学精神。大学要研究人类与宇宙的奥秘，要传递、创造与运用高深的知识；大学要开启民智，培养社会所需要的高层次人才；大学要以自己的良知批判与改造社会，引导社会健康有序的发展……这一切实际上体现着道德的规范、知识的力量、文化的至善、物质的繁荣、人类的发展、自然的法则相容相生的统一，体现着人文与科学互为促进的统一。

民主精神。大学的民主精神是指大学追求校园民主与社会民主进步的精神。大学的民主精神强调人的自主、自由、平等与进步，强调人性的尊严和个性的发展。大学的民主精神强调在教学、科研、学习、学术面前人人平等；强调学者有追求学术进步、献身真理的权利，在真理面前人人平等，大学的民主精神强调提倡大学的相对独立与大学的自治；大学的民主精神，提倡充分发展学生的能力与个性，追求创造一个民主进步的社会，促进社会的全面进步与发展。

创新精神。所谓创新精神是指继承与扬弃相结合，借鉴与批判相结合，不崇古，不崇洋，不墨守成规，勇于推陈出新的精神。大学不仅传递文化，更重要的是选择、批判、创新和超越文化，体现出一种生机勃勃的向上的创新精神，批判性、前瞻性和引导性是创新精神的基本特征。大学的崇高意义不仅在于它为社会各行各业培养了许多具有创新意识和创新能力的人才，而且在于它为社会培养了具有领先时代潮流的英雄人物，在于它传承科学文化又创新科学文化，在于它批判人性又提升人性，在于它考问社会价值又修正社会价值，在于它提高人类战胜自然的能力又促进人与自然的和谐。

大学精神文化有利于个人的全面发展，培养高素质的创新人才。大学精神文化能使生活在其中的个体受到潜移默化地影响，在思想观念、心理素质，行为方式、价值取向等方面与主导文化产生共鸣，从而实现对人的心灵、精神、性格的塑造。

（三）良师益友

良师益友是一生受益的人生财富。子曰："三人行，必有我师焉。择其善者而从之，其不善者而改之。"孔子作为儒学大师，仍能虚心向别人学习，更可贵的是不仅能以善者为师，还能以不善者为师，这种虚怀若谷的精神十分值得我们学习。教师是大学的灵魂，大学新生要善于向老师请教。同学和学长不但是自己的学习伙伴，也是最好的信息来源，在未来还是重要的人脉资源。可以说，在大学学习过程中结识的良师益友，将对未来的人生和事业发展，提供很大的帮助。

（四）图书馆

图书馆是学校教学和科研工作的重要组成部分，其作用在于向读者提供文献资料、情报信息，使读者获得知识，受到教育。

在大学所有的学习资源中，图书馆应该是大学生最亲密的“伙伴”。大学的学习离不开图书馆，能否很好的利用图书馆，几乎就意味着你的大学学习是否成功。每所大学都会有自己的图书馆，有些院系也拥有本院系专门的图书资料室。大学新生入学办理一卡通之后，不妨去学校图书馆大致浏览一番，弄清楚怎样使用电子检索系统找到自己想要的书，怎样浏览图书馆新进的书籍，哪个阅览室有哪方面的图书，外借书一次可以借阅几本，续借有什么要求等问题。

通常，图书馆有两种“泡”法。一种是带有非常强的目的性，如阅读老师在课堂上推荐的专业书籍，为了写论文查阅资料，或者是从自己的兴趣点出发，有意识地检索某一方面的书籍。另外一种则有一定的随意性和娱乐性，没课的时候到图书馆看看小说消磨时间，或者到期刊阅览室翻翻最新的报纸和杂志，时刻与社会保持同步，还可以看看本专业的前沿和动态，这些会对你的将来大有裨益。对现代的大学生来说，获取最新的资讯信息也是学习中必不可少的一个环节。

【拓展阅读】

要充分利用好北大资源——北大校长给新生的建议

北大虽是百年学府，但她承继了我国近两千年的太学和国子监的传统。文化底蕴很深很深。特别是东方传统文化。有学者说今天这个信息化、全球化的时代里，只有融会中西才能成为真正有价值的国际化人才。对于一个真正的成功者来说，它既需要西方的科技合理性，也要有东方的心胸和美德。相比之下，后者可能更重要一些。许多中华的传统美德，例如“中庸之道”“正大光明”“将心比心”“严于律己，宽以待人”等，都可以成为我们在追寻成功时的最好指南。

北大的资源分为有形和无形两方面。有形的是老师、同学、图书馆、北大的景物；无形的是北大的历史和北大的精神，蕴藏在有形之中，尤其需要发掘。

北大的老师是非常优秀的，他们的知识是渊博的，但像未名湖一样平静而不张扬，你们要认真听他们（特别是老先生）的课，他们几十年积累的精华，经常在无意中说出来，你们要记在笔记本上，终生受益。争取和老师零距离接触。北大老师是爱才的，但他们时间很宝贵。他们喜欢有思考的学生，乐意回答他们的问题。因此，你们不要问低级问题，也就是认真看书，稍加思考就能回答的问题。你们的问题必须是百思不解或发现老师漏洞的问题。你能把老师问倒了，使他哑口无言或者说，这个问题我要认真想一想。你不要怕丢老师面子。这时，他非常高兴，他会说我教出一个好学生。让学生超过自己，把自己毕生经验传授给学生，这就是北大老师的胸怀。王选宁可让自己十多项专利失效，也要学生用软件代替他的软、硬件结合的技术。

北大老师由于水平高，对同一事物理解的深度是不同的。我读书时，高年级有个读书班，由老师指导学生学习。我有幸得到许宝禄（同音）先生的指导。许先生曾留学英国伦敦大学和剑桥大学。1940 年回国后，一直在北京大学执教。他是中国最早从事数理统计学和概率论研究并达到世界先进水平的优秀数学家。他身体不好，不能上大课。每次学习都在他家。他指定一本外文专业书，每人看一章，然后在读书班上讲。我们看的书许先生没有读过。听课时，他比我们更认真。同学们讲完了之后，他谈体会。本来平淡无奇的定义和定理，到他那里变成了有趣而且有丰富内容的知识。当时正在批判“教授无知论”，但我从许先生身上看到，教授们的知识如海洋，深不可测。

即使是不知名的老师，你也可以从他们身上学到很多东西。1958 年北大承接空军第三研究所研制的数字式电子计算机任务。由教务处张世龙老师负责总体设计。他思路和别人不同，一是用分离元件，而科学院研制的是一整块。另一个是既有电子管也有晶体管，也就是具有第一代和第二代的特点。你和每个老师接触，就会发现他们有些观点与众不同，这就是北大人喜欢独立思考的表现。

北大的学生个个是强手。北大学生是全国高等学府中素质最高的。“人不疏狂枉少年”，这是北大学生的特点。北大学生的“狂”是与才华横溢联系在一起。每年北大都有一些奇才、怪才、天才。三人行，必有我师焉。英国一位名校校长说过：名校学生的知识 70％来源于同学。所以，蔡校长希望同学互相切磋。我大学同学赵似兰告诉我，她读书时有问题向同学张恭庆请教，他的解答比老师更简洁，更明白。我在 1958 年北京市大抓麻雀时，负责带一个组掏麻雀，前两天无功而返，只剩下最后一天，为了完成任务，我向中学学动物学的同学请教。他说，要抓麻雀必须了解鸟类个性，它们是早出晚归，你只能在这两段时间去。按照他的建议，晚上九点去掏麻雀，满载而归。我总结成一条经验：你从事不熟悉的工作时要向有经验的人请教。

同学中还有 2000 多留学生，向他们学习该国文化和历史。

北大图书馆藏书极多，有六百多万本，涉及人文科学，社会科学和自然科学的各个学科。馆藏的中文图书中有不少稀有版本或孤本。外文图书也有不少珍本。除书籍外，还有非书资料。新图书馆建成后我未参观过。现在毕业的一位学生在大一时告诉我，他曾经走遍图书馆各层，了解各部分的功能。你们在入学教育时就要详细了解这些情况。

北大的校园是美的。它的美不仅在风景美，建筑美，更重要的是燕园的一草一木都是浸透着北大人的精神和旗帜，从而形成了一个个生动的精彩美丽的载体，成为燕园中“永恒的风景”。

北大的无形资源就是北大的传统，北大的精神。这是一块圣地，百余年中国社会的痛苦和追求，都在这里得到聚集和呈现……一代又一代的中国学者，从这里眺望世界，走向未来，以坚毅的、顽强的，几乎是前仆后继的精神，在这片辽阔的国土上传播文明的种子。它不是一种物质的遗产，而是灵魂的塑造和远播。生活在燕园的人都会感到这种恒远同时又是不具形的巨大存在，即是一种北大特有的精神现象，这种存在超越时间和空间成为北大永存的灵魂。

读完上述文字，你有哪些感想？你认为读大学，应该读什么？应该如何充分利用身边的资源来成就自己？

四、专业与职业

（一）了解专业

1. 专业的含义

专业是学科和职业之间的桥梁，它按照学科进行划分，对应着一定的职业群。专业也是职业发展的基础，它为若干相近的职业群提供必要的基础知识和基本技能。

2. 专业的分类

从专业选择与转换角度看，可将专业分为三大类：

理工类专业，主要包括实用技术类、公安学类、职业技术教育类、数学类、物理类、化学类、生物学类、天文学类、地质学类等几十类专业。

文史类专业，主要包括哲学类、法学类、马克思主义理论类、社会学、政治学、教学类、中国语言文学类、历史学类、图书档案学类等。

文理兼收类专业，主要包括经济学类、体育学类、外国语言文学类、艺术类、中医学类、药学类、管理科学与工程类、工商管理类、公共管理类、新闻传播学类等。

（二）专业学习的价值

大学阶段的专业教育并不说明大学教育已经进入专才教育阶段，在大多数情况下，大学教育还应属于通才教育。学生有必要接触各个学科领域，包括自然科学、社会科学、人文科学等，成为一个有着全方位知识体系的人，从职业生涯规划的角度来说，就是在当今社会上最受青睐的“复合型人才”。专业不能给我们提供任何进入某个行业或者从事某个职业的保证，但是却可以为我们打开一扇通往某个职业目标的大门。相关专业知识为进入某个行业打下基础，许多行业的入门专业并不都是同学们脑海中的模糊印象，专业知识的应用范围其实很广泛。如果进行合理规划，可以让专业背景更加吸引人。学经管的同学从事新闻传播，专门报道财经类消息，做财经评论，进入“第一财经”或者专业类经济媒体；学中文的同学进入广告公司，从事文案创作和产品包装，每天都要绞尽脑汁地想出配合画面的漂亮广告词；学社会学的同学从事市场调查；学教育学的同学从事人力资源……经济学家林毅夫本科读的是农业工程，后来考取的是企业管理硕士，其工科背景和管理学思想对后来从事经济学研究带来极大的益处。其实专业打开的门并不仅仅是一扇，选择哪个方向，还得靠自己去慢慢摸索。

（三）专业与职业的关系

1. 一对一的关系

这种情况最为简单。一个专业方向对应一个职业目标，此类职业的技术含量相对比较高，也比较单一。这类专业和职业一般都适合于专业技术人员。

2. 一对多的关系

这类专业一般都存在于普通高校中，人们常说的宽口径、厚基础就是指这类专业。一个专业可以对应一个职业群，职业群一般由基本操作技能相通，工作内容、社会作用以及从业者所应该具备的素质接近的若干个职位所构成。职业群横向划分，是相同的职业存在于不同的产业或行业之中，如人力资源专业所对应的职业群广泛分布于国民经济的各个产业和行业之中。纵向划分，是同一职业存在于同一行业若干个不同的岗位及其可能晋升的职务上。

3. 多对一的关系

就是多种专业都可以发展到某一种职业的形式。这类职业一般属于管理型人格的职业。比如高校教师、科研人员、新闻记者、编辑人员、营销主管、企业管理人员等。对于某一职业比如新闻记者，它可以接收经济学、新闻、中文、哲学、历史等许多专业的学生。

【拓展阅读】

不怕专业冷门，只怕学艺不精

不同专业有不同的职业规划办法，人家没有专业的都能够取得职业的成功，何况有专业的呢，关键是不要让你的专业成为前进的包袱而要成为发展的基石，根据自己拥有的资源不断去调整和积累，职业之路才能越走越宽。

1. 工具类专业，这类专业的特点是专业本身只是一种工具，比如语言类专业，管理类专业等等。对于这类专业，要想获得比较好的职业发展，最关键的选择是要入行，否则想获得职业的可持续发展非常之难，职业之路会越走越窄。

2. 职能性专业，这类专业本身就是为企业的职能而设定的，比如财务、人力资源、营销、投资等等。这类专业的职业生涯其实是最容易规划的，只要坚定的沿着自己的方向走下去就能够成为一个领域的高薪人士。对于这类专业，需要注意的首先是要尽可能地选择一定规模的企业，因为只有这样这类专业才能够发挥作用，创造更大的价值，个人的发展空间才会大。有的企业只有一个出纳一个会计，你做财务能有多大前途。其次是要加强本职能领域的相关技能提升，遵循我前面所说的职能原则，保持内在职业生涯的连续性，不要轻易地改弦更张。要把本领域的事情做深做透而不是停留在知道或了解的层面，不断向更高端进阶。同时你的外职业生涯也会沿着本专业的既定职业路径发展，比如会计——会计主管——财务经理——财务总监，或者招聘专员——薪酬专员——人力资源经理——人力资源总监等。举个最简单的例子，同样是做人力资源的，有的人年薪2～3万，有的人年薪上百万，薪酬差距天壤之别。原因就在于前者没有体现出来专业性。比如人力资源最基本的工作招聘面试，拿2万的人的面试水平比非专业的人强不了多少，他们只是在这个岗位上从事这个工作而已，对于人力资源的高端工作比如薪酬设计、绩效考核之类也没有形成自己的体系和见解，自然与高薪无缘。等到了一定的高度你可选择的余地就会非常宽广。专业职能的人最容易去怀疑自己的专业价值，其实那是因为你的专业影响力不够。我遇到过做人力资源的朋友，说公司不重视人力资源，我说这恐怕有部分原因是你工作不到位，没有发挥专业的影响力让公司看到你工作的价值。

3. 行业型专业，这类专业一看名称就知道你应该进那个行业，比如化学工程、造纸、通讯等等。这一类的专业当然你能够喜欢那是最好，直接进入和其相关的行业，踏踏实实去做，一步一步成为行业的专家或者高级管理者。不喜欢找一个方向去做也能够取得成功。

4. 研究性专业。比如考古、马列之类的专业。如果喜欢这类专业，那就干脆一路读到博士，老老实实待在大学或者研究所做研究，实在耐不得寂寞可以做个兼职之类的，收入也不见得低。

5. 垃圾类专业。这类的设置有很多，几乎就等于没有专业，甚至有时候还会限制一个人的发展，这时候最好的做法恐怕是只能忘记专业，来靠个人素质谋求长远发展了。

找工作要不要专业对口？这个问题看似简单，却影响了很多人的职业发展。大学生毕业时的第一反应就是寻找专业对口的岗位，总觉得花了好几年学个专业不能实践一下实在太可惜，对于专业不对口的岗位，连投简历的勇气都没有，尤其是在就业环境越来越恶劣的今天。但是你要想获得职业生涯的发展，一定不要有专业限制的包袱。能够学到自己喜欢的专业并找到本专业对口的工作固然是一件幸事，但是学到了并不理想的专业并没有什么大不了的，一样可以通过自己的努力获得成功的职业生涯。

第二节　学会自我管理

一、学习管理

学习管理也叫学业管理。学习管理是大学生最基本、最重要的自我管理。大学的学习特点与中学时代相比已发生了明显的变化：学习内容相对深奥和广博，学习方法上不仅要明确“学什么”，更要掌握“怎么学”；学习环境相对自由独立，培养自学能力是关键，学习态度上须由“要我学”转到“我要学”。

个人的学习力，不仅包含它的知识总量，即个人学习内容的宽广程度和组织与个人的开放程度；也包含它的知识质量，即学习者的综合素质、学习效率和学习品质；还包含它的学习流量，即学习的速度及吸纳和扩充知识的能力；更重要的是看它的知识增量，即学习成果的创新程度以及学习者把知识转化为价值的程度。

学习力有三个要素：(1) 学习动力是指自觉的内在驱动力，主要包括学习需要、学习情感和学习兴趣。(2) 学习毅力，即学习意志，是指自觉地确定学习目标并支配其行为克服困难，实现预定学习目标的状态。它是学习行为的保持因素，在学习力中是一个不可或缺的要素。(3) 学习能力，是指由学习动力，学习毅力直接驱动而产生的接受新知识、新信息并用所接受的知识和信息分析问题、认识问题、解决问题的智力，主要包括感知力、记忆力、思维力、想象力等。相对于学习而言，它是基础性智力，是产生学习力的基础因素。

【拓展阅读】

清华大学顾秉林校长给毕业生的忠告

一、方向比努力重要

未来的世界，充满了不确定性和风险性，谁能够在有限的时间里尽早做出正确的方向选择，那么谁就将成为这个领域的领头羊、专家或者权威；现在是讲究成绩的时代，公司，企业，政府，需要的是有能力且能与企业方向共同发展的人，而不是一味努力但却南辕北辙的人，自己适合哪些行业，哪些职业，有很多东西是先天决定的。只有充分发挥自己的潜能，而不是总以自己的弱点对抗，一个人才能出人头地。方向不对，再努力，再辛苦，你也很难成为你想成为的那种人。

二、能力比知识重要

知识在一个人的构架里只是表现的东西，相当于有些人可以在答卷上回答如何管理企业，如何解决棘手的问题，如何当好市长等等，但是在现实面前，他们却显得毫无头绪，不知所措。他们的知识只是知识，而不能演化为能力，更不能通过能力来发掘他们的潜力。现在很多企业都在研究能力的模型，从能力的角度观察应聘者能否胜任岗位。当然，高能力不能和高绩效直接挂钩，能力的发挥也是在一定的机制环境、工作内容与职责之内的，没有这些平台和环境，再高的能力也只能被尘封。

三、健康比成绩重要

成绩只能代表过去，进入一个工作单位，就预示着新的竞争赛，新的起跑线，没有健康的身心如何应对变幻莫测的市场环境和人生变革，如何应付工作压力和个人成就的矛盾。在现代社会，拥有强健的身体已经不是最重要的了，健康的身心越来越被提上日程，处理复杂的人际关系，承受痛苦与折磨，缓解压力与抑郁，这些都将成为工薪族乃至学生们常常面对的问题。

四、生活比文凭重要

当这个社会看重文凭的时候，假文凭就成为一种产业，即使是有能力的人，也不得不弄个文凭，给自己脸上贴点金。比起生活，文凭还重要吗？很多人找女友或者男友，把学历当作指标之一，既希望对方能够给他（她）伴侣的温暖与浪漫，又希望他（她）知识丰富，学历相当或更高，事业蒸蒸日上。我想说，你找的是伴侣，不是合作伙伴，更不是同事，生活就是生活，这个人适合你，即使你是博士，他（她）斗大的字不识一个，那也无所谓，适合就是和谐融洽，人比文凭更重要。很多成功人士在回头的时候都说自己太关注工作和事业了，最遗憾的是没有好好陪陪父母、爱人和孩子，往往还伤心落泪。何必呢，早意识到这些，多给生活一些空间和时间就可以了。

五、情商比智商重要

在新的世纪，情商将成为成功的最重要的因素之一。9.11 事件中，在许多员工和自己的亲人因恐怖袭击丧生的时刻，某公司 CEO 让自己镇定下来，把遭受痛苦的员工们召集到一起，说：我们今天不用上班，就在这里一起缅怀我们的亲人，并一一慰问他们和亲属。在那个充满阴云的星期，他用自己的实际行动帮助了自己和他的员工，让他们承受了悲痛，并把悲痛转化为努力工作的热情，在许多企业经营亏损的情况下，他们公司的营业额却成倍上涨，这就是情商领导的力量，是融合了自我情绪控制，高度忍耐，高度人际责任感的艺术。

要成为卓越的成功者，不一定智商高才可以获得成功的机会，如果你的情商高，懂得如何去发掘自己身边的资源，甚至利用有限的资源扩展新的天地，滚雪球似的积累自己的资源，那你也将走向卓越。

二、时间管理

时间管理技能被称为当今职业人三大核心技能之一，是一个人职业化素养的重要体现。时间管理就是用技巧、技术和工具帮助人们完成工作，实现目标。时间管理并不是要把所有事情做完，而是更有效的运用时间。时间管理的目的除了要决定你该做些什么事情之外，另一个很重要的目的也是决定什么事情不应该做；时间管理不是完全的掌控，而是降低变动性。时间管理最重要的功能是透过事先的规划，作为一种提醒与指引。时间管理是大学生需要注意学习的非常重要的技能，在外部压力骤减的大学时代，如何管理自己的时间决定着大学生活的成败。

大学生提高时间管理技能，要养成良好的个性习惯，要善于协调两类时间：一是他控时间，如学校安排上课、实验的时间；二是自控时间，即属于自己自由支配的时间。提高时间管理技能的具体方法有：善于制定长期计划并编写“每日必作表”，做到时间的高效立体支配；养成使用备忘录、通讯工具、交通工具等减少浪费时间的习惯；学习回避干扰的技巧，提高效率；立即行动，养成绝不怠惰和拖延的习惯；养成时时检查改进自己的时间支配效率的习惯等。

【拓展阅读】

大学生时间管理能力的培养

时间管理能力是大学生在学习、求职、就业等各方面都非常重要的能力，培养时间管理能力，不仅是为了适应时代发展，也是个人成才的必然要求。

一、养成良好的习惯

1. 对学习和工作事先作计划

每天、每周给自己定学习和工作计划和目标，对所学的和感兴趣的知识进行系统学习和记录；准备一个待办事项清单、时间记录本或效率手册，以备分析检查或查阅待办事项；在宿舍的台历或记事本上，标注当天或预定的学习与工作计划，以免遗忘，也可在电脑系统或电子记事本设置发声装置以便及时提醒；设身处地考虑自己是否浪费别人时间，或对别人有无帮助，如情况消极应及时纠正。

根据个人生活规律，选择每天精力最充沛、思想最集中的时间，去处理最重要的事情，如背单词、做练习等，这会达到事半功倍的效果。

2. 从现在做起

一定要克服“办事拖延”的陋习，推行一种“限时办事制”，规定在限定时间内（如4小时、8小时、当天）将学习或工作办完；并且，制订好了计划，就应当立即去做。

许多人习惯于“等候好情绪”，即花费很多时间用来“进入状态”，“没有状态”成为“拖延”这个陋习最轻易的借口。要知道，状态不是等出来的，而是干出来的。

3. 学会说“不”

计划赶不上变化，这是经常遇到的情况。确实有很多时候，自己原本已安排好了计划，但是经常会临时出现一些变化。例如，朋友拉你玩游戏或喝酒，会占用你大部分自由时间。

在这种情况下，要学会恰当地拒绝，这是时间管理中摆脱变化和纠缠的一种很有效的方法。当然，拒绝时要讲究技巧，不宜直截了当，而要委婉，用他人觉得确实是合理的理由来拒绝。要学会限制时间，不仅是给自己，也是给别人。不要被无聊的人和无关重要的事缠住，也不要在不必要的地方逗留太久，不要将整块的时间拆散。

4. 积极休闲

不同的休闲会带来不同的结果。积极的休闲应该有利于身心的放松、精神的陶冶和人际的交流，有利于提高办事效率。一些休闲性的活动，如通过打篮球、羽毛球等共同爱好来结识不同的朋友，同时也能提高办事效率。

5. 集腋成裘

生活中有许多零碎的时间很不为人注意，其实这些时间虽短，但却可以充分利用起来做一些事情。比如：等车的时间可以用来思考下一步的工作，翻翻报纸乃至记几个单词；运动时可回想遇到困难的事或急待解决的事等等。在疲劳之前休息片刻，既避免了因过度疲劳导致的超时休息，又可使自己始终保持较好的“竞技状态”，从而大大提高效率。

6. 有效搁置

不要固执于解决不了的问题，可以把问题记下来，让潜意识和时间去解决它们。这就有点像踢足球，左路打不开，就试试右路，总之，尽量不要“钻牛角尖”。

不要开展无谓的争论，不仅影响情绪和人际关系，而且还会浪费大量时间，到头来还往往解决不了什么问题。说得越多，做得越少，聪明人在别人喋喋不休或面红耳赤时常常已走出了很远的距离。

二、时间管理“决胜五招”

科学合理地使用时间，对大学生尤为重要。然而，在身边，时常会看到一些同学或上课迟到，或者寒暑假没有规划，得过且过，或者零散时间不懂得充分利用等现象，这都是没有进行时间管理的表现，是对宝贵时间、年轻生命的浪费。那么，大学生应怎样加强时间管理呢？

1. 做好大学几年总体计划

通过向老师和高年级同学咨询，提前了解大学几年每学期具体的教学任务和教学进度，保证自己在制定计划时与学校的教学秩序不相冲突。同学们应当主动关注大学几年学校的教学计划，每个学期安排了哪些教学课程，避免学习盲从和浪费时间。有些同学不清楚教学具体安排，自己报名参加了一些培训和社会实践，结果二者发生冲突，打乱了计划，影响了成绩，也没有达到培训或实习的目的。

2. 分清“重要”和“紧急”的事情

有些同学总是在抱怨时间很紧张，一天忙忙碌碌，却又不知道在忙些什么事情。这种“忙”只是一种假象，应当属于是盲目的“盲”。

原因就在于，分不清“既重要又紧张”和“紧张但不重要”的界限，在前面第一节虽然已经讲过，在这里，需要再次强调：二者的区别就在于，这件事是否有助于你完成某种对你重要的目标。

3. 抓住“零碎”时间

有些同学总认为学习需要某个环境，却忽视了身边很多可以利用的“零碎”时间。每天清晨起床时可以背几个外语单词，去教室的路上可以听外语，中途下课可以阅读时事新闻，中午午休前可以阅读一些课外书籍，晚上睡觉前可以回忆整理一天学习的内容，思考知识之间的联系等。同学们只要善于利用这些零碎的时间，将会收获许多意外的惊喜。

4. 决战周末

如果问“周末你在做什么？”大家会怎样回答呢？是否这样把周末浪费掉了：睡觉、逛街、看电影、玩电脑游戏、上网聊天……很多职场人士，经过休息调整后，仍然会选择学习。大学的学习相对轻松了很多，上课时间玩，课余时间也玩，将来在职场上怎么玩下去！在别人“玩”的时候学习、进行职业能力培养、拓展自己的知识面，只有这样，才能在激烈的人才竞争中脱颖而出。

5. 合理利用寒暑假

寒暑假时间加起来近 3 个月，如果充分利用，对于大学生个人的发展将产生巨大的影响。有的同学去农村义务服务，体验基层社会生活；有的同学去打工，增加社会经验；有的同学参加培训，增加职业技能；有的同学读书，丰富自己的知识……这些都是值得提倡的。不过还要注意：不管做任何事情，都不能盲目，要参照自己的职业目标，有的放矢，集中力量，合理规划，统筹兼顾。

三、人际管理

人际关系就是人们在生产或生活活动过程中所建立的一种社会关系。属于社会学的范畴，中文常指人与人交往关系的总称，也被称为“人际交往”，包括亲属关系、朋友关系、学友（同学）关系、师生关系、雇佣关系、战友关系、同事及领导与被领导关系等。人是社会动物，每个个体均有其独特之思想、背景、态度、个性、行为模式及价值观，然而人际关系对每个人的情绪、生活、工作有很大的影响，甚至对组织气氛、组织沟通、组织运作、组织效率及个人与组织之关系均有极大的影响。

人际交往是一门艺术，拥有成熟的人际交往技巧，将让我们的大学生活更加多姿多彩，而且会让大学生的未来之路更加畅通。一般而言，人际交往包括建立人际关系的能力、说服影响他人的能力、团队合作与协调的能力、倾听与沟通的能力、冲突处理的能力，等等。在大学里，父母、同学、朋友、老师、恋人等构成了大学人际关系的主体，用心经营大学的人际关系，将收获温暖的亲情、纯美的友情以及深厚的师生情等。

【拓展阅读】

经营人脉资源的六大原则

1. 互惠原则

即利人利己。利人利己是一种双赢的人际关系模式，利人利己者认为，世界之大，人人都有立足的空间，他人之得不必视为自己之失。利人利己观念以品格为基础：诚信、成熟、豁达。豁达的胸襟源于厚实的个人价值观与安全感，由于相信有足够的资源，所以不怕与人共名声、共财势，从而开启无限的可能性，充分发挥创造力与宽广的选择空间。但是，有些人喜欢使用二分法，以为利人则必损己，利己则必损人。于是，为了一己之利，便置他人利益于不顾，最后却往往落得一个损人害己、两败俱伤的下场。利己损人，世上多少争斗；利人利己，人间无限芳春。

互惠原则讲求利人利己，绝不是世俗的"互相利用"。利己的原始动机是在帮助别人的利他行为中得到心理满足，对方给予自己的帮助，只是自己利他行为的客观报偿，也就是说，利己的目的不是要索取什么，而是从中给予中达到欣慰。

2. 诚实守信原则

在人际交往中，一般人都喜欢与诚实、爽直、表里如一的人打交道。因此，在人际交往中应切记诚实守信的原则。马克思就曾说过："友谊需要忠诚去播种，热情去灌溉，原则去培养，谅解去护理。"墨子说："言必信，行必果。"孔子说："与朋友交，言而有信。"

信用的心理作用是给对方以安全感，人际关系是以互相吸引为前提，而这种吸引很重要的一点是双方必须在交往中达到心理上的安全感。因此，约定的聚会，要按时出席；承诺的任务，要力争完成；朋友托办的事，答应了，就要办到；借别人的款项、物品，要如期归还。这些不是无关紧要的小节，而影响到个人信誉和人际关系的大问题，切不可掉以轻心。

3. 互赖原则

集思广益的合作威力无比。许多自然现象告诉我们：全体大于部分的总和，不同植物生长在一起，根部会相互缠绕，土质因此改善，植物比单独生长时更为茂盛。两块砖头所能承受的力量大于个别承受力的总和。这一原理也同样适用于人类，但并非万无一失。只有敞开胸怀，以接纳的心态尊重差异，才能众志成城。

中国的伦理，使所有中国人，结成一个硕大的互依互赖网。孔子的"连带责任主义"，更使得我们彼此之间，息息相关，互相依存。互依互赖的正确意义，是互助而非倚赖。例如有甲、乙两人，如果"甲的义务，即系乙的权利；同时乙的义务，亦即甲的权利"，互相消而又互相益，便是互助。推而至于分工合作，成为更复杂的互助。

"红花要靠绿叶来陪衬"，任何事业，都不是个人独力所能够完成的，有赖于同仁的互助合作，因此，我们要树立"合则彼此有利，分则大家倒霉"的意识。共同努力，一起来担负责任，才能共策共力，达到真正互依互赖的境界。

4. 分享原则

分享是一种最好的建立人脉网的方式，你分享的越多，得到的就越多。世界上有两种东西是越分享越多的：一是智慧、知识，二是人脉、关系。正如萧伯纳所说：我有一个苹果，你有一个苹果，交换一下每人还是一个苹果；我有一个思想，你有一个思想，交换一下每人至少有两个以上的思想。同理，你有一个关系，我有一个关系，如果各自独享则每人仍是一个关系，如果拿来分享，交流之后则每人拥有两个关系。

你分享的东西是对别人有用有帮助的，别人会感谢你。你愿意向别人分享，有一种愿意付出的心态，别人会觉得你是一个正直的人，别人愿意与你做朋友，愿意与你打交道。

5. 坚持原则

坚持不放弃的人，才能有更多正面思考的时间、更深刻屡败屡战的信念，从而赢得更多成功的机遇。在经营和开发人脉资源的过程中，很多人缺乏坚持的韧性，主要表现：一是“三天打鱼，两天晒网”，一暴十寒；二是遭到拒绝之后，没有勇气坚持下来，结果错失“贵人”相助的良机。

坚持，可以让我们在困惑时柳暗花明；坚持，可以让我们在人脉资源中游刃有余；坚持，可以让我们在贵人助力的竞争中脱颖而出！正是由于夸父坚持不懈地追日，才拥有了现时的光明！“古之立大事者，不惟有超世之才，亦必有坚韧不拔之志。”这正是胜利者对成功经验的高度概括，因为他们深知：对前途失去信心的人，永远也享受不到成功的喜悦，唯有不断奋斗，坚持到底，辛勤耕耘人脉的沃土，才会构建广袤的人脉天地网络，最终达到“四海翻腾云水怒，五洲震荡风雷激”的人脉境界，实现“振臂一挥，应者云集”大成人生。

6. 用“心”原则

心与脉管相连，脉管为血液循行的隧道。《素问·平人气象论》说：“心藏血脉之气”。藏之于心的这种“气”，就是推动血液循行的动力。

上述所说的是在人的生理血脉系统运行中，心的主导和推动作用。同样道理，在人脉资源的经营中，我们只有以心换心，用诚心、真心、爱心才能换来心心相印的人脉脉动效果。

四、情绪管理

情绪智商（EQ）从英文原文 Emotional Intelligence 来看，它是一种“情绪智力”，或又译为“情绪商数”，指的是管理情绪的能力，代表一个人能否适当的处理自己的情绪，它的意义包含了“自制力、热忱、毅力、自我驱策力等”。一个高 EQ 的人通常是情绪稳定的，不会因小事产生剧烈的波动，而且，在产生情绪反应时，能够恰当的处理自己的情绪，对事与对人能有合理的想法，同时表现出合宜的行为。从 EQ 的研究发现，与生活各层面息息相关的“情绪智商”，指的是我们个人在情绪方面的整体管理能力。

【拓展阅读】

情绪管理四部曲

从心理学的角度而言，积极的心态带来积极的情绪，促发积极的行动！所以，积极的心态和情绪每个人毕生追求的一种状态。情绪是心态的核心，积极的心态有赖于积极的情绪。而情绪是我们中国教育里所缺失的。现在，就让我们来补上这一课吧！

1. 觉察情绪

要管理情绪，首先要能觉察到情绪。譬如你上山打老虎，如果你不知道老虎是啥样的，可能你打到只兔子还大声嚷嚷着打着老虎了。所以，情绪管理第一步，就是要能觉察自己的情绪是什么，是愤怒？是焦虑？是忧伤？是委屈？是失落？等等。

2. 接纳正常的情绪

健康情绪不是指时刻处于阳光状态。而是，你所表现出的情绪应与你所遇到的事件呈现出一致性。如果你失恋了，你伤心是正常的；如果你遇到抢劫，你有恐惧是正常的；如果你的亲人离世了，你有悲伤是正常的；如果你被误会了，你的愤怒是正常的。所以，当你的情绪体验符合客观事件时，第一时间暗示自己：我现在的情绪是正常的，这样一暗示，情绪张力就会下降，内心自然恢复平静。很多时候人的痛苦并不是来源于情绪本身，而是来源于对情绪的抵触。

3. 表达情绪

可能有些朋友会说，我时常在表达啊！据我的经验，中国人的表达情绪大部分时候都是在发泄，所以伤己伤人，妨碍沟通。健康的情绪表达，表达的是自己的情绪，主语是“我”。正确的表达方式，加上温柔的语气，会让人感觉到对自己的牵挂及爱，进而调整自己的行为。如果你有时候实在控制不了，要发火，教你一个管用的小方法：倒数8秒。这个方法实践证明非常有用。

4. 陶冶情绪

情绪管理能力需要一段时间的培养及锻炼，大家可以从以下几个方面来培养：(1) 尽量保持规律的生活习惯：生活规律了，情绪自然也就会规律，稳定了；(2) 培养至少两项兴趣爱好；(3) 照顾或帮助他人；(4) 时常听轻音乐或者大自然音乐。这些音乐一般在音乐软件里都可以搜索到；(5) 和情绪稳定的人交往；(6) 至少有两个可以谈隐私的知心朋友，实在没有，至少要有一个心理咨询师。

第三节　规划学业发展

一、学业规划是大学生第一堂必修课

学业规划是做好职业生涯设计的前提和基础，制定并实行良好的学业规划可以更好地迎接社会的挑战。

（一）有助于发掘自我，促成自我发展

一份有效的学业规划设计，包括自身条件和现实问题两方面，因此它能够引导大学生认识自身的个性特征、现有的和某些潜在的资源优势，帮助他们重新认识自身的价值并使其持续增值，引导他们对自身的长处和短处以及综合素质进行对比分析，引导他们弄清个人目标与现状之间的距离，引导他们学会如何应用科学有效的方法、采取切实可行的步骤，不断增强自己的专业竞争力，从而实现自己最初的梦想。

马斯洛的五层次需求理论指出：高层次的认识需求能否实现很大程度上依赖于自己职业生涯的进展状况，而一个科学可行的职业生涯又是以一个良好的学业规划为前提和基础的。现代著名文学家刘英曾说过这么一句话："人生最可怕的不是疾病、贫穷、死亡，而是自己拥有很多的剩余时间而不能过有价值的生活。"我们很难想象，一个抱着"和尚撞钟"的心态浑浑噩噩度日的人能实现自己高层次需求，能感受到人生成功的快乐吗？

因此，大学生都应该是自己人生、学习、事业的规划者和耕耘者，设计自己的发展蓝图。为实现自身价值准备、创造、抓住机会，从而使自己的成功的可能性更大，效果更好。

（二）有助于促使大学生集中精力、提高热情，增强青年大学生的主动性

如果大学生没有自己的学业规划，大学生的时间、精力就会处于荒废和散乱之中，很容易进入与学业无关的琐事中，虚度美好光阴，相反，拥有自己学业规划的学生能够合理调节自己的日常学习，自己做的每一点都是实现未来目标的一部分。学业规划使得大学生心中的理想具体化，更容易实现，对学业的顺利完成做到心中有数，热情高涨；也使得他们心中学习意识的转变，从"要我学"变为"我要学"，变被动为主动，增强青年学生的主动性。

（三）有助于当代大学生的自我定位，尽早地明确自我的人生目标

学业规划的前提是认识自我，只有认识自我、了解自我，才能有针对性的明确学业方向，而不盲目化。认识自我是对自我深层次的解剖，了解自己能力的大小，明确自己的优势和劣势，根据过去的经验、经历，选择未来可能的工作方向，从而解决"我想干什么"和"我能干什么"的问题。自我定位是学业规划乃至人生规划和行动得以成功的基本依据，正所谓"知己知彼，百战不殆"。

【拓展阅读】

学业规划需要理顺四大关系

1. 学业与专业的关系

在学业规划中，专业是确定学什么的重大因素，不同的专业决定了不同学习内容以及未来的职业方向。对于大学生而言，专业学习是学业的主要组成部分。珍惜自己的学业，学得其所，努力培养自己的专业兴趣，把自己的爱好和国家需要、社会发展有机统一起来，掌握专业知识、专业技能和相关能力，培养自己的专业素质。

2. 学业与职业的关系

学以致用是最符合经济效益的个人发展原则。因此，自己从事的第一份正式职业如果是原来所学的专业，对提高个人发展效率有着非常重要的战略意义。大学毕业后，你

可以从事你学过的专业，但在社会分工越来越细，在每行所需要的知识和技能越来越专业的时候，你要在非本专业上承担起相应的工作，那么你是要花费很大的个人代价（时间、精力、金钱），所以，争取让自己的专业和毕业后所从事的职业联系起来，尽量避免个人走弯路。

3. 学业与事业的关系

学业是我们获取职业和事业发展的准备。事业是我们实现理想的道路。古人云："取法乎上。"入学之际，大学生需要高扬理想的旗帜，方能有所作为。理想的实现需要有一个实现理想的平台作为依托，没有事业这个平台理想就只是幻想。将现在的学业、将来的职业和未来的事业联系起来，在学习的过程中，充分认识所学专业在国家建设和社会发展中的意义、作用和发展前景，立志献身其中，在工作中充分实现自己的人生价值。

4. 学业与就业的关系

就业是学业的导向，学业决定就业。以就业为学业的导向，有利于大学生专业的选择、学业目标的调整、学习方式的改变、学习外延的拓展以及综合素质的提高。同时，就业也是衡量学业成就的重要标志。要想将来顺利毕业就必须具备强烈的事业心、广博精深的专业知识、较强的沟通协调能力、良好的心理素质和强健的体魄以及创新精神，这些都应当在完成大学学业过程中努力培养和提高。

二、以"国内读研"为目标的学业规划

许多大学生为了提高自身的就业竞争力，把升学作为毕业后的首要选择。面对现实的就业形势，为了提高学历层次，有相当数量的本科毕业生选择了升学。他们认为将由此可以获得更强的就业竞争力，更高的收入，更大的发展潜力、空间和机会。一句话，就是希望能够获得更大的人生发展主动权。

（一）考还是不考，这是个问题

升学还是不升学，这是大学的一个分水岭，当开始思考这个问题的时候，表明大学生已经着手规划自己的职业生涯（虽然可能只是模糊的），这也是一个"集体无意识"的问题，一茬一茬的大学生都在前赴后继地思考、斟酌、决策，试图找到最适合自己的一种方案。

有的同学升学，是基于"学术追求"。对所学专业由入门到入迷，觉得大有继续研究下去的必要，因而升学，期待在学术上有所建树。这是研究生的本来含义，也是大部分同学的升学动机。

有的同学升学，是为了"逃避就业"。校园里舒适安逸的日子过惯了，哪里忍受得了找工作的纷乱复杂，悲悲喜喜。大学生就业难又是不可否认的现实。既然年龄尚小，不如升学，既能得到更高层次的学历，又能逃避严峻的就业形势，多过几年逍遥自在的校园生活。

有的同学升学，是为了"改换专业"。原来所学专业就业前景不好。升学可以获得一个重新选择的机会。

有的同学升学，则是"为未来增加筹码"。人才高消费是未来的趋势，今天的人才市

场上还是本科毕业生在“扛大头”，也许明天就会演变成硕士学历者的天下，还是趁着年轻，多拿一个学历在手里，未来更有保障。

有的同学升学，则是因为“学历情结”。为了升学而升学。因为这个原因选择升学的人还是大有人在的，其中许多人是因为背负着父辈的希望。

为了什么而升学，是首先需要明确的问题。在升学热潮一浪高过一浪的时候，选择升学，需要坚定明确的理由。大学生必须树立正确的升学观，理性升学，合理规划人生。升学只是实现人生目标的一种手段，不是唯一途径。不能为了升学而升学，不能无意识升学，不能盲目升学，更不能用高成本来换取高学历。

（二）如何做出决策

是否要升学？很多大学生面临选择的苦恼，必须有一套分析和决策办法，做出理性判断，进行抉择，然后无怨无悔地去践行。决策是否升学有很多方法，下面介绍一种简单的方法：自我追问法。

首先，要目标如一。就是不断地、反复地问问你自己。你是否有目标？你的目标是什么？你的目标是否清晰？你清晰的目标是否始终如一？拿出一张纸，非常确切地写下自己的人生目标，可以是长期的，也可以是短期的；可以有生活的，也可以有工作的。但是，目标一定要切实可行，而不是异想天开。对着目标凝视三分钟，在脑海中呈现与目标关联的画面，就像是蒙太奇的电影，跳跃性地展示目标达成之后自己的所处所景，所作所为，所思所想，让自豪感和成就感充满全身上下。

其次，要一分为二。就是一分为二地进行考虑。升学有什么好处，又有什么坏处？拿出一张纸，请写下升学的好处，譬如学习深造，夯实基础之类比较务虚的就不用写了，尝试深度挖掘一下升学对于自己的独特好处，这也是区别于“无意识”的跟风升学的唯一理由。同时，也写下就业的好处，也要深度剖析选择就业，对于当下的自己存在哪些有利的益处，这也是区别于“被就业”的根本因素。

第三，三思而行。结合自己的目标，对着各自的优缺点，三思而行。还拿出一张纸，比较一下，升学的好处相比较于其劣势，是否足以弥补？假定，现在做出一个初步抉择，如果选择了升学，是否会丧失更多的就业机会而懊恼？如果选择了就业，是否因为没有参加升学而悔恨？有没有第三条路，就是把升学和就业结合在一起的路？

第四，制订行动。就是制订行动的方案。把前面的三张纸平铺在自己眼前，从目标考试，再到最优方案；又从最优方案倒追，返回到目标，如果能很好地说服自己，如果自己认为这就是自己想要的，那么就不是问题了。再拿出一张纸，记录自己的行动方案。你要制订自己的“计划”，把“计划”分解成可“执行”的步骤，针对每一个步骤能够有“检查”的因子，结合校正因子有改良后的“行动”。

（三）关于升学的规划

既然已经做出了升学的决定，那么接下来就是具体的规划了。很多大学生都是毕业才做打算，临时抱佛脚，其结果可想而知。科学的升学规划，应该是从大二开始明确。

大一阶段，刚进入大学，还在熟悉期，主要以适应大学生活，打好专业基础为主。这个时期，应学好各类专业课和通识课程，深入了解专业，提升职业素养，为大二时期做出各种决策打下良好的学业基础。

大二阶段，经过大一时期的历练，大学生可以按照上述方式，确定是否选择升学道路。一旦选择了升学的道路，那么，就要进行针对性的准备了。一旦决定了升学，那么大二可以结合专业学习，有针对性地为升学进行专业方面的准备，打下坚实的专业知识基础，毕竟专业是决定升学成败的关键。除了课堂上专心听讲，记录笔记，多向老师进行请教之外；还可以积极与师兄师姐进行交流，获取相关的经验，少走弯路。

大三阶段，升学准备进入白热化阶段。这个时期，应该强化英语、政治科目的学习。这也是升学获得优秀成绩的重要因素。英语和政治的学习有一定的规律可循，应该掌握科学的学习方法，如制订严格的学习计划，正确选择参考资料，合理利用时间，适时进行总结，广开学习渠道等。一定要选择一套适合自己的学习方法。

毕业阶段，这是巩固和强化阶段。经过大二专业知识的学习和大三英语、政治的准备，毕业就是根据自己的具体情况，进行针对性的强化。同时，升学报名也拉开帷幕，选择合适的院校、专业、导师都需要认真的思考和权衡。这个时候，一定要切合实际，不宜盲目草率，不宜想当然。报考过程中，多了解导师的情况，多向前辈打听相关的消息都是成功的必由之路。

【拓展阅读】

学业规划成就我的学术研究梦

浓厚的兴趣与坚定的信念是升学成功的基础。王军，男，江苏泰州人，2009 年至 2013 年就读于苏州大学文正学院，专业为法学；2013 年顺利通过国家研究生入学考试，被南京大学法学院录取，研究方向为诉讼法学。

因家庭氛围熏陶，王军从小对法学产生了兴趣，起初只是对律师这个职业的崇拜，进入大学学习专业知识后，了解了法律的真正意义，开始了他的法学研究之梦。大一下学期，专业课逐渐增多，通过课堂上任课老师的点拨，他利用课外时间阅读了大量法学相关书籍，对法学也由渐渐入门到慢慢入迷，想要更加深入了解、研究法律这门学科的愿望越来越强烈，在与父母、班主任以及专业课老师的沟通后，坚定了升学的决心。大二开始，他投入了升学备考状态，经过多方调查，确定了升学目标学校，对其法学院历年录取情况进行了解，获取其升学推荐书目，与目标学校的学生取得联系，将书目单与现学的课程有机结合，有针对性地打下坚实的专业知识基础；同时，他也加强对英语的学习，利用学习《大学英语》的机会，将做英语升学试卷中碰到的问题向英语老师请教，争取在英语中做到不失分。大三下学期开始，他将对专业知识学习的精力转移一部分在政治学习上面，法学的专业知识与升学政治的部分知识相通，利用此优势顺利完成了这部分的学习。认真备考的同时，他利用课余时间参与了学院法学专业的社团“文正法学”，参与了《法缘》杂志的编辑工作，不断给学术研究注入新鲜血液，这也使他对法学研究的兴趣越来越浓、意愿越来越强烈。

大学中会有迷惘，但请一定坚持自己最初的信念，命运会给你最忠诚的答案。

三、以“出国留学”为目标的学业规划

当今世界，和平与发展成为时代的主题，随着经济全球化趋势发展，国际合作领域将不断拓宽。随着我国经济的发展和国际化人才的大量需求，出国留学已成为越来越多的毕业生的选择。

（一）申请留学，开阔视野

一般而言，出国留学不仅能开阔视野，也能给自己提供一个学习新东西、新理论的机会。但出国留学要注意留学的意义和效果，如果盲目出国，不考虑留学的国家和专业，也没有想过留学对今后的职业生涯会产生什么样的影响，甚至抱着“只要能出去，哪里都可以，专业也不是十分在乎”的态度，这是十分不可取的。

留学同样需要规划。出国留学只能算作人生中的一段重要教育经历，留学结束后还有更长的路要走，你必须事先思考下列问题：将来回不回国？硕士毕业马上就回国还是在国外工作和生活一段时间后再回国？抑或继续攻读博士学位？如果这些问题思考不深入，将来很可能会后悔今天的决定。

出国留学选择专业很重要。不要盲目选择专业，要注意考虑自己今后所要从事的职业。不要一味追求热门专业，这样会使学习困难重重。要选择自己喜欢的以及与自己今后从事的工作相对口的专业，这样就能使自己少走弯路。毕竟，毕业生的就业机会与他们在毕业之前的工作经验以及他们在学校所选择的专业十分相关，西方发达国家的企业更强调应聘者的工作经历和所读专业的优势。

（二）理性思考，确定留学

留学前，一定要多搜集资料，充分了解留学的目的地，是美国、英国、法国、加拿大、澳大利亚、新西兰等西方发达国家，还是日本、韩国、新加坡等亚洲国家。应该充分了解国外教育的体制和特点，充分估计选择留学后的各种投入。不要仅仅看到国外表象上的一两点或者跟风，就轻率地做出留学的决定。毕竟，如果没有奖学金的话，留学的昂贵投入并非一般家庭所能承受；况且，即使留学归来，“海归”变“海待”的事情也是屡见不鲜的。

一旦确定要留学，不管是自费，还是申请奖学金，都要开始进行长期的准备。最先具备的，就是良好的外语水平，根据所留学目的地，都需要掌握英语等一两门娴熟的外语。外语水平是留学的基础，这一点不仅表现在国外生活的各个方面，尤其决定着能否最终顺利通过国外大学的毕业考试和论文答辩，获得学位和文凭。其次，如果是想获得奖学金的话，优秀甚至是优异的专业成绩，超强的综合素质及卓越的职业素养都是必不可少的。这是从众多竞争者中脱颖而出的必要条件，也是需要在留学准备期间必须通过各种途径去提升、培养和突破的。

（三）合理规划，制胜留学

一旦确定留学的目标，合理的规划就是留学制胜的前提。一般而言，需要进行以下几方面的准备：

1. 选择合适的课程，通过语言关。确定留学国家之后，一定要选择适合的课程，提高语言能力。学好语言，并非考试成绩高就行，而是要具备听、说、读、写等各项能力，不宜是哑巴外语，否则寸步难行。

2. 搜集相关信息，准备申请材料。可以借助国外大学的网站去获取自己最需要的信息，逐步确定要申请的大学和专业。可以适时关注一些国外大学的在华招生公告，及时向招生负责人进行咨询，并在招生老师的帮助下开始准备大学所要求的材料。

3. 参加语言测试。申请英美等国家，需要提供托福、雅思成绩；申请法国，则需要参加 TEF/TCF 考试。参加哪项考试，由招生国家确定。一般要想顺利申请大学，测试的成绩都应在满分的一半以上。

4. 申请学校。一般说来，大部分大学都会要求如下材料：个人简历，申请信，出生证明，导师推荐信和个人研究计划（如果申请硕士课程），学位文凭复印件及其公证资料，最近三年学习成绩单，实习或职业经历证明，语言水平证明。很多大学都可以在网上注册，但以上材料大部分是要靠邮寄的方式交给大学，所以一定要考虑邮寄所花费的时间。

5. 申请留学签证。经预约到签证处递交签证申请，一般需要携带以下申请材料：评估面试的证明，贴有照片的签证申请表以及护照规格照片，护照原件及复印件，身份证原件及其复印件和翻译件，资金证明（原件、翻译件及复印件一份），银行存款证明，父母的收入证明，父母签字的负担子女在留学期间费用的证明，出生证明（原件及复印件一份），注册私立学校的学生需要提供学费缴付的证明（原件及复印件一份）。

【拓展阅读】

学业规划开启我的留学之旅

一切若有规划，一切皆有可能。蔡雅，女，江苏南京人，2003 年进入苏州大学文正学院电气工程与自动化专业学习；2012 年被美国常春藤盟校康纳尔大学录取并获得奖学金，2014 年获得该校 MBA 学位。

大一期间，她参与了校内学生社团组织的一些活动，觉得自己在管理方面有一定的潜力，而且兴趣很大，萌生了学习商业管理知识的念头，接着通过自己网上调查，与班主任、家长、同学、朋友不断交流沟通后，了解到西方管理学知识的先进性，决定毕业后出国留学学习研究工商管理学。在班主任的建议下，蔡雅对自己在大学期间的学业做了一定规划：首先，本专业学习不放松，本科学习成绩是留学择校时的关键；其次，选择西方学校，语言关必须通过，这是出国留学学习生活的基础；再次，吸取知识的同时锻炼各方面能力、积累各种技能必不可少，这为留学时在陌生国度生存生活、开阔视野做准备；最后，准确了解国外大学招生信息，尽早确定留学学校，并根据实际情况对规划进行微调。在规划的一步步指引下，蔡雅大学毕业时：专业成绩年级第一，年年获得奖学金，“三好”学生；新概念英语倒背如流，每天坚持收听 CNN、BBC、VOA 等英语类电台节目，大二通过 CET6 考试，在 CCTV 希望之星英语演讲中获奖，大三获得上海高级口译证书，毕业通过托福考试；长期担任班级、社团学生干部，管理、人际交流、为人处世等能力得以锻炼。国外大多高校对 MBA 有一定工作经验的要求，所以在毕业后对规划进行了微调，曾先后在 APEC 技术转移中心、英国 Imprimatur Capital 风投公司（担任首席代表）工作，积累管理类经验，于2012年顺利赴美康奈尔大学攻读MBA。

一段旅程的结束也预示一个新的开始，给自己设定好目标，一步一步踏实、努力地去接近它，相信你也可以和她一样为自己创造一个“一切皆有可能”的人生。

四、就业型学业规划

就业，即大学生毕业后直接选择求职择业，走入社会。毕业生通过学校推荐，参加各种“供需见面会”，双向选择，签订就业协议后就业，这是目前大多数毕业生的选择。

大学的目标与意义在于成长成才，通过大学的历练，根据自身条件和社会需要选择未来的职业及人生发展道路，进行人生规划与设计，是大学生成才的必由之路。

（一）管理好自己

就业成功的关键在于竞争力。竞争力是大学生职业生涯中参与职业活动所必需的、最基本的能力。竞争力必须具有普遍的适用性和广泛的可迁移性，其影响辐射到行业通用技能领域和专业特定技能领域，对大学生的终身发展和终身成就影响深远。以就业为导向的学业规划，提高自身的综合素质是关键。这就要求大学生必须正确认识自己，并根据社会需要来调整自己的知识结构和综合素质，在校期间不单要学好科学文化知识，同时还应努力提高自身的竞争力，为顺利就业创造条件。

首先，认知上，学习知识的同时学会如何学习，如何认真把握学习的方向，如何利用学校教育来开发自己的潜能，增强解决问题的能力。

其次，学习上，学会安排自己的时间。大学中，很多时间都是学生自主安排的，要学会统筹规划，把学习、做作业、锻炼身体、娱乐及休息时间安排好。

再次，生活上，学会共同生活。大学生活既是集体生活，也是独立的生活，必须树立正确的生活观念，有序生活，有益娱乐，有度交往，怀着宽容和理解的心去处理生活中的各种小摩擦、小矛盾。

最后，思想上，要注意全面发展，即身心、智力、责任感、精神、价值观念等方面的协调发展；学会掌握自己命运所需的基本能力，即思考、判断、想象、表达、情绪控制和社会交往等方面的能力，不断提升自身综合素质，获得未来职业发展的通行证。

（二）设计就业路

大学几年的学业规划，仿佛是一个不断攀爬“金字塔”的过程，不同年级都有阶段性的目标与任务，大学生在学习的不同阶段，针对学业能力及职业生涯发展阶段的特征，进行针对性的规划，打好基础。

大一阶段，适应大学生活，树立规划意识。完成从中学生到大学生的角色转变。虚心请教师兄师姐，积极参加集体活动，建立新的人际关系圈。熟读学生手册，关注辅修专业和第二学位的申请条件，保证较好的学习成绩。

大二阶段，确定主攻方向，培养综合素质。虚心请教师长和校友，根据自己发展意愿选定主攻方向。建立合理知识结构，注重专业能力的培养，参加英语、计算机等工具性证书的考试。可以根据自己的兴趣爱好加入学生会或社团工作，培养自己的组织协调能力和团队合作精神，提升自己的综合素质。

大三阶段，提升求职技能，做好就业准备。加强专业知识学习的同时，取得与职业目标相关的职业资格证书。增强兼职、实习的职业针对性，积累对应聘有利的实践经验。扩大校内外交际圈，加强与校友、职场人士的交往，提前参加校园招聘会，与用人单位招聘人员进行沟通。学习求职技巧，学会制作简历、求职信，了解面试技巧和职场礼仪。

毕业阶段，充分掌握资讯，实现毕业目标。留意学校就业中心通知和其他重要的招聘渠道，不要遗漏关键的招聘信息。登录招聘单位网站或通过咨询、访谈等方式，了解招聘单位的相关信息，为面试做好准备。选择实用性高的毕业设计（论文）题目，借机证明自己的应用研究能力。

【拓展阅读】

学业规划铺设我的就业之路

懂得释放自己的能力，做值得做的事情。蒋蓝蓝，女，江苏盐城人，2008 年被苏州大学文正学院广告学专业录取；现就职于中国太平洋财产保险股份有限公司苏州分公司，负责产品设计类工作。

怀着儿时的梦想，蒋蓝蓝大学选择了广告学专业，坚信自己将来能成为一名颇有成就的设计师。大学之初，通过职业生涯课程，她懵懵懂懂地对自己的学业、职业做了规划，唯一清晰坚定的是毕业后即就业的念头。大二时期，通过与师兄师姐的接触，她积极参加集体活动，并将掌握的策划、公关、设计等广告学专业知识运用到活动策划中，获得各方好评；同时，她也发掘了自己在管理方面的能力，及时总结，深觉若以后从事行政管理类工作的话需要一定的协调能力、人际交流能力等，于是主动寻找契机，利用假期时间在家乡一些公司从事行政方面的实习工作。大三下学期，适逢学院招处长助理，经过严格的初试、面试环节，她有幸成了教务处处长助理，主要负责资料分发、通知传达、会议布置等行政工作；同时，因首次处于仿真工作环境，接触到了如何妥善处理与领导之间、与同事之间、与学院其他职能部门老师及助理之间、与任课教师与学生之间的关系等问题，这极大提高了她的协调能力、管理能力以及关系处理能力，为之后顺利在公司谋得行政方面的工作打下了坚实的基础。进入毕业时期，在提升求职技能的同时，充分利用建立的人脉关系，凭借在专业中学到的策划、设计能力以及实习时获得的协调、管理能力，经过严格的初试以及多轮面试，顺利就业，并从事自己感兴趣的策划、管理类工作。

大学有很多很多值得去做去思考的事情，而毕业后的工作选择与专业并非一定需要专业对口，我们在大学里需要为就业准备的就是努力从专业学习中获得机会，释放并锻炼具有自身特色的能力。

五、创业型学业规划

当前，我国正处于创业经济的活跃期。越来越多的大学毕业生加入到自主创业的大军中，成为创业洪流中的亮点。创业不是一个被动的“等、靠、要”的过程，而是主动地自我雇佣的过程，它已成为有愿望、有条件、有能力的青年人主动就业的积极选择。

大学生有人生追求的激情和梦想，然而理想和现实却总是存在着相当的差距，真正的创业之路必然是充满艰辛和曲折的。自主创业，不同于一般意义上的就业，创业是有风险的。但是，创业是主动的，就业则是被动的。年轻人开创的事业能否真正生存下去，并得到稳定经营和有效发展，是人们所关注的焦点。良好的心理素质、必备的专业知识技能和相应的经营管理知识以及坚忍不拔和勇于奋斗的精神，是创业的首要条件。

（一）了解创业意愿

在创业开始之前，大学生需要评估自己的优势和劣势，看看自己是否具备创业的素质和能力。大学生可通过认真思考和回答以下问题，来初步判断自己是否有创业的基本素质和能力：

1. 你适合创业吗？

作为创业者或者小企业的领导者，在如何拓展业务、如何定位市场、如何管理财务和员工等各个细节方面，经常需要做出决定，而这些决定是在压力环境下要求你迅速独立完成的。创业需要热情、需要理念，更重要的还需要你的能力。你的策划和组织能力如何？你的团队组建和管理能力如何？你的决策和综合管理能力如何？你的创业风险（资金风险、竞争风险、团队分歧风险、核心竞争力缺乏风险等）规避能力如何？

2. 你能长时间保持创业激情吗？

运营一个企业有时能把你的意志耗尽。尽管有些创业者感觉自己被肩上的责任重担压垮了，但是强烈的创业激情和坚强的意志，却能够使其企业成功，并且在遇到经济衰退等困难的时候帮助他顽强地生存下来。因此，检查你选择自主创业道路的原因，确认这些原因在今后创业的道路上无论碰到什么困难，都将激励你勇敢地坚持下去。至少你的创业冲动能够强到使你长时间保持创业的激情。认真检查你个人拥有的技能、经验和意志。因为有可能在相当长的一段时间内，企业的业务没有进展，有可能会出现与员工发生思想激烈碰撞的现象，不理解你、不支持你的现象也可能会经常发生，这将会使你感到郁闷、孤独，你准备如何承受？你承受得了吗？

3. 你的身体和精神状态适合创业吗？

创业过程充满挑战，意味着长期而艰苦工作的开始。同时，创业也意味着创业者需要更加努力、自觉地工作，将失去很多休息时间。身体健康是承受创业高强度体力和精神压力的前提，你的身体健康状况是否允许你从事这样的工作？因为在创业过程中，有时会令人非常兴奋和愉快，有时会给人带来烦恼和颓丧，你有没有这样的心理准备？

4. 你的家庭支持你创业吗？

和谐稳定的家庭是事业成功的基础，创业之初对你的家庭生活影响很大，能否获得你的家庭支持也很重要，你确信你的家庭会支持你吗？

5. 你准备承受创业初期的风险了吗？

创业始终伴随着风险。在确定了创业目标后，创业者接下来要问的问题是：创业的风险有哪些？我创业最坏的结果是什么？我能否接受？我能否从坏结果中走出来？

（二）明确创业决策

对于大学生来说，选择就业还是创业，关系到自己一生的职业起点问题。希望获得最理想的职业发展状态，就需要认真地对自己进行完全剖析，知道自己真正希望得到什么，达到何种状态。

做出创业的决策应遵循几个原则：①择世所需，选择真正有市场需求、真正有社会价值的创业项目；②择己所爱，要结合自己的性格、兴趣、价值观来进行决策，创业应该是自己真正感兴趣和乐于选择的，而不应是被逼的无奈之举，创业的决策应与自己职业生涯的愿景相一致；③择己所能，决策时要考虑自己的能力素质是否能胜任，以及创业的现实可操作性；④择己所利，创业决策应能给自己带来较为丰厚的物质或精神回报。

创业有风险，大学生在进行创业的决策时，一定要经过科学、客观的分析和思考。在创业之前问自己的问题越多，做出的决策越理性；有明确答案而且思路清晰的方法越多，创业的成功概率就越高。

（三）提升创业能力

1. 刻苦学习创业知识

知识可以促进能力的发展。任何能力的形成和提高都是在掌握和运用知识的过程中完成的，创业能力也不例外。在学习创业知识的过程中，认真思考，吸取前人的经验，同时也锻炼了自己综合分析问题的能力。“知识就是力量”，要使知识变成力量，一定要有能力。不能死读书，读死书，成为书呆子。要学会将学习、思考、实践综合起来，经过自己的消化，吸收转化为运用知识的手段和本领，进而为创业能力的形成和提高打下坚实的基础。

首先，课堂、图书馆和社团是获得创业知识的一个重要途径。通过课堂学习能拥有一门过硬的专业知识，在创业过程中将受益无穷。图书馆通常能找到创业方面的报刊和图书，广泛阅读能增加对创业市场的认识。大学社团活动能锻炼各种综合能力，这是积累经验必不可少的实践过程。其次，纸媒体和网络媒体也是一个很好的途径。通过阅读和浏览能了解更加丰富的创业知识。再次，注意培养良好的社会意识，主要包括与人协调合作、集体工作的意识和强烈的社会责任感以及竞争意识、环境意识、质量意识、品牌意识、安全意识等，这是提高创业素质的极其重要的社会基础。

2. 加强社会实践

创业能力的形成和提高必须在创业实践中才能实现。创业者，应根据自身条件和专业特点，在培养自己强烈的创业意识、创业精神、认真学习创业知识的基础上，积极参与创业实践活动，提升创业能力。

利用空闲时间进行尝试性、见习性的实践活动。可以和家人、朋友或同学合伙，也可独立投入一点资本进行经营活动；参与家庭或他人的创业活动；到公司实习等。

模拟实践。可以参加创业实践情景模拟，进行有关创业活动的情境体验。如招应聘雇员的面试、产品推销等。

利用实习期间进行创业实践训练。创业进入启动阶段后，可以单独或与同学轮流租赁或承包一个小店铺，或加工、修理、销售、服务等，在真刀真枪的创业实践中提高自己的创业能力。

3. 向专家或行家咨询

大千世界，藏龙卧虎。有些能人身怀绝技，能讲出常人所没有认识到的道理，能解决常人所不能解决的问题。商业活动是无处不在的，在生活的周围，找有创业经验的亲戚、朋友、同学、老师交流。在他们那里，将得到最直接的创业技巧与经验。大学生创业者甚至还可以通过 Email 和电话等方式拜访所崇拜的专家或行家，或咨询与创业项目有密切联系的商业团体，只要采取认真谦逊的态度，总能得到他们的帮助。

【拓展阅读】

学业规划实现我的创业理想

有理想、有规划的大学生活，充实了我的人生。刘嘉，男，江苏常州人，2010 年进入苏州大学文正学院艺术设计专业学习；毕业后与同学合作成立尚杰视觉传媒有限公司。

刚踏进大学校园，被问及毕业后有何打算时，他觉得颇为可笑：才入学怎么就能计划到毕业后的事情呢？每天也就是随着大流，上着基础课、专业课，跟着指导老师画图采风，课余帮着社团的朋友做做设计、策划工作。大二上学期，在舍友建议下他选择了学院开设的公共课《创业实训》，初次接触了大学生创业这个话题，随着课堂的深入学习与各种互动环节，渐渐发现了自己身上所具备的一些创业素质与能力。一学期的课程结束后，他对创业的兴趣有增无减，于是与舍友商量，凭借专业知识，创立了设计团队，开始接手校内一些活动的策划、广告牌设计、宣传牌设计等工作，因资金限制，他还未参与到制作中去，也没有任何盈利可言。在得知学院创业园正在招聘创业项目后，他们设计团队联合国际经济与贸易专业的几名同学报名参加，经过层层筛选与考验，通过了学院的审核，获取了一定的创业基金，成立了“尚杰视觉传媒”，秉承“传之未来”的理念，主要致力于数码影像制作、视频形象包装、平面设计、网站设计，活动策划，广告传媒等一系列专业视觉领域。项目开展期间，他在参与学院各项学生活动的设计以及制作工作的同时，开始尝试对外经营。经营中遇到各种难题，如与客户的沟通交流不畅、设计制作成品不符合社会实际需求、产品交货滞后、团队成员理念冲突等等，他们一一面对，一一处理，这些问题的顺利解决在培养他们创业能力的同时，也更加坚定了他们毕业后创业的决心。

大学是个丰富多彩的世界，我们需要在其中找到一种属于自己的颜色，并在毕业后努力使这一颜色更加鲜艳、突出。

课堂活动与练习

一、你的人生大转盘

活动目标：通过活动，引导学生寻找自己的人生目标。

指导语及说明：

拿出笔，写下你人生的设计，写下你的心愿。

不必管那些目标该用什么方式去实现，尽量去写，不要限制，可能关于你的工作、家庭、交友、情绪、健康、生活等，涵盖越广越好。

你要像个国王一样，把握住每一件与你有关的事情。

审视你写的，预期达成的时限。你希望何时达成呢？6个月？1年？2年？5年？10年？

如果你的目标有达成的时限，对你将会大有帮助，可能有些目标你希望一蹴而就，而有些却遥遥无期。如果你的目标多为近程的，那你就把眼光放得远些，找出一些潜在有可能的目标，如果你的目标多为远程的，那你也得建立一些阶段性的目标。

选出在这一年里对你最重要的四个目标，从你所列的目标中选出你最愿意投入、最能令你满足的四件事，并把他们记录下来。

然后明确、扼要、肯定地写下你实现他们的真正理由，告诉你自己能实现这些目标的把握和他们对你的重要性。

如果你做事知道如何找出充分的理由，那你就无所不能了，因为追求目标的动机远比目标更能激励我们。

在人生当中，我们常想要一些东西，但实际上只是对他们有兴趣而已，却从没有下定决心要得到他们，结果我们依然两手空空，这就是有兴趣与有决心的区别。

核对你所列的四个目标，你对这些目标是否有肯定的期望？对预期结果有什么感觉？如果你达成这些目标，带来的结果是否对你及社会有利？

列出你已经拥有的各种重要的资源。当你进行一个计划的时候，就得知道该使用哪些工具。包括你的个性、朋友、财物、教育背景、时限、能力等。

现在请写下，如果你要完成目标，本身应该具有什么样的条件，以及你若成功，需要的人格特质。

请你针对你的四个重要的目标，定下实现他们的每一个步骤。从你的目标开始，往回制定步骤，问问自己，我第一步应该如何做？目前有什么因素妨碍我前进？我该如何改变自己？包括你每一天应该做什么？

祝愿同学们都能把握自己的人生方向，拥有充实的大学生活！

下面是大学九宫图，供参考。

学习	专业	人际交往
情感	身心健康	休闲
自我成长	社会工作	兼职工作

二、寻找自己的个人成长顾问

第一个顾问是学习成长顾问。这个顾问可以是你的老师或高年级同学，需要时可以和他讨论在学习上遇到的问题。

第二个顾问是心理健康顾问。这个顾问可以由学校心理咨询中心或你所在院系的辅导员、班导师等相关人员担任，在生活、学习、情感或任何一个方面遇到困惑时，可以及时找到他，寻求及时的有效帮助。

第三个顾问是生涯发展顾问。这个顾问可以请学校就业服务中心的老师来或请你所在院系的辅导员、班导师等相关人员担任，也可以请你熟悉的企业人士来担任，他们会在你迷茫需要帮助时助你一臂之力。

第四个顾问是个人形象顾问。这个顾问可以请学校的老师或用你自己的方法找到校外合适的人来担任。不过在这里你要注意“形象”的含义，一方面是外在形象，如服饰、发型、言谈举止等；另一方面是你的气质、素质、个人品牌等。

以上四个顾问的寻找你可以用自己的方式做到，比如一个电话邀请或者是拜访面谈。有这四个顾问的贴身服务，你会成长得更快。

顾问情况记录如下：

	顾问姓名	联系方式	沟通建议频率（至少）	咨询提示	备注
学习成长			每学期 1 次	学生有困难时	
心理保健			每年 1 次	心中有困难时	
职业发展			每年 1 次	进行职业规划和实践时	
个人形象			随时	根据个人需要	

三、探索自己所学的专业

对同学们而言，专业是每一位同学与大学的直接交叉点，不管这个专业是不是自己所选择的，也不管这个专业学习难度有多大，对于同学们来说，都应该珍惜专业学习的机会，选择你所爱的专业，爱你所选择的专业。

专业知识是同学们毕业后走上工作岗位时必需的基本技能，大学时代的专业知识和技能是就业之后知识与技能的基础，因此，同学们必须正视专业知识的学习，学好专业，打下扎实的专业基础。

了解自己所学专业，认识专业的价值，思考未来的专业出路。将自己所学专业的探索结果记录在表 2-1 中：

表 2-1　专业探索记录

专业名称	
培养目标	
专业价值	
核心课程	
教学方法	
知识和技能	
相关专业	
近年就业状况	
近年升学状况	

续表

对口行业状况	
可能适合职业	
学习资源渠道	
专业相关名校名师学习达人	

网上精品视频课程

规划学业生涯

用手机“扫一扫”下面的二维码，用浏览器打开相应网址，进入视频课程学习。

专家视角

一、李开复：大学几年应该这样度过

这“第四封信”是写给那些希望早些从懵懂中清醒过来的大学生，那些从未贪睡并希望把握自己的前途和命运的大学生以及那些即将迈进大学门槛的未来大学生们的。在这封信中，我想对所有同学说：

大学是人一生中最为关键的阶段。从入学的第一天起，你就应当对大学几年有一个正确的认识和规划。为了在学习中享受到最大的快乐，为了在毕业时找到自己最喜爱的工作，每一个刚进入大学校园的人都应当掌握七项学习：学习自修之道、基础知识、实践贯通、兴趣培养、积极主动、掌控时间、为人处事。只要做好了这七点，大学生临到毕业时的最大收获就绝不会是“对什么都没有的忍耐和适应”，而应当是“对什么都可以有的自信和渴望”。只要做好了这七点，你就能成为一个有潜力、有思想、有价值、有前途的快乐的毕业生。

大学是人生的关键阶段。这是因为，进入大学是你终于放下高考的重担，第一次开始追逐自己的理想、兴趣。这是你离开家庭生活，第一次独立参与团体和社会生活。这是你不再单纯地学习或背诵书本上的理论知识，第一次有机会在学习理论的同时亲身实践。这是你第一次不再由父母安排生活和学习中的一切，而是有足够的自由处置生活和学习中遇到的各类问题，支配所有属于自己的时间。

大学是人生的关键阶段。这是因为，这是你一生中最后一次有机会系统性地接受教育。这是你最后一次能够全心建立你的知识基础。这可能是你最后一次可以将大段时间用于学习的人生阶段，也可能是最后一次可以拥有较高的可塑性、集中精力充实自我的成长历程。这也许是你最后一次能在相对宽容的，可以置身其中学习为人处世之道的理想环境。

大学是人生的关键阶段。在这个阶段里，所有大学生都应当认真把握每一个“第一次”，让它们成为未来人生道路的基石；在这个阶段里，所有大学生也要珍惜每一个“最后一次”，不要让自己在不远的将来追悔莫及。在大学几年里，大家应该努力为自己编织生活梦想，明确奋斗方向，奠定事业基础。

大学几年每个人都只有一次，大学几年应这样度过……

……

我对大学生们的期望：

踏入大学校门时，你还是一个忙碌的、青涩的、被动的、为分数读书的、被家庭保护着的中学毕业生。

就读大学时，你应当掌握七项学习，学好自修之道、基础知识、实践贯通、兴趣培养、积极主动、掌控时间、为人处事。

经过大学几年，你会从思考中确立自我，从学习中寻求真理，从独立中体验自主，从计划中把握时间，从交流中锻炼表达，从交友中品味成熟，从实践中赢得价值，从兴趣中攫取快乐，从追求中获得力量。

离开大学时，只要做到了这些，你最大的收获将是“对什么都可以拥有的自信和渴望”，你就能成为一个有潜力、有思想、有价值、有前途的中国未来的主人翁。

所以，我认为大学几年应是这样度过。[①]

（引自：https：//www.douban.com/note/573787082/，有删减）

二、钱理群：如何度过你的大学

大学几年，也许我们都有过迷茫与无奈。这几年究竟应该怎样度过，也许钱理群先生的这篇演讲会带给我们一些思考和启示。

（一）大学时代：人生的盛夏

为什么说这是人生最宝贵的时光呢？根据我的经验，十六岁到二十六岁是人生的黄金岁月。十六岁以前什么都懵懵懂懂的，完全依赖于父母和老师，十六岁以后就开始独立了，二

①节选自李开复《与未来同行》，北京：人民出版社，2006.

十六岁以后就开始考虑结婚啊、生孩子啊这么一大堆乱七八糟的事，真正属于自己的独立的时间就不多了。而这十六岁到二十六岁十年之间，大学四年又是最独立、最自由的。

如何不虚度人生中这最自由的、最没有负担的、真正属于自己的几年的时间，是摆在每一个大学生面前的问题。

大学之不同于中学，最根本的转变在于：中学时你是未成年人，对你的要求很简单，你只要听老师的、听父母的，按照他们的安排去生活就行了；到了大学你就是公民了，可以享受公民的权利，但又不到尽公民义务的时候。中学生和大学生最大的区别是：大学生是一个独立自主的个体，中学生是被动地受教育，而大学生是主动地受教育。

人生的季节跟自然的季节是一样的，春天该做春天的事，夏天该做夏天的事。而现在的问题恰好是人生的季节颠倒了。

你们可能体会不到，我们都是过来人，现在我们大学同学喜欢聚会就是回忆当年那种纯洁的、天真无邪的友谊。一生能够有这样的友谊是非常值得珍惜的。记得作家谌容有篇小说叫《减去十年》，如果我可以减去十年或二十年，如果现在是当时的话，我会和同学们一起全身心地投入，理直气壮地、大张旗鼓地去追求知识、友谊和爱情。因为这是我们年轻人的权利！

（二）"立人"之本：打好两个底子

我们还要问的是，在大学期间要把自己培养成什么样的人？我们通常说大学是培养专家的。你在大学里学习专业知识技能，使自己成为合格的专业人才，以后一方面可以适应国家建设的需要，适应人才市场的需要，另一方面对个人和家庭来说也是谋生的手段。我想对谋生这类问题我们不必回避。鲁迅早说过："一要生存，二要温饱，三要发展。"我们求学有这种明确的功利目的——那就是求得知识，成为专家，以后可以谋生。

但是人不仅仅要有功利目的，他还要有更大、更高的一个目标，一个精神目标。我们所确定的上大学的目标，不能局限在做一个专业技术人才、一个学者、一个专家，更要做一个健全发展的人，有人文关怀的人。

人文关怀是指人的精神问题。具体地说，你在大学时要考虑这样两个问题：一、人生的目的是什么？二、怎样处理人与人，人与社会，人与自然的关系？怎样在这几者之间建立起合理的、健全的关系？思考这样一些根本性的问题就是人文关怀。这样才会建立起自己的一种精神信念以及信仰，才能为你一辈子的安身立命奠定坚实的基础。这个问题大学期间解决不了，研究生阶段也一定要解决，因为这是安身立命的最基本的问题。同时要不断开拓自己的精神自由空间，陶冶自己的性情，锻炼自己的性格，发展自己的爱好，提高自己的精神境界，开掘和发展自己的想象力、审美力、思维能力和创造能力，使自己成为一个健全发展的人。

大学的根本的任务不仅是传授专业知识，而且是"立人"。所以大学期间要打好两个底子。首先是专业基础的底子、终生学习的底子。在现代社会知识的变化非常快，你将来工作需要应用的知识不是大学都能给你的。尤其是自然科学，你一年级学的某些东西到了几年级就有可能过时了，知识的发展太快了。因此，大学的任务不是给你提供在工作中具体应用的知识，那是需要随时更新的，大学是给你打基础的，培养终生学习的能力。

第二个底子就是精神的底子，就是刚刚我提到的安身立命的人文关怀。这两个底子打好了，就什么都不怕了，走到哪里你都能够找到自己最合理的生存方式。

前面说过，大学里要追求知识、友谊和爱情。我在这里侧重谈一谈该怎么求知识，怎么读书的问题。关于读书，周氏兄弟有两个出人意料却意味深长的比喻。鲁迅说："读书如赌博"。

真正会打牌的人打牌不计输赢，如果为赢钱去打牌在赌徒中被称为"下品"，赌徒中的高手是为打牌而打牌，专去追求打牌中的趣味的。读书也一样，要为读书而读书，要超功利，就是为了好玩，去追求读书的无穷趣味。我们的教育，特别是中学教育的最大失败就在于，把这如此有趣如此让人神往的读书变得如此功利、如此的累，让学生害怕读书。

精神气质差异的根本的原因在于知识结构的不同，在于缺少文理交融的境界。到一定高度的时候，学理工的有没有文学修养和学文学的人有没有自然科学的修养就会显出高低了。知识结构的背后是一个人的精神境界的问题，而一个人能否成功最主要的是看他的精神境界。理科学生首先要成为专业的人才，这个门槛是不容易进的。相对来说，学文科的是考试难，进了大学要毕业非常容易。也可能是因为我不懂理科，所以把理科看得很神圣。

学理科确实可以把一个人带到一个陌生的全新的世界，但是如果你把眼光完全局限在专业范围内，发展到极端就容易把自己的专业技术的世界看作是唯一的世界，惟知专业而不知其他。

当然这个问题文科生不是不存在，但理科学生更容易把技术看作是一切，这样实际上就把专业功利化、把个人工具化了，就成了专业知识的奴隶。这就是我们通常讲的现代科学技术病。这是一个非常严重的问题。

所以我觉得对于理科学生来说首先要进入专业，打下坚实的专业基础，要做本专业的第一流的人才。但同时要走出专业，不要局限在自己的专业里，要看到专业技术之外还有更广阔的世界。

那么在大学期间我们如何朝着这个方向去努力呢？怎样打基础呢？我有这有这样一个看法，提供给大家参考。我觉得大学期间的学习，应该从三个方面去做。

第一方面，所有的学生，作为一个现代知识分子，都必须学好几门最基础的课程。一个是语言，包括中文和外语，这是所有现代知识分子的基础。顺便说一下，这些年人们越来越重视外语的学习，你们的外语水平都比我强得多了，我非常羡慕。但是却忽略了对中文的学习，包括许多学中文的学生甚至到了博士阶段还有文章写不通，经常出现文字、标点的错误。

作为一个健全的现代中国知识分子，首先要精通本民族的语言，同时要通一门或者两门外文，不能偏废。在注意语言的同时，还有两门学科的修养值得注意。一个是哲学，哲学是科学的科学。还有一个是数学，数学和哲学都是最基础的学科，也同样关系着人的思维问题。

当然，不同的专业对数学和哲学的要求不一样。但所有学科的所有学生都要打好一个语言、哲学与数学的底子。这是关系到你的终生学习与终生发展的基础。

第二方面，必须打好自己专业基础知识的底子。我认为在专业学习上要注意两个要

点。一个是要读经典著作。文化讲起来非常玄、非常复杂，其实都是从一些最基本的经典著作生发出来的。就我所知道的中国古典文学而言，中国早期的文史哲是不分的，中国的文史哲、中国的文化其实都是从几本书生发出来的，就是《论语》《庄子》《老子》这几本书。有这个以后你的学术发展就有了坚实的基础。

第二个要点是掌握专业学习的方法。通过具体学科、具体课程的学习，掌握住专业学习的方法。这样在专业方面，你既打了基础，有经典著作做底子，同时又掌握了方法，那么以后你就可以去不断深造了。我刚才说过理科学生也要学文，那么学什么呢？我也主张读几本经典。每个民族都有自己几个原点性的作家、作为这个民族思想源泉的作家，这样的作家在他这个民族是家喻户晓的。人们在现实中遇到问题的时候，常常到这些原点性作家这里来寻找思想资源。

我建议开这样的全校性选修课，你们修这样一两门课。有这样一个底子，对你以后的发展很有益处。

第三方面，要博览群书。要学陶渊明的经验——“好读书不求甚解”，用鲁迅的话说就是“随便翻翻”，开卷有益，不求甚解。

我们曾经开玩笑，也是北大人比较自豪的一点，说：“我们的学生就是几年睡在寝室里不起床，他听也听够了。”因为那地方信息广泛，什么消息、什么人都有，听够了出去就可以吹牛。人才是熏陶出来的，是不经意之间熏出来的，不是故意培养出来的。

我希望大家沉潜十年，不是说不沉潜十年这个学生就不行了，人各有志，是不必也不能强求的。但你如果有志于此，那我就希望你沉潜十年，你实在沉潜不了，那也就罢了，但是你得找到适合你自己的事去做，找到适合你自己的生存方式。

（四）读书之乐：以婴儿的眼睛去发现

学习的动力就是一种对未知世界的好奇，当时只是一个中学生朦胧的直感，后来才体会到这背后有很深的哲理。作为人的我和周围的世界是一种认知的关系。世界是无限丰富的，我已经掌握的知识是有限的，还有无数的未知世界在等着我去了解。而我自己认识世界的能力既是有限的又是无限的。

基于这样一种生命个体和你周围世界的认知关系，就产生了对未知世界的期待和好奇，只有这种期待和好奇才能产生学习探险的热忱和冲动。这种好奇心是一切创造性的学习研究的原动力。为什么你能有这样的发现，别人做不了？显然是你内心所有的东西被激发了以后你才能有所发现。因此你在发现对象的同时也发现自己，这是一种双重发现——既是对未知世界的发现，更是一种对自我的发现。金岳霖先生说读书研究是为了好玩，就是说的这个意思。从本质上说，学习和研究是游戏，一种特殊游戏。它所带来的快乐是无穷无尽的。

读书是常读常新的。我读鲁迅的书有无数次了，但是每一次阅读，每一次研究都有新的发现。这是一个永无止境的过程。你得永远保持新鲜感和好奇心才能保持永远的快乐——这是判断会读书与不会读书，真读书与假读书的一个考验。

我觉得我的经验可能对在座朋友有一点启示，就是你必须给自己设置两个目标，一个是现实目标，没有现实目标，只是空想，你不可能坚持下来。所以一个人的选择是重要的，更可贵的是有坚持下来的恒心，有定力。这十八年有多少诱惑，多少压力，不管怎样，认定了就要这么做。我就是把这样的经验带到我进入北大之后的几十年生命历程之中。一个人的生命、生活必须有目标感，只有大目标、大理想是不行的，要善于把自己的大理想、大目标、大抱负转化为具体的、小的、可以操作的、可以实现的目标。

以这样的生命状态作为底，在将来就可能为自己创造一个大生命，这样的人多了，就有可能为我们的国家，我们的民族，以至为整个世界，开创出一个大的生命境界：这就是“大学之为大”。

（引自：http：//learning.sohu.com/20160502/n447322173.shtml，有删减）

一、规划好大学学业是迈向成功的阶梯

张某，应用化学专业2013届毕业生，刚进大学时，和其他的大一新生一样，茫然不知所措。但很快，在辅导员的指导下，她开始思考并行动，确立了自己的学业目标和行动计划。几年中，她的大学生活非常充实，尽可能地展示并完善自己，挖掘自己的潜力，取得了累累硕果。她成为一名学生党员，校优秀学生、学习标兵、上海化工协会奖学金获得者、上海市优秀毕业生。她还积极参加科研项目，作为项目负责人，她的项目小组曾成功申请了上海市科技创新项目基金，校大学生科技创新项目基金1万元，还申请了两项专利。在学校组织的“大学生化学实验技能竞赛中”又荣获一等奖。作为班级团支书，她工作踏实肯干，有很强的工作责任心，得到了广大老师同学们的一致好评。本科毕业时，她顺利考取了厦门大学研究生。

王某，计算机科学与工程学院2011级计算机工程专业学生，该生家庭经济富裕，独生子，父母一直对他宠爱有加，有求必应。该生自2011年9月入学以后，一直对自己的大学生活毫无想法和规划，比较迷茫和懈怠，经常旷课，尤其是上午1—2节课，晚自习也经常是在床上度过的，甚至时常在床上吃饭。在2011—2012学年第一学期期末考试结束后，他有5门课程不及格。后经辅导员老师耐心劝导，他表示成绩不理想是因为对大学生活不太适应造成的，并承诺会在假期好好复习，争取考试通过。但是，在第2学期开学初的二次考试中，他竟然5门课程全部旷考。为此，辅导员和班级同学也采取了很多办法，如：叫起床服务，一起锻炼，一起学习，对他进行课外辅导，制定短期目标等。但由于王某从小父母对他有求必应，一直以来无论是在生活还是经济、甚至学习方面从未有过什么追求，他不知道自己需要什么，对自己的未来甚至学习生活毫无计划和规划，没有目标，干什么都觉得没劲，因此也一直不能很好地适应大学生活。非常遗憾的是，他因为挂科学分超过30学分，最终在大二第一学期退学了。

学生以学习为天职，学业规划是大学生职业生涯规划的重要组成部分。同学们在制订规划的时候，应当认识大学学业规划在整个职业规划中的重要性和重要地位，针对自身成长成才需要合理规划大学学业，才能树立正确的人生理想和生活目标，才能有效学习并获取知识和技能，才能选择到适合自己发展的职业并通过职业生涯实现理想和目标。

（引自：http：//jiuye. cqtbi. edu. cn/article/detail. aspx？ id＝4c610456－070b－47bb－b54f－f320f2df7892，有删减）

二、你在大学混日子，知道别人在干什么吗

大学是人生中很特殊的一个阶段，承上启下，告别了高中的懵懂，又即将迎来残酷的社会。我把自己的一些思考写下来，它们不是指引方向的路牌，只是一盏路灯而已，它的光芒也许只够照亮100米，100米以后的路，你要自己走。

坦然接受不公平

这个世界从来都不是公平的。当你无法改变这个世界的时候，就只有改变自己。抱怨是没有用的，你必须得承认，有些人一生所追求的东西，就是有些人与生俱来的。遭遇不公，抱怨是无用的，与这个世界为敌也是无用的，最明智的选择是，积攒所有的力量，奋力一搏。你觉得这个世界不公平对么？为什么有些人轻而易举就能获得你梦寐以求的东西？我想说，这个世界从来就是这样的。不管你乐意不乐意，它都不会变。不要去抱怨这个世界，等你毕业了，工作了，结婚了，你会发现人与人之间本身就不是公平的。抱怨不能改变什么，只会让你的生活变得更差。我们要做的是努力让自己变得优秀，不要让自己曾经所经受的苦难浪费。这个世界上没有谁能够真正地拯救你的生活，如果你想从生活的泥沼中挣脱出来，只能靠你自己。

承认文凭的价值

经常听到有些人在找工作的时候抱怨说，社会只看文凭，不看能力。仿佛他的失败就是因为文凭造成的。其实不是这样的，你的失败从来都是你自己造成的。别人文凭好，说明别人在读书的时候比你更加勤奋，别人在挑灯夜战的时候，你也许正在网吧里面打游戏。文凭的敲门砖是别人自己争取的，你没有争取到只怪你自己不曾努力。每个人都应该对自己的行为负责，不要把责任推到别人身上，反思自己比怨天尤人有用。也许你会说，虽然别人文凭好，但是能力并不一定比我强啊，那些用人单位是眼瞎吗？

学会从0开始

很多大学生觉得，好不容易熬过了艰难的高中三年，现在正是玩的时候，要把过去没玩的全部玩回来。玩，只是生活的一部分，而不是全部。不要以为上了大学，一切就轻松了。人生没有哪个阶段是轻松的，活到老，学到老。学业总有中断的一天，可你的学习却不能够终止。当今社会日新月异，如果不紧跟时代的脉搏，就会被社会所抛弃。如果你文凭本身就不好，还不努力，到了毕业时，就会发现你的文凭找的工作都很不尽如人意，不是销售，就是中介。你觉得自己满腹才学，应该做一些更有意义的事情。可是你大学几年都做过些什么呢？你什么都不会，还天天混日子不求上进，谁愿意给你机会。能够决定你成就高低的是你的思维方式和能力。如果你在学校里只是逃课和打游戏，什么正经事都没干过，这种懒惰的思维方式会伴随你未来的工作和生活，会影响你的一生。大学不是结束，而是开始。或者说每一天都是一个新的开始。

兴趣比学习更重要

在大学里，学业固然重要。但是培养自己的兴趣同样重要，学业只有短短几年，但是兴趣却会伴随一生。不管是音乐、绘画、美术、健身、篮球等，找到你心中喜欢做的事情，坚持下去，并且把这件事情做到最好。要知道你的游戏打得特别牛，说不定哪天就去开发游戏去了，很多游戏的产品经理本身就是游戏狂魔。我们的兴趣也许无法带来实质的利益，但是人生在世，不是所有的事情都要功利地去看待。如果所有的事情都要去判断它将来能不能挣钱，那么世界上也就没有艺术的存在了。人生在世，总要为了自己热爱的东西疯狂一次。

先谈生活再谈理想

很多人在找工作的时候会考虑一个事情，我是该找自己喜欢的工作呢？还是先随便找一份工作。从你离开校园的那一刻起，就不应该再找家里要钱。如果你找的工作不喜欢，那就骑驴找马，边做边找。不要打着为了理想的名号赖在家里，这个世界上没有谁有义务为你的理想买单，你想要什么就去争取，不要坐着不动。好高骛远，缺乏行动，这样的人是最没有资格说理想的。

选择比勤奋重要

有的家长和学生会说，如果将来所从事的工作与专业没什么关系，那么我的几年大学岂不是白学了？大学只有几年，可是你的一生还很漫长。人的一生中会面临很多的选择，你的选择决定了你人生的轨迹会往哪个方向走，但是不管怎么选，都要遵循本心，相比较失败，后悔才是更让人难受的事情。

享受孤独

当你宿舍的同学，每天逃课打游戏，你却想去图书馆看书。你会觉得与这个世界格格不入，你会因为自己与别人的不一样，而感到孤独。如果你与他们一样，你自然会感到安全。可是你要做的就是学会忍受孤独。因为在你以后的人生中，还会有无数个这样的时刻。你想换工作，就会与原来的同事不一样。你想去大城市，就会与在小城市工作的同学不一样。你想追求梦想，就会与安于现状的朋友不一样。正是你的不一样造就了你的与众不同，而且我相信，当你走得足够远，你总会碰到与你相同的伙伴。你的孤独只是因为你没有找到你的同类，再往前走几步，也许你就遇到了。

独立思考

当我们在嘲笑父母在朋友圈转发“养生秘籍”时，我们自己不也在崇拜微博博主吗？所谓的独立思考，就是对这个世界有自己的认知。不要相信成功学，不要盲信权威，不要人云亦云，永远不要别人说什么就是什么，要去思考别人这样说有没有根据。只有通过多读书，才能提高我们的视野和高度，才会拥有独立思考的能力。首先你要成为一个独立的人，然后才能去面对这个世界。

不忘初心

江湖险恶，我们都曾梦想仗剑走天涯，看一看世界的繁华。功名利禄，腐蚀人心，当有一天你身处庙堂之高，不要忘了初入江湖的那份赤子之心。

（引自：http：//learning. sohu. com/20160819/n464984422. shtml，有删减）

完成学业规划评估与反馈表

规划评估与反馈表

<table>
<tr><td rowspan="3">第1学期</td><td colspan="4">专业知识和技能发展规划</td><td colspan="6">个人特长及素质发展规划</td><td colspan="2">兴趣爱好发展规划</td><td colspan="3">综合素质拓展规划</td></tr>
<tr><td>课程成绩计划</td><td>获奖学金计划</td><td>专业素质拓展计划</td><td>其他方面发展计划</td><td>文娱特长发展计划</td><td>体育特长发展计划</td><td>计算机特长发展计划</td><td>思想政治素质发展计划</td><td>心理健康发展计划</td><td>其他方面发展计划</td><td>读书计划</td><td>其他计划</td><td>技能认证考试计划</td><td>组织能力发展计划</td><td>社会活动计划</td></tr>
<tr><td>必修课、限选课、任选课等的成绩；英语、计算机等的等级考试</td><td>综合测评奖学金以及其他各类奖学金</td><td>与专业相关的知识、素质、技能发展</td><td>如发表专业论文、参加专业竞赛等</td><td>音乐、舞蹈曲艺、美术设计等方面</td><td>体育运动、比赛等方面</td><td>计算机软硬件的学习、利用、活动等</td><td>积极争取参加各级党校培训等</td><td>健康积极的心理素质等</td><td>如演讲、辩论等</td><td>阅读课外书籍，提高知识面和个人修养</td><td>其他</td><td>考取与所学专业相关或跨专业的技能认证证书</td><td>担任学生干部参与班级管理，组织大型活动等</td><td>青年志愿者服务、社会实践、爱心奉献、专业实习等</td></tr>
<tr><td>规划内容</td><td colspan="4"></td><td colspan="6"></td><td colspan="2"></td><td colspan="3"></td></tr>
<tr><td>完成情况</td><td colspan="4"></td><td colspan="6"></td><td colspan="2"></td><td colspan="3"></td></tr>
<tr><td>总结分析</td><td colspan="4"></td><td colspan="6"></td><td colspan="2"></td><td colspan="3"></td></tr>
<tr><td>后续规划修正</td><td colspan="4"></td><td colspan="6"></td><td colspan="2"></td><td colspan="3"></td></tr>
</table>

第三章　职涯密码——设计未来美好职涯

凡事预则立，不预则废。言前定则不跲，事前定则不困，行前定则不疚，道前定则不穷。

——《礼记·中庸》

本章地图

第三章　职涯密码——设计未来美好职涯

- 【阅读与思考】
  - 一、说说这三位同学的职业规划的问题在哪
  - 二、你了解自己和职业有多少
- 【体验感悟与反思】拟定墓志铭
- 【基本理论与知识】
  - 第一节　职业与职业生涯规划
    - 一、职业概述
    - 二、职业生涯的概念
    - 三、职业生涯规划的内涵与类型
  - 第二节　职业生涯规划的步骤与方法
    - 一、职业生涯规划的简单步骤
    - 二、职业生涯规划的一般方法
    - 三、职业生涯规划的重要作用
  - 第三节　职业规划基本理论
    - 一、帕森斯的特质因素论
    - 二、格林豪斯的职业生涯发展阶段理论
    - 三、施恩的职业锚理论
- 【课堂活动与练习】
  - 一、结构性自传
  - 二、测测职业生涯成熟度
  - 三、“从学校到企业”
  - 四、现在你要做的事情
- 【网上精品视频课程】职业生涯规划导论
- 【专家视角】
  - 一、职业生涯规划的基本原则
  - 二、最成功、最幸福的状态，是眼里只对自己有意义的东西
- 【案例与故事】
  - 一、施瓦辛格的职业生涯故事
  - 二、糊涂的大学生活
- 【课外实践与作业】成长经历与自我评价

阅读与思考

一、说说这三位同学的职业规划的问题在哪

认真阅读以下案例故事，说说这三位同学的职业规划的问题在哪？

升学、出国、找工作——“大忙人”王静

王静，是一个成绩不错、英文也很好的上海女孩，大三下学期就有不少亲戚朋友帮她出主意，有的说出国好，有的说在国内读研究生好，有的说直接找工作好，王静读过雅思学习班，读过升学学习班，整个暑假忙得几乎没有休息。到毕业，上课的同时还要考雅思、考研究生，有好的单位来招聘，她还去投简历，到三四月份，升学、雅思落空，大公司招聘完毕，她只能找了一家尚在招聘的小公司。起个大早，赶个晚集。

生命不息、求学不止——博士张亮

张亮成绩很好，物理专业，大学一路保送研究生，研究生毕业后申请到美国继续攻读博士，在美国博士一读五年，已 33 岁。毕业后发现专业原因工作机会很少，收入也不高，转而读了当时薪资最高的计算机专业硕士学位，35 岁再次步入工作岗位时，他的大学同学已经是公司业务经理了，他已经读了 30 年的书，离退休还有 24 年。

一心想作“公务员”——“闷葫芦”陈磊

这几年公务员招聘特别火热，陈磊认为公务员有社会地位、稳定、工资待遇也不错，全力冲击公务员。准备好几个月，通过了上海市公务员考试，获得了三个单位的面试机会，一直等到了四月份才知道因为不善言辞全部落空。

（引自：《大学新生生涯导航学生用书》，现代教育出版社）

二、你了解自己和职业有多少

1. 你了解自己的优缺点吗？

A. 了解　　B. 不了解

2. 你了解自己的性格特点吗？

A. 了解　　B. 不了解

3. 你了解自己的职业兴趣吗？

A. 了解　　B. 不了解

4. 你了解自己最擅长从事的职业类别吗？

A. 了解　　B. 不了解

5. 你在选择专业时有否考虑过跟未来所从事的职业的关系？

A. 是　　B. 否

6. 你是否确定了职业目标？

A. 是　　B. 否

7. 你认为是否有必要对自己进行职业规划？

A. 是　　B. 否

8. 你是否打算制订细致的职业规划方案？

A. 是　　B. 否

9. 你在职业发展上是否有指路人？

A. 有　　B. 没有

10. 你是否需要职业生涯规划方面的指导？

A. 是　　B. 否

11. 你知道职业如何分类吗？

A. 知道　　B. 不知道

12. 你对社会中的某些职业是否有比较清楚的了解？

A. 是　　B. 否

13. 你了解目前所学专业的职业发展方向吗？

A. 是　　B. 否

14. 你是否喜欢目前所学的专业？

A. 喜欢　　B. 不喜欢

15. 你是否打算将来应聘对口专业的岗位？

A. 是　　B. 否

16. 你了解用人单位招聘员工的能力和素质要求吗？

A. 了解　　B. 不了解

17. 入学时你开始思考就业问题了吗？

A. 有　　B. 没有

18. 你认为应该从何时开始考虑职业发展问题？

A. 一年级　　B. 二年级　　C. 三年级　　D. 四年级

19. 你认为自己未来就业的前景如何？（限单选）

A. 自信可以找到满意的工作

B. 通过努力可以找到工作

C. 现在就业困难很大，对找到合适的工作信心不足

D. 就业形势堪忧，担心找不到工作

E. 没有想过，走一步看一步

20. 你需要哪些方面的就业指导：（可多选）

A. 职业礼仪、形象指导

B. 求职、面试技巧、说话艺术的指导

C. 职场中为人处世的原则

D. 组织能力以及团队合作素养

E. 个人的长远职业发展规划指导

21. 以下就业指导方式你比较喜欢的有：（可多选）

A. 提前进行企业入职培训体系的学习和训练，与企业进行多种方式的互动沟通

B. 支付费用到专业的职业咨询公司购买服务

C. 从网络上获取相关职业资讯

D. 初入职场的校友的经验分享

E. 就业指导课程

F. 就业和职业规划的面对面咨询

G. 就业和职业规划的专题讲座

H. 职业素质拓展

提示：1—17 题，如果同学们有 10 题以上的选择是 B 的话，说明对自己和职业的了解很不充分。那么，很有必要在接下来的四年里认真地进行课程学习，并且在学习和生活实践中努力提升自己的就业竞争力！

（引自：《大学生职业发展与就业指导实务》，现代教育出版社）

体验感悟与反思

拟定墓志铭

请按以下模板来编写自己的墓志铭：

姓名、性别、生年、卒年、享年

1. 一生最大目标
2. 在不同年纪时的成就
3. 对社会、家庭或其他人的贡献
4. 我是一个怎样的人

起点一句话定位：________________

三十岁一句话定位：________________

四十岁一句话定位：________________

五十岁一句话定位：________________

六十岁一句话定位：________________

七十岁一句话定位：________________

将上述拟好的墓志铭与小组其他同学共同讨论：

1. 你感到哪些人的人生目标吸引你并值得尊重？
2. 哪些人的成就是“真正”的成就？为什么？
3. 你认为对社会或他人最有贡献的人是谁？
4. 假如你要替自己重写墓志铭，你会怎样写呢？

第一节　职业与职业生涯规划

一、职业概述

（一）职业概念

人类要生存、社会要发展，首先要解决衣食住行的问题，需要人们从事各种社会劳动。从词义的角度看，“职业”一词由“职”和“业”构成，“职”是指职位、职责，“业”是指行业、事业。因此，“职业”一词包括三层含义：一是有工作，即有事可做，又有事可为；二是有收入，即获得工资或其他形式的经济报酬；三是有时间上的连续性。

职业对人生具有重要意义，它影响着人们的生活质量、收益、发展前途及社会地位，并影响家庭生活。随着现代科学技术的运用，职业分化越来越细，越来越多。在知识经济条件下，有关知识、信息、科学技术含量高的现代职业也将迅速发展，同时，现代职业对从业者的任职要求也越来越高。职业产生和消亡的客观规律，要求我们在选择职业类型时不仅要考虑个人职业发展意愿，更要考虑时代前进的步伐所引起的社会需求变化。

（二）职业特征

1. 时代性

职业随着社会分工的产生而出现，随着社会分工的发展而变迁。在社会需求的推动下，新的职业不断产生；而社会不再需求时，过时的职业就会消亡。随着社会的发展和进步，职业变化非常迅速。除了弃旧更新外，同一种职业的活动内容和方式也会发生变化。因此，职业具有明显的时代性，不同时代有不同的热门职业。

2. 经济性和连续性

职业活动具有明显的经济性和一定的连续性。所谓职业活动的经济性，是说人们从事职业活动会因此而获得经济收入或报酬。连续性是指一个人只有在较长时间内持续进行某种活动，并通过这项活动较稳定地获得一定的经济收入或报酬，该活动才被视之为职业活动。

3. 知识性和技术性

职业活动又具有知识性和技术性。要从事某些职业，必须经过较长时间专门知识的学习或技术培训，从事这些职业活动的劳动者，需要具备特殊的知识和技术。

4. 规范性

职业活动还具有规范性。从事职业活动必须遵从职业规范，职业活动总要受一定职业规范的约束。

（三）职业发展及其对大学生择业的影响

1. 职业发展新趋势

第一，社会职业种类越来越多。随着社会分工的发展和职业的分化，职业的种类也愈来愈多，已远远超过了“三百六十行”。

第二，社会职业结构变迁的速度愈来愈快。从农业革命到工业革命经历了数千年，自工业革命到新的产业革命的今天用了200多年，而电子行业从产生、发展到成为一个主要行业，只用了几十年时间。

第三，脑力劳动者职位在社会职位总额中所占比重越来越大。随着教育、文化、科学技术等的发展，脑力劳动者逐渐增多。知识经济时代，脑力劳动职位在社会职位总额中所占比重愈来愈大的趋势更明显了。历史和现实都说明，科技越发达，脑力劳动在社会职业中的重要地位越明显，脑力劳动职位在社会职位总额中所占比重也越大。

2. 职业的发展对大学生择业的影响

职业的迅速发展，对大学生就业产生了许多方面的影响。大学生在求职择业和进行就业准备时，要认真研究职业发展的趋势。

第一，新职业种类的大量出现，扩大了大学生的择业范围。大学生在择业中首要考虑的便是“专业对口”，但由于职业发展加快，新职业种类不断增加，所谓与专业“对口”的职业种类当然也相应增多。这就要求大学生在择业时应当解放思想，开阔视野，跳出以往传统职业种类的狭小范围。

第二，职业的发展导致同一职业或职位对就业者的要求不断提高。对于某些职业来说，仅有学历文凭还不具备就业资格，还需通过有关的职业资格鉴定，获得职业资格证书。如律师、会计等职业。

第三，职业的发展和国家劳动人事制度的改革，为人才的合理流动创造了条件。大学生毕业后的首次就业并不意味着选择了终身不变的职业，随着各种条件的变化，已就业的大学生，也可能面临第二次、第三次择业，所以大学生就业时应从发展的角度看待自己的初次就业。

【拓展阅读】

10张图告诉你工作与事业的区别

有人说为别人打工叫工作，为自己做事叫事业。这指的不是被雇佣和自己开公司的区别，而是从事一份工作时的心态和态度差异。下面这十张图告诉你二者的真正区别。

1. 短期VS. 长期

首先问自己一个问题：你是短期心态还是长期心态？如果你是带着短期心态去工作，你很难全身心投入和保持出色。你很可能不会想到什么改变大局的好点子，因为你整个心态就不对。

2. 缓慢成长 VS. 专业成长

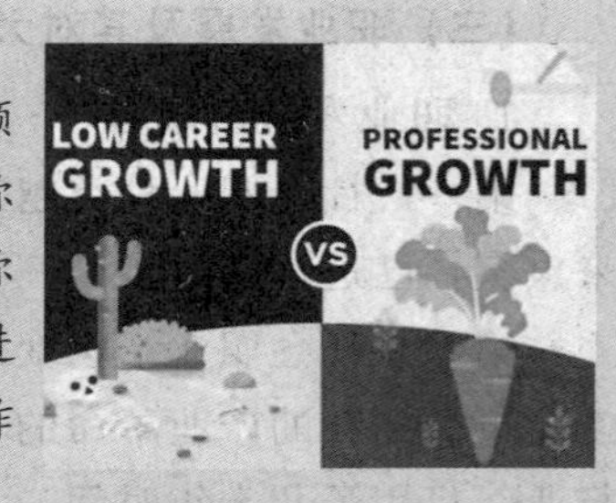

一旦员工在工作中达到阶段性的顶点或者进入发展瓶颈期，他们通常会开始变得闲散和失去动力。如果你在一家你喜欢的机构工作，公司会帮助你一点点越过瓶颈。但如果你只是在一个个工作间来回切换，你很难在专业上有长足的进步，因为环境对你来说太多变了。而且如果你只是把它当作一份工作，你一般也不会太介意想要取得多大的突破。

3. 获取金钱 VS. 获取经验

如果你把现在做的事当成事业，你更关心的不是下个月的薪水，而是和一同共事的关键导师保持长期关系，金钱反倒成了其次。如果你只是在做一份工作，你不会对获得这些经验有兴趣，因为你很可能觉得你周围的同事没有一个人值得你学习。

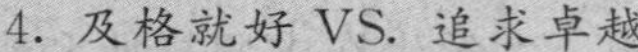

4. 及格就好 VS. 追求卓越

当你在做着一份你并不太在意的工作时，你的心态一定是差不多就行了。如果是一份事业，你一定会不断要求自己超越平均水平。当你真正投入的时候，你其实并不在意多干点活，事实上，你可能压根都察觉不到。你做这些事很快乐，因为你希望这个公司能成功，如果公司成功了，你会觉得自己也就成功了。

5. 苦脸下班 VS. 笑脸下班

当然，当你为一份事业奋斗时，肯定会有糟糕的日子，但大多数时候，你一定是开开心心地下班，因为你尽了自己最大的努力，也做出了一些漂亮的成绩，而且你对未来充满信心。如果只是工作而已，你很可能每天下班都闷闷不乐，马上要赶着去喝点酒（很可能最后会喝很多）。我常听到人们谈论他们的工作，通常就是两个极端——要么很享受，要么很厌恶。

6. 害怕周一 VS. 喜迎周一

周一啊，那些个周一早晨！——绝对不是大多数人每周最喜欢的时间段，但当你在做自己喜欢的事时，你的周一多半像打了鸡血一样，因为你想让新的一周变得高产又高效。相反，如果只是打份工，周一早餐和周日夜晚是你最难熬的时候！

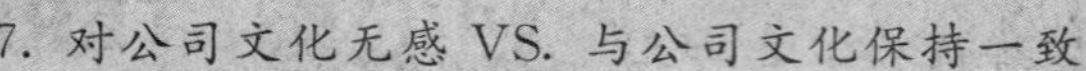

7. 对公司文化无感 VS. 与公司文化保持一致

当你的价值观与公司价值观吻合时，这就达到了所谓的文化契合（culture fit）。做一份你不喜欢的工作时，并不一定意味着你不认同公司的价值观，只是你并不怎么在乎它们是否和自己的价值观契合罢了。但当你的价值观和公司紧密契合时，你会由此多了层对公司品牌的情感纽带，这会让你工作起来更投入，甚至不计回报。

8. 准备找下一份工作 VS. 准备再上一个台阶

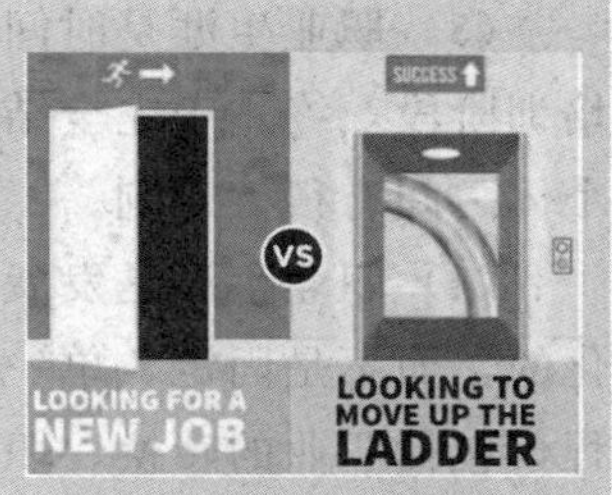

当你在干一份自己并不开心的工作时，大多数时间你其实花在了找下一份工作上，一旦出现这种情况，你在公司的行径多半看起来有点鬼鬼祟祟，这肯定不是一件好事。但关键是，用这种方式去消耗你大量的时间和精力实在无趣。如果你已经确立了事业目标，你会把时间和精力花在打造个人品牌、建立连接和迈上新的台阶上。

9. 整天时间不够用 VS. 每天都过得充实

只是打份工的话，你每天可能是刷着微博和朋友圈，数着下班时间过日子。日子会过得很慢，感觉时间像静止了一样；相反，为事业打拼的话，你会觉得时间根本不够用，简直是时光飞逝。

10. 一场折磨 VS. 一段旅程

现在的你是做着一份工作还是干着一项事业？

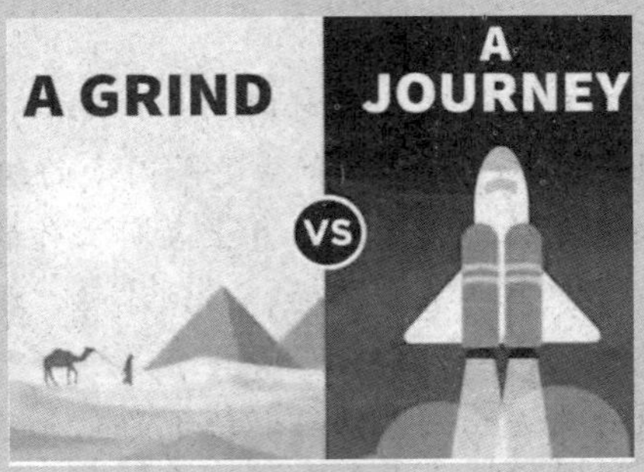

二、职业生涯的概念

职业生涯一般是指一个人终生经历的所有职位的整个历程。一个人一生中连续从事的职业，它不仅包括过去、现在和未来那些可以实际观察到的职业发展过程，而且还包括个人对职业生涯发展的见解和期望。具体地说，是以个体心理开发、生理开发、智力开发、技能开发、伦理开发等人的潜能开发为基础，以工作内容的确定性和变化、工作业绩的评价、工资待遇、职称职务的变动为标志，以满足需求为目标的工作经历和内心体验的经历。

作为一种较为复杂的客观存在，需要我们从几个方面来理解和分析“职业生涯”的内涵①：

（1）职业生涯是个体的概念，是指个人的行为经历，而不是群体或组织的行为经历。

（2）职业生涯是职业的概念，是指一个人在一生中的职业历程。

①张在生，职业生涯开发与管理（第1版），天津大学出版社，2003.

(3) 职业生涯是时间的概念，意指职业生涯周期，起始于初次工作之前的学习阶段、培训阶段，终止于完全结束或退出职业活动。实际生活中，职业生涯的时间期限在不同的个体之间有很大差别。

(4) 职业生涯是发展和动态的概念，指个人的具体职业内容和职位是在不断发展和变化的，而不是固定、单一的。职业生涯更重要的内涵，是职业的变革与发展的经历和过程，包括职业的转换、职位的晋升等具体内容。

【拓展阅读】

内职业生涯与外职业生涯

1. 内职业生涯

指从事一种职业时的知识、观念、经验、能力、心理素质、内心感受等因素的组合及其变化过程。内职业生涯是通过从事职业时的表现、工作结果、言谈举止表现出来的。

内职业生涯各项因素的取得，可以通过别人的帮助而实现，但主要的还是靠自己努力追求来实现。内职业生涯的各构成因素内容一旦取得，别人便不能收回或剥夺。

2. 外职业生涯

外职业生涯是指从事一种职业时的工作时间、工作地点、工作单位、工作内容、工作职务（含行政职务和专业技术职务）、工资待遇等因素的组合及其变化过程。外职业生涯通常可以通过名片、工资单体现出来。名片上表明工作的地点、企业的类型、担任的职务、职称等内容；工资单里写明基本工资、岗位津贴、福利待遇、奖金等，这些因素就构成了外职业生涯。

外职业生涯的构成因素通常是由别人认可和给予的，也容易被别人否认和收回。外职业生涯因素可能往往与自己的付出不符，尤其是在职业生涯初期。有的人一生疲于追求外职业生涯的成功，但内心极为痛苦，因为他们往往不了解，外职业生涯发展是以内职业生涯发展为前提条件的。

三、职业生涯规划的内涵与类型

（一）职业生涯规划的内涵

所谓职业生涯规划，是指个人结合自身情况以及机遇和制约因素，为自己确立职业目标，选择职业发展路径，制订教育、培训和发展计划等，并为自己实现职业生涯目标而确定行动方案。规划的实质是选择追求的目标和实现目标的最佳方案。因此，职业生涯规划的实质就是，结合自身情况及各种制约因素，为实现职业目标，制订一个完备的行动方案。简而言之，就是指个人为自身的职业发展所做的策划和准备。

大学阶段正处于职业生涯中的准备期和探索期，对于大学生群体来说，职业生涯规划有着更具体、更重要的内涵：在大学阶段，应当客观、全面地认识自己的能力、兴趣、个性和价值观，了解各种职业、行业、环境的需求趋势和影响因素，确立职业生涯发展目标，选择实现这一目标的职业方向，制订出行之有效的实施方案，包括相应的学习和培训计划，并做到及时反馈和修订。

(二) 职业生涯规划的类型

按照规划的时间维度，职业生涯规划可以划分为短期规划、中期规划、长期规划和人生规划 4 种类型。

1. 短期规划。2 年以内的规划，主要是近期目标，规划近期应完成的任务。

2. 中期规划。一般 2～5 年的职业目标和任务，是最常见的职业生涯规划。

3. 长期规划。指 5～10 年的规划，主要是设定较长远的目标，以及为实现此目标应采取的具体措施。

4. 人生规划。指整个职业生涯的规划，时间长达 40 年左右，设定整个人生的发展目标和阶梯。

个人职业生涯规划从短期到中期，再到长期，直至整个人生规划，如同台阶需要一步步地发展。在实际操作中，跨度时间太长的规划由于环境和个人自身的变化难以把握，而时间跨度太短的规划意义又不大，所以，一般把职业规划的重点放在 2～5 年内的中期规划，这样既便于根据实际情况设定可行目标，又便于随时根据现实的反馈进行修正或调整。

第二节　职业生涯规划的步骤与方法

一、职业生涯规划的简单步骤

最简单的职业生涯规划方法，是归零思考的方法。该方法是依次问自己以下 5 个问题：

1. 我是谁？

2. 我想做什么？

3. 我能干什么？

4. 环境支持或允许我做什么？

5. 我的职业与生活规划是什么？

回答了这五个问题，找到它们的最高共同点，就有了自己的职业生涯规划。

现在，取出五张白纸、一支铅笔、一块橡皮，在每张纸的最上边分别写上以上五个问题。然后，静下心来，排除干扰，按照顺序，独立地仔细思考每一个问题。

对于第一个问题“我是谁?”回答的要点是：面对自己，真实地写出想到的每个答案，写完了再想想有没有遗漏，认为确实没有了，按重要性进行排序。

我是谁？

我的性格是______________________________；

我的能力是______________________________；

我的理想是______________________________；

我的未来是______________________________；

别人认为我是______________________________。

对于第二个问题“我想干什么？”你可将思绪回溯到孩童时代，从人生初次萌生第一个想干什么的念头开始，然后随年龄的增长，再进行认真的排序。

我想干什么？

我小时候想干的工作是______________________________；

我中学时想干的工作是______________________________；

我现在想干的工作是______________________________；

我的父母希望我干的工作是______________________________；

我一定要干的工作是______________________________。

对于第三个问题“我能干什么？”则是对自己能力与潜力的全面总结，一个人职业的定位最根本的还要归结于他的能力，而他职业发展空间的大小则取决于自己的潜力。对于一个人潜力的了解应该从几个方面着手去认识，如对事的兴趣、做事的韧性、临事的判断力以及知识结构是否全面、是否及时更新等。

我能干什么？

我小时候曾干成的事情是______________________________；

我中学时曾干成的事情是______________________________；

我大学时曾干成的事情是______________________________；

我认为我能干成的还有______________________________；

别人认为我能干成的事情是______________________________。

对第四个问题“环境支持或允许我干什么？”的回答则要稍做分析：环境，有本学校、本城市、本省，自小到大，只要认为自己有可能借助的环境，都应在考虑范畴之内，在这些环境中，认真想想自己可能获得什么支持和允许，弄明白后一一写下来，再以重要性排列。

环境支持或允许我干什么？

我所在的寝室支持或允许我做的是______________________________

______________________________；

我所在的班级支持或允许我做的是______________________________

______________________________；

我所在的学院支持或允许我做的是______________________________

______________________________；

我所在的学校支持或允许我做的是______________________________

______________________________；

我所在的城市支持或允许我做的是______________________________

______________________________。

把五张纸一字排开，然后认真比较第一至第四张纸上的答案，将内容相同或相近的答案用一条横线连起来，你会得到几条连线，而不与其他连线相交的又处于最上面的线，可能就是你最应该去做的事情，你的职业生涯就试着以此为方向。在此方向上以三年为单位，提出近期、中期与远期的目标；再在近期的目标中提出今年的目标；将今年的目标分解为每季度目标、每月目标、每周目标、每天目标。

这样，你每天睡前就可以对照自己的目标进行反省，总结当日成就与失误、经验与教训，修正明天的目标与方法，第二天醒过来后稍加温习就可以投入行动了！这样日积月累，我们的目标，我们梦想终会实现的。

二、职业生涯规划的一般方法

（一）常见的生涯规划方法

1. 自然发生法

一切都顺其自然，尤其是在“包分配”的年代，之所以在那个时代可以使用，是因为那是一个不太强调“个体成就感”和“自我幸福感”的时期。而今天，尤其是人类进入21世纪之后，随着社会的发展，人性关注的回归，人们越来越希望可以为自己做出最好的选择，来体现自己的人生价值和意义。

2. 目前趋势法

“从众心理”是人类自我保护的本能表现，跟随现在市场的趋势，盲目地投入新兴热门行业，例如高考时追逐热门专业，这可能会暂时使心愿得到满足，但没有考虑到几年以后的变化。

应当认识到没有永远的热门和冷门专业，选择时应当考虑社会发展因素，更要问一问自己，“我究竟喜欢不喜欢，我究竟适合不适合?”目前趋势法，可以降低我们的外在风险，但是这个时候容易出现“盲目从众”，并且会忽略自己的个人感受。

3. 假手他人法

这种方法是由他人替自己做出决定和选择，这些人包括以下几部分：父母或家人，因为过去细枝末节的事是由他们决定的；朋友或同学，因为他们是你最好的朋友，不会害你的；老师、辅导教授或辅导员，因为他们是专家，应该能提供更加理性的见解；权威人士，因为他们事业有成、有智慧，能够洞察先机、把握事态等。

4. 最少努力法

选择最容易的科系或技术，总希望轻松过关。为了容易考取大学，参加小语种、艺术类考试。选择专业也是选择比较容易通过的专业，但祈求最好的结果。需记住，天上不会掉下馅饼，一分耕耘一分收获。

5. 拜金主义法

合法合理地追求经济利益最大化，这一点本身没有错。但是如果盲目选择待遇最好的行业，而忽视了从事该行业会给自己的身心带来的是快乐还是痛苦，不考虑该工作与自己志趣的符合度，结果是得不偿失。

6. 刻板印象法

以性别、年龄、社会地位等刻板印象来选择职业，例如女性较适合从事服务业、办公文员等辅助性工作；而男性则应该做人事，不必拘泥于小节。这样的观念早已过时，现在男女的职业差异在逐渐缩小。

7. 橱窗游走法

到各种工作场所走马看花一番，再选择最顺眼的职业。社会需要全才，但更需要专才。当我们无法选择的时候，不妨跳出选择本身，看看“我为什么会被选择困住?”或者“我最后要达成什么样的目的？哪个选择距离我的目标更近。”

（二）系统的生涯规划方法

系统的生涯规划方法，具体见图 3-1 所示。

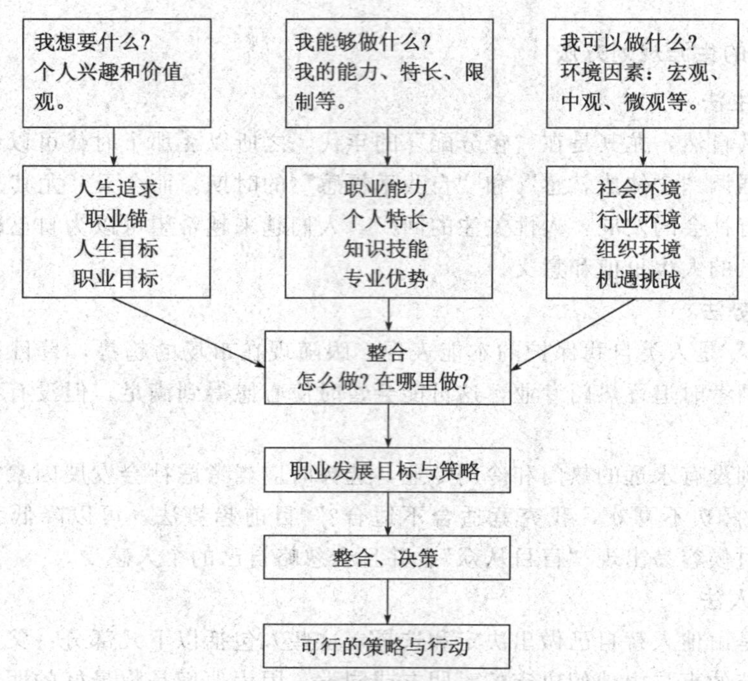

图 3-1　系统的生涯规划方法

（1）我想要什么？这是同学们的价值倾向，通过对自己的兴趣、价值观、理想、成就动机等因素的分析，确定个人目标，明确自己的方向。

（2）我能够做什么？这是个人的能力倾向，通过对自己的能力专长、专业知识、社会经历等因素的分析，确定自己的职业能力倾向，了解自己能够向哪一条路线发展。

（3）我可以做什么？对当前及未来的社会环境、经济环境、组织环境等进行分析，确定自己的发展机会，明确自己的职业方向是否受到环境因素的影响。

三、职业生涯规划的重要作用

（一）正确认识自我，坚定职业目标

中国有句古训：“志当存高远”，这是勉励青少年在人生刚刚起步时就要树立宏图大

志。无论做什么事，首先要确立目标，才会有清晰的前进方向和充足的动力及热情。怎样设定人生目标并通过努力达到目标，这就需要对自己的职业生涯做出合理规划，这是迈向成功的第一步。

有许多同学对自己不大了解，没有清晰地认识到自身的优势和劣势，在职业选择过程中，具有较大的盲目性，不切实际。这极易导致奋斗目标模糊、易变。通过有效的职业生涯规划，可以使学生认识到自身的个性特质、现有和潜在的资源优势，并进行对比分析，着力培养职业所需的特质，树立适合自身情况的职业发展目标和职业理想，从而规划自己的学习，指导自己的实践，制订合理的行动计划，并为获得理想的职业而去做各种准备。

（二）充分了解社会，提升个人竞争力

物竞天择，适者生存。当今社会处在变革的时代，到处充满着激烈的竞争。要想在这场激烈的竞争中脱颖而出，立于不败之地，职业生涯规划是最强大的武器和法宝。生活在象牙塔内的大学生们，常常因缺乏对社会和外部职业世界的了解，而不能适时、合理地调整职业目标和行动计划，进而在职业竞争中处于劣势。

在职业生涯规划的过程中，同学们需要不断地获取外部信息，包括职业、组织、社会等多方面的信息。获得的外部信息越多，心理上的准备也就越充分，在规划自己未来发展的时候，就能够根据社会的需要并结合眼前利益和长远发展，有的放矢。

（三）实现自我价值，成就美好人生

马斯洛的需求理论指出，人的需要是由低级向高级层次推进的，即：生理需求→安全需求→友爱和归属的需求→受尊敬的需求→自我实现的需求。所有这些需求必须通过职业活动来实现。也就是说，同学们可以通过一份适合的职业来获得生理、安全、友爱、归属、尊敬的需求，但同学们更需要的是通过从事一份职业来发挥自己的潜力，实现自我价值。不过仅仅有一份工作，并不能保证同学们能实现所有的需求。由于社会的快速变迁，竞争的不断加剧，令许多即将踏入社会的同学们手忙脚乱，不知何去何从。有效的解决方法只有一个，那就是进行职业生涯规划。正确的职业生涯规划，能为实现自我价值创造机会，并扬长补短，最终迈向成功。

【拓展阅读】

职业规划有那么重要吗

张蕊是名校毕业硕士，她没有一丁点的职业规划意识。刚毕业的时候，顶着名校高材生的光环，有很多的工作机会可供挑选。没多想，她去了三线城市某国企人事部，原因很简单，男朋友在那边。

不料想，人算不如天，过没好久，与男朋友分手，她离开去其他城市找工作。由于是裸辞，再加上一直在国企做“打杂”的工作，出来后很久都没找到符合自己期望的工作，在现实的打击和经济压力之下，不得不随意找了个当地小型培训机构。

后来又应聘当老师，但她性格很内向，不善言辞，虽然很用心但效果却不佳，感觉不能很好地胜任，内心甚是纠结和煎熬。

毕业好几年了，眼看着别的同学都干的风生水起，自己却一度不如意，很是沮丧和失落。后来痛定思痛，经过自己的努力和家人的协助，最后找到一份自己感兴趣也相对擅长的工作，职业生涯开始走向正轨。然而，这耽误的机会和浪费的时间却是再也回不来了，倘若当时在求职时能够多些规划和准备，结局或许会大不相同。

职场中往往有两类较为极端的案例：一类是已经做到一定级别，至少是总监级以上，在公司具有一定地位，年薪不少于20万的人；另一类是工作多年，但依然处于一个相对低的位置，无论是职位层级和物质回报，还是个人的价值感，均无法得到较高认同。

不管我们是否承认，对于我们大多数人而言，适当的目标和规划还是需要的。

规划是必不可少的，一次旅游，我们需要规划时间、路线、食宿、费用，譬如需要选择什么样的旅游方式（跟团还是自驾）和交通方式（大巴、火车、飞机），规划哪些景点和路线，住什么样的酒店，吃什么样的餐馆，预算多少资金，等等。

职业规划肯定是重要的，但更重要的是系统的职业思考，职业规划只是其中一部分，最终能够帮助你发挥潜力找到与自己能力匹配的好工作才是我们努力的方向。

第三节　职业规划基本理论

一、帕森斯的特质因素论

1909年，帕森斯根据多年的工作经验，在其《选择职业》一书中提出了特质因素理论（又称帕森斯的“人职匹配”理论），特质因素论是最早的职业辅导理论。帕森斯认为，个人都有自己独特的人格模式，每种人格模式的个人都有与其相适应的职业类型。

“特质”是指个人的人格特征，包括能力倾向、兴趣、价值观和人格等，这些都可以通过心理测验工具来加以评量。

“因素”是指在工作上要取得成功所必须具备的条件或资格，这可以通过对工作的分析而了解。

帕森斯主张选择职业的3大要素和步骤如下。

（一）评价求职者的生理和心理特点（特性）

通过心理测验及其他测评手段，获得有关求职者的身体状况、能力倾向、兴趣爱好、气质与性格等方面的个人资料，并通过会谈、调查等方法获得有关求职者的家庭背景、学业成绩、工作经历等情况，并对这些资料进行评价。

（二）分析各种职业对人的要求（因素），并向求职者提供有关的职业信息

这些职业信息包括：①职业的性质、工资待遇、工作条件以及晋升的可能性；②求职的最低条件，诸如学历要求、所需的专业训练、身体要求、年龄、各种能力以及其他心理

特点的要求；③为准备就业而设置的教育课程计划，以及提供这种训练的教育机构、学习年限、入学资格和费用等；④就业机会。

（三）人职匹配

在了解求职者的特性和职业的各项指标的基础上，进行比较分析，以便选择一种适合其个人特点又有可能得到并能在职业上取得成功的职业。人职匹配分为两种类型：①因素匹配（职业找人）。例如，需要有专门技术和专业知识的职业与掌握该种技能和专业知识的择业者相匹配；脏、累、苦等职业，需要有吃苦耐劳、体格健壮的劳动者与之匹配。②特性匹配（人找职业）。例如，具有敏感、易动感情、不守常规、个性强、理想主义等人格特性的人，宜于从事审美性、自我情感表达的艺术创作类型的职业。

特性因素论强调个人所具有的特性与职业所需要的素质与技能之间的协调和匹配。为了对个体的特性进行深入详细的了解与掌握，特性因素论十分重视人才测评的作用，可以说，特性因素论进行职业指导是以对人的特性的测评为基本前提，它首先提出了在职业决策中进行人职匹配的思想，奠定了人才测评的理论基础，推动了人才测评在职业选拔与指导中的运用和发展。

二、格林豪斯的职业生涯发展阶段理论

格林豪斯研究人生不同年龄阶段职业发展的主要任务，并将职业生涯发展分为 5 个阶段。

1. 职业准备

典型年龄段为 0～18 岁。主要任务是：发展职业想象力，对职业进行评估和选择，接受必需的职业教育。一个人在此阶段所作的职业选择，是最初的选择而不是最后的选择，主要目的是建立起个人职业的最初方向。

2. 进入组织

18～25 岁为进入组织阶段。主要任务是：在一个理想的组织中获得一份工作；在获取足量信息的基础上，尽量选择一种合适的、较为满意的职业。在这个阶段，个人所获得信息的数量和质量将影响个人的职业选择。

3. 职业生涯初期

处于此阶段的典型年龄段是 25～40 岁。主要任务是：学习职业技术，提供工作能力；了解和学习组织纪律和规范，逐步适应职业工作，适应和融入组织；为未来职业成功做好准备。

4. 职业生涯中期

40～55 岁是职业生涯中期阶段。主要任务是：对早期职业生涯进行重新评估，强化或转变自己的职业理想；选定职业，努力工作，有所成就。

5. 职业生涯后期

从 55 岁直至退休为职业生涯后期。继续保持已有的职业成就，维持自尊，准备引退，是这一阶段的主要任务。

职业发展性理论强调职业发展的成熟度。职业成熟是指完成各个发展阶段对应的发展任务，比如在探索阶段应该完成缩小职业选择范围的任务，建立阶段应该通过有效的尝试而明确职业类型，等等。职业成熟度高的人比职业成熟度低的人更容易成功。

职业自我概念在发展性理论中占据着非常重要的地位。职业自我概念是通过对工作的观察、对工作中的成人认同以及个人的尝试实践而发展出来的。职业自我概念是整体自我概念的一部分，但它却是个人一生中建立生涯形态的驱动力。个人通过选择独特的职业类型来表达和展现自己，实践自我概念。

三、施恩的职业锚理论

职业锚（又称职业定位）的概念是由美国著名职业心理学家施恩教授提出的，他认为，职业生涯发展实际是一个持续不断的探索过程，随着一个人对自己越来越了解，这个人就会越来越明显地形成一个占主导地位的职业锚。

职业锚理论主要包括以下三方面内容：

（1）自省的动机和需要：以实际情况中的工作经验来自我检测和自我诊断并以他人的反馈为基础，认知自我。

（2）自省的才干和能力：以在组织各种作业环境中获得的实际工作经验和成功为基础，来认知自我的能力。

（3）自省的态度和价值观：以自我与雇佣组织和工作环境的准则和价值观之间的实际碰撞为基础，逐步重视自己所擅长的东西，并在这些方面改善自己的能力。

施恩教授认为，所谓“职业锚”是指当一个人不得不作出选择的时候，无论如何都不会放弃的职业中的那种至关重要的东西或价值观，即人们选择和发展自己职业时所围绕的中心。

在职业心理学中，职业锚实际上就是人们选择和发展职业时围绕自己确定的中心。一个人对自己的天资和能力、动机和需要以及态度和价值观有清楚的了解后，就会意识到自己的职业锚，从而作出某种重大选择。一个人过去所有的工作经历、兴趣、资质、潜能等等集合成一个富有意义的职业锚，它会告诉这个人，对于他来说，什么东西才是最重要的。

经过几十年的发展，职业锚已经成为职业发展、职业设计的必选工具。许多大公司均将职业锚作为员工职业发展、职业生涯规划的主要参考点。施恩教授根据自己对麻省理工学院毕业生的研究，确定了8种基本的职业锚类型（如图3-2）：

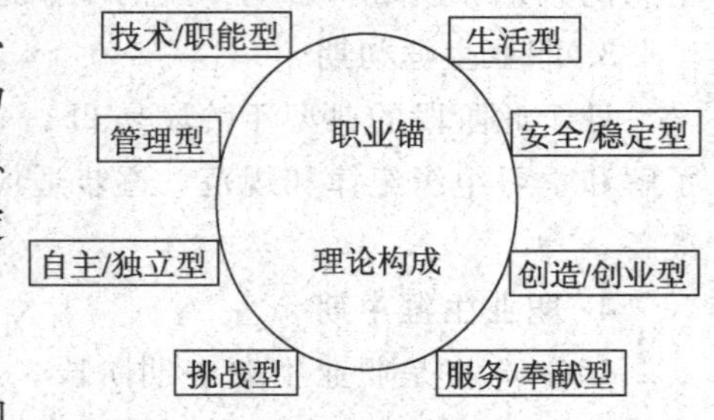

图3-2 职业锚的类型

（1）技术/职能型

技术/职能型的人追求在技术职能领域的成长和技能的不断提高，以及应用这种技术职能的机会。他们对自己的认可来自于他们的专业水平，他们喜欢面对专业领域的挑战。他们通常不喜欢从事一般的管理工作，因为这意味着他们不得不放弃在技术/职能领域的成就。

(2) 管理型

管理型的人追求并致力于工作晋升，倾心于全面管理，独立负责一个部分，可以跨部门整合其他人的努力成果。他们想去承担整体的责任，并将公司的成功与否看成自己的工作。具体的技术职能工作仅仅被看作是通向更高、更全面管理层的必经之路。

(3) 自主/独立型

自主/独立型的人希望随心所欲安排自己的工作方式、工作习惯和生活方式。追求能施展个人能力的工作环境，最大限度地摆脱组织的限制和制约。他们宁愿放弃提升或工作发展机会，也不愿意放弃自由与独立。

(4) 挑战型

挑战型的人喜欢解决看上去无法解决的问题，战胜实力强硬的对手，克服无法克服的困难障碍等。对他们而言，参加工作的原因是工作允许他们去战胜各种不可能。他们需要新奇、变化和困难，如果事情非常容易，工作马上会变得令他们厌烦。

(5) 生活型

生活型的人希望将生活的各个主要方面整合为一个整体，喜欢平衡个人的、家庭的和职业的需要。因此，生活型的人需要一个能够提供“足够弹性”的工作环境来实现这一目标。生活型的人甚至可以牺牲职业的一些方面，例如，放弃职位的提升，来换取三者的平衡。他们将成功定义得比职业成功更广泛。相对于具体的工作环境、工作内容，生活型的人更关注自己如何生活、在哪里居住、如何处理家庭事情及怎样自我提升等。

(6) 安全/稳定型

安全/稳定型的人追求工作中的安全感与稳定感，他们因为能够预测到稳定的将来而感到放松。他们关心财务安全，例如，退休金和退休计划。

(7) 创造/创业型

创造/创业型的人希望用自己的能力去创建属于自己的公司或完全属于自己的产品(或服务)，而且愿意去冒风险，并克服面临的障碍。他们想向社会学习并寻找机会，一旦时机成熟，他们便会走出去创立自己的事业。

(8) 服务/奉献型

服务/奉献型的人一直追求他们认可的核心价值，例如，帮助他人，改善人们的安全，通过新产品消除疾病等。他们一直追寻这种机会，这意味着即使变换公司，他们也不会接受不允许他们实现这种价值的变动或工作提升。

课堂活动与练习

一、结构性自传

写一份你的结构性自传，范例如下：

1. 个人资料

姓名________ 电话________ 年龄________ 地址____________________

2. 父母和重要的他人

父亲________ 职业________ 影响________________________________

母亲________ 职业________ 影响________________________________

他人________ 职业________ 影响________________________________

他人________ 职业________ 影响________________________________

他人________ 职业________ 影响________________________________

他人________ 职业________ 影响________________________________

3. 现在和以前读过的学校或接受过的培训

日期	学校名称/地点	学过的最佳科目、成就、技能

4. 从你最近的经验开始回顾工作（兼职、实习、志愿者）经历

日期	学校名称/地点	学过的最佳科目、成就、技能

5. 业余和休闲活动：兴趣爱好、俱乐部、社团、运动等（包括从这些活动中获得的满足感和获得的技能）

6. 童年兴趣

7. 生活角色

个人角色，例如儿子或女儿、兄弟姐妹；教育角色，如学生、社团成员；职业角色，如兼职工作、志愿者等。写出每种角色带来的满足感和你学到的技能。

日期	学校名称/地点	学过的最佳科目、成就、技能

8. 自我评估

成就（包括任何你已提及的和你随意能够想到的新成就）

为获得该成就而运用的技能及从中培养的能力

该成就中体现出来的价值观（从该成就中你获得了哪些满足感?）

9. 写下你近期的三个生涯目标，并尝试计划未来5～10年希望达到的目标。

二、测测职业生涯成熟度

活动说明：

亲爱的同学：

本量表旨在测量你的职业成熟度，请认真填写。答案没有“好、坏”与“对、错”之分，请根据你的实际情况，对下列适合你的选项如实打“√”。

表 3-2　职业成熟度量表

陈述	很赞同	赞同	难以判断	不赞同	很不赞同
得分	5	4	3	2	1
1. 我知道我的条件适合从事什么职业					
2. 我会搜集有关职业选择的参考资料					
3. 我清楚一些职业的薪水待遇					
4. 我对未来充满信心					
5. 我会利用时间读一些与未来工作有关的书					
6. 我的工作能力不比别人差					
7. 当学习碰到困难时，我会想办法解决					
8. 我会向朋友打听有关职业的消息					
9. 我能够冷静、沉着地判断事物					
10. 选择工作时，首先应该考虑自己的兴趣					
11. 我会留意国际经济发展的趋势					
12. 找工作时，只要听专家的意见就对了					
13. 我会在自己的能力范围内，选择我有兴趣的职业					
14. 自己有兴趣的工作，就算薪水不多，我也愿意做					
15. 我会注意报纸、杂志上有关职业的报道					
16. 我难以自己做决定					
17. 我确定我有能力从事自己有兴趣的职业					
18. 我知道现在社会上最需要的是什么人才					
19. 我怀疑自己选择职业的能力					
20. 我会保存有用的职业资料					
21. 我对自己很有信心					
22. 找不到第一志愿的工作，我乐于接受第二或第三志愿的备选					
23. 我会直接向公司或工厂索取相关的职业资料					
24. 我认为选择工作的时候，有必要考虑外在环境的影响					
25. 事情决定以后，通常我不会轻易后悔					
26. 我勇于表达自己的看法					
27. 我会注意媒体报道的职业消息					

续表

陈述	很赞同	赞同	难以判断	不赞同	很不赞同
得分	5	4	3	2	1
28. 由于技术变化太快，就业前不必有太多准备					
29. 薪水高又不必负责任的工作最好					
30. 我会将各种有关职业的资料加以分类整理					
31. 我会尽可能选择和自己专长有关的职业					
32. 选择职业时，我会优先考虑声望较高的职业					
33. 我会留意相关职业的发展动向					
34. 选择工作时，只要瞄准市场上最热门的工作就对了					
35. 我对许多工作好像都有兴趣，又好像都没有兴趣					
36. 我不清楚我感兴趣的职业需要哪些专业能力					
37. 靠工作的收入养活自己比较有尊严					
38. 我抱着随时换工作的心态					
39. 从事一种职业，成不成功全靠机运，不必考虑太多					
40. 我清楚一些职业的发展机会					
41. 我知道我的条件不应该从事什么职业					
42. 我清楚一些职业的工作环境					
43. 我会列出我有兴趣的所有工作作为职业选择的参考					
44. 我实在很难决定自己要做什么工作					
45. 找工作时，我会先考虑薪水多少，再考虑有没有发展					
46. 每一个人要从事什么职业都是命中注定的					
47. 我不清楚从事我有兴趣的职业应该具备什么条件					
48. 想到选择工作就让我烦恼					
49. 我不了解为什么有些人能够那么确定自己的职业兴趣					
50. 我知道现在哪种行业最不容易找到工作					
51. 没有家人、朋友的支持，我自己实在很难选定一种合适的工作					

计分方法：

职业成熟度包括以下几个方面，对应的计分题目序号如下表，按照题号把每题的得分加起来就是每一方面成熟度的总分（题号前有 * 的反向计分，反向计分的意思为：原来的 1 分变为 5 分，原来的 2 分变为 4 分，3 分仍为 3 分，4 分变为 2 分，5 分变为 1 分），总分再除以题目数，就是每一方面成熟度的最后得分，如图所示表 3-3。

表 3-3

职业成熟度指标	题号							总分	平均分
信息应用	2	5	8	20	23	30			
职业认知	3	18	*36	40	42	43			
自我认知	4	6	10	17	*35	*49			
个人调适	7	11	15	27	33	*38			
职业态度	*12	21	*28	*39	*46	*51			
价值观念	13	14	31	*29	32	37	*45		
职业选择	9	*16	*19	25	26	*44	*48		
条件评估	1	22	24	*34	41	*47	50		

信息应用：指个人主动搜集相关的职业资料，并且加以整理、分类、保存，作为选择职业的参考。例如经常浏览相关职业信息，关注有关的职业报道、自己喜欢的公司网站等。

职业认知：指个人对职业实践的认识与了解。如个人对所向往的职业的知识、该职业的从业人士所需的能力等相关信息的了解程度。

自我认知：指个人对自己的认识与理解，即对自己的了解程度。它包括以下几个方面：自己的个性、职业兴趣倾向、职业价值观等。

个人调适：指个人从事职业选择时，对自我主观条件与外在客观条件的折中、调和。如对自己的心态、个人行动等方面进行调适。

职业态度：指个人对职业选择所持的观念或心态。包括：个体积极参与职业决策过程的态度，对客观现实的接受程度，职业决策过程中不盲目依从他人的程度，在职业决策过程中根据现实状况适应环境的程度，对自己做出符合自身特点的职业决策的信心程度。

价值观念：指个人对职业的评价以及好恶倾向，能否关注自己内在的职业兴趣、爱好。

职业选择：指个人从事职业选择时所表现的独立性与明确性，自己能否独立地判断和选择自己喜欢的工作等。

条件评估：指个人对职业市场需求的评估。能否了解某一职业的市场需求量、职业前景如何、职业的发展空间怎样。

结果说明：

平均分最低为 1，最高为 5。一般而言，低于 3 分就是欠成熟的，高于 3.5 分则是较成熟的。

三、“从学校到企业”

活动说明：

教室的一角为学校，最远的另一角为企业。每一组的同学在大家的共同努力下，想尽可能多的办法由每一名同学轮流把自己的选手从学校角移动到企业角。

注意：移动方法不能重复，已经用过的都不能再用。移动方法最多的组获胜。

小组分享和教师点评：平时想过有这么多移动方法吗？现在为何可以找到这么多方法？这对生涯规划有何启示？

四、现在你要做的事情

请同学们闭上眼睛想一想，目前，有哪些事情是你关心的、困扰自己的或者自己想要做的。例如：“如何与寝室同学相处”“未来的职业方向”“如何提高英语口语能力”“如何提升自信心”“如何了解专业”“如何安排自己的休闲生活”等，尽量写下每一件你所想到的事情。

从1—10打分，最不满意的为1分，最满意的为10分，请你为目前自己在某方面达到的满意程度打分，并试写一下可以做的一个改变，表3-4。

表3-4 现在你要做的事情

目前关心的、想要做的事情	当下的分值	本学期理想达到的分值	本周拟采取的行动，完成时请划√

网上精品视频课程

职业生涯规划导论

用手机“扫一扫”下面的二维码，用浏览器打开相应网址，进入视频课程学习。

一、职业生涯规划的基本原则

1. 择己所爱

从事一项你所喜欢的工作，工作本身就能给你一种满足感，你的职业生涯也会从此变得妙趣横生。兴趣是最好的老师，是成功之母。调查表明：兴趣与成功机率有着明显的正相关性。在设计自己的职业生涯时，务必注意：考虑自己的特点，珍惜自己的兴趣，择己所爱，选择自己所喜欢的职业。

2. 择己所长

任何职业都要求从业者掌握一定的技能，具备一定的能力条件。而一个人一生中不能将所有技能全都掌握。所以你必须在进行职业选择时择己所长，从而有利于发挥自己的优势。运用比较优势原理充分分析别人与自己，尽量选择冲突较少的优势行业。

3. 择世所需

社会的需求不断演化着，旧的需求不断消失，新的需求不断产生。新的职业也不断产生。所以在设计你自己的职业生涯时，一定要分析社会需求，择世所需。最重要的是，目光要长远，能够准确预测未来行业或者职业发展方向，再做出选择。不仅仅是有社会需求，并且这个需求要长久。

4. 择己所利

职业是个人谋生的手段，其目的在于追求个人幸福。所以你在择业时，首先考虑的是自己的预期收益——个人幸福最大化。明智的选择是在由收入、社会地位、成就感和工作付出等变量组成的函数中找出一个最大值。这就是选择职业生涯中的收益最大化原则。

（引自：《大学生职业生涯规划实务》，现代教育出版社）

二、最成功、最幸福的状态，是眼里只有对自己有意义的东西

常识告诉我们，要想提升幸福感、减少冲突和压力，就不能对工作投入过多。然而，现实似乎恰恰相反：想要对这个世界产生影响，并取得世俗意义上的成功，就必须让工作高于生活中的其他一切。

这是一种零和思维。从过去30年的研究和实践经验看，各领域的成功人士很少会这样看问题。在我们中间，有这样一群真正的成功者：他们取得的成就不是以牺牲家庭、社区和自我为代价；相反，恰恰是对个人生活的充分投入，帮助他们取得了事业上的成功。他们善于减少工作与生活的冲突，并赋之以和谐感。这不仅能减轻压力带来的紧张和焦虑，更是让他们取得令人钦佩的成就的力量源泉。

《过你想过的生活》（*Leading the Life You Want*）一书中讲述了一些人的故事，他们

堪称上述理念的现实典范。他们驾驭生活的各个部分所蕴含的热情与能量，将它们聚合在一起，在工作、家庭、社区和自我这四个方面都取得成就，实现“四通赢”。这也许不能一步到位，而是要用一生去完成。这些人慎重地选择对他们来说最重要的人和事情。他们在工作中和工作之外的行为，都是自己价值观的体现。他们尽己所能，让生活中最重要的、依赖他们和他们依赖的人过得更幸福。如此清晰的视野，能帮助你化解冲突和压力，并不断变得更加自由。

并非只有天赋异禀且特别幸运的人能达到这种完美状态；只要愿意在生活中努力忠于自己、服务他人，并不断修炼，任何人都能做得到。要想按你希望的那样，过上有意义和从容的生活，关键在于全面思考，以及高度专注于对你重要的事物。当你眼里只有对自己有意义的东西，压力和紧张便不再那么困扰你。

（引自：http：//www.hbrchina.org/2016—10—27/4656.html，有删减）

一、施瓦辛格的职涯故事

四十多年前，一个十多岁的穷小子，身体非常瘦弱，却在日记里立志长大后做美国总统。如何能实现这样宏伟的抱负呢？经过思索，他拟定了一系列目标。

做美国总统首先要做美国州长——要竞选州长必须得到雄厚的财力后盾的支持——要获得财团的支持就一定得融入财团——要融入财团最好娶一位豪门千金——要娶一位豪门千金必须成为名人——成为名人的快速方法就是做电影明星——做电影明星前得练好身体，练出阳刚之气。

按照这样的思路，他开始行动。某日，当他看到著名的体操运动主席库尔后，他相信练健美是强身健体的好点子。他开始刻苦而持之以恒地练习健美，他渴望成为世界上最结实的壮汉。凭借着发达的肌肉，一身雕塑似的体魄，在以后的几年中，他囊括了各种世界级的“健美先生”称号。

22 岁时，他踏入了美国好莱坞。在好莱坞，他花费了十年时间，利用自身优势，刻意打造坚强不屈、百折不挠的硬汉形象。终于，他在演艺界声名鹊起。当他的电影事业如日中天时，女友的家庭在他们相恋九年后，也终于接纳了这位“黑脸庄稼人”。他的女友就是赫赫有名的肯尼迪总统的侄女。

2003 年，年逾五十七岁的他，告老退出影坛，转而从政，成功竞选为美国加州州长。他的下一个目标就是美国总统。

他就是阿诺德·施瓦辛格。他的经历告诉我们：科学规划，行动有力，就能成功。

（引自：http：//blog.sina.com.cn/s/blog_dbc0254c0101s1xk.html，有删减）

二、糊涂的大学生活

小刘怀揣着儿时的梦想，终于步入了心中的大学殿堂。

小刘上大学最大的感觉就是自由了，告别了中学时代高考的压力，远离了父母和其他家人的“管辖”，除上课外，还有很多的闲暇时间可以自由支配。他不懂得大学生活应该有意识地去管理经营，而是把更多的注意力、大量的时间与精力耗费在娱乐、放松和烟雾弥漫的网吧中，甚至缺课，影响了专业学习。他安慰自己说：“落一次课没什么大不了的，等课后我自己补上就好了。”结果每一次都这样想，课没有上、书也没有看，总在下决心，却又总在后悔……就这样，大学几年很快就过去了，他没有很好珍惜在校期间发展自己的兴趣爱好与专长，非但专业没学好，还耗费了父母的血汗钱。

面临实习就业，小刘连续面试了几家公司，都因专业能力、英语水平或是没有某方面的特长等而失败告终。小刘很是郁闷，后悔莫及。到这时他才发现，曾经总觉得很遥远的就业问题已经迫在眉睫。如果当初合理规划自己的大学生活，并有针对性地弥补自己欠缺的素养，去创造自己所不具备的条件，大概就不会出现今天的尴尬了。

这个例子折射出大学生们职业规划缺乏、对求职就业困惑无知的现实。一项调查显示，43％的学生对于就业准备属于“临阵磨枪型”，直到毕业才开始考虑就业问题；另有40％的学生是在大三，仅有4％的学生是在大一就关注于此。

（引自：《设计人生——打造未来美好职业生涯》，现代教育出版社，有删减）

课外实践与作业

成长经历与自我评价

1. 填写个人成长经历库

时间	事件	事件描述与感悟	关键词	成长指数
		描述： 感悟：		
		描述： 感悟：		
		描述： 感悟：		
		描述： 感悟：		

续表

时间	事件	事件描述与感悟	关键词	成长指数
		描述： 感悟：		
		描述： 感悟：		
		描述： 感悟：		
		描述： 感悟：		
		描述： 感悟：		
		描述： 感悟：		

具体描述个人成长经历，按时间、事件名称、事件描述感悟、成长关键词和成长指数顺序填写（成长指数满分 10 分）。

2. 绘制个人成长曲线图

根据个人成长经历库，按横坐标为时间，纵坐标为成长指数，重要事件为连接点绘制成长曲线图。

成长曲线图示例

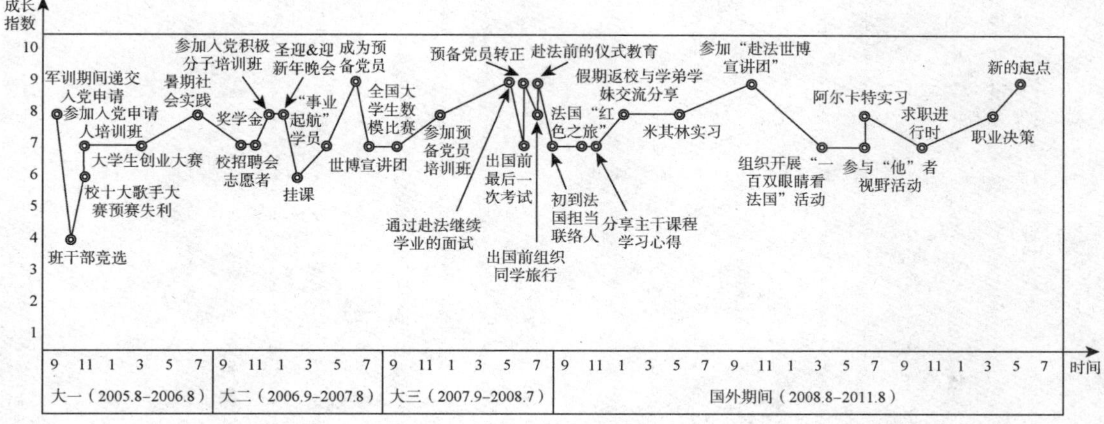

3. 自我评价自画像

根据个人成长经历库中的成长关键词，凝练出最符合自己的自我评估能力关键词，按自己的个性喜好绘制自画像。可添加说明或感想，并在团队中进行交流。

第四章　自我密码——现在，发现你的优势

> 知人者智，自知者明。胜人者有力，自胜者强。知足者富。强行者有志。不失其所者久。死而不亡者寿。
>
> ——老子《道德经》

本章地图

第四章　自我密码——现在，发现你的优势

- 【阅读与思考】
  - 一、选择职业从正确的自我认知开始
  - 二、兴趣是职业选择的重要考量因素
- 【体验感悟与反思】我的过往经历
- 【基本理论与知识】
  - 第一节　澄清职业价值观
    - 一、价值观与职业发展
    - 二、树立正确的职业价值观
  - 第二节　发掘职业兴趣
    - 一、职业兴趣及影响因素
    - 二、职业兴趣对职业生涯的影响
    - 三、霍兰德兴趣类型及其对应职业
  - 第三节　明晰职业性格
    - 一、性格与职业性格的概念
    - 二、影响职业性格的因素
    - 三、性格与职业生涯发展的关系
    - 四、MBTI 性格理论
  - 第四节　梳理职业技能
    - 一、能力、技能与职业能力
    - 二、影响职业能力发展的因素
    - 三、职业能力的形成与培养
    - 四、提高技能的途径
- 【课堂活动与练习】
  - 一、我是谁
  - 二、什么才是最重要的
  - 三、快快乐乐“抓周”
  - 四、性格决定命运
  - 五、每人都有小宇宙
- 【网上精品视频课程】自我认知
- 【专家视角】
  - 一、正确对待测评结果
  - 二、1%自我实现者的十六种共同特征
- 【案例与故事】
  - 一、我的未来不是梦
  - 二、“三无”工科男走进哥大
- 【课外实践与作业】给现在一个期许，给未来一个回忆

阅读与思考

一、选择职业从正确的自我认知开始

周同学，某校国际经济与贸易专业学生。刚入学时，他对于如何规划自己的职业之路非常迷茫。后来，在与班主任和多名老师沟通后，积极参与了职业生涯规划的相关活动，开始认真思考未来的发展方向。首先，他根据职业生涯规划的相关理论对自己进行了全面的剖析，得出了如下结论：性格热情开朗，口才好，社交能力强，擅长与人打交道，情商较高；学习能力强，对经济方面的工作比较感兴趣；喜欢有挑战性的工作，注重人生价值的实现，不适合过于安稳、按部就班的工作。结合自己所学的国际经济与贸易专业，周同学最终将企业销售作为自己的职业目标。现在，他已经是一家企业的销售人员，工作忙碌而充实。

（引自：《大学生职业生涯规划实务》，现代教育出版社，有删减）

二、兴趣是职业选择的重要考量因素

小安是某校会计专业毕业的学生，“当初是父母给我选择的这个专业，毕业后他们可以帮我安排一份稳定的、福利待遇不错的工作”。可是，小安的兴趣并不在此，“一直以来，我想从事媒体采编方面的工作，从大一下学期开始，我就去旁听新闻专业的相关课程。大二，我成为一名校园记者，跟着师兄师姐们采编学校的新闻事件，通过这些实践活动更加坚定了自己从事媒体采编工作的决心。大三暑假时正巧报社招实习记者，跟着主管记者跑了两个月，虽然辛苦，但是我依然对这份职业充满了热情”。现在面临毕业了，经过和父母的沟通，小安最终还是选择应聘媒体采编方面的工作，某财经网站正在招聘网站编辑，小安最终凭着自己的专业背景，带着自己在校园里发表的新闻稿件、采编的实践经验、报社的实习经历，顺利通过了笔试、面试，得到了这份工作。

从小安的例子，我们可以看出兴趣是人们选择职业的重要考量因素，它具有行动和能量导向的作用，要将兴趣最终转化为自己的职业，需要在实践中不断地探索、积累，不断地提升自己的能力。

（引自：《大学生职业生涯规划实务》，现代教育出版社，有删减）

体验感悟与反思

我的过往经历

1. 从小到大你担任过哪些职务？你喜欢的是哪些职务？不喜欢的是哪些？请说明为

什么？

2. 你最敬佩或崇拜的人是谁，他对你产生了什么影响？

3. 你最喜欢看哪种杂志？这些杂志中的哪些部分吸引你，或者，你到书店去，你通常会停留在哪类书架前？

4. 你最喜欢什么科目，为什么喜欢？

5. 通常你喜欢哪个频道的电视节目，为什么？

6. 你的答案中有什么共同点？是否可以归纳什么主题或关键词？这些词和霍兰德的哪些类型相对应？

基本理论与知识

第一节　澄清职业价值观

一、价值观与职业发展

（一）价值观的内涵

价值观对人们自身行为的定向和调节起着非常重要的作用。价值观直接影响和决定着一个人的理想、信念、生活目标和追求方向的性质。职业价值观是一个人对各种职业价值的基本认识和基本态度，是人们在选择职业时的一种内心尺度，反映的是人的需要与社会职业属性之间的关系，它支配着人的择业心态、行为以及信念和理解等。职业价值观是一种复杂的心理现象，表现出内涵的丰富性、层次的多样性和个体体验的差异性等特点。也就是说，即使在相同的社会条件下，每个人的职业价值观也具有显著的差异性；并且，任何一个具体的职业价值观都是在一定的社会历史条件下形成的，具有鲜明的时代特征，必然随着社会的发展而变化。

（二）价值观与职业发展的关系

价值观决定了一个人对于什么是好、什么是对，以及什么会令人喜爱的理解。每一个求职者由于其所受教育程度不同和所处环境的差异，在职业取向上的目标和要求也是不相同的。在许多场合，我们往往要在一些得失中作出选择，而左右我们选择的，往往就是我们的职业价值观。

职业价值观在对各种职业的认知过程中起着“过滤器”的作用，它使个体的择业行为带有一定的选择性和指向性，既判断职业的性质、确定个人在职业活动中的责任、态度及行为方向的“定向器”，又是抉择职业行为方式并进行制动的“调节器”。

俗话说：“人各有志。”这个“志”表现在职业选择上就是职业价值观，它是一种具有明确的目的性、自觉性和坚定性的职业选择的态度和行为，对一个人职业目标和择业动机起着决定性的作用。

每种职业都有各自的特性，不同的人对职业意义的认识，对职业好坏有不同的评价和取向，这就是职业价值观。职业价值观决定了人们的职业期望，影响着人们对职业方向和职业目标的选择，决定着人们就业后的工作态度和劳动绩效水平，从而决定了人们的职业发展情况。哪个职业好？哪个岗位适合自己？从事某一项具体工作的目的是什么？这些问题都是职业价值观的具体表现。

在为自己做职业生涯规划之前，一定要清楚和明确自己的价值观和职业价值观。价值观和职业价值观决定了哪些因素对你是重要的，哪些是不重要的；哪些是你优先考虑和选择的，哪些不是。

对自己的价值观，特别是职业价值观进行分析时，可以参照学者们所提出的价值观类型，看自己到底属于哪一种。其实，我们可以把不同职业价值观的内容加以归结，根据他们所体现的主要方面，来确定自己的职业价值观中主要的因素是什么。张再生教授把这些因素总结为三类，并认为职业价值观的分析可以从以下三个方面展开：

第一，发展因素。包括符合兴趣爱好、机会均等、公平竞争、工作有挑战性、能发挥自身才能、工作自主性大、能提供培训机会、晋升机会多、专业对口、发展空间大、出国机会多等等，这些职业要素都与个人发展有关，因此称之为发展因素。

第二，保健因素。包括工资高、福利好、保险全、职业稳定、工作环境舒适、交通便捷、生活方便等等，这些职业要素与福利待遇和生活有关，因此称之为保健因素。

第三，声望因素。包括单位知名度、单位规模和权力大、行政级别和社会地位高等等，这些职业要素都与职业声望地位有关，因此称之为声望因素。职业价值观是一个复杂的多维度的心理因素，对职业的选择和衡量有多种要素的参与，但各要素起的作用是不同的。从当前的实际来看，许多调查显示，大学生的职业价值观越来越重视发展因素，而对保健因素和声望因素的重视程度则因人而异，差别较大。

【拓展阅读】

寿司之神：小野二郎

出生于1925年的小野二郎，是全球最年长的米其林三星寿司大厨。他的数寄屋桥二

郎（Sukiyabashi Jirō）寿司店位居银座办公大楼地下室，从外观看来朴素无比，甚至有点寒酸，一共只有十个座位。但就是这般寒酸的餐厅，顾客需提前一个月订位，人均消费数百美元（最低消费三万日币），用过餐后会感叹，这是“值得一生等待的寿司”。

小野二郎从市场上买最好的鱼、最好的虾和最好的米，“每种食材都有最美味的理想时刻，要把握得恰到好处。”“章鱼的处理都要花更长的时间——章鱼需要手工按摩，使肉质更加细腻鲜美，而不是像橡胶一样的口感。”他强调自己是一个真正的职人——会找到最好的食材，用自己的方式处理。不在乎钱和成本，而只为做到最好。严谨、自律、精准、追求极致是他对待工作的态度，永远以最高标准要求自己跟学徒，甚至为了保护创造寿司的双手，不工作时永远戴着手套，连睡觉也不懈怠。

他用最完美的方式做寿司，同样用最精心的服务照顾客人。他会根据顾客的性别调整寿司大小、根据用餐习惯精心安排寿司顺序，时时关注客人的用餐情况以做调整。他从头到尾只做寿司，不带饮料，让顾客全身心领略寿司之美。在制作过程中，他显得分外冷静、严肃，其举手投足都具有仪式一般的庄重感。虽然人均消费达 400 美元，但所访食客均表达了他们难以言喻的美好感受。

顶级的食材、娴熟的手艺和对客人的重视，使得二郎寿司值得人一等再等。

小野二郎表示自己从来不厌倦这工作，即便已经为之投入一生。他已 90 岁高龄，还执着在自己的寿司旅程中。他曾说，“你必须要爱你的工作，你必须要和你的工作坠入爱河，即使到了我这个年纪，工作也还没有达到完美的程度，我会继续攀爬，试图爬到顶峰，但没人知道顶峰在哪里”。

二、树立正确的职业价值观

（一）职业价值观的影响因素

职业价值观从外部因素而言会受到社会、学校、家庭的影响，从内部因素而言会受到个人的健康、性别、兴趣、性格、能力等的影响。

1. 社会因素的影响

随着改革开放的不断深入，社会的政治、经济、文化都发生了复杂而深刻的变化，经济成分和经济利益多样化，社会生活方式和组织形式多样化，这些变化打破了原有的价值观念、利益格局，进而改变了人们旧有的职业价值观念。大学生作为一个极其活跃而敏感的群体，其价值观念更易受社会环境变迁的影响，他们的竞争意识、利益观念和自主观念等都会进入到新的价值体系中。

2. 学校因素的影响

学校是有目的、有计划地进行教育的专门场所，尤其以培养高等专门人才为根本任务的教育学校，其教育活动对个体职业价值观的形成和发展影响直接、作用巨大。

3. 家庭因素的影响

家庭是社会的基本单位，是一个人成长成才的第一所学校，是影响大学生职业价值观的最原始、最初级的场所。大学生在与父母的朝夕相处中，就承受了来自父母的教导，家庭成员尤其是家长的社会背景、经济状况、爱好特长、宗教信仰、个性特征及其人生观、价值观等，无不对子女日后职业方面的观念、态度与行为产生潜移默化的影响。

4. 个人因素的影响

大学生职业价值观的形成除受上述因素影响外，还与其个人因素有关。个人因素包括健康、性别、兴趣、性格、能力等。

（1）健康是任何人职业生涯开始的首要条件，几乎所有的职业都需要有健康的身体，但是不同的职业对身体健康会有不同的要求，如采矿、勘探等职业要求从业者具有良好的身体状况和强健的体魄，精密仪器制造等职业要求从业者具有良好的视力，因此个人的健康状况会影响到大学生的职业选择。

（2）性别因素在职业发展中扮演着重要的角色。大学生在进行职业选择时，男生首先倾向于那些能较好发挥自己的特长以及有较好工资待遇的职业，而女生则倾向于选择稳定有保障的职业，因此性别差异也会影响到大学生的职业选择。

（3）兴趣是大学生形成职业价值观的前提性因素，大学生选择什么专业，从事什么职业往往是从兴趣出发的。

（4）人的性格千差万别。职业心理学的研究表明，不同的职业有不同的性格要求，同时具有不同性格的人对不同职业的适应性也有所不同。不同性格特征的人员，对企业而言，决定了每个员工的工作岗位和工作业绩；对个人而言，决定着自己的事业能否成功。

（5）能力是一个人能否进入职业岗位、胜任工作的先决条件，能力的不同，对职业选择就有差异。个人的能力是影响大学生职业选择的一个重要因素，个人能力的大小对职业定向与职业选择起着筛选和定位作用。

（二）正确对待职业价值观

1. 处理好职业价值观与个人兴趣和特长的关系

职业价值观、个人兴趣和特长是人们在择业时需要考虑的最重要的三个因素。在确定价值观时，一定要考虑它是否与自己的兴趣和特长相适应。据调查，如果一个人从事自己不喜欢的工作，有80％的人难以在他选择的职业上成功；而如果选择了自己喜欢的工作则可以充分调动人的潜能，获得职业发展的源动力。此外，选择一项自己擅长的工作，也会事半功倍。

2. 处理好职业价值观的排序与取舍的问题

职业价值观的特性决定人们不会只有唯一的职业价值观，人性的本能也会驱使人们希望什么都能得到，但在现实生活中“鱼与熊掌不可兼得”。在职业选择中，人们却经常不能理性对待这个问题。既然是选择，就要付出代价，只有舍，才能得。所以，要对自己的职业价值观进行排序，找出你认为最重要、次重要的方面，并提醒自己不可能什么都得到。否则就会患得患失，终其一生也不清楚自己到底想要什么，更谈不上职业生涯的成功和对社会的贡献了。

3. 处理好职业价值观中个人与社会的关系

人不能离开社会而独立存在，个人只有在工作中为社会做贡献才能实现自己的职业价值。当然我们并不是说要忽略择业中的个人因素，只去尽社会责任，这样不但不利于个人，也是社会的损失。例如，让一个富于科学创造力、不善言辞的学者去从事普通的教师工作，可能使国家损失一项重大的发明，而社会不过多了一个也许并不出色的老师。因此，我们在考虑职业价值观时要兼顾和平衡国家、社会需要和个人需要。

4. 处理好职业价值观与名利的关系

名利是一种成就的报酬，它是在确定职业价值观时要面对的问题。有些毕业生在求职时，将名利作为首选价值观，从根本上讲这并没有错。但是对于一些人来说，现在拥有的知识、能力、经验和阅历还不足以使其走上社会就获得名利。怀有一夜暴富的心理是不健康的，更是危险的，容易被社会上的不法分子利用，甚至误入歧途。特别是面对严峻的就业形势，更应理性地降低对金钱的期望值，把眼光放远一些，应尽可能地将自我成长和自我实现作为在毕业求职时的首选价值观。

【拓展阅读】

你是想有钱，还是让自己值钱

很多人一辈子有两个追求：一个是有钱一个是值钱值钱是个人价值的体现，比如你去找一份工作，人家给你开出百万年薪，那就表明你很值钱；如果人家每个月只给你开一千元工资，那就表明你还不够值钱。有钱和值钱是两个概念。有钱的人不一定值钱，比如我们常常会看到一些“富二代”腰缠万贯，但除了挥霍什么都不会，这样的人“分文不值”。

但值钱的人早晚会有钱，因为值钱的人都有足可夸耀的某种能力，凭借这种能力，他不仅可以安身立命，还能积累财富，这样的人甚至连存钱都不需要。比如一个著名的画家，他需要钱的时候只需画一幅画就行了。

所以人们常说，不要把自己变成“储钱罐”，因为没有人能够靠储钱变富；但一定要把自己变成“印钞机”，需要钱的时候可以随时靠能力去取。一个人与其有钱，不如让自己变得值钱。

值钱的人才能体会到什么叫成就感。对于一个追求有意义人生的人来说，成就感至关重要。成就感从哪儿来呢？来自于自己付出努力之后得到的某种收获。收获越大，成就感就越大。如果一个人的钱是伸手向父母要来的，那无论有多少钱他都不会有成就感。如果一个人的钱是靠自己赚来的，那不管赚多少他都会有成就感，而且只要来路正，钱越多，成就感会越大。

有人说：把思想放入一个人的脑袋之中，就像把钱从别人的口袋里掏出来一样困难。这句话是想说明一个人思想改造的困难，但同时也恰恰说明了赚钱有多么不容易。

所以，能够赚到钱的人都应该是有点能力的人，也就是值钱的人。如果一个人最初身无分文，经过自己的奋斗，最后功成名就，那么他的成就感就会油然而生。成就感是幸福的重要基石之一，从某种程度上说，一个人如果没有体会过奋斗所带来的成就感，那么他的人生幸福值也必定要打个折扣。一个人不断努力的过程就是让自己不断值钱的过程；值钱之前，是你求别人；值钱之后，是别人求你。值钱前后的这一转变叫做“价值转折”，也就是一个人的个人价值从量变到质变的过程。但需要特别指出的是，这里说的“别人求你”，不是因为你有权，而是因为你有能力。

第二节　发掘职业兴趣

一、职业兴趣及其影响因素

职业兴趣是指人们对某种职业活动的关注程度以及乐于从事某职业活动的稳定、积极而持久的心理倾向。它是一个人探究某种职业或从事某种职业活动所表现出来的特殊性格倾向，它使个人对某种职业给予优先的注意，并具有向往的情感。职业兴趣是人们职业生涯取得成功的重要推动力，浓厚的职业兴趣能够最大限度调动人的潜能，使他长期专注于某一方向，做出艰苦的努力，并最终取得职业生涯的成功。

职业兴趣是以一定的素质为前提，在生涯实践过程中逐渐发生和发展起来的。它的形成与个人的个性、自身能力、实践活动、客观环境和所处的历史条件有着密切的关系，因此，职业规划对兴趣的探讨不能孤立进行，应当结合个人的、家庭的、社会的因素来考虑。

影响职业兴趣的因素包括以下几个方面：

（一）个人需要和个性

兴趣是在一定需要基础上，在社会实践中形成的，兴趣实际上是你需要的延伸。关于需要的理论，心理学家也有许多论述，其中较为著名的是美国心理学家马斯洛的需要层次论，他把人的需要分成生理需要、安全需要、社会需要、尊重需要和自我实现需要五个层次，并广泛地流传开来。不管人的兴趣是什么，都是以需要为前提和基础的，人们需要什么也就会对什么产生兴趣。人的生理需要或物质需要一般来说是暂时的，容易满足。而人的社会需要或精神需要却是持久的、稳定的、不断增长的，例如人际交往、对文学和艺术的兴趣、对社会生活的参与是长期的、终生的，并且是不断追求的。兴趣是在需要的基础上产生的，也是在需要的基础上发展的。兴趣和爱好品味的高低会受一个人的个性特征优劣的影响。例如，一个人个性品质高尚，会对公益活动感兴趣，乐于助人，对高雅的音乐、美术有兴趣；反之，一个人个性品质低劣，则会对占小便宜感兴趣，对低级、庸俗的文艺作品有兴趣。

（二）个人认识和情感

兴趣不足是和个人的认识和情感密切联系的。如果一个人对某项事物没有认识，也就不会产生情感，因而也就不会对它发生兴趣。同样，如果一个人缺乏某种职业知识，或者根本不了解这种职业，那么他就不可能对这种职业感兴趣，在职业规划时想不到。相反，认识越深刻，情感越丰富，兴趣也就越深厚。例如，有的人对集邮很入迷，认为集邮既有收藏价值，又有观赏价值，它既能丰富知识，又能陶冶情操，而且收藏得越多，越丰富，就越投入，情感越专注，越有兴趣，于是就会发展成为一种爱好，并有可能成为他的职业选择。

（三）家庭环境

家庭作为最基本的社会单元，对每个人的心理发展都产生重要的影响，因此个人职业心理发展具有很强的社会化特征，家庭环境的熏陶对其职业兴趣的形成具有十分明显的导向作用。大多数人从幼年起就在家庭的环境中感受其父母的职业活动，随着年龄的增长，逐步形成自己对职业价值的认识，使得个人在选择职业时，不可避免地带有家庭教育的印迹。家庭因素对职业取向的影响，主要体现在择业趋同性与协商性等方面。一般情况下，个人对于家庭成员特别是长辈的职业比较熟悉，在职业规划和职业选择上产生一定的趋同性影响，同时受家庭群体职业活动的影响，个人的生涯决策或多或少产生于家庭成员共同协商的基础上。兴趣有时也受遗传的影响，父母的兴趣也会对孩子有直接的影响。

（四）受教育程度

个人自身接受教育的程度是影响其职业兴趣的重要因素。任何一种社会职业从客观上对从业人员都有知识与技能等方面的要求，而个人的知识与技能水平的高低在很大程度上取决于其受教育的程度。一般意义上，个人学历层次越高，接受职业培训范围越广，其职业取向领域就越宽。

（五）社会因素

一方面，社会舆论对个人职业兴趣的影响主要体现在政府政策导向、传统文化、社会时尚等方面。政府就业政策的宣传是主导的影响因素，传统的就业观念和就业模式也往往制约个人的职业选择，而社会时尚职业则始终是个人特别是青年人追求的目标。如当前计算机技术和旅游事业都得到较大发展，对这两个职业有兴趣的人也增加得很快。另一方面，兴趣和爱好是受社会性制约的，不同环境、不同职业、不同文化层次的人，兴趣和爱好都不一样。

（六）职业需求

职业需求是一定时期内用人单位可提供的不同职业岗位对从业人员的总需求量，它是影响个人职业兴趣的客观因素。职业需求越多、类别越广，个人选择职业的余地就越大。职业需求对个人的职业兴趣具有一定的导向性，在一定条件下，它可强化个人的职业选择，或抑制个人不切实际的职业取向，也可引导个人产生新的职业取向。

最后，年龄的变化和时代的变化也会对人的兴趣产生直接影响。就年龄方面来说，少儿时期往往对图画、歌舞感兴趣，青年时期对文学、艺术感兴趣，成年时期往往对某种职业、某种工作感兴趣。它反映了一个人兴趣的中心随着年龄的增长、知识的积累在转移。就时代来讲，不同的时代，不同的物质和文化条件，也会对人兴趣的变化产生很大的影响。

【拓展阅读】

职业兴趣和责任

中央电视台《绝对挑战》有一期节目，是阿里巴巴旗下的淘宝网招聘商务谈判经理，当时，马云先生问了三个很经典的问题，其中一个是："如果你感兴趣的事情你的上司偏不让你做，而你不感兴趣的事情，上司偏让你做，这时候，你会怎么办？"

当时二号选手说："和上司沟通。"

"如果沟通不成呢?"马云接着问。

二号选手说："那我要告诉他，不为结果负责任。"

马云先生意味深长地点了点头。

这个问题应该怎样回答？我们必须先搞清楚兴趣和职业究竟如何匹配。

第一，对于个人来讲，一定要做自己感兴趣的工作。

几乎每一个人都知道，人如果要长期发展，就要有动力，而"兴趣"是人发展中最重要的动力之一。但是，在现实中，很多人在选择职业时要"做自己喜欢的"，实际行动中，选择的却是"看似不错的行业""容易进入的企业""待遇不错的工作""听上去有发展前景的事业"。尽管这些选择并没有错误，但是如果缺乏了兴趣——动力的来源，很可能出现的情况就是缺乏足够的竞争力，或者在面临困境和压力时难以坚持下去。

第二，对于职业人来说，不仅有兴趣，还要有责任。

有兴趣的人经常在职业中会受挫，因为很多事情不符合自己的兴趣，于是很多人疑惑：我应该选择自己感兴趣的工作，还是做工作感兴趣的事情。于是，对于兴趣的看法也是衡量职业人成熟度的一个话题。

对于职业人来讲，只有兴趣还不够，还要有责任。工作，经常是一部分让你感兴趣，也有一部分不让你感兴趣。比如，你喜欢和人打交道，但是不一定喜欢和各种类型的人打交道。所以每个人都会在工作中遇到兴趣和工作的冲突，这个时候，成熟的职业人会采取"暂时忍耐"的策略，以工作需要为重。

第三，兴趣和职业的匹配是一个渐进和艰难的过程，很多时候不得不暂时放弃自己的兴趣。

成功的人都会讲，自己是如何对自己的工作感兴趣的，但是在成功的道路上，更多的时候很难做到兴趣和职业的完全匹配。比如，你喜欢自由，但是职业会有很多约束；你喜欢管理，但是经常被人管；你喜欢创意，但是经常要循规蹈矩；你喜欢做事，但是经常陷入在"办公室政治"中不能自拔。

职业规划的道路上，太多人面临"如何接纳一个不喜欢的职业状态"的挑战，有的时候甚至是改变自己的核心价值观的问题。必须明白一个事实，那就是：兴趣是可以培养的，也是可以管理的。

二、职业兴趣对职业生涯的影响

由于兴趣爱好不同，人的职业兴趣也有很大的差异。有人喜欢具体工作，例如，室内装饰、园林、美容、机械维修等；有人喜欢抽象和创造性的工作，例如，经济分析、新产品开发、社会调查和科学研究等。职业兴趣对职业生涯规划及职业选择的影响主要表现在以下四个方面：

（一）兴趣是职业选择的重要依据

爱因斯坦说过："兴趣是最好的老师。"是一种强大的精神力量。兴趣可以使人集中精力去获得喜欢的职业知识，启迪智慧并创造性地开展工作。当一个人对某种职业发生兴趣时，他就能发挥整个身心的积极性；就能积极的感知和关注该职业知识、动态，并且积极思考，大胆探索；就能情绪高涨、想象丰富；就能增强记忆效果，增强克服困难的意志。反之，“强按牛头不喝水”，是不会取得良好效果的，当然也就很难在该职业上发挥个人的优势、做出巨大贡献了。正像你在日常生活中喜欢从事自己感兴趣的活动一样，具有一定兴趣类型的你更倾向于寻找与此有关的职业，特别是在外界环境限制较小时，你更倾向于选择自己感兴趣的职业。

（二）兴趣可以提高工作效率，充分发挥个人才能

一个人对某一方面的工作有兴趣时，枯燥的工作会变得丰富多彩、趣味无穷。兴趣使工作不再是一种负担，而是一种享受。因为兴趣可以调动人的全部精力，以敏锐的观察力、高度的注意力、深刻的思维和丰富的想象力投入工作，促进你能力的发挥，兴趣和能力的合理结合会大大提高工作效率。曾有人进行过研究：如果你从事自己感兴趣的职业，则能发挥你的全部才能的80—90％，而且长时间保持高效率而不感到疲劳；而对所从事工作没有兴趣，只能发挥你全部才能的20—30％。

（三）兴趣是保证职业稳定、职场成功的重要因素

对某一职业有浓厚的兴趣，是智力开发的“孵化器”。兴趣是工作动力的主要源泉之一。对于一个人来说，对工作感兴趣，就愿意钻研，就会出成就——这正是兴趣的作用所在。一般来说，兴趣是你职业生涯适应的一个基本方面，可以为职业生涯选择提供有效的信息。兴趣会影响你的工作满意感和工作稳定性，工作满意是职业生涯适应的一大标志。在其他条件相似的情况下，从事自己感兴趣的职业不但让你感到满意，而且能够让你的工作单位感到满意，并由此获得工作的长期性和稳定性。

（四）兴趣可增强个人的职业适应性

多方面的兴趣可以使人善于应付多变的环境。如需变换工作，只要自己感兴趣，就能够很快地学会这门工作，求职成功，并能够在新的岗位很快地熟悉和适应新的工作。因此，兴趣是职场成功的一个重要因素，它能将你的潜能最大限度地调动起来，使你长期专注于某一方向，做出艰苦的努力，取得令人注目的成绩。

职业兴趣是个体追求某种职业或从事某种职业的过程中表现出来的个性倾向。个人在选择长期、稳定的职业生涯时，不仅需要知道自己有能力从事什么样的工作，更重要的是需要知道自己对哪类工作感兴趣。职业兴趣可以使个体在选择职业的过程中优先选择某些职业，它能够在职业定位和职业选择中产生巨大的影响，有助于发掘智慧、潜力和工作效率。

【拓展阅读】

探索职业兴趣的注意事项

培养职业兴趣要注意以下几点：

1. 根据面临的职业重新确立自己的目标和追求。成才应立足于本职。

2. 在每一次成功中培养自己的职业兴趣。你从事了某一职业，不管你是否有兴趣，你都会有大小不同的收获和成功。而这些成功无疑会增强你从事本职工作的信心，还可以使你发现自己的一些长处。比如当你不喜欢推销工作的时候，却轻而易举地做成了一笔生意，你会猛然醒悟自己还有推销才能。有成功就有喜悦，再往前走，职业兴趣就会来临。

3. 不要轻易认输。有些人遇到职业“不称心”时也曾试图培养自己的职业兴趣，但经过一段时间努力后发现没有进展，自以为不是这块料，很快就丧失了信心，尤其是在工作中遇到失败和挫折的时候。要知道职业兴趣的培养也和其他任何目标一样，需要付出艰辛的努力，需要有个过程，不要轻易认输。

4. 在深入了解本职工作中培养自己的职业兴趣。人们常常以为自己对所从事的职业了解得很透，其实不然。有意识地去充分了解你所从事的职业，会增强你的职业兴趣。

三、霍兰德兴趣类型及其对应职业

美国心理学家霍兰德提出了兴趣类型理论，在第二章已经简单介绍过。这里再就六种类型的特点及其对应职业进行详细说明。

（一）现实型（R）

人的特点：这类人喜欢操作机械、修理仪器等需要技术的活动；喜欢用实际行动代替言语表达，重视现在胜于重视未来；喜欢具体明确、需要动手操作的工作环境；喜欢从事机械、电子、建筑、农事等方面的工作。他们通常情绪稳定、忍耐力强，给人以诚实、谦和、踏实的印象。

职业环境特点：这类工作环境常有个人可操作的工具、机器等。需要人们按一定程序要求，明确地、具体地从事技术性、技能性工作。在这类工作环境中，处理与物接触的问题比处理人际关系问题更重要。

典型职业：质检员、电力工程师、软件技术人员、建筑设计师、汽车工程师等工程技术人员，运动员。

举例：有的同学喜欢修理各种家用电器、设备等；喜欢上实验课、劳技课等，因为可以操作实验设备、仪器；喜欢玩各种组装、拼装类玩具；喜欢打理花草、制作家具、缝制衣物、烹饪；喜欢户外运动、体育活动等。

（二）研究型（I）

人的特点：这类人喜欢研究且解决抽象的问题，喜欢运用心智能力去观察、分析、推理，喜欢与符号、概念、文字、抽象思考有关的活动；喜欢从事理化、生物等需要动脑的研究性工作；在工作中表现出优异的科学能力。他们通常个性独立、温和、谨慎、理性、有逻辑。

职业环境特点：这类工作环境通常需要运用复杂抽象的思考能力。需要人们通过观察、科学分析等进行系统的、创造性的研究工作和理论性工作。在这类环境中不太需要处理复杂的人际关系，大多数时候需要使用智慧，独立解决工作上的问题。

典型职业：心理学家、物理学家、计算机分析师、营养师、统计员、记者等。

举例：有的同学脑袋里常常有各种各样的“为什么”；与各类娱乐杂志相比，更喜欢翻阅科学、哲学等知识类书籍、材料；喜欢参加在脑力上更有挑战的活动和游戏，如下棋、推理游戏；平时可能话不多，但不人云亦云。

（三）艺术型（A）

人的特点：这类人喜欢借助文字、声音、动作或色彩来表达内心想法和对美的感受；喜欢自由自在的、富有创意的工作环境，对美的事物具有敏锐的直觉。他们个性热情、冲动，有丰富的想象力和创造力，乐于独立思考和创作。

职业环境特点：这类工作环境通常开放自由，鼓励个人表现和创意。这类环境通常需要通过非系统化的、自由的活动进行艺术表现和创新工作，不太需要程序化的事务性工作。这类环境提供了开发、创造、自由的空间，鼓励感性与情绪的充分表达，不要求逻辑形式，使用工具也是为了传达内心的情绪或创意。

典型职业：演员、艺术家、园艺设计师、室内设计师、图解设计师、服装设计师等。

举例：有的同学喜欢欣赏各种形式的艺术作品；乐意参加文艺演出；没事写一些小说、散文、拍拍各类照片、听听音乐会（并非单纯的追星）、看看画展等。

（四）社会型（S）

人的特点：这类人喜欢从事与人接触的活动。对人慷慨、仁慈、喜欢倾听和关心别人，能敏锐觉察别人的感受。在团队中，乐于与人合作，喜欢和大家一起完成工作。他们关心人胜于关心物，关心他人的福祉；喜欢助人类工作。他们个性温暖、友善、乐于助人，容易与人相处。

职业环境特点：这类工作环境鼓励人们彼此了解、互相帮助、和睦相处。这类工作环境通常需要人际交往技能，需要更多时间与人打交道。这类工作环境强调人类的核心价值观，如理想、友善等，充满了经验指导与交流、心理的沟通等。

典型职业：大学教师、社会工作者、警察、顾问、运动教练、护士等。

举例：有的同学小时候喜欢扮演老师，常常教育、指导其他的小朋友；喜欢参加公益服务类活动，在帮助他人的过程中感到很快乐；喜欢和谐友善的工作和生活环境，同学中有争执或冲突，往往充当“和事佬”。

（五）经营型（E）

人的特点：这类人喜欢以言语说服或影响他人，领导他人；喜欢销售、管理、法律、政治方面的工作；做事有组织、有计划，喜欢立刻采取行动，领导人们达成工作目标。他们通常精力充沛，生活紧凑，善于表达，希望拥有权力。

职业环境特点：这类工作环境中充满了权力、金融或经济议题。这类工作需要组织与影响他人共同完成目标，需要胆略、冒险以及承担责任，不太需要精确细琐的事务和集中心智的工作。这类工作氛围重视升迁、绩效、权力、说服力和推销能力，强调自信、社交手腕与当机立断。

典型职业：公关代表、销售、经理人、政治家、律师等。

举例：有的同学从小担任各种学生干部，在各项活动中表现出色；喜欢看各类金融类电视和书籍，对商业活动很感兴趣；大学后对创业感兴趣，与小伙伴们组建团队开展创业实践；热衷参加演讲比赛，辩论赛等活动；喜欢做销售类的兼职。

（六）事务型（C）

人的特点：这类人喜欢以有系统、具体、例行的程序处理文书或数字资料；喜欢从事会计、秘书等数字计算、文书数据处理方面的工作，较不喜欢从事创造类活动；喜欢在别人领导下工作，乐于配合和服从。他们通常表现为有秩序，做事仔细，有效率，值得信赖。

职业环境特点：这类工作环境注重组织与规划。这类工作环境需要注意细节、精确度、有系统、有条理，严格按照固定的规则、方法进行工作，不太需要繁重的体力劳动和创意、创新为主的工作。这类工作需要运用到数字与人事行政的能力。

典型职业：书记员、计算机操作员、行政助理、银行出纳员、秘书等。

举例：有的同学习惯制定工作和生活计划，凡事做好规划；喜欢有规律的生活，喜欢把个人物品收拾得干干净净、井井有条；不喜欢抛头露面，在工作中乐于做助手；乐于做文字录入、表格处理、数据统计等事务性工作。

【拓展阅读】

发掘自己的职业兴趣

虽然职业兴趣一旦形成，便在生涯中具有一定的稳定性，但根据实际需要，还是可以通过多种途径，加上自己的努力去规划、改变、发展和培养的，在培养职业兴趣时，可从以下几个方面努力：

1. 培养广泛的兴趣

具有广泛兴趣的人，不仅对自己职业领域的东西有浓厚的兴趣，而且对其他方面也有一定的兴趣。这种人眼界比较开阔，解决问题时也可以从多方面得到启发，在职业生涯规划的选择上有较大的余地。兴趣范围狭窄、涉足面小的人，对新事物的适应性就要差些，在职业规划上所受的限制也多些。

2. 重视培养间接兴趣

直接兴趣是由于对事物本身感到需要而引起的兴趣，间接兴趣则不是对事物本身的兴趣，而是对于这种事物未来的结果感到需要而产生的兴趣。人在最初接触某种职业时，往往对职业本身缺乏强烈的兴趣，必须要从间接兴趣着手培养直接兴趣。可以通过了解职业在社会活动中的意义、对人类活动的贡献等以引起兴趣，也可以通过了解某项职业的发展机会引起兴趣，还可以通过实践逐步提高间接兴趣。

3. 要有中心兴趣

人的兴趣应广泛，但不能浮泛，还要有一定的集中爱好。既广泛又有重点，才能学有所长，获得更多的知识。如果只具广泛性而无中心职业兴趣，人往往会认识肤浅，没有确定的职业规划方向，心猿意马，这样难以有所成就。所以，还应着意培养自己在某一方面的职业兴趣，促进自己的发展和成才。

4. 积极参加职业实践

只有通过职业实践，才能对职业本身有深刻的认识和了解，才能激发自己的职业兴趣。职业实践活动内容十分丰富，包括生产实习、社会调查、参观访问以及组织兴趣小组等。每一个人都可以通过参加各种职业实践活动调节和培养兴趣，根据社会和自我需要，有意识地去培养和发展兴趣，为事业的成功创造条件。

5. 客观评价自己的能力来确定职业兴趣

对某项职业有浓厚的兴趣是成功的前提，但事业要取得成功也必须具备该职业所要求的能力。因此在培养职业兴趣的同时也要客观评价自己的能力，看自己是否适合某种职业，在此基础上形成的职业兴趣才是长久的、可规划利用的。

第三节　明晰职业性格

一、性格与职业性格的概念

在心理学上，性格是指表现在人对现实的态度和相应的行为方式中的比较稳定的、具有核心意义的个性心理特征，是一种与社会相关最密切的人格特征。性格决定了人们对现实和周围世界的态度，并表现在他的行为举止中。

性格是在后天的成长环境和教育环境中，逐渐形成的、比较稳定的，对人、对事、对自己的独特的行为方式和个性倾向。开朗、直率、热情、慢性子、急脾气、健谈、木讷等，都是用来形容性格的。但是，性格并非全部是别人能看清楚、自己也很明白的，有些性格不但不容易看清楚，有时候还有迷惑性，容易让人以为是另一种性格，因此，性格具有复杂性。每个人的性格都不同，俗话说，“一龙生九子，九子各不同”，因此，性格具有独特性。

职业性格是指人们在长期特定的职业生活中所形成的与职业相联系的、稳定的心理特征。例如，有的人对待工作总是一丝不苟，踏实认真；在待人处事中总是表现出高度的原则性、果断、负责；在对待自己的态度上表现为谦虚、自信，严于律己等，所有这些特征的总和就是他的职业性格。

【拓展阅读】

人的性格可以改变吗

阿涛是一家美资企业人力资源总监助理，今年 2 月 10 日到的这家公司。几个月来工作本身还得心应手，但与上司的距离感觉总是很远，有时发生很小的意见冲突，事后总是想像什么事都没有发生过的那样相处，却发现距离更加疏远了。一段时间以来，这种心理压力大大影响了阿涛的工作心情，他也忧虑自己在这个公司还有没有前途？阿涛来找陈老师咨询：“与上司的关系还能不能搞好？人的性格可以改变吗？我是否应该跳槽？跳槽还做本行吗？”

陈老师回答说："我相信"江山易改、本性难移"的古训，这是中国人几千年来对人性的反省和研究的最后总结。性格和天赋是一个人油然产生并贯穿始终的思维、感觉或行为模式。现代神经学的最新研究表明，一个人的性格和天赋到 15 岁时就已基本定型了。16 岁以后，性格可以有一些改变，但只能是表面的改变，不会有根本的变化。

陈老师通过测试和沟通，把握了阿涛的性格倾向和天赋，结论是：换公司、换行业都不能解决他的根本问题，阿涛的性格决定了他不习惯被领导，不适合独立性不大的工作。所以必须换岗位，从事培训等独立性较强的职业。后来，阿涛没有跳槽，向总经理申请做了培训主管，终于找到了游刃有余的感觉。

可以改变的是人的品格。我们需要注意区分性格与品格。我们通常说的人的个性可以分为性格和品格，性格不能根本改变，但品格是可以通过修养而改变的。品格包括一个人是否诚实、是否乐于帮助别人、是否对金钱放得开等等。另一方面，成大事者各种性格都有。因为不同的职业要求不同的性格。任何一种性格类型既有缺点也有优点，就看用在什么地方。

二、影响职业性格的因素

一个人的职业性格是在各种内外因素的影响下形成和发展变化的。其中，最重要的影响因素是：家庭因素、自身因素、职业因素。

（一）家庭因素

家庭对一个人的影响体现在方方面面，对职业性格的形成和发展来说，也不会例外。在父母言传身教的影响下，孩子会经常观察和模仿其家长的职业行为，这样在子女身上会逐步表现出父母身上的某些个性特征。在现实生活中，人们容易看到，一些家庭几代人在性格、信仰、能力方面有很多相似之处。

（二）自身因素

身体因素主要指外表和身体的机能对个人的职业性格的影响。人的容貌、体形的好坏对人的个性会产生直接影响。身体外部条件比较好的人容易产生愉快、满足之感，这种自豪感容易使人产生积极向上、活泼开朗的外向个性。反之，容易形成一种心理压力，甚至产生自卑感。除此之外，年龄也会对一个人的个性产生影响，不同的年龄段，个性都会有明显的区别，这与人的思想发展、知识面扩大、经验的丰富有关。

（三）职业因素

当一个人从家庭、学校到最终走上社会后，为了适应日益扩大的生活领域和人际交往，在反复学习担当各种新角色、新工作应有的行为方式和对事物的态度的同时，形成和改变着某些职业性格特征。职业的种类、劳动报酬、荣誉、与领导和同事的关系都会对个性的变化起着重要作用。例如，人际关系的协调，领导的信任，事业的得心应手，都会使自己的才能得到充分的发挥，情绪饱满，容易显示出积极、主动、活泼、热情的个性。

【拓展阅读】

塑造良好的性格

有的人锋芒毕露，挫折不断；有的人孤僻高傲，怀才不遇；有的人大智若愚，青云直上；有的人热情大度，生活快乐；有的人刻意求全，郁郁寡欢，甚至家庭破裂，等等。这一切都与一个人的性格有直接关系，所以良好的性格是成功和成才的基础。塑造良好的性格有许多途径：

1. 确立积极向上的人生观

人的性格归根到底还要受到世界观、人生观的制约与调节。青年人有了坚定的人生目标与生活信念，性格就会自然受到熏陶，表现出乐观、坦荡、自信等良好的性格特征。反之，如果失去了人生目标和生活的勇气，性格也会变得孤僻和古怪。

2. 正确分析自己的性格特征

人贵有自知之明，对自己的性格特征进行科学的分析与评价，才能使自己不断地进行性格的学习与磨练，不断形成良好的性格。分析的过程，是一个深化自我认识的过程，是性格不断完善与发展的重要环节。

3. 重视在实践中磨练性格

性格体现在行动中，也要通过实践、通过实际行动来塑造。实践应具有广泛性。学习实践、生产实践都可以磨练自己的性格。特别要注重在艰苦生活中，培养一种乐观向上的精神，培养不怕困难、勇于斗争的生活品格，从而适应社会的需要。

4. 重视环境对性格的影响

群体生活具有一种类化的作用，对人的性格会有深刻的影响，因此在正确的指导思想下，形成良好的群体风格，有助于人的良好性格的形成与发展，加速性格的强化与改造。所以说，群体是环境中最重要的载体，需要刻意加强群体建设。

三、性格与职业生涯发展的关系

（一）性格对职业选择的影响

职业心理学研究表明，性格影响着一个人对职业的适应性，一定的性格适合于从事一定的职业，同时，不同的职业对人有不同的性格要求。因此在选择职业时，还要考虑自己的职业性格特点，考虑职业对人的性格要求，根据自己的性格特点选择最易适应的职业，或改变自己的性格特点来适应职业的要求。

职业心理学家勃兰特曾经做过一个实验。他追踪调查了一批大学毕业生，将他们的个性、在校学习成绩、智力与他们毕业五年后的收入做了一下比较，结果显示：事业成功和智力的相关度是 0.18，和学习成绩的相关度是 0.32，与个性的相关度是 0.72。这个实验实证了事业成功与否与个人的个性是否适合此项事业的关联度最高。也就是说，当一个人所做的工作与自己的个性越契合，他事业成功的可能性越大。

研究表明，性格影响着一个人对职业的适应性，一定的性格适合于从事一定的职业，同时，不同的职业对人有不同的性格要求。如表 4-1 所示。

表 4-1　不同性格对职业的影响

性格类型	性格特征	适合的职业
变化型	在新的或意外的情境中感到愉快，喜欢有变化和多样化的工作，善于转移注意力。	记者、推销员、演员等
重复型	善于从事连续工作，按固定的步骤办事，喜欢重复的、有规律的、有标准的工作。	纺织工、机床工、印刷工等
服从型	愿意配合别人或按别人指示办事，而不愿意自己独立做出决策，承担责任。	办公室职员、秘书、翻译等
独立型	喜欢计划自己的活动和指导别人活动或对事情做出决定，喜欢独立负责的工作情境。	管理人员、律师、警察等
协作型	在与人协同工作时感到愉快，善于引导别人，并想得到团队成员的喜欢。	社会工作者、咨询人员等
机智型	在紧张或危险情况下能自我控制，发生意外时不慌不忙，善于应对并完成任务。	驾驶员、飞行员、公安员、消防员等
表现型	喜欢表现喜好和个性，根据个人感情做出选择，通过工作来表达自己的思想。	演员、诗人、音乐家、画家等
严谨型	注重工作过程中各个环节、细节的精确性。愿意按规程和步骤工作，严谨，追求完美。	会计、出纳员、统计员、校对员、图书档案管理员等

（二）性格与职业生涯发展的关系

每个人都有着不同的做事方式，即形成每个人不同的做事习惯，这不同的习惯成就了每个人不同的性格。“性格决定命运”。性格对职业的选择以及职业生涯的成功有着重大的影响。

许多职业的确对性格有着特定的要求，要选择某一职业就必须具备这一职业所要求的性格特征。比如律师这一职业，就需要有逻辑思维严密、喜欢独立思考的性格；而财会、统计、档案一类的职业则需要有相对严谨、踏实的性格；从事绘画、音乐、演艺等职业的人，则必须是具有热情奔放、跳跃思维的性格。可以说，从事任何一种职业都需要与之匹配的职业性格，相符的职业性格有助于更好地完成工作。

当然除了少数职业对性格类型有着近乎苛刻的严格要求外，大多数职业并不一定过分强调性格与职业之间的严格对应。因为不同的性格类型可能在同一个职业领域发挥出不同的作用，而同一性格类型的人在不同的职业领域也可能会出现各具特色的表现。

性格特征与生涯规划的关系是很密切的，所以要规划你的职业生涯，首先需要了解你自己具有什么样的性格特征。

【拓展阅读】

根据性格定职位

一位老板想从值得信任的甲、乙、丙三位助手中，选拔他们分别负责管理财务、推广业务、负责策划的工作。这位老板想了解三位助手的性格特点，再根据性格分配适合的工作。于是他安排三位助手下班后留在公司与他一起研究问题，在这期间，故意制造了一起假火灾，以便观察他们三人的性格特点。结果发现，在火灾面前三人的表现完全不同。甲说："我们赶快离开这里再想办法。"乙一言不发，马上跑到墙角拿起灭火器去寻找火源。丙则坐着不动，说："这里很安全，不可能有火灾。"老板通过三位助手各自的行为表现，找到了满意的答案。

他认为，甲首先离开危险区，保持不败之地，表现了性格的客观、谨慎、稳重、老练；乙积极向危险挑战，抢先救火，忠于公司，表现了性格的勇敢、大胆、敏捷、果断，也敢于冒险；丙对公司的安全早有全面了解和信心，甚至可能是才智过人，早已看出这是一出"戏"，表现了性格的沉着冷静、深谋远虑、胸有成竹。老板通过自己的观察，根据他们的性格特征，分别将甲、乙、丙安排在不同的岗位上，发挥他们的性格优势，以做到人尽其才。他认为甲的性格适合管理财务工作，乙的性格适合业务推广工作，丙的性格适合筹划和后勤工作。因此，在选择和安排职业时，如果善于把人的性格特征和职业特点结合起来考虑，就可以更好地发挥人的性格优势和潜能，提高人的主观能动性，从而获得较高业绩和效率。

点评：人的性格类型与职业之间具有关联性。主要表现在不同的性格类型对不同的职业有着不同的适应性，如科技人员的创新、百折不挠和刻苦实干，医务人员的一丝不苟和精益求精，管理干部的长于沟通和善解人意，等等。但也要注意大多数的职业并不一定过分强调与性格之间的严格对应，因为，不同类型的性格在同一职业领域中能够有各具特色的表现，同一性格的人在不同的职业领域中也会有各具魅力的展示。大学生应理性分析自己的性格特征，正确对待自己的性格与职业选择。

四、MBTI 性格理论

MBTI 全称 Myers-Briggs Type Indicator，是一种迫选型、自我报告式的性格评估工具，用以衡量和描述人们在获取信息、作出决策、对待生活等方面的心理活动规律和性格类型。它以瑞士心理学家 Carl Jung 的性格理论为基础，由美国的 Katherine C Briggs 和 Isabel Briggs Myers 母女共同研制开发。

MBTI 从四个维度考察个人的偏好倾向，以区分人与人之间的差异，这四个维度为：

1. 精力支配：Extraversion（E）　vs.　Introversion（I）
　　外向　　内向
2. 接受信息：Sensing（S）　vs.　Intuition（N）
　　感觉　　直觉

3. 判断事物：Thinking（T） vs. Feeling（F）

思考 情感

4. 行动方式：Judging（J） vs. Perceiving（P）

判断 感知

其中两两组合，可以组合成 16 种性格类型，如表 4-2 所示。

表 4-2 MBTI 性格类型与匹配的职业

ISTJ 内倾感觉思维判断 稽查员	ISFJ 内倾感觉情感判断 保护者	INFJ 内倾直觉情感判断 咨询师	INFP 内倾直觉情感知觉 治疗师、导师
ESTJ 外倾感觉思维判断 督导	ESFJ 外倾感觉情感判断 供给者、销售员	ENFJ 外倾直觉情感判断 教师	ENFP 外倾直觉情感知觉 倡导者、激发者
ISTP 内倾感觉思维知觉 操作者、演奏者	ISFP 内倾感觉情感知觉 作曲家、艺术家	INTJ 内倾直觉思维判断 智多星、科学家	INTP 内倾直觉思维知觉 建筑师、设计师
ESTP 外倾感觉思维知觉 发起者、创设者	ESFP 外倾感觉情感知觉 表演者、演示者	ENTJ 外倾知觉思维判断 统帅、调度者	ENTP 外倾直觉思维知觉 企业家、发明家

MBTI 性格类型系统中有四种性格倾向组合，这四种组合是：

1. 直觉＋思考＝概念主义者

比尔·盖茨

阿伯特·爱因斯坦

玛格丽特·撒切尔

图 4-1 概念主义者

概念主义者自信、有智慧、富有想象力。他们的原则是所有的事情都要做到最好。他们天生好奇，喜欢不断地吸取知识，能够看到同一问题的多个不同方面，习惯于全面地思考问题和一分为二地看待问题，从而对真实或假设的问题构思出解决方案。

概念主义者是四种类型中最独立的一种人。他们工作原则性强，标准高，对自己和对别人的要求都很严格。他们不会被别人的冷遇和批评干扰，喜欢以自己的方式做事。

概念主义者喜欢能提供自由、变化和需要有较高的智力才能完成的工作。他们喜欢看到自己的想法能够得到实施，喜欢与有能力的上司、下属、同事共事。许多概念主义者推崇权力，易于被有权力的人和权力地位所吸引。

【案例】

当比尔盖茨还只有十三岁的时候，就对学校的那台新电脑产生了浓厚兴趣。他逃掉数学课，偷偷溜到机房，沉浸在电脑编程的世界里。就是在这一年，他第一次编程出一个能让人和电脑一同游戏的小软件。机器对他来说仿佛是有魔力的。上机的时间对每个学生是有限的，他就和几个同学在电脑里植入 Bug，让上机次数变成无限。当学校管理人员发觉到他的才华之后，他开始为学校编写程序，给学生安排班级。他还偷偷改进程序，把自己安排到女生最多的班级去。后来他以极其优异的成绩从中学毕业，进入哈佛大学。他编写的算法解决了一个一直难以解决的编程问题，运算速度记录保持了三十多年。在哈佛读书的那段时期，他一直没有非常明确的专业计划，而是把大部分时间都投入到研究电脑里去。后来，他在大三的时候，看到了软件行业的广阔前景，说服父母支持自己辍学创业。并在一年之后发布震惊当时 IT 业的《致爱好者的公开信》，提出软件的知识产权保护。从此，比尔盖茨在复杂的软件世界里如鱼得水，天马行空，并长期占据世界富人前列的位置。同时，一个伟大的公司慢慢崛起，那就是我们熟知的微软。

比尔盖茨就是一个典型的概念主义者。

2. 感觉＋感知＝经验主义者

迈克尔·乔丹

玛丽莲·梦露

帕布洛·毕加索

图 4-2 经验主义者

经验主义者关注五官带给他们的信息，而且相信那些可以测量和证明的东西；同时喜欢面对各种各样的可能性，喜欢自由随意的生活方式，是反应灵敏和自发主动的一种人。

经验主义者是四种类型中最富冒险精神的。他们最可贵的地方在于机智多谋，令人兴奋，而且很有趣。他们为行动、冲动和享受现在而活着，一想到某件事情就有立即去做的冲动，而且喜欢一气呵成，一口气把事情做完；但又不喜欢太长时间做同一件事情。

经验主义者喜欢可以提供自由、变化和行动的工作，喜欢那些能够有及时效果的工作，他们以能够巧妙而成功地完成工作为乐。由于他们喜欢充满乐趣地生活，无论做什么必须让他们感到高度的乐趣，这样才能令他们感到满意。

【案例】

“迷惘的一代”的代表作家海明威曾经说：“不要害怕尝试每一件事情。有时候我想，我们只是用了一半的生命活在这个世界上，而意大利人却是在尽最大的努力生活着。”在海明威六十二年的生命中，他一直努力尝试做好每一件事情。他曾在佛罗里达州和古巴享受静美的田园生活，也曾奔波于一战二战前线。他把自己的游艇改装成巡逻艇侦查德国潜艇的情报；他当过救护车的司机，把巧克力和香烟送上战场前线；他曾因为双腿严重受伤在医院躺了六个月；他练过拳击；在帕姆普鲁纳与公牛赛跑；在西林盖提平原上捕猎过狮子和野牛；在美国爱达荷州捕捞过鳟鱼和马林鱼；滑过雪，玩过帆船；从伦敦的车祸，西珊瑚岛的暴风雨和非洲的两次空难中数次死里逃生。他不仅仅是个小说家，写出影响了整整一代人和几代人的故事，获得了诺贝尔文学奖，给世人留下了《永别了，武器》《老人与海》《丧钟为谁而鸣》等不朽之作，开了一代文风；他还是一个勇敢的战地记者，将数百篇报道和新闻送到后方。他笔下的人物常有的形象是“硬汉”，在面对外界的巨大压力和厄运的打击时，仍然坚强不屈，勇往直前，甚至视死如归。他们可能最后还是失败了，但是却保持了人的尊严和勇气，有着胜利者的风度。他的作品中洋溢着对生活的热爱，和对年轻人迷惘和痛苦的安抚。他说过这样一句话：“一个人并不是生来要给打败的，你尽可以把他消灭掉，但你打败不了他。”

海明威就是一个经验主义的艺术创造者。

3. 直觉＋情感＝理想主义者

孔子

孟子

图 4-3　理想主义者

理想主义者感兴趣的是事物的意义、关系和可能性，并基于其个人的价值观念做出决定。他们做人的原则是：真实地面对自己。

理想主义者是四种类型中精神上最具哲理性的人，乐于接受新的思想，善于容纳他人。他们非常崇尚人与人之间和各种关系中的真实和正直，容易将别人理想化。

对理想主义者而言，一份好工作应该是对他们个人很有意义的工作，而不是简单的常规工作或只是一种谋生手段。他们喜欢民主、能够激励各种层次的人们高度参与的组织，会被那些促进人性价值的组织或那些允许他们帮助别人完成工作的职业所吸引。

【案例】

乔布斯是一个让大家又爱又恨的天才。他在公司里经常莫名其妙的愤怒，甚至董事会成员中有一位不插手任何其他事务，专门负责帮助处理乔布斯的人际关系的人。他的员工很委屈，只要产品不能达到他完美的期望，就会被劈头盖脸的大骂一通。员工只要和他碰巧坐了同一个电梯就会提心吊胆。他永远不愿意改变自己的形象，无论是去公司上班还是和总统吃饭，他都一身黑毛衣和牛仔裤，显得特别格格不入。硅谷是创业者云集的地方，可他和大部分创业者都玩不到一块儿去，比较孤僻。他一度拒绝承认和自己的第一个女儿 Lisa 的关系，甚至声称自己毫无生育能力，不提供女儿的抚养费。甚至还有传闻说他从来不给自己的车上牌照，还总是占用残疾人车位，被拖车无数次。

但是，他无异于是一个教主。每一次苹果的产品发布会都由他亲自演示，每一个苹果的新闻都能激起轩然大波。如果其他公司和品牌的市场宣传算是优秀的话，苹果的市场宣传和公关造势则算是卓越的。每一次苹果的新产品上市，都有人提前一晚上通宵在苹果店门前排队等候。甚至很多年轻人都在自己身上纹上苹果的标志，以示对苹果的忠诚。他对产品的完美和简洁的追求永无止境。他甚至会走进一个部门，一声不吭地拿起笔在白板上画出一个方框，说，这个产品就是要这么简洁方便，把需要处理的东西拽进框内，一切就搞定了，不要其他多余的复杂的程序。毋庸置疑，没有乔布斯，就没有苹果的今天。

乔布斯是一个典型的NF理想主义者。

4. 感觉＋判断＝传统主义者

乔治·华盛顿

维多利亚女王

伊丽莎白女王

图4-4　传统主义者

传统主义者相信事实、已证实的数据、过去的经验和“五官”所带给他们的信息，喜欢有结构有条理的世界，喜欢做决定，是一种既现实又有明确目标的人。

传统主义者是四种类型中最传统的一类。他们重视法律、秩序、安全、得体、规则和本分。他们尊重权威、等级制度和权力，而且一般具有保守的价值观。他们很有责任感，而且经常努力去做正确的事情，这使他们可以信赖和依靠。

传统主义者需要有归属感，需要服务于别人，需要做正确的事情。他们注重安稳、秩序、合作、前后一致和可靠，而且严肃认真，工作努力。他们在工作中对自己要求十分严格，而且希望别人也是如此。

【案例】

苏联有个名叫做亚历山大·亚历山德罗维奇·柳比歇夫的教授。他生前发表了七十来部学术著作。各种各样的论文和专著，他一共写了五百多印张，等于一万二千五百张打字稿。即使以专业作家而论，这也是个庞大的数字。他的知识面很广，比如谈起英国的君主制度，他能够说出任何一个英国国王临朝秉政的细节；说到宗教，不管是古兰经、犹太传经，还是罗马教廷的源流、马丁·路德的学说、毕达哥拉斯学派的思想……他都如数家珍。他博学精深，但他又是每一个狭隘领域的专家。单单地蚤分类这一项，工作量就颇为可观：到一九五五年，柳比歇夫已搜集了三十五箱地蚤标本，共一万三千只。其中五千只公地蚤做了器官切片。总计三百种。这些地蚤都要鉴定、测量、做切片、制作标本。他收集的材料比动物研究所多五倍。他对跳甲属分类的问题，研究了一生。

是什么造就了这样不可思议的成就？

翻开柳比歇夫的日记，一切变得明晰。他从一九一六年开始记日记，一天也没有间断过。其实那可以不算是日记，而是一个个时间明细账：

乌里扬诺夫斯克。一九六几年四月七日。

分类昆虫学（画两张无名袋蛾的图）：三小时十五分

鉴定袋蛾：二十分（1.0）

附加工作：给斯拉瓦写信：二小时四十五分（0.5）

社会工作：植物保护小组开会：二小时二十五分

休息：给伊戈尔写信：十分

《乌里扬诺夫斯克真理报》：十分

列夫·托尔斯泰的《塞瓦斯托波尔纪事》：一小时二十五分

……

基本工作合计：六小时二十分。

从一九一六年到一九七二年他去世的那一天，五十六年如一日，他以五分钟为单位，一丝不苟地记下他所有的时间支出。他能精确的计算出任何一项研究和工作花费了他多少时间：在《论生物学中运用数学的前景》一文的手稿的最后一页，他写着：

准备（提纲、翻阅其他手稿和参考文献）：十四小时三十分；

写：二十九小时十五分；

共费：四十三小时四十五分共八天；

一九二一年十月十二日至十九日。

柳比歇夫就是传统主义者的代表。

第四节 梳理职业技能

一、能力、技能和职业能力

从心理学角度理解，能力是指顺利完成某种活动所具备的稳定的性格心理特征。它是顺利完成某一活动所必需的主观条件，直接影响活动效率。能力总是和人完成一定的活动相联系在一起的。离开了具体活动既不能表现人的能力，也不能发展人的能力。

（一）能力

哈佛大学加德纳认为，能力倾向（即潜能或智力）是多元的，是由同样重要的多种能力构成的，这就是著名的多元智能理论。他提出，人类的智能至少可以分成八个范畴：

（1）语言（Verbal/Linguistic）

（2）数理/逻辑（Mathematical/Logical）

（3）视觉/空间（Visual/Spatial）

（4）身体/动觉（Bodily/Kinesthetic）

（5）音乐/节奏（Musical/Rhythmic）

（6）人际交往（Inter-personal/Social）

（7）内省（Intra-personal/Introspective）

(8) 自然探索（Naturalist）

(二) 技能

能力按获得方式不同，一般分为能力倾向和技能两大类。能力倾向是指上天赋予的特殊才能。比如音乐、运动能力等。而技能是指经过后天学习和训练而培养的能力。

辛迪·梵和理查德·鲍尔斯（Sidney Fine&Richard Bolles）将技能分为三种类型。

1. 专业知识技能

如果把知识看成是一种信息的话，那么知识性技能则是将信息进行分类、加工、整合等进行应用的一种能力。即知识本身是静态的，而知识性技能则是一种动态的表达。这类技能与专业学习或工作内容直接相关，需要经过有意识、专门的培训获得，不能迁移。专业知识技能并非只通过正式专业教育才能获得。它的获取还有下列途径：课程学习，课外培训、辅导班、自学，专业会议、讲座或研讨会，资格认证考试、证书，上岗培训，爱好、娱乐休闲、社会实践、社团活动、家庭责任等。

专业技能分为基础技能和专项技能。

基础技能指从事专门职业所必须掌握的最基本技能。较高层次技能的培养依赖于基础技能的掌握。以师范生为例，不管是历史、中文、还是数学或物理专业的学生，作为未来的教师，都应具备基础的教学技能，如表述技能、书写技能、信息处理技能等，即要有标准的普通话和良好的语言表达能力、扎实的三笔（钢笔、粉笔、毛笔）一画基本功以及应用现代教学媒体的能力，等等。这些技能都是教师不可或缺的技能，是教师的基本功。

专项技能指从事某种职业所必须掌握的某项或几项特殊能力。专项技能是在基础技能的基础上进一步发展起来的能力。它对于不同职业的从业者提出了更高的要求。如教师在掌握了基础技能外，在课堂上还应有板书变化技能、提问技能、强化技能、练习指导技能、课堂组织技能、教学技能的综合运用等多种技能。专项技能的高低决定了择业顺利与否，也决定了未来事业的成败。

2. 自我管理技能

良好的自我管理技能能够帮助个体更好地适应周围的环境、应对工作中出现的问题，因此它也被称为“适应性技能”。自我管理技能经常被看作个性品质，被用来描述或说明人具有的某些特征，常以形容词或副词的形式出现，例如仔细的、慷慨的、喜悦的、欢快的、聪明的、高尚的等。自我管理技能无论是一个人先天具有的，还是后天习得的，都需要练习。它可以从非工作领域转换到工作领域。

3. 可迁移技能

人们所获得的各种技能之间可以相互作用，已经掌握的技能可能对新的技能起促进作用，也可能妨碍学习新的技能。这种现象叫做技能的迁移。迁移技能的特征是它可以从生活的方方面面，特别是工作之外得到发展，而且可以迁移应用于不同的工作之中。因此，也被称为“通用技能”。

(三) 职业能力

与职业相关的能力指的是“职业能力”，它是人们从事某种职业的多种能力的综合。

例如：做为教师只具有语言表达能力是不够的，还必须具有对教学的组织和管理能力，对教材的理解和使用能力，对教学问题和教学效果的分析、判断能力，对学生学习的指导、启发能力。

一定的职业能力是胜任某种职业岗位的必要条件，任何一个职业岗位都有相应的岗位职责要求，一定的职业能力则是胜任某种职业的必要条件。因此，求职者在进行择业时，首先要明确自己的能力优势以及胜任某种工作的可能性。条件允许的情况下，可以由专业职业指导人员帮助分析，根据求职者的学历状况、职业资格、职业实践等来确定求职者的职业能力，必要时可以通过心理测试作为参考，在基本确定求职者的职业能力和发展的可能性的基础上帮助求职者进行职业选择。

职业能力是决定一个人能否进入职业的先决条件，也是一个人能够胜任工作的客观条件。无论从事何种职业，都要有一定的技能作为保证。在一个人的职业生涯中，要从事多种社会生产生活活动，必须具备多种能力与之相匹配。职业能力能够说明人的能力在不同领域的表现情况，即在某些领域具有良好能力表现，而在另一些领域的能力可能相对欠缺。了解自己的能力倾向，并根据职业活动对职业技能进行培养，对于职业生涯发展意义重大。

【拓展阅读】

能力对职业发展的影响

1. 能力是就业的关键

一个人要想谋求理想的职业，立足于岗位工作，并在职业岗位上做出成绩，不仅要具有一定的科学文化知识和思想道德素质，还要具备良好的职业能力。职业能力是就业的关键，是获得职业成功的前提。

显而易见，面对目前严峻的就业形势，就业竞争会日益激烈，这种竞争将突出体现为职业能力的竞争。在优胜劣汰的市场竞争中，不具备一定的职业能力，就意味着就业的失败，就意味着可能失业和再次择业。据调查，我国国有企业下岗人员从被迫下岗到再就业难，一个重要的原因，就是相当一部分下岗人员缺乏职业能力，没有过硬的技术本领。

2. 能力推动职业生涯快速发展

具有较高的能力，不但是成功就业的敲门砖，还是保职升职的有力保障。反之，如果能力不足，即使暂时获得了岗位，也会因不能胜任而遭到淘汰。具有较好的职业能力，会让自己在工作时游刃有余，获得较强的工作愉悦感和成就感。

在工作过程中，职业能力强的人，一般会取得更好的工作绩效，为组织创造更大的价值，所以比能力差的人有更多的职业晋升机会，从而获得更快更好的职业生涯发展。随着能力的积累和发挥，职业发展空间就会越来越大，而随着发挥空间的增大，能力的提升也会更快更多，形成良性循环，最终取得生涯的成功。

二、影响职业能力发展的因素

能力的形成受多方面因素的影响，基本上包括以下五个方面。

（一）天赋遗传

天赋是人与生俱来的某些生理特征，是能力发展的硬件设施和自然前提。研究表明，遗传因素的作用是重要的：同卵双生子之间的智商相关联是最高的，无血缘关系者之间的智商相关联最低。遗传因素是能力发展的自然基础，决定着能力发展的可能性。对于遗传潜力大的人，后天环境对其能力发展的影响也大。每个人都有一定的遗传优势和不足，你可以发现你的优势并好好地利用它，同时发现自己的不足，通过努力去克服或者通过其他方式补偿改变。

（二）环境因素

环境是指客观现实，包括自然环境和社会环境。心理学认为，每个人从遗传基因中所得的潜在能力不同，但这种潜能开发到何种程度取决于环境。越来越多的心理学研究都证明：早期环境，对能力的形成和发展具有重要影响。胎儿的产前环境（即在母体内的环境）对胎儿的生产发育和出生后的智力发展有着重要的影响。父母在儿童1－3岁时期采用的教养方式会决定孩子一生的主要性格特征，从而影响孩子能力的发展。

教育对能力形成和发展所起的作用是系统性的，学生通过系统地接受教育，能力也不断得到发展。教育是掌握知识和技能的具体途径和方法，对职业能力的发展起着主导性作用。教育不仅能使个体掌握知识和技能，还能改变其思维方式，培养创造欲和创造能力随着科学技术的发展，已有的知识和技能会逐渐被淘汰或显得不够，每个人必须作好接受再教育或职业培训的准备，以更新知识体系，获取新的劳动技能。

（三）实践活动

人的各种能力是在大学生社会实践的价值活动中最终形成和发展起来的。大学生社会实践的价值对各种特殊能力的发展起着促进、检验和制约的作用。不同工作制约着能力的发展方向；同时，不同的大学生社会实践的价值活动向求职者提出了不同的要求。虽然掌握知识对于能力发展是重要的，但越来越多的科学家认识到，个人直接经验的积累在人的能力发展中有着不可替代的重要作用。我国古代思想家王充指出“施用累能”，即指能力是在使用中积累的。

（四）个性品质

兴趣和性格与个体的能力发展密切相关，它们决定个体的能力倾向，是形成能力差异的关键因素。大学生应有意识地培养一些兴趣，减少性格中不好的成分，以适应工作的需要，完善自我。

在实践活动中优良的品质对能力的形成和发展具有重要的意义，如勤奋、谦虚和坚强的毅力等都有助于能力的形成和发展。有些人虽然天资聪慧，但由于缺乏勤奋，最终事业无成；有些人虽然天生智力并不优越，但通过勤学苦练，也会取得事业的成功。

（五）社会环境

个人职业能力的发展同样受到社会客观环境的制约，这是因为社会制度本身具有激励和约束两方面的作用。个人能力的发展方向如果与社会的激励方向一致，发展速度就会比较快，并受到援助与尊重，也容易获得符合能力发展方向的工作；反之，就会成为社会的约束因素，难以实现个人的发展。

【拓展阅读】

大多数人，都是怎样挥霍自己的天赋的

要论天赋如何发挥，我们先要搞清楚什么是天赋。80％以上的人，对天赋的理解基本都是错的，至少存在以下三个误区：

1. 认为天赋是能力：但实际上，天赋只是潜力

在说天赋的时候，我们常常会想到莫扎特。他 14 岁的时候，在教堂听了一首经文歌的演唱后，就能凭记忆把它全部默写出来，这首歌大概有两分钟，而且有好几个声部。

这完全是天生的吗？不完全是。在他 6 岁的时候，他就已经完成了 3500 小时的练习，而且是在他父亲的指导下。

他的父亲是一位音乐家，还曾出版《小提琴奏法》，他放弃了宫廷乐师的工作，将全部精力用在莫扎特身上。

但是，倘若让我们也练习那么长时间，就可以达到莫扎特的天才程度吗？很大可能不会。

所以，所谓天赋，指的是某种天生的特性，让一个人可以在同样起点的情况下，比一般人更加快速地成长。

也就是说，在某个领域内天赋高的人与该领域里的一般人，他们的努力与水平之间的关系，类似于下图两条实线。

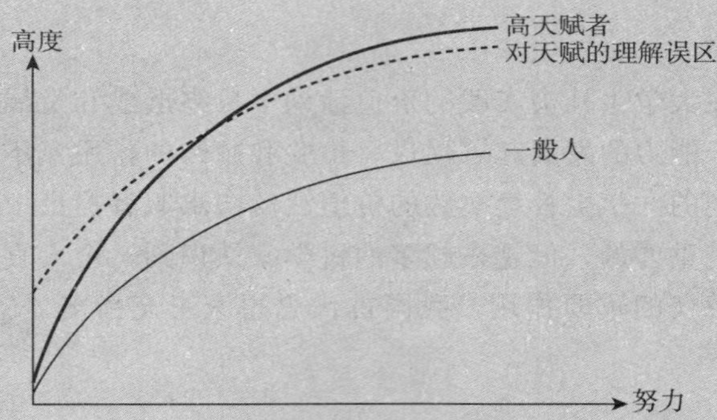

但是我们大多数人，往往以为天赋＝能力，以为天赋是那条虚线，以为只要有天赋，那么不需要努力就可以达成结果。

实际上，天赋只代表一种潜力，是否能够转化为能力，则是需要后天刻意练习的。

《异类》《一万小时天才理论》等书中，早已揭示了心理学家关于“高手是如何炼成”的研究结果，那就是，天赋是需要后天开发的，就是所谓“刻意练习”(deliberate practice)。

所以，天赋经过刻意练习，才能转化为能力。

2. 天赋不行，努力来补：但实际上，努力也是一种天赋

天赋包括能够帮助一个人更快速成长的所有天生特性。而一个人要能够更快地成长，其实需要两个要素，一是能力方面的天赋，也可以称为潜力；二是意愿方面的天赋。

我们在谈天赋的时候，往往只说了前面一个要素，而忽略了后面的要素。

举例来说，如果一个人天生更加有同理心，他当然能够更好地与他人沟通，但是，如果他性格并不喜欢与人沟通，也没有动力去开发自己的沟通能力，那么很可能也不会比一般人成长更快。所以，意愿的很大一部分也是天赋。

从这个角度来说，“努力也是一种天赋”这句话就有其合理性了。因为，努力代表着一种意愿，背后是由性格、动机、价值观等等来决定的，而这些都是天生的特性。

所以，天赋包括能力天赋以及意愿天赋两个方面。

这可能是一个让人有点绝望的发现。但是，这是否意味着，我们就放弃了呢？恰恰相反，我们更应正确地将天赋应用到适合的领域，才有做成事情的可能性。

3. 天赋离一般人很远：但实际上，每个人都有天赋

为什么说，每个人都有天赋呢？

从意愿天赋来说，每个人都有自己的性格、动机和价值观，当然也就有自己独特的天赋。

从能力天赋来说，这句话也是成立的。为什么呢？因为我们每个人在不同领域上的潜力是不同的，我可能更有人际敏感度，你可能更有数据敏感度，他可能在乐感方面更加擅长。

我们或许没有像莫扎特一样出众的音乐天赋，也没有像爱因斯坦那样的高智商。然而，我们忽略了相对天赋的概念。

也就是说，跟你自己相比，你在 A 方面是比 B 方面更有潜力的，那么你花同样的时间，在 A 方面是比 B 方面成长快很多的，如果选择一个能利用 A 方面天赋的领域，你会起到事半功倍的效果。

从这个角度来说，我们每个人都有天赋，也都需要利用天赋。

天赋到结果之间，有多少条岔路？

要知道如何正确发挥天赋以达成最终的结果，我们就需要先来看看，天赋跟结果之间，是怎样一种关系，我用树形图来做个分解。

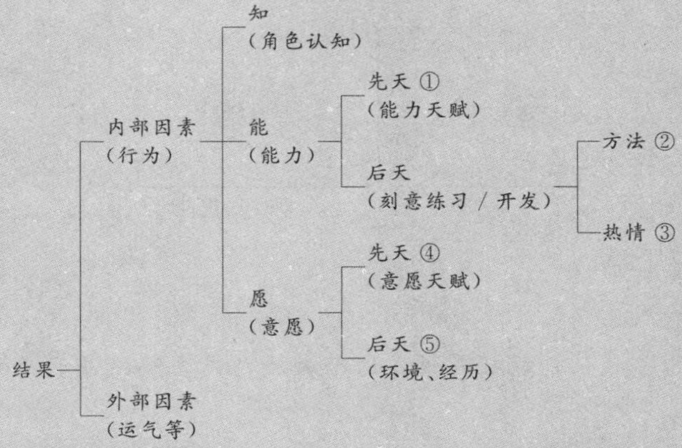

首先，事情的结果取决于两大方面，一是内部因素，即你做了什么，二是外部因素，即你的运气等。

抛开运气、机遇这类很难掌控的要素，我们来看内部因素，也就是你的行为。行为取决于什么呢？

一个人的行为取决于三个要素：知、能、愿。也就是说，当你知道当前的岗位/角色应该做什么，也有能力可以做成，同时又有愿望去做，那么好的行为就发生了。

举例来说，你是公司的产品经理，你正确地认知到产品经理应该做的事情，并且有能力完成，同时也很有意愿去做，那行为就是好的，但至于能否做成，还取决于一些外部要素。

角色认知这方面，天赋不起主要作用，所以这条线暂且不细分。

能力和意愿都跟天赋有很大的关系，所以继续细分。这里，我将能力和意愿，分别分成先天和后天的部分。

也就是说，能力取决于先天的能力天赋以及后天的刻意练习。而意愿，也取决于先天的意愿天赋以及后天的环境和经历。

关于能力取决于天赋和刻意练习，我们在前文已经说过，这里说说意愿的先天和后天因素。

举例来说，你天性是喜欢学习新东西的，然而周围环境并不鼓励，大家也都毫无上进心，那你的学习意愿也会降低。所以，意愿是有先天和后天因素的。

另外，关于刻意练习，我仍然将它继续细分，分成练习的方法以及练习的热情。

方法是说，你知道如何进行刻意练习。而热情是说，你是否对刻意练习充满热情，因为刻意练习是一项艰辛的事情，是一个不断行动、犯错、反馈、调整的过程。倘若没有足够的热情，我们也是很难持续下去的。

大部分人，都在挥霍自己的天赋

所以，我们现在知道，天赋如何作用于结果，过程中会有哪些岔路了。但从我的观察来看，大部分人都在这个作用过程中，挥霍掉了自己的天赋。

挥霍方式1：用错地方

天赋用在不同的领域，效果是不一样的，我们用如下的矩阵图来看。

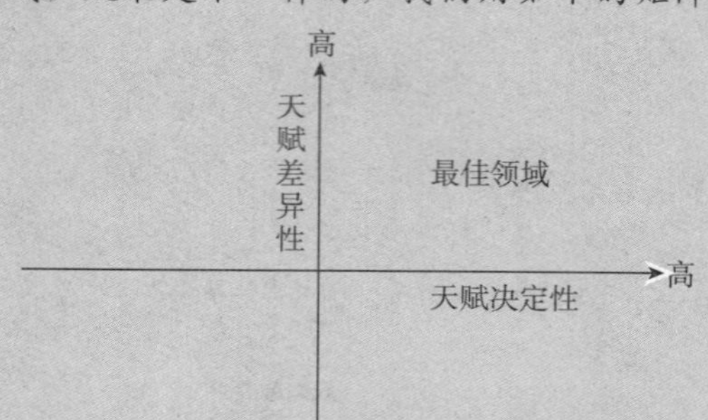

维度一是天赋的差异性，也就是说，这个领域之内，天赋高和天赋低的人，结果有多大差异。

比如，你的天赋是数据敏感度强，如果用在数据统计这个领域，差异就不会很大，因为一个数据敏感度不强的人，做好数据统计这项工作，并不会比你多花费多少时间。

但是，如果用在咨询领域，作为一个分析师，那么天赋的差异性就会很大，数据敏感度弱的人，确实会花费比你多很多的时间，来达到跟你一样的水平。

常常被忽略的是维度二，天赋的决定性。在一些领域，虽然天赋的差异性明显，但天赋的决定性并不强。

比如，数据敏感度强的人，在咨询领域，当然是会有明显的差异，然而，对于咨询工作来说，需要的是综合性素质，比如解决问题、沟通、团队合作、计划等等，即便另一个人数据敏感性并没有那么强，但若在其他方面优势明显，那么你也未必占得很多先机。

但是，如果你把数据敏感度强的天赋，用在大数据分析领域，那就占得先机了，因为这一项天赋对于该领域的成功，是有决定性作用的。

因此，本质上维度二看的是，这个天赋是否是该领域内的关键成功要素。

所以，综合这两个维度来看，你的天赋需要用在这样的领域：

第一，这个领域内，是否有这项天赋，结果的差异性较大；

第二，该天赋是该领域的关键成功要素。

如果用错地方，天赋的作用当然就无法完全发挥出来。

挥霍方式 2：缺乏正确的方法

这两天不在上海，在外地，刚巧男足国家队这两天也在这家酒店。提到男足，想起球迷常常感叹的一句话：中国 10 几亿人，居然找不到 11 个足球天才。

然而经过前文的描述，大家都知道：不是找不到天才，而是天才需要刻意练习。

为什么乒乓球总是中国人打得好，跳水也总是中国队员的优势项目？难道中国人在乒乓球和跳水方面有天赋？当然不是。

实际上，这正是正确训练方法的体现。这些优势项目，从国家队到基层，教练水平都是很高的。在这些项目中，都是中国向国外输出教练的。

一万小时天才理论中，我们往往过于关注“一万小时”，常常忽略了这一万小时的具体内容，那就是“正确的刻意练习方法”。

所以，掌握不了正确的刻意练习方法，天赋是很难变成能力的。

挥霍方式 3：缺乏热情的滋养，开发动力不足

刻意练习的过程是艰辛的，根据心理学家 K. Anders Ericsson 的说法，它不是重复你已经掌握了的内容，而是去挑战难度更高的内容。

所以，维持刻意练习的热情，才有可能让我们一直进行这项艰辛的活动。可是，热情从哪里来呢？很多人都认为是爱好，实际上，爱好是被扭曲最多的一个概念。

大多数人认为，爱好是一个神奇的事物，能够让你爱上某项工作、孜孜不倦、不知疲惫，最后取得成功。

实际上，你去问一个人的爱好是什么，多半会回答音乐、画画、做手工艺……是的，都是业余爱好。

似乎没有多少人天生爱好销售、咨询、创业这些跟工作相关的内容。但是，为什么很多人工作起来，热情比自己的业余爱好还大呢？

因为，热情并不来源于爱好。根据自我决定理论，热情来源于自主感、胜任感、归属感。

胜任感和归属感我们都可以理解，你能够做好一件事情，当然会更有热情，你共同做事的同伴或者环境，让你有归属感，当然也会让你更有热情。

但我想说的是，很多人都忽略了自主感。做同样工作、担同样责任的情况下，如果可以让你自主安排工作时间、做事方式、合作方式，你会更有幸福感，工作也会更加积极和投入。

当然，对于你的雇主来说，你的能力越强、能力越稀缺，它能给你的自主权就会越大。

在之前的咨询公司待了8年，很多猎头给我电话，第一句就问：待这么多年，为什么不去甲方呢？可以更加轻松、收入更高。

几乎唯一的答案就是：自主感。我可以安排自己的工作时间、在一定范围内选择合适的团队成员、用自己觉得对的方式为客户提供咨询服务，这些，无论哪个甲方都不可能提供的。

所以，如果你没有热情，不妨想想看，是哪里出了问题，是缺乏自主感、胜任感还是归属感？

由不自主、挑战过大、缺乏归属所造成的热情不高，也是我们发挥天赋的一大障碍。

挥霍方式4：被世俗需求扭曲

几年前，刚带项目的时候，我有些不知所措。比如，我不知该如何表现，才能够显得更加成熟与可信。于是，我就去模仿公司里面的资深顾问。

观察了我欣赏的一位女性合伙人，我发现，她的风格非常张扬。比如，她十分强势，常常因为不同意见，跟客户吵起来。再比如，进项目没几天，她就跟客户从上到下都建立极好的私人关系。我就开始研究她的行为，试图通过模仿来帮助自己提升。

然而，这种模仿宣告失败，我实在很难做到，因为我们的性格、阅历甚至气质都差异太大了。

后来，有位相熟的客户跟我说：刚见面的时候，觉得你说话语气太平静了，一点不像其他顾问那么有激情，但后来发现，你总能一下子看到问题所在，所以你每次说话，我们都停止讨论，竖起耳朵听。

每个人的天赋不同，所以自我定位也必然不同。忽略自己的天赋，而去模仿他人，是性价比最低的努力方式。

不光在如何定位自己这方面，我们会盲目模仿、与他人比较，浪费自己的天赋。在职业选择中，也是如此。

比如，我们认为金融行业更加高大上，所以就去做金融，我们认为创业很有逼格，就又去创业。但是，从未认真考虑过，这些世俗眼中的光鲜职业道路，是否适合我们。

倘若这与我们的能力天赋以及意愿天赋都有很大的违背，即便进入世俗眼中的成功轨道，我们也会感到非常艰难，进而又会在与他人的比较中，陷入焦虑和自我怀疑的循环，也会在此过程中，任由自己的天赋被浪费。

所以，如果不能够坚定地拒绝那些世俗光鲜的追求，你在天赋开发的道路上，会离正确轨道越来越远。

挥霍方式5：被后天环境埋没

我们都有这种体会，去一些政府机构办事，工作人员就像看到债主一样，负能量爆棚。我曾经一度也觉得非常奇怪：要说是因为服务意识，但正常人谁愿意整天发脾气？要说是个人原因，难道招聘的时候只要脾气差的人？

后来我渐渐发现，其实是工作环境带来的影响。一则周围人都是如此，你并不会觉得有什么不对；二则每天大量的重复性工作以及扑面而来的各种重复问题，让人的能量被消耗殆尽。

我们常常可以在跟一个人聊几句之后，就能判断他的职业。

比如，一个说话语速超快、逻辑严密的人，你会判断他是咨询顾问；一个鸡血满满、热衷鸡汤、对陌生人超乎寻常热情的人，你会判断他是某保健品销售；一个说话官腔、衣着正式的人，你会判断他是体制内人士……

这些判断肯定不完全正确，但确实体现了从事这些职业的一些人的特征。是这样的人选择了这样的职业吗？很大程度上不是，而是职业所处的环境改变了这些人。

一个内容单一且每天重复的工作，会导致你主动思考能力的下降；一个流程非常规范和标准的工作，会导致你挑战和克服困难精神的丧失；一个每天跟机器打交道的工作，会导致你社交能力的减弱；一个不鼓励自主学习、主动担责的工作，会导致你失去努力的内在动力……

这些，都是后天工作环境对一个人能力的影响。

所以，你选择怎样的工作环境，也决定了你的天赋是否可以充分发挥作用。

总结：别亲手埋葬了自己的天赋

最后，总结一下，我们不妨用以下几点做一个反思，看看自己的天赋如何能够更好地发挥作用：

1. 每个人都有自己的相对天赋，忽略自己的天赋，会事倍功半

2. 天赋包括能力天赋和意愿天赋，所以，在总结和反思自己的时候，要回顾这两点

3. 能力天赋只代表潜力，要转化为能力，还需要刻意练习，而刻意练习不是重复已经会的内容，而是挑战不会的内容

4. 正确运用天赋需要做到：1）找到天赋差异性大且决定性强的领域，2）掌握正确的刻意练习的方法，3）找到能有更多自主感、胜任感、归属感的工作以维持热情，4）坚定地拒绝那些世俗眼中的光鲜追求，5）避免选择那些容易埋没天赋的工作

5. 另外，关于刻意练习、找到天赋这些话题，因为太长了，以后会陆续展开来写。

沟通无力时，你要学会赞美对方

改变别人的想法经常是不可能的任务。多数情况下劝人不成反惹祸，原本对立观点之间的鸿沟愈加扩大，双方甚至可能恶语相向。想象中，21世纪受过良好教育的人理应认真研究证据，及时调整观点。但行为科学研究显示，争论中引用的事实和证据越多，多数人越会想争辩，和解的可能性也就越小。

这种现象有很多叫法，包括确认偏见、动机性推理以及逆反效应等。一些早期的动机性推理研究显示，持不同观点的团体看过同样的视频后，得出了截然不同的结论。

不过，我采用的是一种名为“肯定效应”的策略，这可能是唯一能将顽固观点软化，以及创造灵活讨论空间的方法。

在对某事形成观点后，我们很难毫无感情、不注重意义地理性分析，因为通常所持的观点就代表着我们的身份、信仰和阶层。如果有人提出批评或是质疑你的信仰，潜意识层面你会觉得他们在挑战你的身份，大脑会自动准备好迎击对手、攻击其自尊。

达特茅斯学院（Dartmouth College）的布兰登·奈汉（Brendan Nyhan）和埃克塞特大学（University of Exeter）的杰森·瑞弗勒（Jason Reifler）是两位长期研究该效应的学者。他们发现如果称赞别人，人们在改变观点方面会更容易接受。在最新实验中，奈汉和瑞弗勒再次发现，“在‘肯定效应’下，人们遇到存在争议的观点时，处理不一致的信息会更容易。另外，获得肯定后拒绝承认事实的冲动会减弱，如若不然他们会将事实视为威胁。”

德鲁·韦斯滕（Drew Westen）领导的科学家团队专门研究人们面对负面反馈时的大脑反应，他们发现大脑中心与情绪、冲突、道德判断、奖励和愉悦相关的部位异常活跃，而与理性思考联系最密切的部位几乎没反应。

所以在身份和信仰受到威胁时，大脑就会警告这一新的矛盾证据可能会带来痛苦。与此同时，当我们否认面前具有威胁的证据时，大脑会发出奖励的信号。所有这些，都是改变观点时遇到的强大阻碍。

丹·卡汉（Dan Kahan）在耶鲁大学负责文化认知项目，他也在研究这种现象。在他看来，向前推进的唯一方法是“解脱”。文化认知是通过塑造信仰和世界观，来了解世界的方式。如果外来观点威胁到原有世界观，你自然会立刻否认。只有将观点与身份拆分开，思考才能有进展。

所以在对立沟通中，你首先要肯定对方（说些好话，至少得准备好好说话），然后就事论事不掺杂对个人身份的考虑，进行有效沟通。

三、职业能力的形成与培养

（一）知识的学习

知识的学习是职业能力形成和发展的第一个阶段，在这个阶段中，新信息进入短时记忆，与来自长时记忆的原有知识建立一定的联系，并纳入原有的命题网络，从而得到理解。个体通过类属、归纳及其并列结合等内在同化过程获得知识，并且运用记忆规律促进知识的保持，用所学知识解决类似或同类课题，做到了知识的迁移。

（二）技能的学习

技能是指个体在特定目标指引下，通过练习而逐渐熟练掌握的对已有的知识经验加以运用的操作程序。技能的学习要以程序性知识的掌握为前提，一般通过感性认识（看或听）、模仿（学习）、练习反馈等过程由不会到会再到熟练，从而达到自动化式的定型。

（三）态度的培养

个体对职业不同的态度决定着个体不同的认识和情感，而且还会影响个体在职业中的不同表现，态度不是先天就有的，而是社会性学习的结果。在家庭、社会和学校等不同情境的作用下，通过他人的社会示范、指示或忠告，将社会的要求内化为学生自己的态度，并会在一定条件下产生迁移和改变。

（四）知识、技能、态度的内化迁移与整合

知识、技能、态度等的习得或会应用，并不等于已具备了职业能力。学生职业能力的形成和发展，必须参与特定的职业活动或模拟的职业情境，通过对已有的知识、技能、态度等的类化迁移，并得到特殊的发展与整合，从而才能形成职业能力。

四、提高技能的途径

（一）课内学习

课内学习为学生培养专业技能创造了良好条件。学生要充分利用学校的各种资源，积极培养自身的专业技能，为成就未来的事业打下坚实的基础。

（1）主动参与课堂教学

课堂教学是大学生在校学习的主要形式。学生应主动参与到课堂中的讨论、练习（包括口头、书面）、实际操作（模仿性的和创造性的）等活动中去，深刻感受知识的内在美，逐步养成良好的习惯，不断提升自己的专业能力。

（2）广泛参加“第二课堂”

“第二课堂”是指课外的各种学习和实践活动。这一领域的开辟，对学生就业起到了很好的推动作用。学生应积极参加到各种“第二课堂”中去，如学术讨论会、读书报告会、朗诵、演讲、写作、书法等，并在此基础上，根据自己的爱好和特长，积极参与各种社团活动。学生可以充分发挥自身的主动性、独立性和创造性，可以有意识地从事业和未来的工作需要出发培养和锻炼自己。

（二）课外培养

对于同学们来说，要将技能的提高放到实践活动中去，从实际工作对知识或知识环境的需求去寻找相应的知识与能力。现在获取知识的方式有很多种。互联网的进一步发展，为学习者提供了非常广阔的学习平台；课外活动可培养发现问题和运用专业知识解决问题的能力。掌握了学习课本以外知识的方法与途径，具备了分析和解决问题的能力，通过课外实践活动的锤炼，技能会在点滴之间得以积累。

提高大学生技能的课外途径主要有：

（1）积极争取和充分利用各种实习机会，选择与职业目标相对应的行业及岗位实习。

（2）积极参加社会实践活动，参与专业技能大赛、教师的科研项目等活动。

（3）参加职业技能培训。

课堂活动与练习

一、我是谁

首先按下面的格式写出10句“我是怎样的人”，要求尽量选择一些反映个人风格的语句，避免出现类似“我是一个男生”这样的句子。

我是一个________________________的人。
我是一个________________________的人。
我是一个________________________的人。
我是一个________________________的人。
我是一个________________________的人。
我是一个________________________的人。
我是一个________________________的人。
我是一个________________________的人。
我是一个________________________的人。
我是一个________________________的人。

请将陈述的10项内容作下列归属：

身体状况（属于你的体貌特征）编号：____________；

情绪状况（你常持有的情绪情感）编号：____________；

才智状况（你的智力能力情况）编号：____________；

社会关系状况（与他人的关系等）编号：____________；

其他方面编号：____________。

假如我是一种动物，我希望是__________，因为______________

假如我是一位演员，我希望是__________，因为______________

如果举行假面舞会，我愿意扮作__________，因为______________

评估一下对自己的陈述是积极的还是消极的。在列出的每句话的后面加（+）或（-）。加号“表达了对自己肯定满意的态度”，减号则相反，表示“对自己不满意否定的态度”。看看减号与加号的数量是多少。如果加号多于减号说明自我接纳状况良好。相反，则表示不能很好地接纳自己，自尊程度较低，这时需要内省一番，寻找问题的根源。

二、什么才是最重要的

（一）练习

请快速回答如下问题，回答之后你将会有新发现。

1. 如果我有100万元，我将：

2. 在生活中我最想得到的是：

3. 如果我只剩下 24 小时的生命，那我将：

4. 我的工作必须能给我：

5. 我将给我的孩子的忠告是：

6. 如果在一场大火中我只能救出一件东西，它将是：

7. 如果我能改变自身的一件事，那它将是：

回答完以上问题，你能发现什么呢？

(二) 解读

从 20 世纪 50 年代开始，唐纳德·舒伯及其他心理学家开始研究价值观在生涯选择中有何作用。研究结果发现，价值观是影响生涯决策的因素之一，价值观与工作的满意程度有关。当人们遵循自己的价值观工作时，会有最大程度的满足感和幸福感。在价值观的定义之外，我们可以将其理解为“哪些东西是我生命中不能缺少的？我最看重什么？”

通过探索自己的价值观类型，明确个人职业价值观，可以掌握价值观在职业生涯规划中的作用；了解价值观对于职业选择及职业发展的影响，深化自我认知，调整自己的职业生涯规划方案。

三、快快乐乐“抓周”

古人判断兴趣，有一方法，在一个人满周岁时，将各种物品放在婴儿的近处，任其选择，最先抓到什么，从中判断其兴趣所在，称为“抓周”。你还能回想起自己满周岁时，自己抓的是什么吗？

中国文化中抓周物品及代表含义主要如下：

1. 字典或词典：代表文学家或科学家
2. 书、笔：具有制定意味，代表书法家、文人、文职工作
3. 尺：具有尺度的意味，代表律师、法官、革命家
4. 计算器、算盘：代表商家或生意人
5. 人民币（钱）：代表富有之意，善于储蓄的富翁或有钱人
6. 信用卡：代表银行家或金融行业
7. 印章：代表官位或官权
8. 画、水彩盒、彩色笔：代表画家、艺术家

9. 毛线团、布料：代表服装设计师

10. 乒乓球拍、羽毛球拍、足球：代表体育相关职业

11. 笛子、小提琴、电子琴、CD：代表音乐家

12. 筷子、铲子：代表厨师、饭店业者

13. 小鞋子：代表旅行家、探险家

14. 润肤霜、口红：代表爱美，在乎自己的容貌

15. 手机、U 盘：代表从事 IT 业、高科技、通讯业

16. 地球仪：代表地理学与天文学

17. 棉签、纱布：代表医生、护士

18. 螺丝刀：代表工程师、工业

19. 玩具汽车：代表有车族、司机

20. 积木：代表建筑业、设计师等

21. 念珠：代表潜心修行

我们今天也来抓周吧：下面有六个象征物：扳手、放大镜、圆珠笔、口琴、话筒、洋娃娃。每个象征物都有它的意义和对选取者将来前途的预测。你，要选哪一个呢？如果还有两次选择，你会顺序选择哪三种物品呢？按照选择的先后和物品类型根据霍兰德六角形看一下你的职业方向吧。

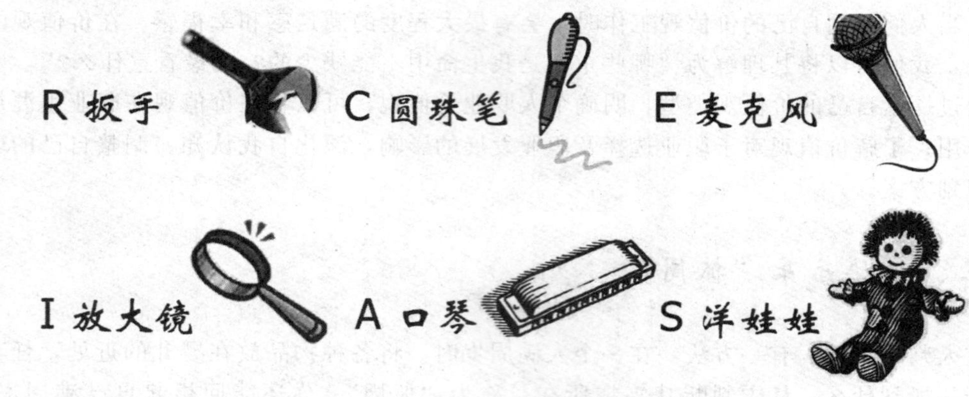

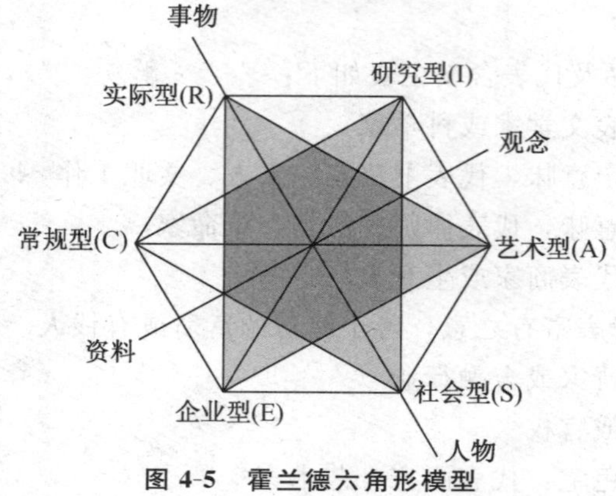

图 4-5　霍兰德六角形模型

反思：

1. 根据“抓周”活动的结果，你感觉哪个（些）类型最能描述你？

2. 你对自己的感觉与类型分析所显示的结果相同吗？有哪些是相同的，哪些是不同的？

3. 如果给你选择的机会，你会选择什么样的职业？为什么？

四、性格决定命运

（一）MBTI 职业性格测评

1. 测评说明

（1）请在心态平和及时间充足的情况下开始答题。

（2）每道题目均有两个答案：A 和 B。请仔细阅读题目，按照与你性格相符的程度分别给 A 和 B 赋予一个分数，并使一组中的两个分数之和为 5。最后，请在题目相应的括号内填上相应的分数。

（3）请注意，题目的答案无对错之分，你不需要考虑哪个答案“应该”更好，而且不要在任何问题上思考太久，而是应该凭你心里的第一反应做出选择。

（4）如果你觉得在不同的情境里，两个答案或许都能反映你的倾向，请选择一个对于你的行为方式来说最自然、最顺畅和最从容的答案。

例子：“你参与社交聚会时”

A. 总是能认识新朋友。（4）

B. 只跟几个亲密挚友待在一起。（1）

很明显，你参与社交聚会时有时能认识新朋友，有时又会只跟几个亲密挚友待在一起，在以上的例子中，我们给总是能认识新朋友打了 4 分，而给只跟几个亲密挚友待在一起打了 1 分。当然，在你看来，也可能是 3＋2 或者 5＋0，也可以是其他的组合。

请在以下范围内一一对应地选择你对以下项目的赋值：

最小————————————————————————最大

0　　　　1　　　　2　　　　3　　　　4　　　　5

2. 测评题目

（1）当你遇到新朋友时，你

A. 说话的时间与聆听的时间相当。（　　）

B. 聆听的时间会比说话的时间多。（　　）

（2）下列哪一种是你的一般生活取向？

A. 只管做吧。（　　）

B. 找出多种不同选择。（　　）

（3）你喜欢自己的哪种性格？

A. 冷静而理性。（　　）

B. 热情而体谅。（　　）

(4) 你擅长

A. 专注在某一项工作上，直至把它完成为止。（ ）

B. 在有需要时同时协调进行多项工作。（ ）

(5) 你参与社交聚会时

A. 总是能认识新朋友。（ ）

B. 只跟几个亲密挚友待在一起。（ ）

(6) 当你尝试了解某些事情时，一般你会

A. 先要了解细节。（ ）

B. 先了解整体情况，细节容后再谈。（ ）

(7) 你对下列哪方面较感兴趣？

A. 知道别人的想法。（ ）

B. 知道别人的感受。（ ）

(8) 你较喜欢下列哪个工作？

A. 能让你定出目标，然后逐步达成目标的工作。（ ）

B. 能让你迅速和即时做出反应。（ ）

下列哪一种说法较适合你？

(9) A. 当我与友人尽兴后，我会感到精力充沛，并会继续追求这种欢愉。（ ）

B. 当我与友人尽兴后，我会感到疲累，觉得需要一些空间。（ ）

(10) A. 我较有兴趣知道别人的经历，例如他们做过什么？认识什么人？（ ）

B. 我较有兴趣知道别人的计划和梦想，例如他们会往哪里去？憧憬什么？（ ）

(11) A. 我擅长订出一些可行的计划。（ ）

B. 我擅长促成别人同意一些计划，并通力合作。（ ）

(12) A. 我尝试做任何事前，都想事先知道可能有什么事情发生。（ ）

B. 我会突然尝试做某些事，看看会有什么事情发生。（ ）

(13) A. 我经常边说话、边思考。（ ）

B. 我在说话前，通常会思考要说的话。（ ）

(14) A. 四周的实际环境对我很重要，而且会影响我的感受。（ ）

B. 如果我喜欢所做的事情，气氛对我而言并不是那么重要。（ ）

(15) A. 我喜欢分析，心思缜密。（ ）

B. 我对人感兴趣，关心他们所发生的事。（ ）

(16) A. 一旦定出计划，我便希望能依计行事。（ ）

B. 即使已出计划，我也喜欢探讨其他新的方案。（ ）

(17) A. 认识我的人，一般都知道什么对我来说是重要的。（ ）

B. 除了我感觉亲近的人，我不会对人说出什么对我来说是重要的事。（ ）

(18) A. 如果我喜欢某种活动，我会经常进行这种活动。（ ）

B. 我一旦熟悉某种活动后，便希望转而尝试其他新的活动。（ ）

（19）A. 当我做决定的时候，我更多地考虑正反两面的观点，并且会推理与质证。（　　）

B. 当我做决定的时候，我会更多地了解其他人的想法，并希望能够达成共识。（　　）

（20）A. 当我专注做某件事情时，不希望受到任何干扰。（　　）

B. 当我专注做某件事情时，需要不时停下来休息。（　　）

（21）A. 我独处太久，便会感到不安。（　　）

B. 若没有足够的自处时间，我便会感到烦躁不安。（　　）

（22）A. 我对一些没有实际用途的意念不感兴趣。（　　）

B. 我喜欢意念本身，并享受想象意念的过程。（　　）

（23）A. 当进行谈判时，我依靠自己的知识和技巧。（　　）

B. 当进行谈判时，我会拉拢其他人至同一阵线。（　　）

当你放假时，你多数会

（24）A. 为想做的事情订出时间表。（　　）

B. 随遇而安，做当时想做的事。（　　）

（25）A. 花多些时间与别人共度。（　　）

B. 花多些时间自己阅读、散步或者发白日梦。（　　）

（26）A. 返回你喜欢的地方度假。（　　）

B. 选择前往一些你从未到达的地方。（　　）

（27）A. 带着一些与工作或学校有关的事情。（　　）

B. 处理一些对你重要的人际关系。（　　）

（28）A. 想着假期过后要准备的事情。（　　）

B. 忘记平时发生的事情，专心享乐。（　　）

（29）A. 参观著名景点。（　　）

B. 花时间逛博物馆和一些较为幽静的地方。（　　）

（30）A. 在喜欢的餐厅用餐。（　　）

B. 尝试新的菜式。（　　）

下列哪个说法最能贴切地形容你对自己的看法？

（31）A. 别人认为我会公正处事，并且尊重他人。（　　）

B. 别人相信在他们有需要时，我会在他们身边。（　　）

（32）A. 按照计划行事。（　　）

B. 随机应变。（　　）

（33）A. 坦率。（　　）

B. 深沉。（　　）

（34）A. 留意事实。（　　）

B. 注重事实。 ( )

(35) A. 知识广博。 ( )

B. 善解人意。 ( )

(36) A. 处事井井有条。 ( )

B. 容易适应转变。 ( )

(37) A. 爽朗。 ( )

B. 沉稳。 ( )

(38) A. 实事求是。 ( )

B. 富有想象力。 ( )

(39) A. 喜欢询问实情。 ( )

B. 喜欢探索感受。 ( )

(40) A. 着重达成目标。 ( )

B. 不断接受新意见。 ( )

(41) A. 率直。 ( )

B. 内敛。 ( )

(42) A. 实事求是。 ( )

B. 具有远大目光。 ( )

(43) A. 公正。 ( )

B. 宽容。 ( )

你会倾向

(44) A. 及时处理不愉快的事情，务求把它们抛诸脑后。 ( )

B. 暂时放下不愉快的事情，直至有心情时才处理。 ( )

(45) A. 自己的工作被欣赏，即使你自己并不满意。 ( )

B. 创造一些有长远价值的东西，但不一定需要别人知道是你做的。 ( )

(46) A. 在自己有兴趣的范畴里积累丰富的经验。 ( )

B. 有各式各样不同的经验。 ( )

哪一句能表达你的看法?

(47) A. 感情用事的人较容易犯错。 ( )

B. 逻辑思维会令人自以为是，因而容易犯错。 ( )

(48) A. 三思而后行。 ( )

B. 犹豫不决必失败。 ( )

3. 分数汇总

请回过头去看一看您给每个问题所分配的分数。现在那些分数应该向下面所显示那样加在一起如表 4-3。

表 4-3　测评分数表

	A	B		A	B		A	B		A	B
1			2			3			4		
5			6			7			8		
9			10			11			12		
13			14			15			16		
17			18			19			20		
21			22			23			24		
25			26			27			28		
29			30			31			32		
33			34			35			36		
37			38			39			40		
41			42			43			44		
45			46			47			48		
总得分											
	E	I		S	N		T	F		J	P

4. 测评解释

以上八个偏好两两成对，也就是说，E 和 I、S 和 N、T 和 F、J 和 P 各自是一对组合。在每一对组合中，比较该组合中的偏好的得分孰高孰低，高的那个就是您的优势类型。如果同分的话，选择后面的那一组，即 I、N、F、P。对四对组合都进行比较后，您会得到一个由 4 个字母组成的优势类型，如 ENFP、ISTJ 等，把它写出下面的横线上。

问卷所揭示的优势类型是：________________

在 MBTI 性格类型测试问卷结果分析中有对四个纬度八种偏好的详细描述，认真地自我评估一下，究竟对哪种偏好的描述更接近你自己，然后把结果写在下面。

在 E 和 I 这个纬度上，我认为更接近我本性的是：________________

在 S 和 N 这个纬度上，我认为更接近我本性的是：________________

在 T 和 F 这个纬度上，我认为更接近我本性的是：________________

在 J 和 P 这个纬度上，我认为更接近我本性的是：________________

自我评价所揭示的优势类型是：________________

两者综合，我确定我的优势类型是：________________

结果说明：________________

每一种性格特征都有其价值和优点，也有缺点和需要注意的地方。清楚地了解自己的性格优劣势，有利于更好地发挥自己的特长，而尽可能的在为人处事中避免自己性格中的劣势，更好地和他人相处，更好地作重要的决策。清楚地了解他人（家人、同事等）的性格特征，有利于减少冲突，使家庭和睦，使团队合作更有效。总之，只要你是认真真实地填写了测试问卷，那么通常情况下你都能得到一个确实和你的性格相匹配的类型。希望你能从中或多或少地获得一些有益的信息。

（二）解读

认识到每个人都有与众不同的特质，性格与职业的最佳匹配使得我们成为更有效的工作者，可以促进我们对工作的兴趣；认识到自己的性格特征是什么，乐意思考自己性格特征对职业的影响。职业和人格的最佳匹配使得我们成为更有焦点，更有效的工作者，因此我们可以每天都去工作并且喜欢我们所做的事情。

通过探索自己的性格类型，可以掌握性格类型的特点及匹配的职业，找到适合自己的职业目标，做出正确的职业选择。

五、每人都有小宇宙

对下面的经历进行分析，尽可能全面地列出你所掌握的知识性技能，再从中分别挑选出你自己感觉比较精通和你在工作中应用或希望应用的知识技能，最后排列出对你来说最重要的五项技能。

1. 在学校开设的课程中学到的知识性技能（如英语、电脑、操作技能等）：

____

2. 在工作（包括兼职和暑期社会实践）中学到的（如电脑绘图技能等）：

____

3. 从课外培训、辅导班、研讨班学到的（如绘画技能等）：

____

4. 从参加专业会议中学到的（如大学生如何处理人际关系等）：

____

5. 从志愿者工作中学到的（如何照看孤寡老人等）：

____

6. 从业余爱好、娱乐休闲、社团活动中学到的（如摄影、缝纫技术等）：

____

7. 通过自学、看电视、听收音机、请教等方式学到的（如钢琴演奏、PPT制作技术等）：

____

8. 请家人和同学帮助你回忆你在校内外都学习过一些什么专业知识技能（不管程度如何）：

____

对你来说最重要的五项技能是：

____

在盘点了自己现有的知识性技能以后，把你的思绪转向未来，想想哪些知识性技能你目前还不具备、但希望自己拥有。可以通过一些什么样的途径来获得这些知识性技能。

9. 我尚不具备但希望拥有的知识性技能：

---

10. 我计划通过以下途径掌握以上知识性技能：

网上精品视频课程

自我认知

用手机“扫一扫”下面的二维码，用浏览器打开相应网址，进入视频课程学习。

专家视角

一、正确对待测评结果

职业测评可以帮助我们清楚地认识自我，了解自己的性格特征和职业倾向，帮助我们准确地进行职业定位，找到职业生涯发展的有效起点，扬长避短，在职业道路上事半功倍，走得更远。但是，职业测评并不是万能的，它不能解决所有人的问题。而对于测评结果，更是需要正确地对待。

首先，对同学们来说，对各种专业的人才素质要求还没有很全面、深刻地了解，即使测评结果显示你适合某种工作，那只是从性格、能力或未来能力、兴趣等几个方面提供的参考，而你能否适应职业本身的压力、节奏、竞争力，以及职业对经验、学历等的要求，则往往是测评之外的事。所以在不知所措时，先就业，等自己对各种职业有了一定的了解后再择业，是明智之举。

其次，有的职业测评显示一些职业较适合性格外向的人做，但实践中，一些性格内向的人也会做得很好，为什么？因为一种职业对人才的需求是多样性的。所以个人的职业测评最好和单位用人的测评结合起来，即用人者可能比你更了解你是否适合某种职业。

职业选择决策是一个复杂的、动态的过程，要考虑很多因素。在做具体决策时，除了以测评结果作为参考依据外，还要考虑以下一些因素，如职业的发展前景，职业的工作环境，职业给你带来的经济及非经济的报酬，你的个性特征与职业要求的匹配性，你个人的能力特长与职业要求的一致性，以及你的父母亲人和朋友对你的期望等等。这些信息需要你自己去获取，也可以向有关的专家或专业机构咨询。

（引自《赢在起点—大学生职业规划与就业准备》，现代教育出版社，有删减）

二、1%自我实现者的十六种共同特征

美国心理学大师马斯洛在研究了许多历史上伟人共同的人格特质之后，更详细地描绘出“自我实现者”（成长者）的画像。自我实现者有下列16个特色：

1. 他们的判断力超乎常人，对事情观察得很透彻，只根据现在所发生的一些事，常常就能够正确地预测将来事情会如何演变。

2. 他们能够接纳自己、接纳别人，也能接受所处的环境。无论在顺境或逆境之中，他们能安之若命，处之泰然。虽然他们不见得喜欢现状，但他们会先接受这个不完美的现实（不会抱怨为何只有半杯水），然后负起责任改善现状。

3. 他们单纯、自然而无伪。他们对名利没有强烈的需求，因而不会戴上面具，企图讨好别人。有一句话说：“伟大的人永远是单纯的。”我相信，伟人的脑子里充满智慧，但常保一颗单纯善良的心。

4. 他们对人生怀有使命感，因而常把精力用来解决与众人有关的问题。他们也较不以自我为中心，不会只顾自己的事。

5. 他们享受独居的喜悦，也能享受群居的快乐。他们喜欢有独处的时间来面对自己、充实自己。

6. 他们不依靠别人来满足自己安全感的需要。他们像是个满溢的福杯，喜乐有余，常常愿意与人分享自己，却不太需要向别人收取什么。

7. 他们懂得欣赏简单的事物，能从一粒细砂想到天堂，他们像天真好奇的小孩一般，能不断地从最平常的生活经验中找到新的乐趣，从平凡之中领略人生的美。

8. 他们当中有许多人曾经历过“天人合一”的宗教洗礼。

9. 虽然看到人类有很多丑陋的劣根性，他们却仍有悲天悯人之心、民胞物与之爱，能从丑陋之中看到别人善良可爱的一面。

10. 他们的朋友或许不是很多，然而所建立的关系，却比常人深入。他们可能有许多淡如水的君子之交，素未谋面，却彼此心仪，灵犀相通。

11. 他们比较民主，懂得尊重不同阶层、不同种族、不同背景的人，以平等和爱心相待。

12. 他们有智慧明辨是非，不会像一般人用绝对二分法（“不是好就是坏”或“黑人都是懒惰鬼”）分类判断。

13. 他们说话含有哲理，也常有诙而不谑的幽默。

14. 他们心思单纯，像天真的小孩，极具创造性。他们真情流露，欢乐时高歌，悲伤时落泪，与那些情感麻木，喜好“权术”、“控制”、“喜怒不形于色”的人截然不同。

15. 他们的衣着、生活习惯、方式、处世为人的态度，看起来比较传统，保守，然而，他们的心态开明，在必要时能超越文化与传统的束缚。

16. 他们也会犯一些天真的错误，当他们对真善美执著起来时，会对其他琐事心不在焉。例如爱迪生有一次做研究太过专心，竟然忘了自己是否吃过饭，朋友戏弄他，说他吃过了，他信以为真，拍拍肚皮，满足地回到实验室继续工作。

（引自：http：//www.zhihedongfang.com/article－13734/，有删减）

案例与故事

一、我的未来不是梦

小赵是某高校法学专业的学生。自进入大学那天起，他就不时地问自己：以后是成为舌灿莲花的律师呢，还是公正公平的法官或检察官呢？

小赵同学首先从自身的职业倾向分析入手。他认为：选择法学专业，是基于自身的兴趣，毕业后做律师是顺理成章的；我性格开朗，社交能力强，个性也比较适合做律师；从事律师职业，可以维护公平与正义，符合自己的价值观。经过专业的学习和深入探索，他确信自己能够胜任律师的要求。

慎重思考之后，小赵决定毕业之后成为一名律师。现在，他在一所知名的律师事务所里面实习，快乐而又充实。

小赵同学有明确的自我认知，他对自己的兴趣、性格、能力以及价值观等都有清晰的觉察。正是基于这种清醒的认识，他才能客观评价和对待自己的优缺点，从而扬长避短，做出合理的职业选择。

对同学们而言，“我是谁”，“我能做什么”，“我将来要做什么”等都是在大学期间应当有意识地去思考的问题。通过自我认知，对自己的择业目标、择业策略、择业心态等进行适当的调整，才能促进职业发展，拥有成功人生。

（引自：《大学新生生涯导航学生用书》，现代教育出版社，有删减）

二、“三无”工科男走进哥大

王乾，就读于某高校，近日被哥伦比亚大学研究生院机械工程专业录取。非名校背景，他所就读的大学既没有被列入国家“985”工程，也不是“221”工程类院校。没有显赫的家庭背景，他的父亲只是山东某地一家机床厂的维修技师，家庭收入有限。没有骄人的英语成绩，托福和GRE的考试只能说是“中规中矩”。那么这样一个“三无”工科男究竟是凭借着什么让哥伦比亚大学如此“反常”地向他抛出橄榄枝的呢？

王妈妈如是说：“王乾从小就喜欢摆弄一些机械的小玩具，对智能玩具或模型如机器人之类的更感兴趣。”一次王乾跟爸爸一起制作了一个小玩具之后，就一直捧在手里，自豪地展示给妈妈看。王乾在上高三后，经常就报考大学专业问题与家人交流，当时他依然对机械工程专业有着浓厚的兴趣，希望以后能够成为一名工程师。

大学的几年，是王乾把职业理想从个人兴趣转变为专业基础的关键时期。他的想法很明确，就是把基础打牢。首先是掌握手工绘图能力，这还要得益于初高中阶段参加的素描、绘画兴趣班，绘图、制图的基本功底就是在那里打下的。大学期间，王乾不仅学好必修课，掌握系统、全面的专业知识，还根据机械制造领域的发展趋势，选修了“绿色化”和“智能化”方面的相关课程，同时通过了相应的计算机等级考试。大二时，学校组织了一场课程设计大赛，王乾和两个志同道合的同学的热情立刻被点燃，他们从查找资料，设计方案，到购买零件进行组装，前前后后忙了个把月，终于获得了校优秀设计奖。在大三暑期，王乾终于获得了参加第一汽车制造厂和青岛市高校软控股份公司联合项目的实习机会。他负责一个具体项目：包括设计减速齿轮，从装配、调试到安全测试。这次实习，使王乾的职业规划的方向、目标、步骤更加明确了。由此可见，王乾选择机械工程专业，并不是一时头脑发热；而哥大研究生院对王乾的“垂青”，也并非偶然。或许正是王乾对机械工程专业的兴趣、见解和执着地努力，才是打动严谨、公正，甚至苛刻的哥大研究生院的原因。

（引自：2014 年 5 月《留学》杂志）

给现在一个期许，给未来一个回忆

你也许以前试过给过去的自己写信，向年轻时的自己传授一些人生的智慧和观点，你希望那时的自己就能知道这些。现在我们换个角度看问题，如果让你给未来的自己写封信，你会写点什么？想象一下，给 5 年后的自己写一封信，当 5 年后你打开那封信时，你会产生多少共鸣。也许当你给未来的自己写信时，你会慢慢理清希望自己在人生旅途的那个特定时刻变成什么样子。不少于 1000 字。

第五章　职业密码——探索缤纷职业世界

当一个人用工作去迎接光明，光明很快就会来照耀着他。

——冯学峰

本章地图

第五章　职业密码——探索缤纷职业世界

- 【阅读与思考】
  - 一、工作对你意味着什么
  - 二、泰戈尔《职业》
- 【体验感悟与反思】头脑风暴：手机相关的职业
- 【基本理论与知识】
  - 第一节　职业世界概貌
    - 一、职业与行业的分类
    - 二、转变中的职业世界
  - 第二节　职业探索的方法与任务
    - 一、探索职业世界的方法
    - 二、职业探索的十大任务
  - 第三节　分析职业环境
    - 一、社会环境的宏观分析
    - 二、行业环境的中观分析
    - 三、岗位环境的微观分析
- 【课堂活动与练习】
  - 一、家族职业树
  - 二、关于职业信息
  - 三、职业博览会
  - 四、职业搜索线
- 【网上精品视频课程】认识职业与环境
- 【专家视角】
  - 一、职业分析清单
  - 二、未来职场需要什么样的人才
- 【案例与故事】
  - 一、体验是最好的职业认知方式
  - 二、通过访谈解决困惑
- 【课外实践与作业】生涯人物访谈

一、工作对你意味着什么

耶鲁大学的教授艾米·瑞斯尼斯基曾领导她的团队，针对两个机构（某州立大学的学生健康服务中心的工作人员和某小型艺术学院的行政人员）的 196 名教职员工展开过一项研究调查。研究对象的年龄、职能和收入水平没有任何受限，分布较广。研究目的旨在发现这些员工是如何看待他们的工作的，选项分为三类：视工作为谋生手段、事业或是有意义的工作。

结果显示：研究对象大致采用三种泾渭分明的方式，来描述他们的工作内容和工作目的，每种方式的人数基本相当，各占三分之一。

将工作视为谋生手段的人，他们认为工作目的主要就是应付生活中的各种开销。努力工作的动力就是为了满足办公室之外的生活需要。对于工作他们基本上没有多少热情和兴趣。

将工作视为事业的人，他们普遍认为自己从属于某个非常明确的从业领域，比如专业人士医生、会计等。在他们眼里工作是通往更多责任、更高地位、更多收入的必然过程。

有意义的工作

最佳点

支取薪水的工作

点燃内在热情的工作

施展天赋才能的工作

将工作视为有意义工作的人，他们大多自认有幸能够从事目前的工作，因为工作承载了他们的理想和渴望，或是为他们搭建了一个能充分展示个人才华、体现他们独特价值的平台。

作家马尔科姆·格拉德威尔曾说过："如果工作没有意义，那就形同终身监禁。如果工作具有意义，那就像你搂着爱人的腰肢，翩翩起舞一样默契甜蜜。"

审视自己，你现在的工作对你而言意味着什么？

（引自：https：//sanwen8.cn/p/34ax4uO.html，有删减）

二、泰戈尔《职业》

早晨，钟敲十下的时候，我沿着我们的小巷到学校去。

每天我都遇见那个小贩，他叫道："镯子呀，亮晶晶的镯子！"

他没有什么事情急着要做，他没有哪条街一定要走，他没有什么地方一定要去，他没有什么时间一定要回家。

我愿意我是一个小贩，在街上过日子，叫着："镯子呀，亮晶晶的镯子！"

下午四点，我从学校里回家。

从一家门口，我看得见一个园丁在那里掘地。

他用他的锄子，要怎么掘，便怎么掘，他被尘土污了衣裳，如果他被太阳晒黑了或是身上被打湿了，都没有人骂他。

我愿意我是一个园丁，在花园里掘地。谁也不来阻止我。

天色刚黑，妈妈就送我上床。

从开着的窗口，我看得见更夫走来走去。

小巷又黑又冷清，路灯立在那里，像一个头上生着一只红眼睛的巨人。

更夫摇着他的提灯，跟他身边的影子一起走着，他一生一次都没有上床去过。

我愿意我是一个更夫，整夜在街上走，提了灯去追逐影子。

（引自：https：//www.douban.com/group/topic/15296352/，有删减）

体验感悟与反思

头脑风暴：手机相关的职业

请同学用头脑风暴法列举出与手机相关的尽可能多的职业，并将所有联想到的职业都记录下来。

讨论：你从这个活动中得到了什么启发？

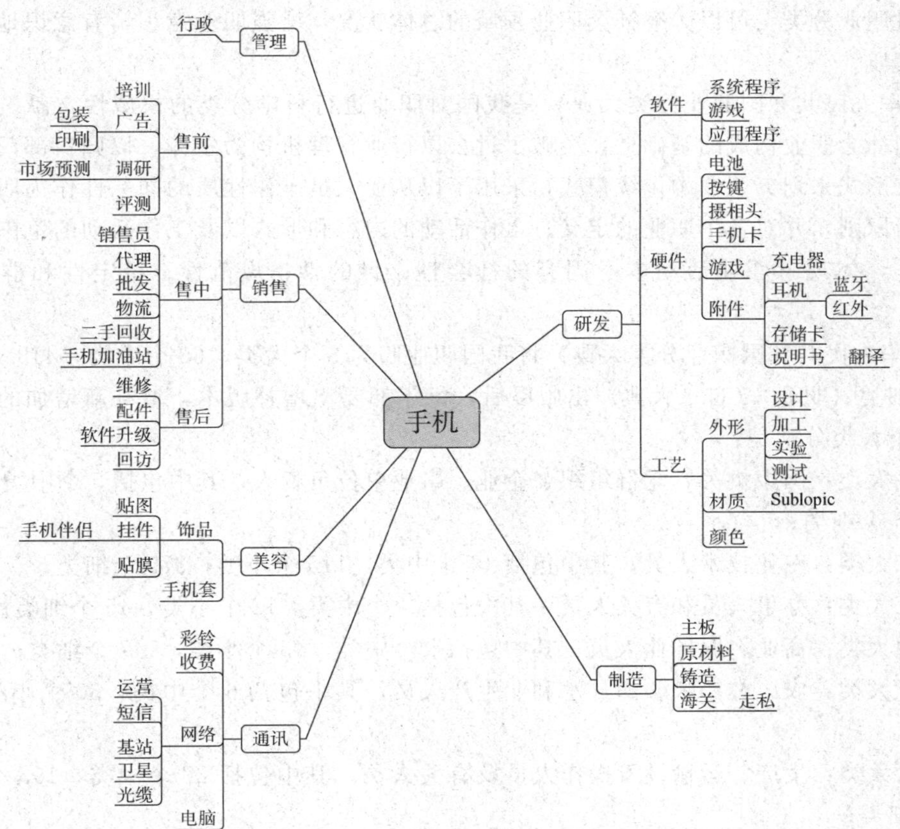

图 5-1 手机相关的职业

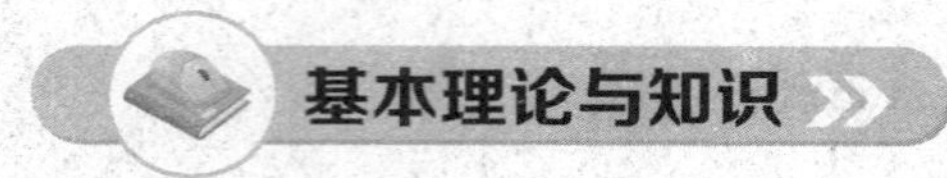

基本理论与知识

第一节 职业世界概貌

一、职业与行业的分类

（一）职业分类

所谓职业分类，是采用一定的标准和方法，依据一定的分类原则，对从业人员所从事的各种专门化的社会职业所进行的全面、系统的划分与归类。

一般来说，职业的分类是以工作性质的同一性为基础原则，对社会职业进行的系统划分与归类。职业分类的目的是要将社会上纷繁复杂，数以万计的现行工作岗位，划分成类、系有别，规格统一，井然有序的层次或类别。职业分类体系主要通过职业代码、职业名称、职业定义、职业所包括的主要工作内容等，描述出每一个职业类别的内涵与外延。

通过职业分类，可以了解社会职业领域的总体状况，增强职业意识，有意识地不断提高职业素质。

《中华人民共和国职业分类大典》是我国对职业进行科学分类的权威性文献。在深入分析我国社会职业构成的基础上，突破了过去以行业管理机构为主体，以归口部门、单位甚至用工形式来划分职业的传统模式，采用了以从业人员工作性质的同一性作为职业划分标准的新原则，并对各个职业的定义、工作活动的内容和形式以及工作活动的范围等作了具体描述，体现了职业活动本身固有的社会性、目的性、规范性、稳定性和群体性的特征。

《中华人民共和国职业分类大典》将我国职业归为8个大类，66个中类，413个小类，1838个细类（职业）（自《大典》出版以后，每年都要出增补版本，增补新增加的职业类型）。8个大类分别是：

第一大类：国家机关、党群组织、企业、事业单位负责人，其中包括5个中类，16个小类，25个细类；

第二大类：专业技术人员，其中包括14个中类，115个小类，379个细类；

第三大类：办事人员和有关人员，其中包括4个中类，12个小类，45个细类；

第四大类：商业、服务业人员，其中包括8个中类，43个小类，147个细类；

第五大类：农、林、牧、渔、水利业生产人员，其中包括6个中类，30个小类，121个细类；

第六大类：生产、运输设备操作人员及有关人员，其中包括27个中类，195个小类，1119个细类；

第七大类：军人，其中包括1个中类，1个小类，1个细类；

第八大类：不便分类的其他从业人员，其中包括1个中类，1个小类，1个细类。

（二）行业分类

行业分类是不同于《中华人民共和国职业分类大典》的另外一种分类模式，主要是依据按经济活动性质的同一性进行分类的原则，即主要按企业、事业单位、机关团体和个体从业人员所从事的生产经营活动或其他社会经济活动性质进行行业分类，而不按其所属行政管理系统分类。某一行业就其实质来说是指从事一种或主要从事一种活动的所有单位的聚合体。

我国2017年修订的《国民经济行业分类》对行业门类、大类、中类和小类进行了调整。新行业分类标准为20个行业门类，97个行业大类，473个中类，1381个小类。主要分类如下：

A. 农、林、牧、渔业

B. 采矿业

C. 制造业

D. 电力、热力、燃气及水生产和供应业

E. 建筑业

F. 批发和零售业

G. 交通运输、仓储和邮政业

H. 住宿和餐饮业

I. 信息传输、软件和信息技术服务业

J. 金融业

K. 房地产业

L. 租赁和商务服务业

M. 科学研究和技术服务业

N. 水利、环境和公共设施管理业

O. 居民服务、修理和其他服务业

P. 教育

Q. 卫生和社会工作

R. 文化、体育和娱乐业

S. 公共管理、社会保障和社会组织

T. 国际组织

根据《国务院关于加快培育和发展战略性新兴产业的决定》的要求，为推动“十二五”国家战略性新兴产业发展规划顺利实施，国家统计局为满足统计上测算战略性新兴产业发展规模、结构和速度的需要，特制定了《战略性新兴产业分类（2012）》（试行），具体内容可以到国家统计局网站查询。

【拓展阅读】

盘点“互联网+”带来的新职业

早晨，你用手机软件约人跑步；中午，你用手机软件点个外卖；傍晚，你用手机软件搭个“顺风车”回家；睡觉前最后一件事，你躺在床上翻翻微信订阅号……

这其实是许多人的普通一天。

互联网+需求，催生就业新群体

想吃隔壁那家店的豪华套餐却又懒得出门，怎么办？拿出手机点一点，只要半小时，外卖小哥就把美食送到了。

27岁的周小帅成为送餐员大军中的一员。一部手机、一辆电动车，加上公司配发的统一制服，这就是他的工作标配。每天10时到14时、17时到21时，是周小帅和同事们最忙的时候。“一个人一天多时能接30多单，少了也有一二十单。”他说，“每天骑着电动车能跑200多公里。”

百度外卖从2015年5月产品推出到现在，他们在北京已经有超过1万名送餐员，在全国的送餐员达5万多人，预计公司在全国的送餐员将达10万名。2015年7月，国务院《关于积极推进“互联网+”行动的指导意见》印发。家政服务、文化创意等行业纷纷搭上“互联网+”的快车。中国的第三产业正在快速增长。数据显示，一季度第三产业增加值同比增长7.6%，比第二产业快1.8个百分点，占GDP的比重达到56.9%。

互联网+流量，公众号、“网红”纷纷登场

“我还年轻，要到外面闯一闯。”做出创业的决定时，26岁的李彤对自己这样说。李彤原来在山西焦煤汾西矿业集团工作。完全出于个人兴趣，他在业余时间创建了“串价网”，转载和推送一些当地的时政新闻和便民信息。在他的不断努力下，这个微信公众平台慢慢有了雏形。“串价网”旗下成立“微E影视团队”，团队拍摄的一些视频创造了10多万点击量。人气高，粉丝多，商机就找上门来。

在微信订阅号这个新的媒介生态圈，一些“大号”的文章阅读量轻松达几万甚至十万以上，其中不少订阅号的负责人是辞职后自主创业，专职运营微信。

实际上，网络主播、网店模特等已成为不少人的第一职业。“网红”们实打实地给网店增加了销量，有的“网红”还受到资本市场的追捧。

互联网+分享，用知识和经验创造财富

老家在东北的李新军，如今定居在海南三亚。3年前从国企退休的他，在这里开始了职业生涯的第二春。李新军说，刚到三亚时人生地不熟、挺孤单。儿子看他闲着无聊就帮他注册了一个滴滴司机资格，劝他开车出去转转。没想到这一转停不下来了。

李新军跟人分享的是车，而很多人分享的是“人生经验”。

手机里装上个运动软件去晨跑、夜跑成了一些人新的锻炼习惯。这也给运动达人带来了新机会——陪跑师，他们可以把自己健身跑步的经验传授给新手。

旅游热兴起，使酒店试睡员成为一个月收入过万的职业。试睡员将自己住酒店的感受、评价等实用信息分享到在线旅游网站，为游客选择酒店提供重要参考。

“有一技之长未必要依赖公司，这在未来是一个趋势。”北京一家职业培训机构超验极客的CEO耿赛猛说。

国家信息中心信息化研究部发布的《中国分享经济发展报告2016》显示，2015年中国分享经济领域参与提供服务者约为5000万，约占劳动人口总数的5.5%。

专家表示，众多分享经济平台培育了规模巨大的自由就业群体。相比正规就业，分享经济可以让从业者自由地进入或退出社会生产过程，减轻了个人对单位的依赖。

中国经济的互联网色彩越来越浓。互联网和传统产业不断融合发展，将带来更加多样和灵活的新岗位、新职业。

二、转变中的职业世界

面对信息时代，规划未来职业，必须善于在动荡的行业之间把握住那些即将发生的趋势。一方面，传统的职业整合了新的运作模式；另一方面，新兴职业层出不穷。了解当前职业发展变化趋势，对于设计个人职业生涯有着重要的意义。

（一）职业的发展变化趋势

随着社会分工的发展和职业的分化，职业的种类也愈来愈多，已远远超过了“三百六十行”。21 世纪是知识经济的时代，当今社会知识经济已经开始占据国民经济的主导地位，对人才的要求开始打破传统的模式，呈现出新的特点。

（1）打破了传统职业模式，逐步实现智能化

工业革命后，科学技术的发展逐渐出现了以学校形式的职业教育。体力劳动者与脑力劳动者之间逐步形成新类型的“中间人才”，构成与社会经济发展相适应的人才类型结构。生产力发展的关键之一是增加职业岗位科技含量，改善劳动组织和生产手段，提高劳动生产率。能熟练应用信息管理方法的智能型操作人员，是今后职业岗位更新、工作内容更新需要的新型人才。

（2）转变了职业时空概念，职业岗位转移更加频繁

传统职业时空变化不大，不需要过多考虑单位的变更和职业的前景发展。现在同一职业或职位对就业者的要求也不断发生变化，使得时空变化加大。体力劳动脑力化和专门职业化会使部分职业或职位对就业者的某些要求发生变化。

（3）第三产业的兴起，对职业技能要求更高

第三产业是伴随现代工业社会的发展而崛起的一类新兴行业，它包括交通运输业、邮电通信业、商业、服务业、金融保险业、卫生、体育、教育和文化艺术等。分布于第三产业中的职位的比重在不断增加。社会生产力的提高，解放了劳动力，人们越来越多地需要社会服务行业为他们排忧解难、提供方便。第三产业的劳动人数将迅速增加，提供各种各样服务项目的社会服务业将迅速发展壮大，不仅能产生大量新职业，而且是吸纳社会劳动力的主要渠道。

（4）人才类型的规格要求和比例结构，发生显著变化

21 世纪，我国仍将保持四种人才类型，即：学术型、工程型、技术型、技能型（其中后两种人才由职业技术教育培养）。技术型人才在劳动力结构中所占比重一直在上升。这一方面是由于很多原来技能型人才的工作岗位实现智能化后改由技术型人才担任，另一

方面，在信息技术发展后，原来由工程型人才担任的设计、管理等工作也有一部分采用信息技术，改由技术型人才担任。技能型人才可能是变化最大的一类人才。技术工人变换工作岗位的情况将愈来愈频繁；一部分技术工人的工作将被技术员所代替，如像在钢材轧制的自动生产线上，原先的轧钢工人已被计算机前操作的技术员所代替；还有不少技术工人转向第三产业或更高的技术岗位，这些变化导致技能型人才总人数的趋于减少。

（5）复合型人才的需求，成为本世纪的重要特点

从目前招工、就业的情况分析，职业岗位的要求和劳动方式逐步由简单向复杂方面转化，过去单一技能就能胜任的工作，现在职业内涵发展扩大了，往往需要相关专业的许多知识和技能，更多地需要跨专业的复合型人才。

（二）职业的发展变化对大学生择业的影响

职业的迅速发展，对大学生就业产生了许多方面的影响。大学生在求职择业和进行就业准备时，要认真研究职业发展的趋势。

第一，新职业种类的大量出现，扩大了大学生的择业范围。大学生在择业中首要考虑的便是“专业对口”，但由于职业发展加快，新职业种类不断增加，所谓与专业“对口”的职业种类当然也相应增多。这就要求大学生在择业时应当解放思想，开阔视野，跳出以往传统职业种类的狭小范围。

第二，职业的发展导致同一职业或职位对就业者的要求不断提高。对于某些职业来说，仅有学历文凭还不具备就业资格，还需通过有关的职业资格鉴定，获得职业资格证书。如律师、环评工程师等职业。

第三，职业的发展和国家劳动人事制度的改革，为人才的合理流动创造了条件。大学生毕业后的首次就业并不意味着选择了终身不变的职业，随着各种条件的变化，已就业的大学生，也可能面临第二次、第三次择业，所以大学生就业时应从发展的角度看待自己的初次就业。

【拓展阅读】

未来最具前景的新兴行业

一、云计算

企业向云端迁移是大势所趋。可以看到：（1）公有云和私有云市场增长依然齐头并进，不是零和博弈；（2）IaaS 层面：拥有多元化的商业应用生态圈越来越重要，如亚马逊、谷歌、微软等；（3）SaaS 层面：主要集中在人力资源、OA、CRM、市场营销、B2B 大宗商品采购等领域，如 SalesForce、Sap、Oracle 等；（4）PaaS 层面：没有出现独立巨头，未来更可能由 IaaS 巨头向上或 SaaS 巨头向下延伸。国内云计算市场还处在萌芽期，市场蛋糕正变得越来越诱人。

二、大数据

大数据行业的融资总额 2013～2015 年分别为 8 亿美金、15.4 亿美金及 20 亿美金；2013—2015 年融资事件分别为 10 起、42 起及超过 50 起。“大数据＋”已经渗透到几乎所有行业，如“大数据＋零售”“大数据＋医疗”“大数据＋房地产”等。

三、虚拟现实

目前全球虚拟现实行业经过近百年的发展仍处于早期起步阶段，供应链及各类配套设施还在摸索。然而虚拟现实的发展前景引人想象，具备广泛的应用空间，如游戏、影视、教育、体育、星际探索、医疗等。当前各大咨询机构均看好虚拟现实在未来 5 年将实现超高速增长，爆发近在咫尺。

四、人工智能

根据预测，2024 年人工智能市场规模将增长至 111 亿美元。初步的技术积累和数据积累已经在过去有了比较显著的规模效应，因而人工智能重塑各行各业的大潮即将来袭，并引发新一轮 IT 设备投资。

未来 3～5 年智能化大潮将带来万亿级市场。

五、3D 技术

经过过去几年 3D 打印的投资热，3D 打印技术步入到了一个新的阶段，但应用市场仍有待突破。专家预测 2016 年，中国 3D 打印机市场规模预测将扩大到 100 亿元。

六、无人技术

无人技术目前主要应用在无人机、无人驾驶汽车等领域。美国蒂尔集团预测全球无人机市场规模会从 2015 年的 64 亿美元增至 2024 年的 115 亿美元，发展态势迅猛。无人驾驶汽车至今仍未揭面纱，但麦肯锡预测到 2025 年该领域将会有 2000 亿美元到 1.9 万亿美元产值，届时中国无人驾驶汽车产值空间至少也在万亿规模，潜力无限。

七、机器人

中国人口老龄化问题日益突出、人工成本急剧上升以及整体经济结构面临转型，机器人未来的崛起及其巨大的市场规模已经被各大机构认可。

未来无论短期或是长期，机器人行业的投资机遇巨大，从工业机器人、协作机器人到服务机器人均有十分可观的市场规模。

八、新能源

中国是最大的新能源市场，发展新能源产业是改变我国的能源结构，降低对化石能源的依赖度，同事减少环境污染的必然选择。

大力度的财政补贴推动新能源产业快速走向成熟，蕴含丰富投资机会。

九、新材料

新材料是新经济的基石，我国在军工、高铁、核电、航天航空等尖端制造领域的快速发展均离不开基础材料领域的突破。

随着基础化学、基础材料、纳米技术等方面的科研实力的不断积累，新材料领域的创新点将不断涌现，新材料将成为数万亿产值的市场。

十、医疗服务

2016 年医疗服务行业的驱动因素来自于药品行业景气度持续下滑，以及药品价格形成机制的变化。分级诊疗和医生多点执业的推动下，公立医院借助民营资本盘活存量资产创造增量价值。医疗服务业务为新技术提供了商业化的出口，而新技术给医疗服务业务提供了高附加值的项目。

十一、生物技术与生命科学

随着基因组学、分子生物学等基础学科的发展，生物制剂与生命科学技术正在治疗中发挥越来越重要的作用：生物制剂方面，越来越多的单抗药物对肿瘤、糖尿病等疑难杂症产生突破性疗效，“重磅炸弹”级新药频出。

2014年全球销量前十大药物中，有7个为生物制剂，其中阿达木单抗位居全球销量首位，年销售额达110亿美元；生命科学方面，全球范围内，基因测序市场从2007年的794.1万美元增长到2013年的45亿美元，复合增长率为33.5%，预计未来几年依旧会保持快速增长；细胞免疫疗法等新兴技术也日渐成为重要的治疗方法。

十二、医疗器械

医疗器械市场在国内起步较晚，但发展迅速，2001年至2014年，我国医疗器械市场规模从173亿元增长至2556亿元，增长了近15倍，复合增速达到23%。

但从医疗器械市场规模与药品市场规模的对比来看，全球医疗器械市场规模大致为全球药品市场规模的40%，而我国这一比例低于15%，随着经济的发展以及国内老龄化程度的提高，医疗器械市场发展潜力巨大。同时，《创新医疗器械特别审批程序（试行)》等一批政策的出台，为国产创新医疗器械的快速成长奠定了坚实的基础。

十三、互联网医疗

信息技术的高速发展引发各个行业的巨大变革，也为医疗行业带来巨大机遇。随着大数据、云计算、物联网等多领域技术与互联网的跨界融合，新技术与新商业模式快速渗透到医疗各个细分领域，从预防、诊断、治疗、购药都将全面开启一个智能化时代。

十四、健康养老

健康养老产业受需求迫切和政策鼓励双向驱动，将迎来十分确定的发展机会。未来我国政府和个人将面对很大的养老压力，截止2014年65岁及以上老年人口达1.4亿，占总人口比重10.1%，到2020年老年人口将增至2.6亿。

同时，养老作为“健康中国”的一部分已被提升到国家战略性高度。我们将沿着国家提出的建设以居家为基础、社区为依托、机构为补充的多层次养老服务体系挖掘投资机会。

十五、体育

在过去的一年，中国各路巨头开始瞄准海外优质体育标的资产，渐渐向成熟体的育盈利模式靠拢——门票、媒体转播权、赞助和体育衍生品。

因此，拥有优质赛事资源和广大受众的体育行业标的将会持续收到资本的追捧。

十六、文化娱乐

中国的2015年是投资圈和BAT们在文化娱乐领域进击的一年。消费升级使得国人的消费习惯逐渐向文化娱乐进行倾斜，消费人群和消费金额也越来越低龄化和增长化。

2015年也是独立IP火热的一年，花千骨、琅琊榜、盗墓笔记等一大波影视剧热播，夏洛特烦恼、捉妖记、“囧”系列、鬼吹灯等不断刷新国内电影票房纪录。

此外，伴随游戏、动漫衍生而来的二次元文化兴起，生产数字化、碎片化、娱乐化内容的自媒体大爆发，都将聚集大量新一代年轻用户，引发新的商业模式和机会。

十七、教育

国内的民办教育市场规模超过6000亿元，而在线教育五分之一的市场份额吸引了无数资本和创业者。经过过去一两年的洗礼，教育O2O举步维艰，不仅没有革了传统教育的命，还在盈利模式的探索上不知所措。

而传统线下教育培训机构除了拥有稳定的线下资源和师资以外，也在“互联网+”的攻势下顺应时代发展做出了很多改革。

第二节　职业探索的方法与任务

一、探索职业世界的方法

职业生涯规划是一个不断探索实践的过程。在进行了自我探索之后，外部世界的探索尤其是职业世界的探索应该是一项非常关键的任务。只有对职业环境进行有效的探索，职业生涯规划才能最终落到实处。探索职业世界的方法多种多样，在利用书本、报刊、网络媒体之外、还可以通过实习、生涯人物访谈等形式进行。探索的对象不仅包括宏观社会环境，还包括中观的行业环境和微观岗位环境。不仅如此，家庭成员和亲朋好友所从事的职业也可以成为大学生了解职业的有效途径。

（一）形成自己预期的职业库

很多同学不知道如何进行工作世界的探索，其中一个很重要的原因就是工作世界的信息浩如烟海，根本搞不清应该从哪入手，更谈不上如何进行了。如果有一个探索范围，则会容易很多。通过前面单元的自我探索可以帮助个人初步形成一个探索的范围。自我探索中的兴趣、性格探索，每一部分最后有相应适合的职业出现。此外，每个人还有自己心目中理想的职业，可以把它们也列出来。这样就获得了一个职业清单，看看这些职业有什么共同点，就可能启发你想到更多值得探索的职业。结合你的能力和价值观再次从职业清单中进行筛选，最终就得到你预期的职业库。在形成预期职业库的时候，库的大小根据自己的情况要有适当的平衡，通常5—10个职业调查是比较适中的。在信息探索过程中，抛开自己固有的想法，保持开放的心态，就容易获得客观的信息。

（二）用职业分类的方法帮助探索工作世界

通过行业（产业）分类和职业分类的方法，也可以深入了解工作世界，具体内容在本章第一节已经介绍过。

（三）由近至远的探索方法

所谓近和远，是指信息与探索者的距离。通常近的信息比较丰富，远的信息更为深入；近的信息较易获得，远的信息则需要更多的投入和与环境的互动才能了解。所以，从近至远的探索是一个范围逐渐缩小、了解逐渐加深的过程。图5-2列举了从近到远获取信息的一些方式。

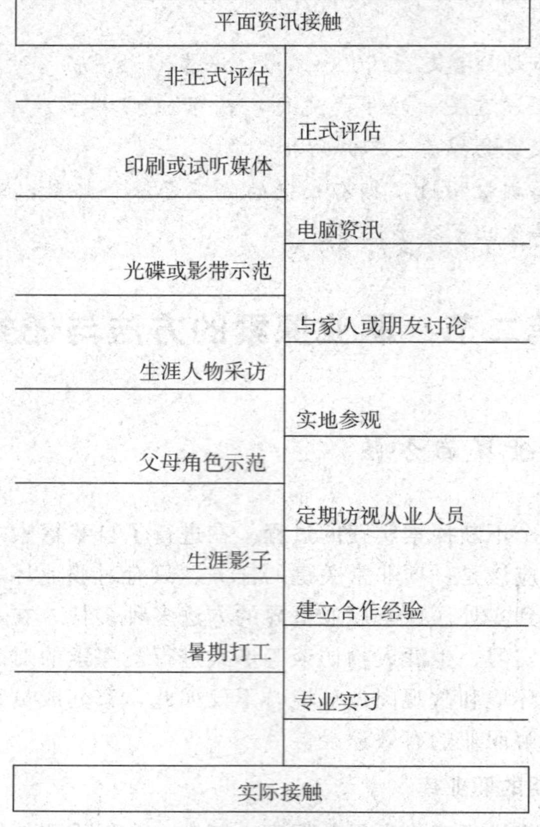

图 5-2　从近到远获取信息的方式

（四）生涯人物访谈

生涯访谈是获得具体职业生涯详情最有效的方法之一，是对处在感兴趣职位上的人进行访谈。可以帮助学生获取完整而准确的职业信息；获取最新的职业信息；确定专业实力和不足；扩大职业人际关系网；树立工作面试的信心；从内部看组织，以便做好心理准备；对于创业者来说，还可以了解创业过程的困难，做好充分准备。

生涯人物访谈处于近与远的中间，在效率和信息的真实性上有比较好的平衡。这种方式是指同学们对身居自己感兴趣职位的人进行采访。接受采访者最好是在这个职位上已经工作了三至五年甚至更长时间。为防止访谈中的主观影响，应至少访谈三个人物，既与成绩卓然者谈，也与默默无闻者谈。访谈时，同学们应明确访谈的目的是收集供职业生涯决策的信息，而不是利用生涯人物来找工作，以免引起双方的尴尬。建议同学们在正式进行访谈前，至少做两件事：一是为自己准备一个“30 秒广告”，因为在访谈过程中，对方可能会问到你的一些情况，比如你的职业兴趣和目标等；二是对需要提出的问题做一些准备，这样有助于访谈的深入进行，能够取得较高的效率。

二、职业探索的十大任务

（一）职业描述

职业描述，就是定义这个职业的内涵。具体包括职业名称，各方对其的定义。在罗列学习别人对这个职业看法后，你也要给这个职业下一个自己的定义，为自己的职业报告做好第一笔准备。职业描述是对职业最精炼的概括和总结，是透彻理解职业和调研职业的基础，其实给职业定义的每个字你都是要仔细思考的，因为日后你要做的事情全是对定义的拓展而已。一般来说对职业的定义都是固定的，可以参照人力资源和社会保障部组织编写的《中华人民共和国职业分类大典》对职业的详细介绍，而且会定期增加社会新出现的职业信息。

（二）职业的核心工作内容

每个职业都有核心的工作职责，职责背后对应的就是工作内容，说白了，就是这个职业一般都干什么活，什么工作是这个职业必须要做的。了解职业的核心工作内容，有利于了解完成工作内容背后的必须要胜任的工作能力，这样就很容易找到和自己之间的差距，从而有目的的补充相关能力以完成工作内容。在多大程度上了解工作内容，是衡量一个人对工作的熟悉和喜欢的重要标准。成熟的职业都有权威人事部门给其总结确定的核心工作内容，一些企业的招聘广告中也有对工作内容的描述，也可以请教一些行业协会，或是从事这个职业的资深人士、一般企业的人事部门和直接部门经理也有对职业的具体感悟。

（三）职业的发展前景及其对社会和生活的影响、作用

职业的发展前景，是国家、社会等对这个职业的需求程度，具体包括三个问题，职业在国家阶段发展中的作用，职业对社会和大众的影响，职业对生活领域的影响，就是说，不仅仅要知道这个职业对国家、对社会、对行业有用，也要知道这个职业对大众、对生活的影响，人们对其的依存度和声望度怎样。职业的发展前景，尤其是国家的导向是促进职业发展的黄金动力，知道你日后从事职业的发展轨迹就能更好地判断自己是否能切入及切入点如何选择了，尤其要注意对大众对生活的影响，因为大众的才是永恒的。职业在国家发展中的作用一般都有劳动部门的权威预测，但对社会和生活的影响这块是真正要自己去调研的，要去访问这个职业的资深人士。

（四）薪资待遇及潜在收入空间

职业是社会分工的产物，职业根据参与社会分工的量来确定相应的报酬，在不同的行业、企业、岗位上还有一些潜在的收入空间。能赚多少钱是大家都关心的话题，很多人也会把赚钱多少作为择业的关键因素，所以在考量职业时要重点调研职业的薪资状况。其实每个职业起薪都差不多，但都有极致，都有天价，能力不断提升的背后就蕴藏着高薪。一个职业是有薪资调查的，如前程无忧的调查，还有诸如网友们的晒工资。

（五）岗位设置及不同行业、企业间的差别

岗位设置，是指一个职业是有一系列岗位划分的，如人事工作的岗位就分招聘、考核

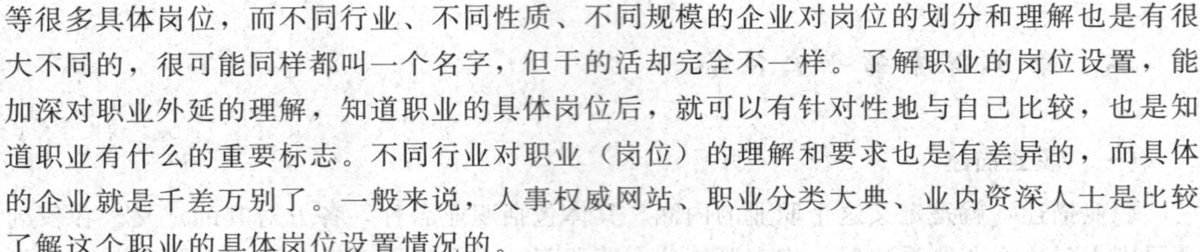

等很多具体岗位，而不同行业、不同性质、不同规模的企业对岗位的划分和理解也是有很大不同的，很可能同样都叫一个名字，但干的活却完全不一样。了解职业的岗位设置，能加深对职业外延的理解，知道职业的具体岗位后，就可以有针对性地与自己比较，也是知道职业有什么的重要标志。不同行业对职业（岗位）的理解和要求也是有差异的，而具体的企业就是千差万别了。一般来说，人事权威网站、职业分类大典、业内资深人士是比较了解这个职业的具体岗位设置情况的。

（六）入门岗位及其职业发展通路

入门岗位是指针对应届毕业生的工作，职业的一些中低端岗位是面向大学生开放的。还要了解一个岗位对应的日后职业发展通路是什么，这个岗位有哪些发展途径，最高端岗位是什么这些你都要知道。即使你很看好这个职业，但你最终也是要从低端工作做起的，而入门岗位就是提供我们毕业生的敲门砖，所以，你一定要知道你能通过哪些岗位进入到这个职业。从企业的每年校园招聘里就能看到哪些岗位是针对应届生的，如一些校园招聘网站就可以找到这些信息。

（七）职业标杆人物

职业标杆人物，就是在这个领域谁做得最好，他是怎么做到的，他都取得了什么成绩，遇到了什么困难，具备什么素质等，每个职业都有一流的人物，无论是国内还是国外的。研究职业标杆人物，可以让自己了解他的奋斗轨迹，让自己在“追星”中加深对职业的了解，也会让你找到在这个职业领域奋斗的途径。当你在网上搜索这个职业时，一般就会找到职业标杆人物，图书馆也会有这方面的书，业内的资深人士都会知道的。

（八）职业的典型一天

职业的典型一天，更多是在访谈中完成的，你要知道这个工作的一天都是怎么过来的，从早上到回家的时间都是怎么安排的。了解职业的典型一天是判断自己是否适合这个职业的重要指标，如果你不想过这个职业那样的一天，就不用再为之而努力去学习去准备去做这个职业了，所以这个过程是很关键的。尤其是这个工作对你个人生活的影响，看你能否接受。职业的典型一天，在职业的核心工作内容中会有涉及，但具体到个人的资料就不多了，所以更多的还是要你去访谈做这个职业的人，这样也才更真实。

（九）职业通用素质要求及入门具体能力

职业通用素质要求是指从事这个职业的一般的、基本的要求。主要是个人通用素质能力，就是能把这个工作做好的要具备的能力。通过职业的外在素质要求的了解，对比自己是否能够胜任，还有哪些要加强和补充的能力，从而可以将之规划到大学生活里。其实每个岗位的岗位描述中的任职资格都有介绍，只是这次要把其整理出来，尤其要加上职业访谈中的内容，列出十项最常用的能力，然后与自己一一对照，可以促进发现和认识自我。

（十）工作与思维方式及对个人的内在要求

工作方式和思维方式是你做好做精工作的保证，有些工作对人的内在要求是很高的，如态度等，这些是从你的内在来判断你是否适合和喜欢一个职业的核心标准。从内在出发来判断是否喜欢是科学的，因为职业是客观的，只是因为你选择了职业才会有是否愿意做、适合做等问题的产生，所以当职业的方方面面考量之后，最后一关就是对职业所要求的内在盘点。岗位描述中的任职资格也会有对其内在素质的要求，还有业内普遍认为的个人素质，还要考虑不同行业、不同类型企业的差异。

第三节　分析职业环境

一、社会环境的宏观分析

同学们在大学的学习，是一个职业准备的过程，最终将会走向职业世界，成为一名职业人。同学们的学习和成长，也离不开社会大环境的影响。社会政治经济形势、产业结构调整、社会舆论导向等都会在同学们的思想上产生影响；70后、80后、90后等在社会环境中流行的价值观、思潮也会在同学们的脑海中留下烙印。

同学们在进行职业规划时，要充分认识到社会环境对职业生涯的影响，要注意分析社会环境的基本特点，了解社会环境的发展变化，还要认识在社会环境条件中，哪些是自己今后走向职业岗位的有利条件，哪些是不利条件等等。同学们只有充分了解社会环境因素，才能做到在复杂的社会环境中找到自己的职业位置，职业生涯规划才能具有实际的意义。

（一）经济环境

1. 经济形势

经济形势的变化对职业的影响是最为明显又最为复杂的。当经济处于萧条时期，企业的效益降低，对人力资源的需求减少，因而职业选择和职业发展的机会减少；当经济处于高速发展时期，企业处于扩张阶段，对人力资源需求量增加，职业选择和职业发展的机会增多。

2. 劳动力市场供求状况

劳动力市场的供求状况对职业选择和职业发展产生重要影响。如果某类职业的人才供不应求，则职业选择和职业发展的机会增多；相反，某类人才供过于求，职业选择和职业发展的机会减少。

3. 收入水平

社会对人力资源的需求是一种派生的需求，当人们的收入水平提高时，对商品消费的需求会增加，企业扩大生产，从而增加对人力资源的需求，职业选择和职业发展的机会增多；相反，职业选择和职业发展的机会减少。

4. 经济发展水平

在经济发展水平高的地区，企业相对集中，优秀企业也比较多，个人职业选择的机会就比较多，因而就有利于个人职业发展；反之，在经济落后地区，个人职业发展也会受到限制。

（二）政治法律环境

1. 政治环境

政治因素主要涉及国家的方针、政策，影响职业的政治因素包含：教育制度、政治体制、经济管理体制、人才流动的政策等等。政治和经济是相互影响的，政治不仅影响到一国的经济体制，而且影响着企业的组织体制，从而直接影响到个人的职业发展；政治制度和氛围还会潜移默化地影响个人的追求，从而对职业发展产生影响。

2. 法律环境因素

法律因素是指中央和地方的有关法规和有关规定，如政府有关人员招聘、工时制、最低工资的强制性规定，现行的户籍制度、住房制度、人事制度和社会保障制度，这些因素都会对职业的选择和发展产生重要的影响。

（三）文化环境

社会文化环境包括教育条件和水平、社会文化设施等。

在良好的社会文化环境中，个人能受到良好的教育和熏陶，从而为职业发展打下更好的基础。社会文化是影响人们行为、欲望的基本因素。社会文化反映着个人的基本信念、价值观和规范的变动。

（四）价值观念

一个人生活在社会环境中，必然会受到社会价值观念影响，大多数人的价值取向，甚至都是为社会主体价值取向所左右的。一个人的思想发展、成熟的过程，其实就是认可、接受社会主体价值观念的过程。社会价值观念正是通过影响个人价值观而影响个人的职业选择和职业发展。同学们在进行职业生涯规划时，要坚持正确的价值观念，认可、接受社会上积极进步的价值观。

【拓展阅读】

未来社会的三大趋势：虚拟、共享、自由

现实被打破，财富被共享，个体被解放，人类正在迎接最好的时代，新的社会文明正在形成！未来所有现实都会被“模拟”，未来所有资产都会被“共享”，未来所有人都会获得“自由”。

未来所有现实都会被“模拟”

人类以往的科学技术基本都是改造外界，比如我们发明了各种各样的东西来丰富我们的生活，而从当下的虚拟现实技术开始，量变终于引起了质变，人类正在俗世中“超脱”，VR虚拟现实正在增强现实技术能够把虚拟信息（物体、图片、视频、声音等等）融合在现实环境中，虚拟现实不仅仅会涉及视觉、听觉，还会涉及嗅觉、触觉、味觉，构造一个与真实环境相似的世界，随时在你身边构建一个更加全面、更加美好的世界。

在未来，现实的边界会被彻底打开，千里之外的朋友可以立即站在你面前，你们甚至可以对话、拥抱、接吻，你也将会触摸到虚幻世界的任何物件。

你可以瞬间置身于某个世界中，这个世界并不虚拟，一杯茶、一片海、一座山，让你身临其境。

谷歌的一位专家称，到2045年我们人类就可以将整个思维传输到计算机上，届时你还相信我们生活的现实就是现实吗？你还只相信你眼里看到的东西吗？

2016年是虚拟现实元年，现在至少有2000家公司从事VR的开发。到了技术成熟阶段，人们可以在各种世界里移步换景、穿越自如，你可能永远都不清楚自己是处于一个模拟的环境中还是一个真实的环境中，当然这已经不重要了。

那时的你终于明白，你除了能确定自己的存在，周围所有的东西全都是虚拟的。

未来所有资产都会被“共享”

未来的一切资产，包括有形的和无形的，都不再会被私人占有，为什么要这样说呢？

在人类走向极度繁荣的时代，即工业革命以来的这300年，所有的资本都归资本家所有，以至于贫富分化不断严重，为什么会发生这种情况呢？

因为在大工业年代，资本等同于资产，也叫生产资料，并且这种生产资料不具有可复制性，比如工厂、设备、工人、商铺、土地等等都属于生产资料，都掌握在资本家手里。

在互联网时代，资本家独占生产资料这一现实被正在被推翻。为什么呢？

我们以淘宝为例做个说明。淘宝可以把店铺无偿供给卖家使用，因为淘宝复制“店铺”的成本很低，最多需要扩充一点内存，对于云计算来说，这些成本可以忽略不计的。只要他们设计了一套店铺模式，很容易产生成千上万倍的溢价。而且淘宝的盈利模式不是收商铺的钱，而是收增值服务的钱。这也迫使淘宝需要吸引无数的卖家进驻，淘宝也因此无形承担起了公共的服务义务，（即像公共产品那样免费提供生产资料）。也就是说未来所谓的“资本”具有了可复制性！

大工业时代的资本是独占的，而且带有扩张性和侵略性，但在互联网时代，资本是可复制性的，并且往往带有公共服务的色彩！这也就是共享经济的本质，它大大促进了社会的和谐。

共享经济的资源配置效率大大超过了市场经济。在市场经济年代，我们往往最在意物品的占有权，为了争夺占有权，人们争先恐后，甚至头破血流。但是互联网提供了一个运作机制，通过以租代买的形式解决了资源的不可复制性。

在未来一件物品究竟属于谁并不重要，重要的是我们每个人都可以使用它！

各种APP能通过时间、地点、技能的匹配将物品的使用权分配到最需要它的地方，将资源利用率最大化，将多余资源转化成为生产力！因此，几乎所有产业都将会被共享经济所改变。未来经济一定是共享型的，互联网的存在逻辑是优化社会运行，让一切商业和工作模式的损耗降到最低。

未来所有人都会获得“自由”

在以往，我们为了生产，我们要去加入某个组织，然后被“集中指挥式”，我们把工作当成谋生的手段。所有传统社会让很多人机械地工作，这束缚了人性。

而互联网给予人性回归的通道。互联网以大数据、云计算为基础，努力实现“多个服务个体”对接“多种个性化需求”，这就使那些在技能、人脉、服务上拥有一技之长的人，同样可以通过互联网平台，寻找到与之相配的工作，人们可以根据自己所擅长的来自由支配自己要在什么时间什么场所做什么样的事情，根据自己的兴趣所在，制定目标，决定自己要成就一番怎么样的事业。

比如5年前，我们身边的朋友，不是在这家公司上班，就是在那家公司上班。而如今，已经有越来越多的朋友，不是依托这家平台赚钱，就是依托那家平台赚钱。今后将有无数个体创业者、经营者兴起。人的定位从价值链上的分工者转向单一的创造者。以前我们为了生存，总是在迎合市场、依附公司、附和组织，而现在我们可以做一回自己！

最典型的就很多“出租车司机”已经脱离了出租车公司，开始依靠滴滴、优步等互联网平台接单赚钱，成为一名自由职业者。再放眼四望：女主播、自媒体、网店店主等各种自由职业都在兴起，他们已经不需要上班，也没有公司能再束缚他们。

淘宝、滴滴、猪八戒、Uber、Airbnb等等都属于这种平台。还有7天酒店的放羊式管理、海尔的创客工厂、韩都衣舍的买手制、淘宝的淘工厂等等。苹果的App Store也是这种性质的平台，App Store的里海量的移动app，均由第三方的创意者设计，用户可以付费或者免费下载，它把创意者的作品和用户的需求充分对接。

而今后，社会上的自由职业者会越来越多。因为互联网可以温柔、精确、高效地将我们每个人的潜能激发并对接起来，以大数据为手段、以各取所需为驱动、以自我实现为效率、以荣辱与共为机制，构建更加精细的供需系统。

未来每一个人都是一个独立的经济体。即可以独立完成某项任务，也可以依靠协作和组织去执行系统性工程，所以社会既不缺乏细枝末节的耕耘者，也不缺少具备执行浩瀚工程的组织和团队。社会就是一个庞大的网络，而每个人都成了一个ID。

社会的组织结构在变化：原来是狭长的“公司＋雇员”结构，现在变成了扁平的“平台＋创客”结构。这才是真正的经济革命，我们每个人都将迎来自身发展史上的黄金时代。因为我们的兴趣和潜能得到释放，再也不用为了生活把自己卖给一个“公司”。而基于平台之上的小众兴趣、小众价值观、小众梦想、小众爱好都能被成全，这叫百花齐放、百家争鸣，是实现经济大繁荣的基础！

现实被打破，财富被共享，个体被解放，人类正在迎接最好的时代，新的社会文明正在形成！

二、行业环境的中观分析

俗话说：女怕嫁错郎，男怕入错行。行业的整体发展状况会直接影响到个体的职业发展，同学们进行职业生涯规划时有必要对自己的目标行业进行全方位的解读，更好地了解职业世界。行业环境分析的主要内容包括：

（一）行业的内涵与外延

对行业的定义，不同的角度会有不同的解释，同学们应该尽可能去搜集、整理各个不同的定义，对行业有一个精准的认识。同学们可以参考《中华人民共和国职业分类大典》的权威解释，了解整个行业的概况，并且熟悉行业内的细分领域，进而探索行业的全貌。

（二）行业现状及发展趋势

国家各级行业主管部门或者社会研究机构，每年都会推出各种行业分析报告，这是了解行业现状和发展趋势的最好资料。通过网络、图书或者听讲座等方式，了解该行业在国民经济发展中的地位，了解该行业当前的发展现状，探索其未来的发展趋势。

（三）行业人才需求状况

各行各业都有其准入门槛以及对人才素质能力的基本要求，了解行业人才需求状况，是进入行业的前提。所谓行业的人才需求状况，是指这个行业人才胜任能力标准，人才发展前景，人才培养目标及人才晋升路径。了解越详细，个人的职业定位也更加清晰，职业规划也更具有针对性。

（四）行业的社会评价与社会声望

行业不是孤立地存在于职业世界之中的，多倾听社会各界人士对该行业的评价，了解该行业的整体社会声望情况，也是进行职业选择与规划的参考依据。对行业的评价向来都是仁者见仁智者见智的，行业的社会声望也会是褒贬不一，在不同的舆论和倾向的影响下，同学们应该端正自己的认识，不宜随波逐流，人云亦云。

（五）行业代表人物

了解行业的代表人物是了解行业的一个较好的手段。三百六十行，行行出状元，各行各业都有自己的代表人物，通过调研行业代表人物的先进事迹、成长历程，可以加深对该行业的认识与了解。相反，了解行业反面典型的失败经历，也能够从侧面知道行业存在的风险与弊端，树立对行业全面、客观的认识。

（六）行业规范及标准

每个行业都有自己的行业标准及规范，这些规范可能是明示的，也有可能是潜在的；这些标准有可能是国家制定的标准，也有可能是行业内部的标准，这些都是了解行业的大好机会。行业的规范及标准代表了行业的人才准入门槛以及从业人员基本守则，掌握了该行业的规范与标准，也为进入该行业铺平了道路。

（七）行业知名企业名录

行业是由一系列细分领域内的企业共同组成的，这些企业既互相竞争，又互相依存，共同推动行业的发展与进步。行业知名企业一般是该行业发展的缩影，代表了该行业的最高发展水平，因此了解行业的标杆企业是了解该行业的最好方法。

【拓展阅读】

一张表看清"十三五"重点产业布局

"十三五"规划十大新重点	产业投资布局
创新驱动的战略重点与创新型国家建设	科技、人文类中小创业板； 具有独立知识产权的创新型企业
扩大消费需求长效机制	大小非、网购、O2O
信息经济发展	信息产业（硬件＋软件＋设施＋设备；盈利模式）；移动互联网
战略性新兴经济产业发展	信息产业——移动互联；新能源汽车； 新材料；生物产业；节能环保； 高端设备制造；新能源
环境治理重点及模式创新	环境治理（除尘净化、水土治理）； 成长型环保类民企
人口发展战略和政策	母婴行业；教育行业； 中老年服消费；智能设备制造业； 成长型养老民企
健康保障发展问题	民营医院龙头；医药流通行业寡头； 养老服务；健康医疗； 医疗养老保险
非公有制经济发展	国企改革（混改）、PPP、军民融合
公共服务	安防；信息安全； 智能交通、智慧城市；医改； 文化、教育、体育、娱乐
"走出去"战略发展	外贸；中国制造；大流通

三、岗位环境的微观分析

（一）岗位环境分析的内容

岗位是企业的组织细胞，也是个体实施职业行动的具体位置，同学们进入企业之后，都是在具体的岗位上开展工作，接受部门负责人的领导，实现自己的价值。岗位环境分析的主要内容如下：

（1）岗位工作内容是什么；

（2）岗位责任人是谁；

（3）工作岗位及其工作环境条件；

（4）岗位操作规范及操作守则；

（5）岗位职责与任职资格；

（6）与相关岗位工作人员的关系要求。

为了收集这些用于岗位分析的信息，一般采用访谈法、问卷调查法、观察法、关键事件法、工作日志法等。

（二）岗位环境分析的方法

1. 访谈法

访谈是就某一岗位与访谈对象，按事先拟订好的访谈提纲进行交流和讨论。访谈对象包括：该岗位的任职者；对工作较为熟悉的直接主管人员；与该岗位工作联系比较密切的工作人员。为了保证访谈效果，一般要事先设计访谈提纲。进行访谈时要遵循以下方法：

（1）所提问题要和岗位分析的目的有关；

（2）访谈人员语言表达要清楚、含义准确；

（3）所提问题必须清晰、明确，不能太含蓄。

2. 问卷调查法

问卷调查法就是根据岗位分析的目的、内容等，事先设计一套岗位问卷，由被调查者填写，再将问卷加以汇总，从中找出有代表性的回答，形成对岗位分析的描述信息。问卷调查的关键是问卷设计。问卷设计形式分为开放型和封闭型两种。开放型：由被调查人根据问题自由回答。封闭型：调查人事先设计好答案，由被调查人选择确定。设计问卷时要做到：①提问要准确；②问卷表格要精炼；③语言通俗易懂，问题不可模棱两可；④问卷表前面要有指导语；⑤问题排列要有逻辑。

3. 观察法

观察法就是在不影响被观察人员正常工作的条件下，通过观察将有关工作的内容、方法、程序、设备、工作环境等信息记录下来，最后将取得的信息归纳整理为适合使用的结果的过程。

4. 关键事件法

关键事件法邀请岗位工作人员或其他有关人员描述能反映其绩效好坏的“关键事件”，即对岗位工作任务造成显著影响的事件，将其归纳分类，最后就会对岗位工作有一个全面的了解。关键事件的描述包括：导致该事件发生的背景、原因；员工有效的或多余的行为；关键行为的后果；控制上述后果的能力。

5. 见习日志法

见习日志法是以记录见习日志或者工作笔记的形式记录日常工作活动而获得有关岗位工作信息资料的方法。其优点在于，可以更容易了解岗位的具体工作状况。

【拓展阅读】

未来十年职场可能出现的 9 大改变

1. 公司组织由金字塔型趋向扁平化

过去 25 年内，有 1/4 的公司组织结构走向扁平化。鞋类电商 Zappos 两年前大举导入零管理政策，摒弃层层的金字塔阶层组织，将权力与管理下放到每位员工身上，形成着重生产力与效率的扁平化组织。

全球期货研究所董事长兼执行长康托尔博士表示："许多传统的角色将不复存在，金字塔型阶级系统将步入历史。"

康托尔（《未来智能：好好经营游戏规则改变的趋势，它将改变你的世界》）表示："最终人们将面临的是一个包含人际网络、人工智慧以及群众基础智慧所混搭的系统。"

2. 人工智能将取代某些人力工作

2015 年 5 月时，美国全国公共广播电台（NPR）以数位工具统计 20 年后某些工作被机器取代的可能性。研究发现，纯劳力工作将来被机器取代的可能性最高，至于需要情感注入的工作，如社会工作者及看护人员，被机器取代的可能性最低。

牛津大学的一项报告预测，不用等到 2050，2030 年时就会有 50%的人力工作被人工智能取代。该项报告指出，谷歌等公司所开发的无人驾驶车，将对运输及配送业的人力雇佣结构造成巨大影响。

对于某些需要真人接触的工作如老师，也将面临被机器人取代的危机。在以机器人教学的实验中，某些孩童表示喜欢机器人的教学更甚于真人教学。

3. 将出现崭新的工作机会

康托尔预测，某些情境下是需要真人与机器人共同合作，包括由真人操作人工智能科技的新型工作以及旧有工作，因为机器人的加入而扩大营运。有效运用人工智能仍需要良好的人力训练。人工智能科技的提供，最终是为了辅佐真人创造更好的服务。

4. 有别于传统全职员工的招募，雇主将可从全球招募自由工作者

对雇主而言，招募自由工作者不需要提供劳健保，职工雇用也只限在有工作需求时。相对于传统全职员工的招募，依据需要随时雇用自由工作者更便利。

对求职者而言，许多人也开始倾向自由工作的形态，一摒以往全职工作整天被工作绑着，自由工作者在工作时间运用及工作形态的选择更具弹性。

5. 所谓的"退休"将不复存在

根据金融保险提供商 UNUM 的一份未来工作报告，未来的医学技术可以使人们即使在较老时，拥有的活力及体力仍可应付工作。

当人的寿命越来越长，生活费越来越高时，人们也不得不加长工作年限来维持生活。老一辈的人懂得储蓄养老，将来年轻一辈赚得少，扣掉生活费后可储蓄的所剩无几，所以在体力许可下只好继续工作争取收入维持生活，所谓"退休"似乎遥遥无期。

6. 员工可能需要更多雇主，让跳槽机会增加

国际会计师事务所普华永道的《未来工作》报告中预测，人们将持续远离只过同一种生活、只投入同一个工作的心态，这样的趋势在千禧年出生的世代中已经明显出现。职工将跟随热情工作，一旦热情转向，对许多人而言，往往也意味着工作跑道的转换。

7. 未来监控员工可能不仅止于工作范畴

在未来，雇主将可透过更先进的方式监控及筛选员工，以感应器确认员工所处位置、表现及健康状况。这样的监控方式甚至可能深入到员工私生活，如同今日的毒品测试一样。

英国《每日电讯报》发现，这样深入地监控员工很可能面临员工反弹。《每日电讯报》于一月初建置动态侦测器以追踪其记者的位置，然而员工的愤怒反弹很快就迫使公司放弃此追踪建置。

8. 越来越多公司可能裁撤传统的办公室及总部

未来所谓的“共用工作空间”可能越来越流行，不只自由工作者与企业主之间，公司之间也可借此安顿员工。裁撤传统的办公室及总部可使公司从世界各地雇用最适合的员工，不需要受限于员工与办公室或总部的距离。

9. 无人驾驶自动车将使早晨的通勤更快更便捷

未来无人驾驶车的出现，将会冲击到大众交通及运输类工作，但同时也可减少每日通勤塞车、车祸及小擦撞。这种车辆会对彼此的性能及科技互相监测及沟通，可以追踪车辆间的速度、视道路壅塞情况而进行车速等调节，不仅使通勤更加顺畅，康托尔更预估每年或许因此可减少 3 万起与车祸相关的意外。

飞跃的科技并非让人们因此自满、甚至期待人工智能取代现有需要人力的工作，重要的是透过科技的协助，让人们的生活及工作更加得心应手。对于某些工作，电脑及网络做得比人工来的有效率，也因此改变了现有的工作形态。但这并不意味着人工因此要被消减掉，而是透过适当的训练让人力更加有效率。

课堂活动与练习

一、家族职业树

1. 了解职业可以从自己熟悉的人开始，首先请把家庭中亲属及他的职业填在下面的家族职业树上。

2. 填完后请回答后面的问题。

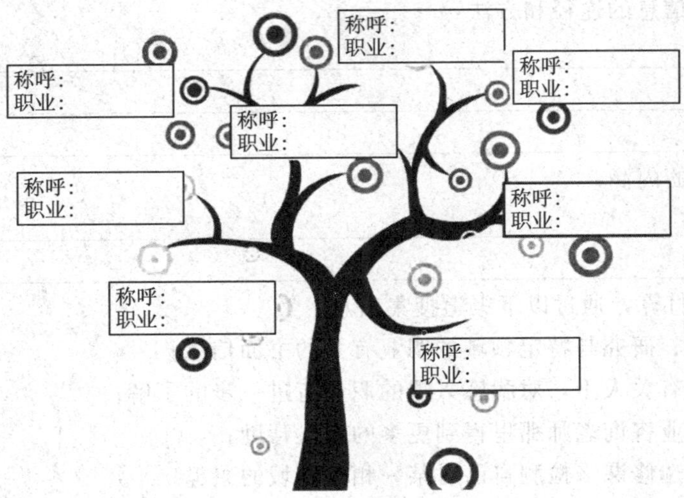

我家族中最多人从事的职业是：__________

我想要从事这种职业吗？为什么？__________

爸爸如何形容他的职业？爸爸平时会提到哪些职业？他怎么说的？

____

爸爸的想法对我的影响是：__________

妈妈如何形容她的职业？妈妈平时会提到哪些职业？她怎么说的？

____

妈妈的想法对我的影响是：__________

家族中还有谁对职业的想法对我影响深刻？他们怎么说？

____

家族中对彼此的职业感到满意或羡慕的是什么？（例如："堂哥在医院当医生，不仅收入高，社会地位又高"）__________

家族彼此羡慕的职业是：__________

对他们的想法我觉得：__________

我觉得家人对我未来选择职业的影响是：__________

我的家人最常提到有关职业的事是：__________

对我的影响是：__________

哪些职业是我绝不考虑的：__________

哪些职业是我考虑过的：__________

选择职业时，我还重视哪些条件：__________

二、关于职业信息

5～6人一组讨论，可以通过哪些渠道了解职业信息，需要了解哪些职业信息，按下列格式填写好后，小组选拔一名成员进行汇报。

1. 搜集职业信息的途径和方法：

____

____

____

2. 职业信息的内涵：

____

____

3. 下一步我打算，通过以下渠道搜集信息：

（　　）收集、研究与特定领域的职业有关的书面信息；

（　　）采访有关人士，对我感兴趣的职业有进一步的了解；

（　　）从职业咨询老师那里得到更多的个人帮助；

（　　）通过选修课来检测自己对某一相关领域的兴趣；

（　　）通过参加社团活动来检测自己对某一相关职业领域的兴趣；

（　　）通过兼职、实习或者志愿者活动来检测自己对某一相关职业领域的兴趣；

其他渠道：____

____

三、职业博览会

1. 4～5人组成一个“职业资料专家小组”，每组选定1人为组长，1人负责记录，其他人为参谋，每组选定一个与同学专业、职业目标比较接近的具体职业或行业，并搜集相关资料；

2. 重新安排桌椅，以便开展“职业资料新闻发布会”；

3. 每组选1人进行5分钟左右的“职业资料发布”演示（最好用PPT等多媒体手段），内容包括职业的工作内容，对应聘人的要求等；

4. 演示完毕，全体组员到前台接受其他同学的咨询，时间为5分钟左右；

5. 其他各组同学就准备的职业资料情况、演示现场和咨询反映进行打分。

6. 讨论：

（1）如何才能收集到正确、完整的职业资料，都有哪些搜集职业信息的渠道；

（2）各组介绍的职业中，哪个或者哪些吸引你，理由是什么。

四、职业搜索线

（一）练习

通过一系列的产业探索与职业介绍，想必你对工作世界已有了些许的了解，是不是有些职业令你印象深刻呢？现在就请你将它们的工作情形写下来。

职业名称	工作内容	工作时间	工作地点	所需特质或能力

在上述的职业中，你最欣赏的有____

原因是____

你最想从事的职业是____

原因是____

我的心得及发现____

（二）解读

据最新统计中国目前有1800多种职业，这么多职业到底做什么工作、自己适合什么职业，是不能仅仅依据自己学什么专业就做决定的，更何况每个专业都有多种职业对应，所以应该进行探索，以便找到适合自身的职业。

《孙子兵法》有言："知己知彼，百战不殆。"有效的自我职业生涯规划，不仅要"知己"，即学会评估、认识自己；还必须得"知彼"。所谓"知彼"即有能力认识外部职业世界、识别出适合自己的职业发展机会。

通过考查自己对职业的了解，为实现就业做好准备；记录对职业世界的了解，探索目标职业；了解职业认知的基本内容，找到适合自己的职业发展方向。

网上精品视频课程

认识职业与环境

用手机"扫一扫"下面的二维码，用浏览器打开相应网址，进入视频课程学习。

专家视角

一、职业分析清单

（一）工作性质：

1. 工作为什么会存在，这一职业所满足的需要，此工作的目的
2. 所履行的工作职能，工作中主要的职责和责任
3. 该职业所生产的产品或提供的服务
4. 该职业中的专业细分
5. 该职业中所使用设备，工具，机器和其他辅助物品
6. 该职业的定义

（二）所需的教育，培训和经验：

1. 准备进入该职业所要求的（或有用的）大学或高中课程

2. 进入该职业所需的工作经验

3. 教育，培训或工作地点

4. 获得必要教育背景所需的时间和经费

5. 由雇主所提供的在职培训

(三) 要求的个人资历，技能和能力：

1. 一个人要进入该职业所需的能力，技能或能力倾向

2. 职业所要求的体力（举起重物，长时间站立）

3. 其他身体要求（良好的视力或听力，非色盲，能攀爬、跪下、弯腰搬动物体等）

4. 特殊的品质或气质（能在压力下工作，精确，敢于冒险，有逻辑，能做重复的任务）需要达到的标准

5. 执照，证书或其他法律上的要求

6. 必须或有益的特殊要求（懂一门外语）

(四) 收入，薪酬范围或福利：

1. 所赚的钱（起薪、平均工资和最高工资；由于所在地区不同而有所不同）

2. 所提供的福利（退休金，保险，假期，病假）

(五) 工作条件：

1. 物质条件和安全（办公室，户外，噪音，温度）

2. 工作时间安排（小时、白天或夜晚，加班，季节性工作）

3. 发挥主动性，创造性，自我管理和得到学习的机会

4. 需要工作者自备的设备，物品和工具

5. 作为参加工作的条件之一，要求具备工会和职业协会的会员资格

6. 该职业的监督和管理类型

7. 雇主对着装的要求和偏好

8. 出差方面的要求

9. 在该职业中工作者可能受到的歧视

(六) 工作地点：

1. 工作组织的类型（公司，社会公共机构，代理机构，企业，雇用此类工作者的行业；自我雇佣的机会）

2. 职业存在的地理位置（全国性的，或只存在某个特定的区域或城市）

(七) 该职业中典型人群的人格特征：

1. 支配该职业环境的人或该行业中大多数人的人格特征

2. 年龄范围，男性和女性的比例，少数民族工作者的数量

(八) 就业和发展前景：

1. 进入该行业的通常方法

2. 在地方和全国的就业趋势

3. 提升机会，职业阶梯（你从哪开始，能达到什么位置）

4. 在完成培训和教育之后得到雇用所需的平均时间

5. 被提升到较高职位所需的平均时间

6. 该行业中工作的稳定性

（九）个人满意度：

1. 该职业所体现的价值（高收入，成就，安全感，独立性，休闲和家庭生活的时间，变化性，帮助他人，社会声望，认可）。这些工作价值中哪些符合你的价值观呢？

2. 他人和社会对于该职业的地位的看法；关于该职业他们喜欢什么不喜欢什么？

（引自：《设计人生——打造未来美好职业生涯》，现代教育出版社，有删减）

二、未来需要什么样的人才

由于产业的升级，未来中国将逐步淘汰低效率，低技能的劳动力。而高端市场的竞争非常激烈，所以公司对人才的要求也会越来越高。

那未来需要什么样的人才呢？

（一）“一”字型人才

“一”字型人才掌握的知识面非常广，他们平常可能很喜欢阅读所以懂的东西非常多。但对于各种类型的知识他们都只停留在表面没有深入了解。

这种人的性格很可能是活泼型，他们对新鲜的事物非常感兴趣，但没有耐性去深入学习。很容易被新的知识点给吸引过去！

知识面广的人有一个好处，在面对难题的时候他们可以想出许多不同的解决方案。他们会有很多的主意，有非常广的知识与较多的思路，面对问题总是有新的想法与方案！

（二）“1”字型人才

“1”字型人才属于典型的研究型人才，大学里做研究的就属于这一类。他们喜欢深入了解一件事情有钻研精神，在自己专属的领域是绝对的专家。但如果不是在研究范围内的东西，他们可能了解得就比较少了。

“1”字型人才的性格多是完美性或和平性，能够耐得住寂寞与新物事的诱惑，他们的专注力非常强大！这类人才如果研究的成果属于当下趋势，可能一辈子心血花上去最终可以取得巨大的成就。

但如果你不是搞研究或研究的东西很冷门，那潜在危机就是如果外在环境改变，让你不得不离开熟悉的区域，那将是灾难性的打击。由于过度的专注在一个领域，很可能无法适应新环境的需求。

（三）“T”字型人才

“T”字型人才是中国现在比较推崇的人才理论，这类人有较宽广的视野与知识面，但在某一领域他们又可以称得上是专家。宽广的视野在一定程度上可以让他们的专业知识得到升华，可以让他们跳出专业的思维陷阱从另外的角度去审视问题。

他们有时候也可能是做过研究，有较高的学历。只是他们乐于接受新鲜的事务。很可能这类人在知识面的宽度上不及“一”字型人才，在深度上也不及“1”字型人才。但好处在于他们比较平衡，所以适应能力比较强。

（四）“钉耙”型人才

前3种人才模型都比较常见。但随着退休年龄不断推后，人的一生可能会经历多个不同的职业生涯。加上公司结构越来越复杂，工作的杂复度越来越高。一个人往往身兼数职，既需要有全局观，又要能从不同专业的角度看问题！慢慢就产生了“钉耙型”人才模型。

“钉耙”型人才是在“T”型人才上演变而来的，它不但要求人们有较广的知识面，在某一领域有较强的竞争优势。它还要求人们在许多不同领域有一定知识与技能的积累。这样他们就可以在不同的部门之间进行协调，在做决策之前也可以站在不同专业角度进行有深度的思考。

如果看完后发现没一项符合自己，那是时候好好反思一下了！自己是否要提升了！我们应该先开发知识的宽度还是深度呢？参考建议是：先开发自己知识的宽度，明确目标后开发知识的深度。

（引自：http：//help.3g.163.com/16/0211/17/BFIEJ4E700964K5T.html，有删减）

一、体验是最好的职业认知方式

杨晓，某高校工业工程专业毕业生。在大三的时候，他为真正了解自己的专业以及专业在行业的实际应用，义无反顾地踏上了开往广州的列车。目的或许过于单纯，他只想知道车间长什么样子，流水线长什么样子，专业知识和专业技能运用在什么地方。还没来得及欣赏美丽的城市，他已被突如其来的大暴雨淋透全身。当时举目无亲，他熬过四十多天的打工生活，对第一份工作的脏、累、苦记忆犹新。回想起走过的这段日子，他很自豪自己当时的决定和勇气。他的目标实现了：工厂看到了，流水线看到了，也看到了专业的前景和自己的发展方向，更重要的是他收获了很多行业的前沿发展资讯和职业的真实体验。这都为他的职业生涯规划提供了最直接的决策依据，同时也成就了他到华硕公司工作的理想。

大学生要积极主动的参加“职业体验”。业余时间里，应积极、主动的寻找机会，到感兴趣的工作岗位上去体验。通过亲身感受，了解该岗位的工作内容、职业前景、工作环境、福利待遇、需要具备的专业知识素质和能力等。只有切身体会，才能客观、理性的鉴别和选择适合自己的职业。在职业体验阶段，赚多少钱不重要，重要的是能获得实习、亲身体验的机会。

（引自：《设计人生——打造未来美好职业生涯》，现代教育出版社，有删减）

二、通过访谈解决困惑

张诺在上职业生涯规划课前就给自己定位NGO行业，一是他的职业价值观的利他主义和生活价值观的启发人心很明显；另外一个很重要的依据就是他在做志愿者期间感受到了强烈的归属感和成就感。就像老师说的你把自己的方向定得越细致，访谈收获得就会越多越深入。他给自己的大概定位是NGO的教育方向里的教育创新方向。针对他自身的困惑，陆续找到了如下几位圈内人进行面对面访谈和电话交流：

1. 中国扶贫基金会负责教育项目的管理人员；
2. 某专门研究NGO机构的老师；
3. SRI社会资源研究所（介于NGO和企业的第三方咨询机构）的传播主管；
4. 某CSR咨询公司的负责人；
5. 友成基金会某项目组负责人；
6. 前联合国少儿教育某项目组负责人；
7. 期间还参加了一个SRI和英国大使馆合办的某NGO领域的交流会，认识和听到了一些社会企业负责人对目前项目开展和困难的介绍。
8. 还访谈了歌路营、雷励中国等教育类负责人。

通过对NGO行业的分类和特征，行业的发展及现状，NGO工作的环境、时间、强度、待遇等，作为一个NGO人面临的问题和挑战，选择作NGO的提升方向和路径等方面的了解，张诺总结出中国NGO行业的现状有如下几个方面：

（1）整个NGO行业可以分为国际NGO（如JA国际青年成就组织、RTP儿童乐益会），政府NGO（如中国红十字会、希望工程等），公募基金会（如中国扶贫基金会、中国青年发展基金会），私募基金会（如友成企业基金会、南都基金会等），草根NGO（如多背一公斤、歌路营等）。

（2）中国的NGO行业发展属于朝阳行业，现今处于遍地开花的状态。一位NGO前辈有一个很生动的比喻，回想一下80年代很多人下海的那个阶段，80—90和现在NGO的2010后很像。90—00年代众多国际NGO进驻中国，00后草根NGO、私募基金会的崛起，很难说未来NGO行业的主力军是哪一方，但一点能肯定的是下海不被大浪打垮、淹死的，活的最久的NGO会是胜利者。因此，可持续发展是NGO各组织需要领悟和实现的，但目前大多数组织都处于初创阶段，组织的高度和宽度靠领导人的高度和宽度决定，大多还没有一个可持续的模式。国际NGO在此点上做得比草根NGO要胜一筹，现在各组织也都在探索。

（3）NGO从业者的发展方向大体可分为两类—专家型和管理型。专家型包括专门研究某领域发展等的研究型方向，管理型占据大多数NGO岗位如项目管理、志愿者管理等等。从张诺走访的几家机构工作人员口中了解到，他们的工作强度，工作要求等比在企业里还要大，还要求个人有很强的独立工作能力和团队合作能力。一个好的NGO职业生涯规划要考虑到个人的价值观、能力发展和实际需求。

找到业内资深人员，面对面或者通过语言等形式进行直接的交流与接触，对了解职业的相关资讯、解决职业上的困惑，都有着立竿见影的成效。案例中的张诺同学就是很好的例子，她之所以能把自己关心的职业问题总结的有板有眼，正是缘于她是事先对于访谈做的充分而精心的准备。同学们如果需要了解你兴趣的职业，可以也试着列一份名单，甚至访谈提纲，行动起来吧！

（引自《设计人生——打造未来美好职业生涯》，现代教育出版社，有删减）

课外实践与作业

生涯人物访谈

结合自己的兴趣、技能、职业价值观、教育背景和已掌握的职业知识找出未来最可能从事的职业，然后在该职业领域寻找一位在职人士作为访谈对象。生涯人物可以是自己的亲人、老师和朋友，可以是他们推荐的其他人，也可以借助行业协会、大型同学录或某个具体组织的网站来寻找。

具体访谈记录如下：

1. 您是如何找到这份工作的？

____

2. 您的职位是什么？您的主要职责是什么？

____

3. 从事此行业的人做些什么？

____

4. 工作地点一般在哪里？

____

5. 在行业内，先从什么样的工作岗位做起，能学到最多的知识，最有益于发展？

____

6. 工作场所性质有哪些特征？

____

7. 在工作方面，您每天都做些什么？

____

8. 您在做这份工作时，日常面临的问题是什么，什么最有挑战性？

____

9. 就您的工作而言，您最喜欢什么？最不喜欢什么？

____

10. 个人的主要成就是什么？最成功的是什么？

____

11. 在这个职位上，如果想获得成功必须拥有并保持什么样的能力？

____

12. 目前还缺乏的必须改进的能力有哪些？如何改善？

13. 在您的组织中，能够把在同样一个岗位上把成功和不成功区别开来的行为是什么？

14. 您认为做好这份工作应该具备哪些知识、技能和经验？

15. 目前，行业内要求从事这份工作的人应该具备什么样的教育和培训背景？

16. 您认为什么样的个人品质、性格和能力对做好这份工作来讲是重要的？

17. 这项工作需要的个人品质、性格和能力与别的工作要求的有什么不同吗？

18. 学校中的哪些课程对这个行业比较有帮助？

19. 行业内，单位对刚进入该领域工作的员工一般会提供哪些培训？

20. 在您的工作领域里初级职位和略高级别职位的薪水一般是什么水平？

21. 这个行业是否有季节性或地理位置的限制？

22. 这个行业存在的困难及前景如何？

23. 据您所知，有什么职业杂志、行业网站或其他渠道能帮助我深入了解这个领域？

24. 您的熟人中有谁能够成为我下次采访的对象吗？可以说是您介绍的吗？

25. 通过访谈，你有哪些收获？

第六章　决策密码——科学做出生涯决策

信念决定方向，角度决定情绪，动机决定力量，性格决定命运，细节决定成败，心量决定事业，修养决定境界，因果决定结局。

——达照法师

第六章　决策密码——科学做出生涯决策

- 【阅读与思考】
  - 一、三个人的一生
  - 二、布里丹毛驴
- 【体验感悟与反思】摘桃
- 【基本理论与知识】
  - 第一节　生涯决策理论
    - 一、丁克里奇的生涯决策风格理论
    - 二、克朗伯兹生涯决策理论
  - 第二节　大学生职业目标的管理与行动方案
    - 一、职业目标的制定
    - 二、职业目标的管理
    - 三、制定行动计划方案
  - 第三节　制订职业生涯规划书
    - 一、制订职业生涯规划书的原则
    - 二、职业生涯规划书的基本内容
    - 三、职业生涯规划书的写作方法和技巧
- 【课堂活动与练习】
  - 一、了解影响你生涯决策的要素
  - 二、测一测你的决策类型
  - 三、SWOT 职业决策分析
  - 四、制作职业生涯平衡单
  - 五、选择的机会成本
  - 六、写一份求职简历
- 【网上精品视频课程】大学生职业生涯决策
- 【专家视角】
  - 一、职业生涯明智选择的十一个方法
  - 二、大学生职业发展决策存在的问题
- 【案例与故事】
  - 一、经验让你与众不同
  - 二、最大的麦穗（苏格拉底）
- 【课外实践与作业】生命之花

一、三个人的一生

第一个人

他叫张朝南，乡村教师，朴实敦厚，典型的山里汉子。他有太多的事迹可以让那一方人永远记住他，为了二十几个学生能顺利上学读书，他变卖了所有的家当，住在学校里，苦苦地支撑着几个村唯一的小学。

作为一个贫困偏远山区的民办教师，他的工资不仅少得可怜，而且被长年拖欠，他甚至连家都没成。每年涨山洪的季节，他都要亲自去接送各村的学生，在危险地段，他更是背着学生趟过河水。他的事迹上过报纸，可除了得到一点虚名外，对于他，对于他的学校，没有带来丝毫的改变。

直到暴发那场最大的泥石流。那一次，张朝南在生死边缘走了无数次，救下了二十一名学生，却终有一个孩子被泥石流吞噬了生命。他自责自怨，无法面对那如花的生命在面前殒落。他觉得对不起教师这个称号，他连一个孩子稚嫩的生命都保护不了。那次灾难之后，他便放弃了教师的职业，成了无数普通山里人的一员。

第二个人

此人叫凌厉。人如其名，他在那个圈子里绝对是人人谈之色变的人物。他是一个保镖，花高价雇他的人极其放心。他的身手，十个经过专业训练的大汉也不是对手，他冷酷无情，毫不心慈手软。在一场地下商业纷争中，他和雇主面对几十个人，在谈崩了的情况下，他能将雇主安然带回，身后是放倒了一地的打手。这一事件，已成了保镖界的传奇与神话。

像凌厉这样的人，这样的人生，注定是充满着传奇和神话的。虽然他也曾有过太多次生死悬于一线的时刻，可他却把这些当成了一种刺激，那几年之中他到底当保镖赚到多少钱，没人有计算得清。不过再美的神话也有落幕的时候，他终因识人不善，在拼死保护一个大毒贩时，被警方生擒。神话终结之处，是萧萧的铁窗生涯。

最后一个人

这是一个地位尊崇的企业家，叫封平，年近半百开始创业，在短短几年内将一个小门面发展成大集团公司，让许多业内人士和记者惊为天人。是的，在当今竞争如此激烈残酷的现实之中，他能在几年之中迅速崛起，非是天才不能如此。

年过六旬的封平事业如日中天，不过他却很低调，丝毫没有大富豪的派头和霸气。令人感到惊奇的是，他竟然是单身，不知是丧失了亲人还是终身未娶。只是听人说在他的办公桌上，摆着一张小女孩的照片，这也让人们平添了许多猜想。

然而，更令人难以相信的是，封平一夜之间出卖了集团中自己所有的股份，甚至那些天文数字的财产也全都捐了出去。这种做法，在国内是惊世骇俗的了。有人说，他孤身一

人，挣那么多钱也没人分享，自然捐了。可不管怎样，封平做到了，而且一下子消失在人们的视线之中，连那些为挖新闻无孔不入的记者也寻不到他的踪迹，就像他从未曾出现过辉煌过。

张朝南，凌厉，封平，三个人，三种人生，仿佛来自三个不同的时空，他们却震撼了太多的人。

原来……

张朝南不当教师以后，却依然惦着山里的孩子，为他们的教育问题担忧。最后，他决定去城里打工，想多挣些钱以改变山里的教育现状。可是进城不久，他便发现了挣钱的艰难，而朴实的他也因钱的诱惑而慢慢偏离生命的正轨，开始为了快速挣钱而拼命。

于是，保镖凌厉出现了。变成凌厉之后，他的钱挣得越来越多，每一次想收手时，都想着再干一次，终于身陷囹圄。十年刑满后，他出狱了，由于给太多的大老板当过贴身保镖，经历的商场事件也无人能及，他开始了自己的商场生涯，几年之后，企业家封平横空出世。

他这次及时身退，这些年赚的钱被他捐出建了多少所希望小学，只有他自己知道。如今的他，正在一个遥远的山区，在一个崭新的希望小学里，做着迟缓的敲钟人。在他住处的桌子上，仍然摆着那个小女孩的照片，那女孩，就是在那场泥石流中逝去的学生。

不忘初衷，及时悔过，便永远不晚。也许，更多的时候，人生走出的是一条曲线，终点又回到起点，生命才是最圆满的吧。

（引自：http：//www. ledu365. com/a/rensheng/1095. html，有删改）

二、布里丹毛驴

布里丹是大学教授，他的出名主要在于据说他证明了在两个相反而又完全平衡的推力下，要随意行动是不可能的。他举的实例就是一头驴在两捆完全等量的草堆之间是完全平衡的。既然驴无法选择吃其中哪一捆草，那么它永远无法作出决定，只得最后饿死。故事是这样的：

布里丹养了一头小毛驴，他每天要向附近的农民买一堆草料来喂。

这天，送草的农民出于对哲学家的景仰，额外多送了一堆草料放在旁边。这下子，毛驴站在两堆数量、质量和与它的距离完全相等的干草之间，可为难坏了。它虽然享有充分的选择自由，但由于两堆干草价值相等，客观上无法分辨优劣，于是它左看看，右瞅瞅，始终无法分清究竟选择哪一堆好。

于是，这头可怜的毛驴就这样站在原地，一会儿考虑数量，一会儿考虑质量，一会儿分析颜色，一会儿分析新鲜度，犹犹豫豫，来来回回，在无所适从中活活地饿死了。

那头毛驴最终之所以饿死，在于它左右都不想放弃，不懂得如何决策。人们把这种决策过程中犹豫不定、迟疑不决的现象称之为“布里丹毛驴效应”。

每个人在生活中经常面临着种种抉择，如何选择对人生的成败得失关系极大，因而人们都希望得到最佳的结果，常常在抉择之前反复权衡利弊，再三斟酌，甚至犹豫不决，举棋不定。但是，在很多情况下，机会稍纵即逝，并没有留下足够的时间让我们去反复思考，反而要求我们当机立断，迅速决策。如果我们犹豫不决，就会两手空空，一无所获。

有人问亚历山大是如何征服世界的，他回答说，他只是毫不迟疑地去做这件事。

人生充满了选择，我们总要在几个可供选择的方案中，做一“赌注式”的决断。对于所选择的结果究竟是好是坏，也往往没有明确的答案。机会难得，想再回头重新来过，是绝不可能的。因此可以说：决断是各种考验的交集。

其实，上天并未特别照顾那些抓住机会的幸运者，只不过是他们一再对问题苦思对策，并毫不犹豫地去做，因而才获得了机会之神的青睐。

（引自：http://news.163.com/14/0129/08/9JOADHJO00014AED.html，有删减）

摘　桃

路边有一片桃园，假如你可以进入桃园摘桃子，但只许前进不许后退，只能摘一次，要摘一个最大的，你会怎么办？

A. 对视野内的桃子进行比较，形成一个大概的标准，再根据这个标准选择最大的桃子。

B. “我感觉这个大！”就摘这个了。

C. “去问看桃园的人，让他告诉我什么样的最大！”或者问旁边的人什么样的最大。

D. 先别管了，走到最后再说吧。

E. 稍微比较，迅速摘一个。

根据你的选择，看看你的决策风格特征。

A. 理智。强调综合全面地收集信息、理智的思考和冷静的判断分析。

B. 直觉。以自我判断为导向，在信息有限时能够快速做出决策，发现错误时能迅速改变决策。

C. 依赖。倾向采用他人建议与支援，往往不能承担自己做决策的责任。

D. 回避。拖延不果断，倾向于不考虑未来的方向，不知道自己的目标，也不思考，也不寻求帮助。

E. 自发。不能容忍决策的不确定性以及由此带来的焦虑情绪，具有强烈的及时性，对快速做决策的过程有兴趣。

总的说来，理智、直觉和自发这三种风格比较积极主动，而依赖和回避则比较消极被动。

不同的决策风格都有其优劣之处，都可以在某种程度上满足决策者的需要，重要的是识别自身的决策风格，并有针对性地进行调整。

进行科学决策，必须了解个人的决策风格，每个人的生涯形态都是独特的。由于职业决策的牵动，以及决策与决策间彼此的关联与环环的相扣，于是造成了个人独特的职业决

策风格。

通过熟悉和了解决策的过程，理解职业决策的重要性，掌握决策的方法。了解自己的决策风格与决策方式，掌握科学的决策模式。

第一节 生涯决策理论

一、丁克里奇的生涯决策风格理论

决策风格是影响决策效果与决策效率的一个重要因素。丁克里奇通过访谈研究，将人们做职业生涯决策时所采用的风格归结为八类：

1. 冲动型：抓住遇到的第一个选择，不再考虑其他的选择或收集信息。其想法是“先决定，以后再考虑。”比如，先找到一份工作干着再说。这种决策方式风险太大，等看到有更好的选择时自然追悔莫及。

2. 宿命型：将决定留给境遇或命运。迷信“我这个人永远也不会走运”，显得无力和无助，人生态度消极低沉，这样的人容易成为环境的“受害者”。

3. 顺从型：顺从别人的计划而不是独立地做出决定。相信“他们都觉得好，我就觉得好”。从众的人固然在追随群体的过程中获得了一种虚拟的安全感，但却忽略了自身的独特性，其选择在很大程度上并不适合自己。

4. 延迟型：把问题往后推迟。比如“我还没有准备好工作，所以打算先升学。”拖延型的人总是希望：也许事情过几天就自动解决了。

5. 烦恼型：过度搜集信息，使用信息时又顾虑重重，反复比较，当断不断，心境表现常常是“我就是拿不定主意”。

6. 直觉型：因为“感觉到是对的”而做决策，但不能说明原因。直觉对人们在环境情况无法获得充分信息时会有效，但可能会不符合事实。

7. 瘫痪型：接受做决策的责任，但是感觉过于焦虑而不能对决策做出有建设性的工作。他们知道自己应该开始了，可能内心深处总是笼罩着“一想到这种时就害怕”的阴影。结果，他们无法真正为决策和决策的后果承担责任。

8. 计划型：使用如同标准化决策模型所推荐的理性策略。

上述8种决策风格没有绝对的优劣之分，各有其适用的范围和局限性。例如，直觉型决策反映了决策者能够迅速提取相关信息的能力，或者也可以说他是一个反应快的理性决策者。那种喜欢到处咨询或模仿他人者，有依赖的倾向，但也有可能把个人的认知偏差减小到最小。决策风格既受个性的影响，又受到环境的塑造，并非绝对无法改变。

【拓展阅读】

职业生涯决策的影响因素

大学生在进行职业决策时，受到很多因素的影响。总结起来，主要有以下几方面，如图 6-1 所示。

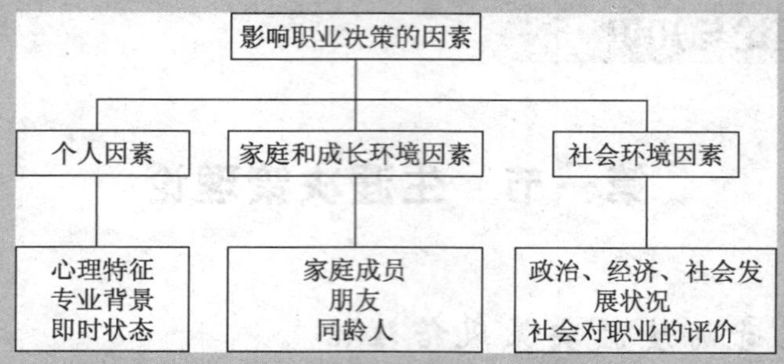

图 6-1　影响职业决策的 3 大因素

（一）心理特征

职业决策第一步进行自我评估。它主要是对个体心理特征的评估，起着对决策的定向作用。在具体的职业决策中，心理特征主要表现为决策风格。

（二）专业背景

一般来说，同学们花几年的时间学习专业知识，都希望找到与专业对口的工作。职业决策时，一般会在专业所对应的职业群中进行选择。所谓职业群是指某一专业所对应的许多职业领域，比如法律专业对应职业群为公务员、律师、教师、研究人员、法律顾问、法制专栏媒体记者等多个职业。

（三）决策时的即时状态

在决策过程中会遇到诸多障碍，这些障碍会影响决策。要做出有效的决策，需要在决策时身体、情绪和精神状态等处在最佳状态。

（四）家庭成员

对于大学生而言，家庭成员对职业决策的影响来自父母。父母教育方式的不同，造成他们认知世界的方式不同；父母所从事的职业及他们的职业观会给子女较大的影响；父母的价值观、态度、行为、人际关系等也会对他们的职业决策产生直接或间接的影响。

（五）朋友、同龄群体

朋友和同龄人对大学生职业决策的影响也很大。他们的职业价值观、职业态度、行为特点等不可避免地会受到同辈的影响，对职业的偏好、选择，从事某一职业的机会和职业变换的可能性都会因周围朋友的看法或建议而改变决策。

（六）政治、经济、社会发展状况

国家的政治、经济与社会发展状况都必然牵扯到个人职业发展，影响到就业结构的变化，从而间接地在劳动力的流向、市场需要变动等方面产生影响，这些是职业决策的大背景和大前提。

（七）社会对职业的评价

职业决策还受社会和他人对职业的评价的影响，即职业声望和地位往往是影响职业决策的因素之一。

二、克朗伯兹生涯决策理论

美国心理学家克朗伯兹在其职业生涯决策的社会学习理论中指出，职业选择过程受到四类因素的影响：遗传天赋和特殊能力（如内在素质、身体障碍、音乐和艺术能力）；环境条件与事件（如劳动法规、技术进步、社会机构变化、家庭资源）；学习的经验（如各种工具性学习、行为和认知反应、观察学习）；完成任务的技能（如设定目标、工作习惯、情绪反应方式）。

克朗伯兹和贝克提出的决策模式包括 7 个步骤：(1) 界定问题：描述必须要完成的决策，估计完成所需时间并设定确切的时间表；(2) 拟订行动计划：描述决策所需采取的行动，并估计所需时间及完成的期限；(3) 澄清价值：描述个人将采取哪些标准，以作为评价各种可能选择的依据；(4) 描述可能做出的选择，确认选择方案；(5) 依据所定的选择标准、评分标准，逐一评价各种可能选择，找出可能的结果；(6) 比较各种可能选择符合价值标准的情况，从中选取最能符合决策者理想的选择；(7) 描述将如何采取何种行动以达成选定的目标。

【拓展阅读】

职业生涯决策的主要任务

在人的整个职业生涯中，有 7 个比较大的生涯决策任务：①选择哪种职业；②选择何种行业；③选择行业中的哪种工作；④选用何种策略，以获得某一目标职位；⑤在众多就业机会中，挑选适合自己的工作机会；⑥选择工作地点；⑦选择生涯目标或系列的升迁目标。

对于大学生而言，要重点做好自我定位、行业定位、岗位定位、地域定位和收入定位等职业生涯决策。

（一）自我定位决策

自我定位就是要了解自己的需要、特点、能力，并客观评价自我。自我定位首先应从自身实际出发，客观地分析、评估自己的文化素质、能力特征、性格特点、身体条件，总结出自己的特长、兴趣、爱好；其次应从横向上，将自己放于同班、同专业、同年级、同区域乃至全国同专业同学中进行比较，分析自身的综合素质以及优势和劣势所在。通过纵向和横向的定位分析，找准自己的位置，明确切入社会的起点，避免自我定位过高或过低。

（二）行业定位决策

在进行了较为准确的自我定位之后，还应该进行行业定位。认真了解行业整体情况、发展趋势、对人才的基本要求，从而结合自身实际情况，作出行业定位，避免出现盲目择业和无从择业的现象。行业的选择还取决于家庭影响和个人的理想，以及社会舆论。参考他人意见时更应该避免社会、家庭和周围人群不正确的舆论导向对自身定位的影响，做到真正从社会需求出发、结合个人理想和兴趣以及实际能力作出较为理性的行业定位，而不是片面地追求热门行业和高薪行业。

（三）岗位定位决策

岗位的选择是因人而异的，它受个人偏好、能力、素质等因素的影响。同学们在进行岗位定位时，要在客观评价自我的基础上，根据自己的性格特点、长处、短处，对照相关用人单位的标准、条件、要求，实事求是地选择自己力所能及的合适的岗位，适合自己的才是最好的。切忌人云亦云、追随大流，而要选择有利于自己的潜能发挥和事业发展的岗位，以免在今后的职业生涯中出现个人与工作岗位的极不适应，妨碍自身进一步的、顺利的发展。

（四）地域定位决策

地域定位是指个人在选择工作时对于工作区域的考虑。不少同学趋向于把经济发达地区和大城市作为自己地域定位的首选。其实，还应当看到近几年城镇化建设有了很大的进展，城镇和广大农村地区也有广阔的就业市场。同时，国家的西部大开发、建设新农村、振兴东北老工业基地等政策的实施，为大学生提供了大量的就业岗位和发展机会。因此，在进行地域定位时，应该多思考自己的能力、优势究竟在何处能得到较大限度的发挥，自己的发展空间在何地能得到较大限度的拓展，而不仅仅着眼于大城市和经济发达地区。

（五）收入定位决策

准确的收入定位是建立在对市场行情充分了解的基础上，综合考虑自身的素质、能力和岗位发展趋势后得出的收入期望值。切忌被眼前的待遇高低所左右，要以发展的眼光来定位。

第二节　大学生职业目标的管理与行动方案

一、职业目标的制定

美国学者戴维·坎贝尔曾经指出：“目标之所以有用，是因为它能帮助我们从现在走向未来。”立定志向可以成为成功的驱动力，同时也可以使自己更能够掌握方向，明确应该做的事情。

（一）目标设定的原则

目标设定是基于自我觉醒的基础上，对自己未来职业生涯的一个初步的构想。在进行职业目标设定时，应该遵循 SMART 原则。

1. S (Specific)

目标要清晰、明确。所谓明确就是要用具体的语言清楚地说明要达成的行为标准。明确的目标几乎是所有成功人士的一致特点。很多人不成功的重要原因之一就因为目标定的模棱两可。要做到这一点，需要回答以下 6 个“W”。

Who：谁参与

What：要完成什么

Where：确定一个地点

When：确定一个时间期限

Which：确立必要条件和限制

Why：明确原因，实现此目标的目的或好处

例如，你确定了一个目标——“好好学习”，这就不是一个具体目标。你可以将此目标具体化，比如“每天去图书馆，至少看书 2 小时”。

心理学家得出了这样的结论：当人们的行动有了明确目标，并能把自己的行动与目标不断地加以对照，进而清楚地知道自己的行进速度和与目标之间的距离，人们行动的动机就会得到维持和加强，就会自觉地克服一切困难，努力达到目标。要达到目标，就要像上楼梯一样，一步一个台阶，把大目标分解为多个易于达到的小目标，脚踏实地向前迈进。每前进一步，达到一个小目标，就会体验到“成功的喜悦”，这种“感觉”将推动他充分调动自己的潜能去达到下一个目标。

2. M (Measurable)

即目标要可量化，是明确而不是模糊的，要有一组数据，作为衡量是否达成目标的依据。确保你的目标可量化，你可以问自己：我怎么知道自己是否达到了目标？是多少？有的东西不好量化，也要尽量找到一个量化的标准。

假如你想掌握熟练的网站制作技能，那么你可以将自己的目标定位为：可以独立完成一个电子商务类网站的策划和制作。

3. A (Attainable)

即设定的目标要高，要有挑战性，但又须是可达成的。目标要通过努力可以实现，不能过低和偏高，偏低了无意义，偏高了实现不了。一般来说，当设定的目标对你有很重大的意义时，你会尽最大的努力去完成。假如你的目标是能够按时毕业，拿到学位，那么这种目标就是不具挑战性的，而如果你把目标设定为在学术造诣上超越爱因斯坦，那么基本上没有实现的可能，这种目标在设定上就是失败的。

4. R (Relevant)

设定的目标要有现实性，要和你的实际情况相关联。设定的目标最好是你愿意做，并且能够干好的。在职业目标的设定上，一定要注意目标的设定要和岗位的职责是有关系的。比如说你打算从事会计工作，努力考个会计师证是很有必要的。而你花费很多时间去考心理咨询师证，就无太大必要了。

5. T (Time bound)

目标要有时限性，要在规定的时间内完成，时间一到，就要看结果。没有时间限制，

就没有紧迫感。回到做好学生的目标，你问自己，有没有在学习？回答往往是肯定的，一年后，你再问自己，学到了什么，很多人回答不上来。针对这种情况，你完全可以设定类似这样的目标，如在 2013 年 12 月份前，自学完成工业工程专业的全部课程。

（二）目标设定的方法

在设定职业生涯目标时可以采用时间分解法，将目标分为短期目标、中期目标、长期目标和人生目标。设定正确的目标不难，但要实现目标却不容易。如果目标太远大，我们会因为苦苦追求却无法得到而气馁。因此，如图 6-2 所示，将一个大目标科学地分解为若干个小目标，落实到具体的每天每周的任务上，正是实现目标的最好方法。

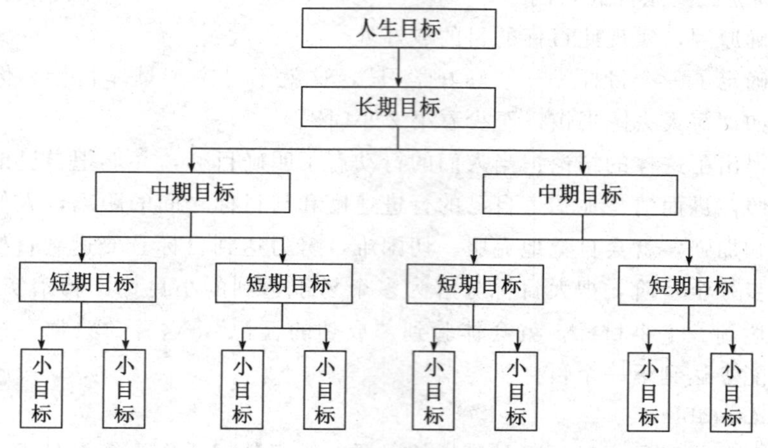

图 6-2　目标的分解法

1. 短期目标

短期目标通常是指时间在一至两年内的目标，是中期目标和长期目标的具体化、现实化和可操作化。如对专业知识的学习、两年内掌握哪些业务知识、职业选择等。通常，又可以将短期目标分解为很多小目标，如一个月甚至一周的目标。在设定短期目标时，需做到：

目标具备可操作性；

明确规定具体的完成时间；

对现实目标有把握；

服从于中期目标；

目标可能是自己选择的，也可能是企业或上级安排的、被动接受的；

目标需要适应环境；

目标要切合实际。

2. 中期目标

一般为三到五年，它相对长期目标要具体一些，如规划到不同业务部门当经理，规划从大型公司部门经理到小公司做总经理等等。在设定中期目标时，需做到：

通常与长期目标保持一致；

是结合自己的志愿和企业的环境及要求来制定的目标；

用明确的语言来定量说明；

对目标实现的可能性做出评估；

有比较明确的时间，且可做适当的调整；

基本符合自己的价值观，充满信心，愿意公布于众。

3. 长期目标

时间为五年以上的目标，它通常比较粗、不具体，可能随着企业内外部形势的变化而变化，在设计时以画轮廓为主。如，规划 30 岁时成为一家中型公司的部门经理，规划 40 岁时成为一家大型公司副总经理等等。在设定长期目标时，需做到：

目标有可能实现，具有挑战性；

对现实充满渴望；

非常符合自己的价值观，为自己的选择感到自豪；

目标是认真选择的，和社会发展需求相结合；

没有明确规定实现时间，在一定范围内实现即可；

立志改造环境。

4. 人生目标

是指整个人生的发展目标，时间长至 40 年左右。一般说来，短期目标服从于中期目标，中期目标服从于长期目标，长期目标又服从于人生目标。具体实施目标，通常是从具体的、短期的目标开始的。

【拓展阅读】

了解职业发展路线图

条条大路通罗马，每个人都有适合其发展的路径，但每个人都彼此不同，谁也不能完全复制别人的成功之道。职业生涯路线是指一个人选定职业后从什么方向上实现自己的职业目标，是向专业技术方向发展，还是向行政管理方向发展。发展方向不同，要求就不同。因此，在制定“职业发展行动计划”之前，必须结合职业决策做出选择，以便安排今后的学习和工作，使其沿着职业生涯路线发展。

职业生涯路线选择的重点是对职业生涯选择要素进行系统分析，在对职业理想、职业能力、职业环境（我想做什么？我能做什么？环境允许我做什么?）三方面的要素进行综合分析的基础上确定自己的职业生涯路线。职业生涯路线选定后，还要画出职业生涯路线图。典型的职业生涯路线图是一个“V”字形的图形。假定一个人 22 岁大学毕业参加工作，即 V 型图的起点是 22 岁。从起点向上发展，V 型图的左侧是行政管理路线，右侧是专业技术路线。按照年龄或时间将路线划分为若干部分，并将专业技术等级或行政职务等级分别标在路线图上，作为自己职业生涯的目标，如图 6-3 所示。

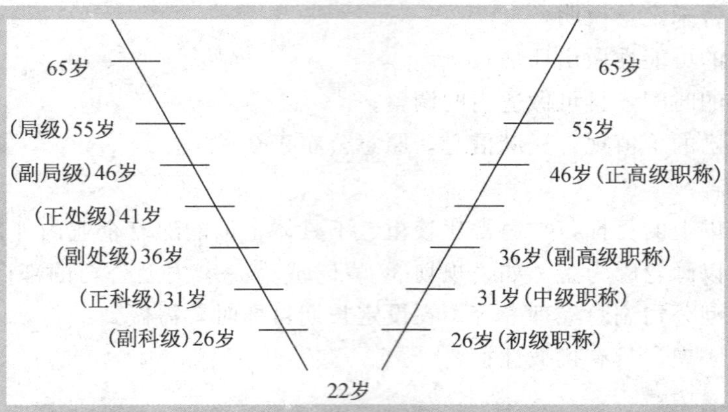

图 6-3 职业发展路线(管理路线、技术路线)

在确定职业目标，进行职业决策后，是向专业技术方向发展，还是向行政管理方向发展？不同的选择意味着不同的工作和生活方式。一般来说，有如下几种典型的职业发展路线，如表 6-1 所示。

表 6-1 职业发展路线

类型	典型特征	成功标准	主要职业领域	典型职业通路
技术型	职业选择时，主要注意力是工作的实际技术或职能内容。即使提升，也不愿到全面管理的位置，而只愿在技术职能区提升	在本技术区达到最高管理位置，保持自己的技术优势	工程技术、财务分析、营销、计划、系统分析等	财务分析员—主管会计—财务部主任—公司财务副总裁
管理型	能在信息不全的情况下分析解决问题，善于影响、监督、率领、操纵、控制组织成员，能为感情危机所激励，善于使用权力	管理越来越多的下级，承担的责任越来越大，独立性越来越强	政府机构、企业组织及其各部门的主要负责人	工人—生产组组长—生产线经理—部门经理—行政副总裁—总裁
稳定型	依赖组织，怕被解雇，倾向于按组织要求行事，高度的感情安全，没有太大抱负，考虑退休金	一种稳定、安全、氛围良好的家庭、工作环境	教师、医生、研究人员	更多地追求职称，如：助教—讲师—副教授—教授
创造型	要求有自主权、管理才能，能施展自己的特殊才能，喜好冒险、力求新的东西，经常转换职业	建立或创造某种东西，他们是完全属于自己的杰作	发明家、风险性投资者、产品开发人员、企业家	无典型职业通路，极易变换职业或干脆自己单独干
自主型	随心所欲制定自己的步调、时间表、生活方式和习惯	在工作中得到自由与欢乐	学者、研究人员、手工业者、工商个体户	自由领域中发展自己的个人事业

二、职业目标的管理

（一）目标管理的注意事项

1. 目标设立的客观性

个人发展目标的确立与团队或企业目标一样，必须具有客观性，否则就只能停留在幻想当中。也就是说，个人目标的设立必须建立在个人兴趣、爱好、知识、能力、身体条件及社会环境等因素的基础之上，应该是通过努力可以达到的，并且是可考核、可评价的，明确、具体的，是可量化、可分解的。不具有客观性的目标是不可能实现的。如果一个人的身体条件本来是不适合运动的，那么长跑世界冠军的奋斗目标，就只能是一种幻想。

当然，个人的奋斗目标一经确立，也不是一成不变的。随着个人的成长，知识与阅历的增加，以及兴趣、爱好的转移，阶段性地调整自己的目标更加有助于自己人生价值的实现，但却不能过分频繁地变换目标。频繁地变换目标与没有目标，对于一个人的发展来说同样是危险的。

2. 目标分解的科学性

任何一个人都不可能一步跨入自己的理想世界，都不可能瞬间实现自己的人生目标与价值。一个人的成功之路是由一个个目标铺就的，一个目标实现以后，一个新的目标必然出现在前方。这些具体目标也是相互关联的，它们在人生总目标的统领之下，逐渐分解而来。一个人人生价值的实现过程就如攀登一座高峰，要想顺利到达峰顶就要从山峰的脚下往上攀，一步一步地踏点为我们支起了登顶的天梯，这每一个踏点也就是我们登顶过程中的一个个分目标，正是这些分目标的不断实现，才促使我们最终能够完成登顶的最大目标。

对于一个人的成长来说，在其实现自身价值的总目标确定之后，也要如登山一样将自己的总目标分成若干分目标，如阶段目标、年目标、月目标、周目标、日目标等，而且在目标分解的过程中一定要坚持科学性的原则，只有这样才能保证我们每走一步都能够离我们的总目标更近一点，也只有这样，我们人生发展的总目标及人生的价值才能真正实现。

3. 目标的实现是以每一天、每一件事的努力为基础的

中国有句古话，“世上无难事，只要肯登攀”，它是对“目标”及其实现途径的最贴切、最科学的阐述。科学地设立了目标、详细地分解了目标以后，如果不付诸实际的努力，也不会产生任何实际的成果。

（二）职业生涯目标的分解

职业生涯目标的实现可以用一系列的阶段来表示。为了顺利进入每一个新阶段，应根据新阶段的特点制定分目标。

目标分解就是根据观念、知识、能力差距，将职业生涯长期的远大目标分解为有时间规定的长、中、短期分目标，直至将目标分解为某确定日期可以采取的具体步骤。实现一个远大目标很少能够一气呵成，必须分解成若干个易于达到的阶段性目标。

目标分解是将目标清晰化、具体化的过程，是将目标量化成可操作的实施方案的有效手段。目标分解帮助我们在现实环境和美好愿望之间建立起可以拾阶而上的途径。目标分解从最远、最高的目标开始，一直分解到最近的目标。在现实中，很多人做事之所以会半途而废，这其中的原因，往往不是因为难度较大，而是觉得离成功较远，确切地说，不是因为失败而放弃，而是因为倦怠而失败。

目标分解可以按两种途径来分解目标：

按时间分解：可分解为最终目标（人生目标）、长期目标、中期目标、短期目标。

按性质分解：可分解为外职业生涯目标、内职业生涯目标。

1. 按时间分解

按时间分解是最常用的目标分解方法，也很容易掌握。首先，你应该区分最终目标与阶段目标。选择了职业生涯发展路径，并确定了总体目标。这个总体目标是最终目标、人生目标。总体目标不清晰，就谈不上分解更具体的长期、中期、短期目标了。总体目标只有与自己的价值观相符，才是有效的，并且总体目标一经确立就不要再频繁更改。其次，把总体目标分解为若干个长期目标，每一阶段都应有一个具体的目的。

（1）长期目标

长期目标，主要是指时间为五年以上的目标，长期目标主要受自己的人生目标的影响。在生活中，人们最容易忽视的就是长期目标。人们总认为，五年后的事情太远了，考虑这么多，这么远，没什么用，果真如此吗？当然不是。现在，大学生就业困难，很多大学毕业生找不到自己满意的工作，可是一些大学生还没有毕业就被名企高薪聘用了，而这些被聘用的学生基本上都树立了长期的目标。

设定长期目标一般要考虑：①非常符合自己的价值观；②对自己的目标感兴趣；③目标具有一定的挑战性；④目标是自己能够实现的。

（2）中期目标

一般指三到五年的目标。中期目标在长期目标的基础上确立，如毕业是找到一份满意的工作；或者上理想的学校和专业的研究生；到自己所梦想的国家去留学；先择业再创业，实现当老板的理想等。中期目标相对长期目标要具体一些，中期目标有如下特点：①通常与长期目标保持一致；②结合自己所学专业、能力、兴趣和掌握的社会资源来确定；③用明确的语言来定量说明；④对目标实现的可能性做出评估；⑤有比较明确的时间，且可做适当的调整。

（3）短期目标

短期目标通常是指每日、每周、每月、每季、每年的目标，是中期目标和长期目标的具体化、现实化和可操作化，是最清晰的目标。其主要特征主要有：①目标具备可操作性；②明确规定具体的完成时间；③对现实目标有把握；④服从于中期目标；⑤目标需要适应环境；⑥目标要切合实际。

短期目标，对大学生来说，是十分重要的，短期目标设定是否合理，决定着中期目标和长期目标是否可以实现，相对而言，短期目标的分类也更为复杂一些，分类的标准不一样，则不尽相同。

按年级来分，可为一年级目标，二年级目标，三年级目标，四年级目标。

按照学期来分，可分为上学期目标，下学期目标。

按照假期来分，可分为暑假目标，寒假目标。

按照内容来分，可分为学习目标，生活目标，社团实践目标，兼职目标，实习目标等。

按照毕业后的去向来分，可分为就业目标，升学目标，留学目标，创业目标，培训目标。

2. 按性质分解

美国职业心理学家施恩教授最早把职业生涯分为外职业生涯和内职业生涯。他指出外职业生涯指经历一种职业（由教育开始、经工作期、直到退休）的通路，包括职业的各个阶段：招聘、培训、提拔、解雇、奖罚、退休等。内职业生涯更多地注重于所取得的成功或满足的主观感情以及工作事务与家庭义务、个人休闲等其他需要的平衡。

根据内、外职业生涯的内容，我们可以把长期目标、中期目标和短期目标分解出各自具体的内职业生涯目标和外职业生涯目标。

一是外职业生涯目标。(1) 职务目标。职务目标应当具体明确。(2) 工作内容目标。在现实生活中，能够升到高层职位的毕竟是少数。位置越高，留给我们可以选择的机会也就越少，而且，能不能晋升，很大程度上并不取决于我们自己。所以，不要只盯着职务目标的晋升，而把外职业生涯目标规划的重心移到工作内容目标上来。(3) 经济目标。我们从事一项工作，获得经济收入是一大目的，毕竟我们谁也离不开生存的物质基础。在职业生涯规划中列入收入期望无可非议。你要注意的是切合实际和自己的能力素质，然后大胆地规划一个具体的数目，不要含糊不清，或者不敢写。(4) 工作地点目标和工作环境目标。如果你对工作地点和工作环境有特殊要求就要在规划中列出这两项内容。

二是内职业生涯目标。只追求外职业生涯目标会让人遭遇很强的挫折感，怀疑上级对自己不公，上班太远累得慌、辛苦半天没拿多少钱，评优晋级没有份……越想越难受，越想越没干劲，每天都生活在抑郁之中。其实，我们还有一笔重要的财富不容忽略——丰富的知识经验积累，观念、能力的提高以及由此带来的快乐感、成就感。在分解和组合自己的职业生涯目标时，外职业生涯目标与内职业生涯目标应该是同时进行的，而且内职业生涯目标是尤其应该重点把握的内容。

(1) 工作能力目标。工作能力是对处理职业生涯中各种工作问题的能力的统称。如策划能力、管理能力、研究创新能力、与领导无障碍沟通的能力、与同事协调合作的能力等。必要的工作能力积累是达到职务目标和收入目标的前提。所以，工作能力目标应当优先于职务目标。

(2) 工作成果目标。在很多组织里，工作成果都是进行绩效考核的一个重要指标，扎实的工作成果带给我们极大的荣誉感和成就感，也铺砌了通往晋升之途的阶梯。

(3) 心理素质目标。在职业生涯途中，有人成功达到目标，有人半空而坠，区别其实不在机遇和外部条件，每个人的职业生涯发展过程中都会遇到这样那样的困难，只有心理素质合格的人才能正视现实，努力去克服困难，冲向卓越。而心理素质差的人只会怨天尤人、自暴自弃。为了你的职业生涯规划蓝图能够化为现实，千万别忘记不断提高你的心理素质。提高心理素质目标包括经受挫折、包容他议，也包括在暂时的成功面前保持清醒冷静。

（4）观念目标。观念是对人对事的态度、价值观。很多跨国大企业都有自己的观念文化，这些观念影响着员工的行为，也影响着组织、领导、同事、客户对员工的态度。随时更新自己的观念，让自己总是站在前沿地带，也是我们规划个人职业生涯的重要内容。

（三）职业生涯目标的组合

目标组合是处理不同目标相互关系的有效措施。如果只看到目标之间的排斥性，就只能在不同目标之间做出排他性选择；而如果能看到目标之间的因果关系与互补性，就能够积极进行不同目标的组合。

目标组合有三种方法：时间组合、功能组合和全方位组合。

1. 时间组合

职业生涯目标在时间上的组合可以分为并进和连续两种情况。

（1）并进

所谓职业生涯目标的并进，指同时着手实现两个平行的工作目标或建立和实现与目前工作内容不相关的预备职业生涯目标。有时候，外部环境给予我们的机会很多，这让我们面临多个选择，于是会出现两个或多个不同方向的职业生涯目标。只要处理得好，在一定时期内，是可以做到鱼与熊掌兼得的，当然，前提条件是你有足够的精力和能力来应对，对普通年轻人，我们仍然建议你在一段时间内只定一个大目标。

这里所说的“同时着手实现两个平行的工作目标”，指的是短期内进行的不同性质的工作，一般多为中、高级管理层“双肩挑”的情况。

而建立和实现与目前工作内容不相关的预备职业生涯目标，多发生在中、青年人身上，意在居安思危、未雨绸缪。例如，学校团支部书记为了今后获得更大的发展空间，在做好本职工作的同时，进修 MBA 课程。并进有利于我们开启潜能，在同样的时间内迎接更大的挑战；浓缩生命，发挥更大的价值。

（2）连续

连续是指用时间坐标做纽结，将各个目标前后连接起来，实现一个目标再进行下一个。一般来说，较短期目标是实现较长期目标的支持条件。目标的期限性是相对的，随着时间的推移，长期目标成为中期目标，中期目标成为短期目标，短期目标成为近期目标。只有完成好每一个近期目标和短期目标，最终目标才有可能实现。

职业生涯目标分为最终目标和阶段目标（长期目标、中期目标、短期目标、近期目标），各个阶段目标的设定大体与最终目标一致并互相关联。这里应该明确，阶段目标是在一段特定的时间内要达到的结果。如果将职业生涯的阶段目标转变为职业生涯最终目标，只需将各个阶段目标连接起来，加上一个时间表，再加上一个衡量目标达成结果的评估方式。

2. 功能组合

很多职业生涯目标在功能上可以存在因果关系或互补作用。

（1）因果关系。有些目标之间存在着明显的因果关系，如前面提到的工作能力目标与职务目标和收入目标，前者是因，后者为果，表现为：工作能力提高——职务提升——收入增加。通常情况下，内职业生涯目标是原因，外职业生涯目标是结果。

(2) 互补关系。一个管理人员希望在成为一个优秀的进口部经理的同时取得 MBA 证书，这两个目标之间存在着直接的互补作用。实际管理工作为 MBA 学习提供实践的经验体会；而 MBA 学习又为实际的工作提供理论支持和方法指导。同样的，高校教师往往同时肩负着基础教学和科研两项任务，教学基础为进行科研工作提供了理论基础和方法指导，科研实践又促进了教学内容的丰富更新和质量的提高。

3. 全方位组合

全方位组合已超越出职业的范畴，它涵盖了人生全部活动。全方位组合指职业生涯、家庭和个人事务的均衡发展，相互促进。事业不是生活的全部，任何一个人都不能离开家庭和休闲娱乐，完美的职业生涯规划不应把生活中的其他内容排斥在外。目标组合可以超越狭隘的职业生涯范围，将全部的人生活动联系协调起来。

【拓展阅读】

像竞选总统一样规划你的职业

为了竞选总统，竞选者的幕后团队总会以倒计时的方式来进行备战。他们会计算预期结果，预估大概要得多少选票才能当选。竞选前的每个月，团队都会制订详细计划，为了实现这个结果，得开展哪些具体活动。这些活动都具体到最周密的细节，比如在每一个地理区域需要招募多少志愿者，需要筹集多少钱，亲自拜访多少选民等。

你可能会犹豫，是否要像这样来设定并实现你的职业目标？答案当然是：YES!

1. 确定里程碑

进行职业规划的第一步是确定目标，哪怕只是暂定的目标。你可以周期性地更新自己的计划，或者创建新的、预先写好简历，使之与改变后的新目标相匹配。然后，选择一个目标并开始准备。就像在总统竞选中，你需要写下职业生涯的关键日期。然后，就像政治人物的竞选团队一样，倒计时开始执行你的工作计划。

2. 建立日志规划你的职业

你为职业生涯所设定的日程，是职业规划的核心内容。但是，该如何确定具体步骤？记得要保持灵活度。候选人总是会留出时间，为竞选辩论，政策评议和公开演讲进行相关的准备。你也应该为你想要获得的技能做准备，最大程度地利用日程表上的空闲时间。

可以运用下面三步来找到自己前进的方向：

对于那些已经实现你目标的人，确定他们所拥有的技能；

确认哪些是你可以自学的技能，对于不能自学达到的，确认正式学习需要的时间；

在日历上，绘制出你的技能发展规划。

3. 瞄准职场贵人

政治和职业生涯的关键因素都是你所认识的人。当一家财富 500 强的财务人员克里斯想要得到一个令人垂涎的副总职位时，他意识到是整个委员会而不仅仅是他的老板决定他是否会被提升。所以，他开始行动起来。他把公司网站上所有副总的简历打印出来，并标上不同的颜色：绿色是他的盟友，黄色是有一点熟识的人，红色是他完全不认识的人。“我发现页面上有很多红色，我需要改变它。”克里斯有了下一步目标。

加入并参与有影响力的团体活动很关键。正如政治人物需要当地选区委员会或者退伍军人协会的支持一样。想一想，哪些团体可以帮助你与想要认识的人建立联系，同时避开那些浪费你时间或者会产出最少回报的活动。

以下方法，可以帮助你精确找到职场贵人：

画一个权力地图，利用圈子来显示谁对你的职业有最大的影响力，相应地，什么人对这些人最有影响力；

找出你能为这些贵人做什么：贡献你的专业知识，提供项目协助，帮忙建立关系网络，并找到方法学习有价值的特殊知识和技能；

对于你想加入的团队，列一个清单。

4. 争取职场选票

在政治学中，有一条谚语是：选民至少七次听到你的名字，才会记住你。同样，为了有效进行职业规划，你必须让人们知道你是谁。

在总统竞选中，一个通常有效的政治竞选策略是：候选人经常拜访有影响力的捐赠人，并培养一群意见领袖。在职场中，你也需要制定策略，通过“回音室”，让权力地图上的所有人都认识你。总之，确保他们在哪都听到你的名字。

最后，当确认了有影响力的目标和策略之后，你就应该做出预约安排，并设定最后期限了。这周轮到和谁吃午餐？什么时候提交你的会议发言提纲？你的计划应当包含所有关键因素，从由外部确定的标志性大事件（你的年度评审）到长远目标（获取一个博士学位）到短期策略（志愿到一个会员委员会担任领导工作）。所有这些事情都有助于开创出一条清晰的路径图，从而帮助你达到目标。

像竞选战略家那样思考，能够帮助你设定清晰的目标、学习新的技能，以及与职业生涯中的重要人士建立联系。制订计划，能够保证你每天都有持续和重要的进步，让你更好地定位自己，去迎接制胜的未来。

三、制定行动计划方案

行动计划分为短期计划、中期计划和长期计划。长期计划一般是职业规划和设计中要达到的最高点或是一个相对较长时间（一般为5～10年）要达到的计划；中期和短期计划是指在实施长期计划的过程中必须要经历的阶段计划，从时间上来讲，中期计划一般为3—5年，具有一定的战略规划价值；短期计划又有日、周、月、年计划之分，一般应该清晰、明确、切实可行。

制定职业生涯规划行动计划，通常遵循以下步骤方法：

1. 行动计划思考准备

个人发展计划必备的要素？

我的职业目标是什么？

怎样才能实现职业目标呢？

2. **制订行动计划书**

完整的行动计划书应包含：题目、职业方向与总体目标、社会环境分析、学校分析、自身条件及潜力测评、角色及建议、目标分解、成功标准、差距、缩小差距的方案。

3. **实施行动计划**

实际行动。

做好记录。

分析行动结果。

利用一切资源和机会。

4. **反思改进**

发生了什么事？

为什么会发生？

结果如何？

现在怎么办？

该如何改进？

【拓展阅读】

只顾变化而无规划，发展只能随波逐流

很多行业进化速度非常快，且竞争异常激烈，每个人都希望能应对各种状况。越是发展快速、变化万千的行业，越需要尽早规划。

1. 把握趋势做规划，胜过随波逐流

不懂预测未来的随波逐流，才真正是在浪费发展的时间和精力，更糟的是会错过好机会。市场不断变化，产品时刻推陈出新，那么其中所呈现出的“趋势”是可预测的，而你需要做的就是，在一个方向上累积足够多的信息、知识和技能，对未来的趋势做出配套的发展规划，让自己的发展先行一步，而随波逐流只会让自己在面对机会时措手不及。

2. 前进的方向来自清晰的职业目标

因为有先前的经验和积累，才会对自己的未来发展有进一步的想法，有了目标才能有前进的方向，这样才知道该往哪里推进你的事业。面对瞬息万变的“变化”，你只有提前通过规划、制定具体的目标才能在风浪中掌握住自己的航向，找到属于你的“新大陆”。

3. 大方向不变，灵活调整阶段目标

明确了终极职业目标，大的发展方向不变，你要做的是根据每个发展阶段的不同需求、不同实际状况，对阶段性目标进行微调，增加或减少阶段性任务。这并不会影响你的发展，如果调整得当，或许还能让你的发展加速。在有明确目标下的发展微调，才能算是灵活的随机应变。

没有预见、没有规划、没有目标的“随机应变”都是效率极低的随波逐流，难以从中获得真正的成长。以不变应万变的智慧就是让你未雨绸缪的做好职业规划，沉下心在一个专业领域坚持走下去，保持“时刻准备着”的状态，无论迎面而来的是机会还是困难，你都能胸有成竹的应对。

第三节　制订职业生涯规划书

一、制订职业生涯规划书的原则

（一）匹配性原则

大学生做职业生涯规划设计时，首先需要建立在“人职匹配”的基本原则之上。所谓“人职匹配”，是指个人的职业定位和职业生涯目标的确定，需要将个人的需求特质（性格、兴趣、能力、价值观、理想、气质等）与职业生涯规划目标职业的需要相匹配，不能“南辕北辙”，要找到最佳的“匹配交集”。

（二）现实性原则

职业生涯规划设计的现实性原则是指在职业生涯目标设定的时候，不能只看自己适合什么、自己看重什么、自己胜任什么和自己喜欢什么，还要从目标职业的现实需要进行分析与评价。如果所设定的职业生涯目标所在行业已经进入衰退期，或者所选择的目标职业属于“夕阳职业”，或者目标职业的门槛过高抑或从事该职业的群体过小，都要考虑这些职业的客观现实是否真正能够支撑、实现自己的职业发展目标。大学生在做职业生涯规划设计时，要充分做好所选择行业、职业的发展现状和前景的调查分析，以使自己的职业生涯规划符合现实需要。在制订职业生涯规划方案时，要充分考虑社会与组织的需要。有需求，才有位置。

（三）辅助性原则

大学生职业生涯规划设计是一种自我管理的理念，是一套辅助自我职业发展管理的方法。要使职业生涯规划设计活动富有成效，就必须发挥个人的主体作用，按照职业生涯规划设计的步骤与方法去行动、去实践。职业生涯规划设计仅仅是一种外因，是一种辅助性的方法，大学生必须通过个人努力学习与实践，才能把职业生涯意识和就业意识、职业发展规划管理与就业观念及职业素质转化为个人的内在品质。大学生职业生涯规划设计实际上是在职业生涯规划方法与理念的引导帮助下，促进自我认识、自我教育、自我提高的过程。

（四）发展性原则

发展性原则是指大学生个体在设计职业生涯规划时，不仅仅局限于个体当前的发展，而且要考虑到个体未来的职业发展空间，职业生涯设计要有超前性和预测性。大学生在职业生涯规划设计时要将实现现实的自我与发展的自我（或称“未来的自我”）相结合，将实现今天的发展与明天的发展相结合，为个人的可持续发展奠定坚实的基础。在大学生规划中，仅仅只从自身实际出发，完成大学阶段基本的学习任务或发展任务是不够的，还必须拓宽视野，放眼未来，着力于社会对高素质、高层次人才的需要和适应多种岗位群工作需要的多种能力、多种素质的发展，以时代和社会的基本要求为前提，既要立足校园，又要超越校园，实现大学生规划与未来职业生涯规划相衔接。

（五）实践性原则

实践性原则是指大学生规划不能仅仅是规划，停留在口头上或纸面上，而是要用于指导实践，努力实践，成为大学生活实践的蓝本。列宁曾经说过，一个行动比一打纲领还重要。大学生规划实际上就是大学生生活行动的纲领，如果束之高阁，不付诸实际的行动，将毫无作用。因此，大学生不仅要很好地规划好大学生活，还要努力实践该规划，做到真正的知行统一，规划与行动相一致。

【拓展阅读】

烧开一壶水的智慧

一位青年满怀烦恼地去找一位智者，他大学毕业后，曾豪情万丈地为自己树立了许多目标，可是几年下来，依然一事无成。

他找到智者时，智者正在河边的小屋里读书。智者微笑着听完青年的倾诉，对他说："来，你先帮我烧壶开水！"

青年看见墙角放着一把极大的水壶，旁边是一个小火灶，可是没发现柴火，于是便出去找。

他在外面拾了一些枯枝回来，装满一壶水，放在灶台上，在灶内放了一些柴便烧了起来，可是由于壶太大，那捆柴烧尽了，水也没开。于是他跑出去继续找柴，回来的时候那壶水已经凉得差不多了。这回他学聪明了，没有急于点火，而是再次出去找了些柴，由于柴准备充足，水不一会就烧开了。

智者忽然问他："如果没有足够的柴，你该怎样把水烧开？"

青年想了一会，摇了摇头。

智者说："如果那样，就把水壶里的水倒掉一些！"

青年若有所思地点了点头。

智者接着说："你一开始踌躇满志，树立了太多的目标，就像这个大水壶装了太多水一样，而你又没有足够的柴，所以不能把水烧开，要想把水烧开，你或者倒出一些水，或者先去准备柴！"

青年恍然大悟。

只有删繁就简，从最近的目标开始，才会一步步走向成功。万事挂怀，只会半途而废。另外，我们只有不断地捡拾"柴"，才能使人生不断加温，最终让生命沸腾起来。

二、职业生涯规划书的基本内容

职业生涯规划书是对个人职业发展道路进行选择和设计的过程，规划的内容和结果应该在规划过程中及规划后形成文字性的方案，以便理顺规划的思路，提供操作指引，随时评估与修正。一份完整有效的职业生涯规划文案应该包括以下八项内容：

（一）标题

包括姓名、规划年限、年龄跨度、起止时间。规划年限不分长短，可以是半年、三年、五年，甚至是二十年，视个人的具体情况而定。建议大学生规划年限为三至五年。

（二）目标确定

确立职业方向、阶段目标和总体目标。职业方向即从业方向，是对职业的选择；阶段目标是职业规划中每个时间段的目标；总体目标即当前可预见到的最长远目标，也是在特定规划中的终极目标。在确定总体目标时，如果能适当地看得远些，定得高点，则有助于最大限度地激发规划者的潜能。

（三）个人分析结果

包括对自己目前的状况分析和对自己将来的基本展望，同时也包括对自己职业生涯有一定影响的角色的建议。

（四）社会环境分析结果

主要是指对政治、经济、文化、法律和职业环境等社会外部环境的分析。

（五）组织（企业）分析结果

主要是对职业、行业与用人单位的分析，包括对用人单位制度、背景、文化、产品或服务、发展领域等方面的分析。

（六）目标分解与目标组合

分析制订、实现目标的主要影响因素，通过目标分解和目标组合的方法做出果断明确的目标选择。

（七）实施方案

首先找出自身观念、知识、能力、心理素质等方面与实现目标要求之间的差距，然后制订具体方案逐步缩小差距，以实现各阶段目标。

（八）评估标准

设定衡量此规划是否成功的标准，如果在实施过程中无法达到制订的目标或要求，应当如何修正和调整。需要注意的是，文案内容的顺序与规划的步骤不是完全一致的。职业生涯规划的第一步就是要进行自我评估，其次是进行外部环境分析，然后才是职业目标的确立；而文案内容的顺序是先写出职业方向和总体目标，然后再写出自我分析和外部环境分析的结果。其实，这并不矛盾，因为文案的形成是建立在按正常步骤进行规划的基础之上的，将职业方向与目标提前，是为了阅读上的方便，突出核心主题——规划的目标，并有利于与实施方案进行对照、检查和修订。

三、职业生涯规划书的写作方法和技巧

（一）资料翔实，步骤齐全

收集资料有多种途径，可以通过访谈、从报刊图书中摘抄、上网下载等方式获取资料，要尽可能地注明资料的出处，并多运用图表数据来说明问题，以提高资料来源的可信度和说服力。步骤主要分为四步：

第一步分析需求，分析条件及目标设定；

第二步分析阻碍和可行性；

第三步设计方案和提升（改变）计划；

第四步制订详细的实施计划和措施。

（二）论证有据，分析到位

要了解有关的测评理论及知识，认真审视并思考自己的测评报告并对照自我认识与测评结果的异同，分析与测评结果形成差距的原因，从而确定自我评估结果，达到“知己”；要理清自己所处的环境（包括居住的地方、喜欢的地方、亲朋的意见等），明确自己最大的兴趣是什么，最喜欢与之共事的人的类型、最重视的价值与目标、最喜欢的工作条件是什么，再通过目前环境评估和当前社会环境分析来确定自己的职业方向，做到有理有据，层层深入。

（三）言简意赅，结构紧凑，重点突出，逻辑严密

语言朴实简洁，用词精练准确，行文流畅，条理清楚，这是写作最基本的要求。撰写时还应密切注意整篇文章的结构和重心所在。职业生涯规划书一般包含对职业规划的认识、对自我的剖析、对所学专业的认识、对职业方向的探索及确定目标并制订计划这五个方面的内容。在对这些内容进行分析阐述时，必须紧紧围绕职业目标这条主线来展开，从而体现文章论述的逻辑性和连贯性。要将重点放在自我评估、环境评估和目标实施上。职业生涯规划是对自己将来的规划，这个规划只有建立在对自我和职业的充分认识基础上才能体现出它的科学性和可行性。

（四）目标明确，合理适中

撰写职业生涯规划书应围绕论述的中心展开，职业生涯目标不能过于理想化，应“择己所爱”“择己所长”“择世所需”“择己所利”。职业生涯规划书撰写是否成功，在很大程度上取决于有无正确适当、切实可行的目标。

（五）分解合理，组合科学，措施具体

目标分解、实现路径选择要有理论依据，而且备用路径之间要有内在联系性。目标组合要注意时间上的并进、连续，功能上的因果、互补作用，全方位的组合要涵盖职业生涯、家庭生活、个人事务等方面。

课堂活动与练习

一、了解影响你生涯决策的要素

下面列出了很多可能会影响你未来做生涯决策的因素，请你仔细思考过后用 1～5 来表示它在你做决定时考虑的重要程度：1 表示非常不重要，5 表示非常重要。

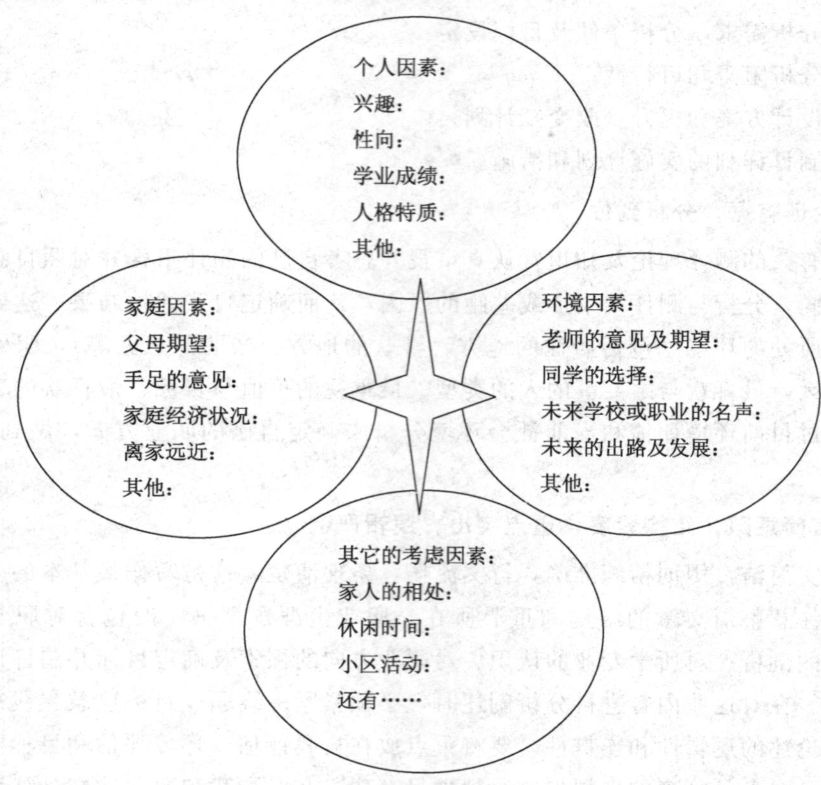

二、测一测你的决策类型

测试说明：

对于如何做决定每个人都有自己的独特方式，或者说独特的决策风格。有时我们会不满意自己的决策风格，那么首先让我们来测一下自己的决策风格吧！

序号	情景陈述	符合	不符
1	我常匆促做草率的判断		
2	我常凭一时冲动做事		
3	我经常改变我所做的决定		
4	做决定之前，我从未做任何准备，也未分析可能的结果		
5	我常不经慎重思考就做决定		
6	我喜欢凭直觉做事		
7	我做事时不喜欢自己出主意		
8	做事时我喜欢有人在旁边，可以随时商量		
9	发现别人的看法与我不同，我便不知该怎么办		
10	我很容易受到别人意见的影响		

序号	情景陈述	符合	不符
11	在父母、师长或亲友催促我做决定之前，我并不打算做任何决定		
12	我常让父母、师长或亲友来为我做决定		
13	碰到难做决定的事情，我就把它摆在一边		
14	遇到需要做决定时，我就紧张不安		
15	我做事总是东想西想，下不了决心		
16	我觉得做决定是件痛苦的事情		
17	为了避免做决定的痛苦，我现在并不想做决定		
18	我处理事情经常犹豫不决		
19	我会多方收集做决定所必需的一些个人及环境的资料		
20	我会将收集到的资料加以比较分析，列出选择的方案		
21	我会衡量各项可行方案的利益得失，判断出此时此地最好的选择		
22	我会参考其他人的意见，再斟酌自己的情况来做出最适合自己的决策		
23	经过深思熟虑之后，我会明确决定一项最佳的方案		
24	当已经确定所选择的方案后，我会展开必要的准备行动并全力以赴做好		

你平时是如何做决定的呢？下面题目中的句子，是一般人在处理日常事务及生涯决定时的态度、习惯及行为方式。请阅读这些句子并填写右边的选项，注意每一个选项无所谓对错，只要符合你真实情况就可以。当你完成下面的选择之后，将得分计算出来，看看你是属于哪一类的决策风格。

计分方法：选择符合的记1分，不符合的不计分。

生涯决策风格类型测试结果如表所示。

生涯决策风格类型测试结果

题号组	1～6题组	7～12题组	13～18题组	19～24题组
得　分				
决策类型	冲动直觉型	依赖型	逃避犹豫型	理性型

得分最高一组代表主要生涯决策类型。

生涯决策类型分析：

根据学者Harren（1979）的观察，大部分人的生涯决策方式可以归纳为直觉型、依赖型、理智型三种，另外还有犹豫不决型等。

(1) 直觉型：直觉型以自己在特定情境中的感受或情绪反应做出决定。这种类型的人做决定时全凭感觉，较为冲动，较少会系统地收集其他的相关信息，但他们能为自己的抉择负责。

(2) 依赖型：依赖型是指等待或依赖他人为自己收集信息并替自己做决定，有的甚至到处求神问卜，找算命先生帮助。决策时不去有系统地收集信息，决策较为被动与顺从，十分关注他人的意见和期望，从而做出选择。对于此类的人而言，社会赞许、社会评价、社会规范是他们决定的标准，他们的口头禅是："爸妈叫我去……""我的男朋友/女朋希望……""他们认为我很合适""他们认为我可以，可是……"

(3) 理性型：理性型决策合乎逻辑，系统地收集充分的生涯相关信息，且分析各个选项的利弊得失，按部就班，以做出最佳的决定。

(4) 犹豫不决型：此类型的人虽然收集很多的相关信息，问东问西，但却常常处在挣扎、难以下决定的状态中。

经过前面的测验显示你是属于哪一类型？喜欢这样的自己吗？你认为如何做可以使自己更完美？

三、SWOT 职业决策分析

在生涯机会评估的工具中，SWOT 分析是最基本的方法，通过它能很容易知道自己的优点和弱点，并且可以详细地评估出自己所感兴趣的不同职业道路的机会和威胁所在。其中 S 代表 Strength（优势），W 代表 Weakness（弱势），O 代表 Opportunity（机会），T 代表 Threat（威胁），其中，S、W 是内部因素，O、T 是外部因素。

运用 SWOT 方法对职业生涯机会评估时，应遵循以下步骤：

1. 评估自己的长处和短处

列出自己喜欢做的事情和长处，同样，通过列表找出自己不是很喜欢做的事情和弱势。通过分析自己的长处和短处，可以作两种选择：一是努力去改正易犯的错误，提高技能；二是放弃那些对不擅长的技能要求很高的职业机会。

2. 找出外部的机会和威胁

不同的行业（包括这些行业里不同的公司）都面临不同的外部机会和威胁，所以，找出这些外界因素将有助于评估自己的生涯机会。如果公司处于一个常受到外界不利因素影响，那么这个公司能提供的职业机会很少且具有不确定性。相反，充满了积极的外界因素的行业，将为求职者提供广阔的发展前景。

通过 SWOT 分析方法对职业生涯机会进行评估，全面地从内外部环境对自身的优势、劣势和机会、威胁进行分析，生涯机会前景就会清晰地显现出来。当然，对自身和外界环

境的分析是一个渐进的过程，不可能一蹴而就。只有在不断地思考和对信息的充分利用上才能准确地把握，必要的时候还应该去咨询老师或者职业指导专家。

现在，根据自己实际情况，针对自己的职业生涯目标，做自己的 SWOT 分析。

	机会	挑战
优势	“优势—机会”策略	“优势—挑战”策略
劣势	“劣势—机会”策略	“劣势—挑战”策略
职业决策结论		

四、制作职业生涯平衡单

生涯平衡单技术是由詹尼斯和曼（Janis 和 Mann）设计，将重大事件的思考方向集中到四个主题上：

1. 自我物质方面的得失
2. 他人物质方面的得失
3. 自我赞许与否
4. 社会赞许与否

台湾生涯辅导专家金树人将最后的两项“自我赞许与否”和“社会赞许与否”改为“自我精神方面的得失”与“他人精神方面的得失”，就是从以“自我—他人”，以及“物质—精神”所构成的四个范围内来考虑。如图 6-4 所示：

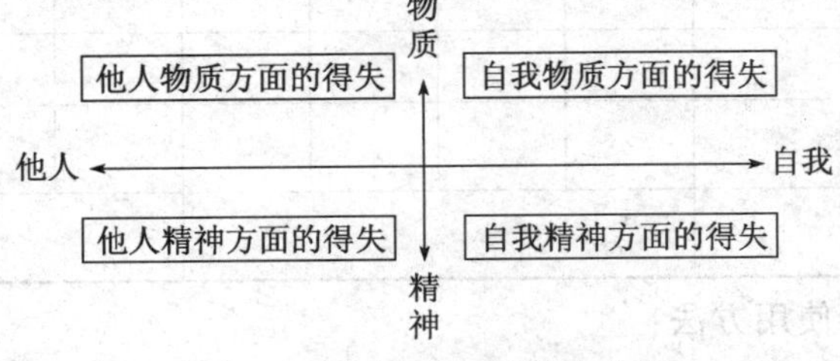

图 6-4　生涯决策平衡单的主题

生涯决策平衡单，如表 6-2 所示。

表 6-2　生涯决策平衡单

考虑项目（权重－5——＋5）		选择一				选择二			
		得（＋）		失（－）		得（＋）		失（－）	
		原始分	加权分	原始分	加权分	原始分	加权分	原始分	加权分
个人物质方面的得失	1. 收入								
	2. 工作的困难								
	3. 升迁的机会								
	4. 工作环境的安全								
	5. 休闲时间								
	6. 生活变化								
	7. 对健康的影响								
	8. 就业机会								
	9. 其他								
他人物质方面的得失	1. 家庭经济								
	2. 家庭地位								
	3. 与家人相处时间								
	4. 其他								
个人精神方面的得失	1. 生活方式的改变								
	2. 成就感								
	3. 自我实现的程度								
	4. 兴趣的满足								
	5. 挑战性								
	6. 社会声望的提高								
	7. 其他								
他人精神方面的得失	1. 父母								
	2. 师长								
	3. 配偶								
	4. 其他								
合计									
得失差数									

生涯决策平衡表的使用方法：

第一步：在第一行列出你的可选职业生涯方向的方案。

第二步：在“考虑项目”一列中，根据个人关注的内容，填入在选择中需要考虑的因素。(以上表格所列项目仅为参考范例，个人可根据各自实际情况罗列)

第三步：将表的各项加权打分。

1. 根据各方案具有的优势（得分）、缺点（失分）来考量，给出每个项目的得分或失分，计分范围1—10分。

2. 给每个“考虑项目”赋予权重：重要性因人、因时、因地而不同。对于此刻的你，可以根据考虑项目的重要性与迫切性，乘上权数，加权范围1－5倍。

第四步：合计每个方案的优点总分和缺点总分，正负相加，算出得失差数。

五、选择的机会成本

迈克尔，一名才华出众的毕业学生，正准备从两份工作中选一份。工作A，起薪很不错，但晋升机会一般，不过有相当好的社保福利，还有一个友好宽松的工作环境；工作B，起薪一般，却有非常好的晋升机会，社保福利一般，并且工作环境非常正式且等级森严。

正当迈克尔在工作A和工作B之间举棋不定时，又冒出了工作C。工作C在一个魅力十足的城市，在得到这个工作机会之前，他从来没有考虑工作地点的问题，但是现在他觉得可以考虑一下。工作A和工作B所在的城市与工作C所在的城市相比，哪个更吸引人呢？工作C在薪水、社会福利上是不是能和工作A、B相媲美呢？

随后，事情变得更复杂了。迈克尔又得到了一个工作D，工作地点离家和朋友们所在的城市很近。这一点迈克尔之前也没考虑过。然而这对他又有多重要呢？迈克尔的女朋友在工作A所在的城市找到了工作，此时他又应该把女朋友放在第几位呢？这段恋爱关系对他有多重要呢？

迈克尔在做决定前要问自己好几道难题：愿不愿意放弃高薪换取晋升机会？愿不愿意牺牲更好的工作去一个更有魅力的城市？愿不愿意放弃这两个优厚条件来换取合家团聚？愿不愿意不顾一切地和女友在一起？

选择多的坏处之一就是，列表中每增加一个新选项，这些要取舍的东西就会产生负面的心理效果。不得不做选择这件事本身就会影响我们的感知，决定越重要，这种取舍对最终结果的满意度的影响就越大。

如果你是迈克尔，你会如何选择？

六、写一份求职简历

1. 根据自己理想的求职目标，写一份求职简历和求职信，并准备好求职其他相关材料。

2. 将上述准备好的个人简历和求职信拿出来分享，请同学、老师和企业招聘人员提出意见和建议，评价其优势和不足。

(1) 同学的建议：________________________________

（2）老师的建议：________

（3）招聘经理的建议：________

网上精品视频课程

大学生职业生涯决策

用手机“扫一扫”下面的二维码，用浏览器打开相应网址，进入视频课程学习。

专家视角

一、职业生涯明智选择的十一个方法

当你做了一个选择，但结果并不好，或者你发现有更好的选择时，你很有可能会后悔。下面一些对这个充满选择的世界的方法，其中很多对降低后悔的倾向有直接的作用。

（一）把精力集中在最重要的选择上

我们知道，拥有选择的机会对主观幸福感非常重要，但是选择本身也有劣势，选择越多，这些劣势也就越明显。拥有选择的优点是显而易见的，但缺点却以微妙的方式逐渐积累。也就是说，并非某个特定的选择出了问题，而是所有选择共同导致了最后的结果。

放弃选择的机会并不容易。要做到这一点，关键是要意识到，大多数时候对我们最重要的，是某个决定导致的主观感受而非客观结果。就算你能得到更好的，如果你在做选择时很不满意，那么就根本没有从中得到好处。很多时候，就是因为有过量的选择，才产生更好的客观结果和更糟糕的主观感受。

要应对过量选择带来的问题，必须首先明确究竟哪些选择对生活来说是最重要的，然后把时间经历都集中到重要决策上，其他的则可以放到一边。通过限制选择的数量，我们可以少做一点选择，多一点舒心。

不妨试试下面的方法：

回顾最近所做的选择，无论大小；

逐项列出做以上选择时采用的步骤、花费的时间、所做的研究以及做选择时的焦虑

程度；

回忆自己做选择时的感受；

问问自己、花这些功夫去做选择到底得到了什么。

这个练习可以让你更深刻地意识到选择的成本，让你放弃某些选择，或促使你建立一个筛选标准，确定需列在重点考虑之列的选择，掂量每个选择需花费的时间和精力。

（二）成为选择者，而不是捡拾者

选择者是这样一种人：他们知道何谓重要的决定，知道何种情况下不应该做出选择，知道何时应该寻找新的选项，也知道如何选择更能凸显自己的不凡之处。能为自己和他人创造选择机会的正是选择者。不过面对海量选择时，我们通常会被迫成为捡拾者，只能被动地从已有选项里挑选。做选择者固然好，但要想多点自主选择，少点被动捡拾，我们就得学会在选择时自发地运用固有的习惯、习俗传统以及社会规范。

选择者有时间修正目标，捡拾者则没余地做出调整；选择者有时间避免从众，捡拾者则只能随波逐流。作出明智的决定需要消耗时间专注思考，只有选择者才能做到。

当你回顾最近所做的选择时，会更清楚自己付出了多少，也会发现什么是自己真正在意和不在意的东西。你可以：

少花时间决定无关紧要的事；

用省下来的时间问问自己，在人生中的重大抉择中，你想要的到底是什么；

当你发现现有的选项没有一个符合自己的要求时，不妨思考怎样创造出更好的选项。

（三）做一个满足者，而不是最大化者

在选择过量的社会里，最大化者会受更多的苦。最大化者畅游不切实际的期望，他们害怕后悔，不愿失去机会，害怕跟别人比较。当选择的结果不尽如人意时，最大化者将会非常的失望。

学会接受“够好”的选择既可以减轻负担又能增加满足感。尽管在客观上，满足者可能不如最大化者做得那么好，但是如果“最好的”可望而不可即，最后还是只能选择“够好的”，满足者就会比最大化者感到好受很多。

我们必须承认，有时我们确实很难满足于“够好”，明明能做得更好却没有行动是很让人懊恼的事情。此外，这个世界上有很多人都在试图说服你，在有“更新更好”的选择时，仅仅选择“够好”是不够的。尽管如此，就算再苛求的人也不至于在生活的各个方面都做一个最大化者，人们至少有那么几个方面会比较容易感到满足。关键是要学会拥有知足常乐的心态，享受这个过程，让它渗透到生活中的点点滴滴，而不是让其任意发展。一旦成为一个懂得满足的有心人，和别人的各种比较就不再重要了，后悔也减少了。这样一来，即便身处这个复杂且选择过剩的社会，内心也会更平静。

然而，要成为一个满足者，需要你慎重地反思自己的目标和雄心，是你做选择时能够设定“够好”的标准。要知道什么是“够好”，需要了解自己，知道自己在乎的究竟是什么。所以你可以：

回忆生命中那些曾经因“够好”而满足的时刻；

仔细想想那些时候你是如何进行选择的；

把这些技巧运用到其他选择上。

（四）别太在意机会成本

做决定之前想想别的选项并没有错，如果无视这些“机会成本”，可能会高估最佳选项的优点。可另一方面，我们对机会成本考虑得越多，就会越不满意最终的选择，所以反倒是不要多想那些已经被否决的选项为好。

光是想想那些被淘汰的选项的优点，就会削弱对最终选项的满意度，鉴于此，有人建议我们干脆把机会成本通通忘掉好了。可是如果不跟别的选项比较，我们就无法知道自己所选的到底有多好。比如，所谓的“好投资”，就是相比其他投资，这项投资的回报率更高。由于缺少绝对标准，适当考虑机会成本也是必需的。

但也要谨记过犹不及。在这方面，次级决定可以帮上一些忙。当我们决定不去做某些决定时，就不需要考虑什么机会成本。成为满足者也可以有所裨益。因为满足者对“够好”的东西有自己的标准，和最大化者相比，他们更少依赖选项之间的比较。对满足者来说，所谓“好投资”不过是回报率比通货膨胀率高，其他的就不用劳神思考，不用考虑机会成本，不用去想如果把钱用在别的地方会不会更好。

下面的几句小俗语可能有助于较少思考机会成本时带来的失望：

除非真的很不满意，否则还是买常用的那款；

不要轻易被所谓的“新款或改进版”所迷惑；

没“痒”别乱“抓”；

不用担心选了这个，就没办法拥有其他新东西。

（五）做不可逆的选择

当我们可以对某个选择反悔，满足感就会降低，要是某个选择是不可更改的，我们就会采用多种心理机制，使自己将所选择的那个和别的比较时感到好受一点。如果某个决定时可逆的，这些心理机制就没什么效果了。

做重大决策最能体现不可逆选择的威力。寻找终身伴侣跟到商场购物不同，两者不能相提并论。面对更具吸引力的选择，收获幸福和安宁的唯一途径就是对自己说：“我已经选择了自己的终身伴侣，就算那个谁长得再好看，也与我无关。”挣扎于你和伴侣的爱是不是真的，苦恼生活的质量是否达到平均水平，以及总是想你能否做得更好、找到更好，皆是痛苦之源。一旦做了不可逆的选择，你就可以把更多的精力放在改善已有的关系上，而不是进行无谓的猜疑。

（六）培养感恩之心

我们对事物的评价很容易受比较的影响，比较的对象甚至可以是虚构的。同一种体验可以好坏并存，而我们是否对其满意，取决于我们关注的是哪一面。如果总是想象有更好的替代品，我们的选择就会显得很糟糕，而当我们想到有比它更差的选项时，我们的选择就会显得很不错。

下意识地用感恩之心看待我们的选择或体验，减少对消极方面的失落感，就能让心情

变得更好。

感恩之心并不是自然自发产生的。一般来说，对已选选择的不满会引发我们去想可能的替代选项。要是生活不如意，我们就会想怎么才能过得更好。要是日子过得还不赖，我们就不会想它变差后会怎样。只要通过训练，我们都可以学会更积极地看待事物，对生活中的好事也会相应地感觉更好。

感恩也需要训练，如果你给自己的目标过于笼统，就不会真的去做。不如考虑一下下面的简单步骤：

在床头放个记事本；

每天临睡前，在本子上记下这一天里发生的值得感恩的 5 件事。有时可能是大事，例如第一次约会，但大多数时候会是小事，比如看到明媚的阳光穿透寝室窗户洒落房间、听朋友说了一句舒心的话、吃了一条可口的红烧鱼，或者在杂志上读到一篇好文章。

刚开始这样做的时候你也许会觉得很傻，但如果坚持下去，你会发现越来越简单，越来越自然。你还会发现，原来最普通的日子里也有那么多事情值得感激。最后，你会发现自己对生活越来越满意，不再渴望找什么“更新更好”的玩意儿来改善生活。

（七）告诉自己不后悔

无论是感到自己可能后悔还是真的追悔莫及，后悔带来的刺骨之痛都会影响人们的选择。虽然后悔在很多的时候都有其合理性和启发性，但当它强烈地影响了我们的选择时，就该想方设法减少它。

我们可以用下面的方法来减少悔意：

采用满足者而不是最大化者的标准；

在做决定前，减少选项的数量；

对决定的好处心存感激，而不要纠结于不好的方面。

生活是如此复杂，任何一个我们以为能改变一切的决定，其实都渺小无比。

（八）为适应做好心理准备

我们会适应任何有规律可循之物。生活艰难时，适应能使我们免受困难的冲击。生活不错时，适应就会让我们踏上“享乐跑步机”，消耗我们从积极体验中获得满足的能力。我们没有办法阻止适应的发生，我们能做的，就是对不同阶段的体验做出符合实际的期望。

关键是要记住，无论高档音响设备，还是豪华轿车都不会像我们最初体验的那样，源源不断地给我们带来欢乐。学会在愉悦感减弱后依然感到满足，当适应发生时才不会感到失望。我们也可以采用满足者的策略，通过减少做决定所花的时间和精力，来减少适应带来的失望。

为了减少失望，更好地适应现象做好心理准备，我们可以试试下面几点：

买新车的时候要明白，无论你买的车多好，两个月后，你都不会像现在这样激动；

少花些时间去找完美的东西，你就不会因为高昂的搜寻成本而减少从最终选择中得到的满足感；

提醒自己关注现在的事物有多美好，而不是关注它们现在没有原先那么好。

（九）控制过高的期望

我们对体验的评价大多受到期望的影响，若想增加选择的满足感，最简单的方法就是不要对它们期望太高。然而说比做容易得多，尤其是在这个鼓励高期望的世界，到处都是选择，以至于让人以为总能找到完美选项。要想把降低期望的任务变得容易一些，你可以：

减少选项的数量；

做一个满足者而不是最大化者；

留心那些突如其来的意外事件。

（十）学会避免社会比较

我们通过与他人比较来评价自己的体验。虽然社会比较能提供有用的信息，但也常常减少我们的满足感。所以少一点比较，我们的满足就会多一点。类似“少管别人在做什么”的建议很容易说出来，但要做到就不简单了。别人在做些什么显而易见，而我们中的大多数好像都很在意地位，因为有些生活中的重要资源（比如好大学、好工作）只有同辈中的优胜者才能获得。然而，社会比较对我们的身心健康影响恶劣，所以还是少一点为妙。满足者比最大化者更懂得如何避免社会比较，学会接受“够好”，就足以降低对他人在做什么的关注。

我在其他的一些建议里也提到过，当用绝对的标准来衡量问题时，人们对结果的感觉会没那么好。不采用绝对标准，是避免社会比较的好办法。所以你应该：

关注让你快乐以及让你的生活有意义的事物。

（十一）把选择的限制看成解放而非束缚

随着我们面对的选择越来越多，选择的自由最终会变成选择的暴政。常规的选择过程花费太多的时间和精力，使每一天都变成煎熬。在这种情况下，我们应该学会把选项的限制看成是解放而不是束缚。社会为选择提供规则、标准和规范，而个人经验则形成习惯。遵循规则使我们得以避免一次又一次地做出费劲的决定，帮我们省时省力，把时间花在那些尚无规矩可循的选择上。

短期来看，初级决定也就是关于生活中什么时候需要深思熟虑，什么时候可以走捷径的决定，为生活增添了一丝复杂性。但长期来看，很多日常的麻烦将因此而消失，我们会发现自己有更多的时间和精力，去思考那些保留下来但还没有做出选择的问题。

想想养在鱼缸里的鱼，生活在这个受到限制但也受到保护的世界里，小鱼可以去试验、去探险、去创造、去谱写它的未来，而不用担心挨饿或者被吃掉。没有鱼缸也就没有了限制，但小鱼可能要拼尽全力才能活命。有限制的选择和有约束的自由，使得小鱼可以想象各种美妙的可能性。

综上所述，从中我们可以有很多重要收获，其中一些结论并不那么显而易见，有一些甚至违反我们的直觉，比如：

想过得更好，就应该在选择的自由上自愿接受一些限制，而不是完全拒绝束缚；

想过得更好，就应该追求“足够好”，而不是“最好”；

想过得更好，就该降低对选择结果的期望；

想过得更好，做决定时就不应该给自己留退路；

想过得更好，就应该少关注身边的人在做什么。

有些生活中的常识，如选择越多越好、高标准出好结果、有退路总比没有好，正好与上面提到的结论截然相反。我希望告诉大家，这些常识其实是错的，至少在我们做决定时，不是选择越多我们就会越满意。

我们要去了解那些让人不堪重负的选择，因为它们对人类生活方方面面的影响不容忽视。要建立过量选择的档案，我们必须从需求层次的底层开始，慢慢往上走。

（引自：《大学生职业发展与规划实训教程》，有删减）

二、大学生职业发展决策存在的问题

（一）自身利益和现实需要的冲突

大学生在选择职业时比较在意自己利益，较少考虑社会利益。比如，在选择就业单位时，一部分大学生对工资待遇、行业发展前景等职业的外在条件过分在意，一定程度上忽视了社会的需求。还有一些大学生毕业后没有过硬的知识技能，缺乏实践经验和吃苦耐劳精神，个人能力和社会需求有差距。由于没有平衡自身利益与现实需要的冲突，在实际工作中，他们难免会遇到困难和挫折，有时还会对职业发展产生负面影响。

（二）职业决策信息不充分

信息的充分性会影响到职业决策的效果。一些大学毕业生在选择就业单位及职业时，往往只能凭关于职业外在的少数、有限的信息如工资待遇、地理环境、单位的规模和知名度等做出职业决策，而对企业发展战略、企业文化、人力资源管理等内在信息缺乏了解，这样的决策会引起供求双方的需求错位，导致人力资本的浪费和招聘企业用人成本的提高。当前大学生初次就业的巩固率不高，据统计一年后的巩固率只有20%，这与大学生进行职业选择时信息不充分有很大的关系。

（三）人职不匹配倾向

当前大学生选择职业时十分注重提升个人能力，但他们却没有准确了解某一职业在当前经济社会发展中所处的位置、未来发展的趋势、职业的特点以及对从业人员特质的需要，没有把个人特质同社会的需要、职业的需求进行很好的匹配，找到个人与社会的结合点。中国人力资源网的调查统计显示，大学生和企业人士在“解决当前大学生就业难的方法”上的选择有很大不同。在企业人士看来，最主要的是“学生的就业心态”，而“学生提高职业素质”、“提高学生技能”是其次；而在学生看来“提高技能”及“提高职业素质”是最主要的，“理性就业心态”反而次要。这从一定程度上反映了职业决策时人职不匹配的倾向。

（引自：《赢在起点——大学生职业规划与就业准备》，现代教育出版社，有删减）

一、经验让你与众不同

经验是靠时间堆砌出来的，唯有经过了漫长的过程才能获得，而体验却是随时随地的，或许你的人生刚刚迈出一步，完全谈不上经验，但是你却可以用你的真心去体验和感受你的第一步。从大量的校园招聘案例以及校园新人走上工作岗位后的表现来看，假期实习是学生间产生差异性的重要因素之一。相对于轻漫稀松的假期安闲，度过一个紧张有意义的假期实习，对在校生而言，产生的深远价值很可能是你现在所料想不到的。

近年来很多企业的人力资源部大量使用实习生，即在校的大学生，有本科生，也有硕士研究生。学生与学生的差别是非常显著的。

有一次，为准备年终的工作总结，人力资源部请一位大学三年级的女学生做PPT，人力资源部主管讲好思路、写作的框架和要求，由她将主管的想法用PPT来展现出来。人力资源部主管和这位大三的学生谈了两个小时，这个女同学用两个小时完成40多页的PPT，这时，正好是六点，下班时间到了，她说学校有些事，就先回学校了。

后来，主管想使一个人员数据的分析表更精细化一些，需要修改一个饼图，就请另一位实习生稍做改动。没想到，就这样一个小小的修改，她用了几个小时也没有完成。这两个实习生是同一个学校同一个专业同一个班的同学，但是两个人的差距竟然如此之大，后一位女生红着脸和我说："她以前在实习的时候做过，我都没接触过这些工作。"可见实习对一个学生来说，尤其是广大的"草根"人群，有着非常重要的价值。

（引自：《设计人生——打造未来美好职业生涯》，现代教育出版社，有删减）

二、最大的麦穗

一天，古希腊的哲学家苏格拉底，带领几个弟子来到一块麦地边，那时正是大熟的季节，地里满是沉甸甸的麦穗。苏格拉底对弟子们说："你们去麦地里摘一个最大的麦穗，只许进不许退，我在麦地的尽头等你们。"

弟子们听懂了老师的要求后，就走进了麦地。

地里到处都是大麦穗，哪一个才是最大的呢？弟子们埋头向前走。看看这一株，摇了摇头；看看那一株，又摇了摇头。他们总认为最大的那一穗还在前面呢。虽然，弟子们也试着摘了几穗，但并不满意，便随手扔掉了。他们总以为机会还很多，完全没有必要过早地定夺。

弟子们一边低着头往前走，一边用心地挑挑拣拣，经过了很长一段时间。

突然，大家听到了苏格拉底苍老的如同洪钟一般的声音："你们已经到头了。"这时，两手空空的弟子们才如梦初醒，他们回头望了望麦垄，无数株小麦摇晃着脑袋，似乎在嘲笑他们。

苏格拉底对弟子们说："这块麦地里肯定有一穗是最大的，但你们未必能碰见它；即使碰见了，也未必能作出准确的判断。因此最大的一穗就是你们刚刚摘下的。”

苏格拉底的弟子们听了老师的话，悟出了这样一个道理：人的一生仿佛也在麦地中行走，也在寻找那最大的一穗。有的人见到了颗粒饱满的“麦穗”，就不失时机地摘下它；有的人则东张西望，一再地错失良机。当然，追求应该是最大的，但把眼前的一穗拿在手中，这才是实实在在的。

（引自：《大学新生生涯导教师用书》，现代教育出版社，有删减）

课外实践与作业

生命之花

生命之花，又叫作平衡轮，是一个生涯教练工具。这个工具可以帮你：(1) 看到生活的全貌，(2) 发现自己真正想做的事情，(3) 开始排入日程，(4) 让他们互相平衡、支持、启发，全部都能实现。

每个人每天都有无数闲散时间——上课，发呆，刷淘宝，无所事事，在宿舍看无聊的韩剧。用这些零碎时间做点让自己生命质量提高的事情，向自己希望的方向发展。就用这个工具来试试看吧。

第一步：画一个空白的花

生命之花很好画，在一张白纸上，先画上一个圈，然后是一个交叉的 XY 轴，再加两条斜线。画面变成了 8 个等分的花瓣。一个空白的生命之花就出现了。

依次填上生命平衡与幸福最重要的 8 项内容，标准版本的生命之花的内容顺时针为：

职业发展——你的职业发展方面。

财务状况——你的财务方面。

个人健康——身体、心理健康方面。

娱乐休闲——这个，不用说了吧。

家庭——如果有自己的家庭，指自己的。未组建家庭的，代表原生家庭。

朋友和重要他人——你总还有不是亲人，却不可失去的人吧。

个人成长——知识、能力、眼界、心灵的成长，都是个人成长。

自我实现——也许与工作无关，但是能够发挥你的天赋，实现你价值的事！

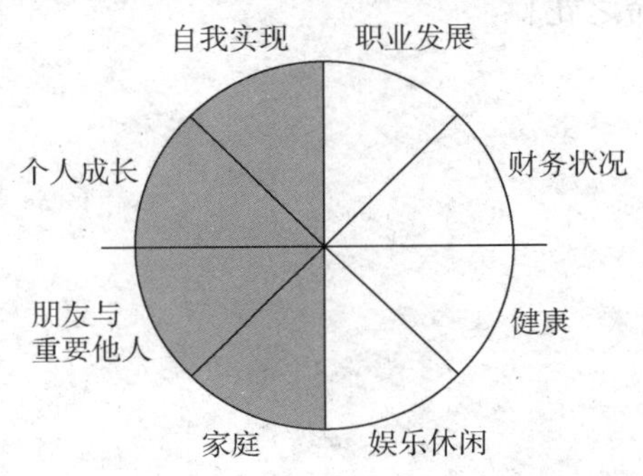

仔细看看，你会发现这个平衡轮内有玄机，上半边主要是向外的，目标型的。下半部分更多是向内的，关系型的。有人的生命之花上半截很好，下半截不行，头重脚轻，这种迟早会失衡。而脚重头轻的人，则容易长成土豆，过于保守和安逸。

每个象限也有自己大类：职业发展、个人幸福、他人关系、自我实现四个大类。一个人如果能够在一个月之内，为自己的职业、幸福、关系和梦想都做点事情，这个月怎么会不好呢？

话说——开满鲜花的花园，不会长草！

第二步：开始填写

当这 8 个维度放好，你就可以开始填写了。一开始不要多，在每一个圆弧边画一个小点，代表一个事项。一个维度就填写最重要的三件事情就好。等到一两次熟练了，你可以尝试填写更多，但是永远不要超过 5 项！

第三步：填入计划

例如：安排生命之花的顺序可以这样：

1. 先安排比较硬的时间——一般来说，职业和财务时间都是比较硬的，因为有很多人协作，轮不到你安排。

2. 然后安排健康时间和家庭时间；健康时间因为你的身体需要持续的有规律的时间，所以需要提前安排。家庭时间因为你家人的时间相对固定，也需要第二个插空。所幸这些时间不会太长，一般一天 1 小时时间足够了。

3. 然后是个人成长与自我实现的时间。这部分时间其实是整个罗盘的启动机，很重要。

4. 为什么娱乐休闲与重要他人放在最后？因为这是我自己最有动力做的事情，所以即使插空，时间不对，环境不好，我也会去做的！

按照这个原则，把每个月的每一个晚上也就差不多都放上去了。然后整体看看：

1. 有没有前后冲突？

2. 有没有可以合并的？

很多个人成长、朋友聚会、家庭聚会其实完全可以整合一起。

3. 有没有机动时间？

一周至少给自己留一个晚上机动时间。（大家看日历，每周至少一天是空的）

这样一来，一个月的计划就定下来了。熟练的话从画图开始，加上即兴查资料，打电话确认的时间，一共是 1～2 小时。慢的话，画一个晚上也值得。一般在每月第一天来做。

你可以画出自己的生命之花！

第七章　潜能密码——打造卓越职涯素养

智力比知识重要，素质比智力重要，觉悟比素质重要。

——张瑞敏

修养的本质如同人的性格，最终还是归结到道德情操这个问题上。

——爱默生

本章地图

第七章　潜能密码——打造卓越职涯素养

- 【阅读与思考】
  - 一、哈佛大学的老鼠实验
  - 二、俞敏洪：走出人生的“舒适区”，你才可能有所突破
- 【体验感悟与反思】测试自己的“职商”
- 【基本理论与知识】
  - 第一节　个人修养
    - 一、积极心态
    - 二、正向思维
    - 三、人格养成
    - 四、诚信正直
    - 五、追求卓越
  - 第二节　职业探索的方法与任务
    - 一、领导力
    - 二、高效沟通
    - 三、培养沟通能力
    - 四、创新能力
    - 五、团队合作
- 【课堂活动与练习】
  - 一、打造个人品牌
  - 二、二十一天养成一个好习惯
  - 三、天生我才——学会欣赏自己
  - 四、解手链
- 【网上精品视频课程】发展生涯能力
- 【专家视角】
  - 一、习惯的力量
  - 二、塑造积极心态的方法
  - 三、决定职业生涯成功的正能量
- 【案例与故事】
  - 一、周杰伦背后的方文山
  - 二、你在约会，正是别人拼搏的光阴
- 【课外实践与作业】制作你的个人修养名片

一、哈佛大学的老鼠实验

哈佛大学心理学教授罗森塔尔曾经做过一个教育效应的实验：他把一群小白鼠分成两组并告诉学生实验者，用来进行迷津实验的老鼠来自不同的种系：聪明鼠和笨拙鼠。把聪明鼠交给学生实验者时，告诉他们，这一群小白鼠属于特别聪明的一类，要好好训练；把笨拙鼠交给另一个实验者时则告诉他，这是智力很普通的一群。两个实验员分别对这两群老鼠实行训练。一段时间后，他们对小白鼠进行测试。测试的方法，是让小白鼠穿行迷宫。对于小白鼠来说，走出去，就有食物吃。但是，走出去的过程中，它们经常碰壁，只有聪明的，具有一定记忆力和智力的小白鼠才可能走出去。实验结果发现，A组小白鼠比B组小白鼠聪明得多，几乎都很快走出去了。实验结果得出了聪明鼠比笨拙鼠犯的错误更少的结论，而且这种差异具有统计显著性。罗森塔尔教授对学生实验者测试老鼠时的行为进行观察，并没发现欺骗或做了其他使结果歪曲的事情。

针对这个结果，罗森塔尔教授指出，他对两群老鼠的分组是随机的；他根本不知道哪个小白鼠更加聪明，他只是把小白鼠任意分成两组，把其中一组说成聪明的，给了A组实验员，而把另一组说成普通的，给了B组实验员。

（引自：百度文库，《聪明鼠和笨拙鼠》，有删减）

二、俞敏洪：走出“舒适区”，才能有所突破

1. 找到自己的节奏

我的故事大家都知道，在大学里整整5年，没谈过一次恋爱。说明我没有任何成绩、才华上的优势。奋斗到大三，我得了一场病，于是住在医院里想通了两件事情，发现跟人比已经毫无意义，肺结核不要命，但是在当时是几乎要命的病。

你应该靠自己去创造一个不同的生活，而不是说比别人更加高级的生活。这个世界上没有谁比谁高级，大家觉得老潘的生活跟一个非常专注的乡村老师、把孩子教得很好的老师生命价值相比到底哪一个高？老潘有老潘的价值，乡村老师有乡村老师的价值，这些价值都没有高低之分。

所以这样一想以后就变得比较豁然开朗了。从此按照自己的节奏来过生活，也在寻找自己的事业。

2. 做新东方出乎意料

我知道人还是要进步。你不能说我就这样了，因为人最怕待在某种舒适环境。到达一定程度以后就不太愿意动了，但人往往却会绝地反击。

在北大当第七年老师的时候，我已经开始教专业英语了。教专业英语每个礼拜只要上

四个小时的课。一个礼拜，7天，礼拜一就把四个小时上完了，剩下6天可以到处去旅行，或者是睡觉，到图书馆看书。暑假两个月，寒假一个月，觉得这样混下去，就可以变成一个副教授，然后再读个硕士博士，就可以变成三级教授，然后北大也会给你低价买房子。

人有两条路可以走：

第一条，往广处走，也就是说一辈子哪怕个人没有什么太大的成就，但是你可以走遍了全世界。第二条，往深处走。可以让一生的泉水不断地冒出来，这也是生命成就。

我决定走出北大的舒适区，出来了。

我想说生命中很多惊喜、成功的事情，并不一定是你规划的结果。

3. 一年读三百本书，背一万个单词

我在医院里住的一年，其实做了些事情对我影响特别大。

第一件，我在医院里住了365天，周围全是病友，不可能干任何别的事情。我们那是传染病医院，不允许任何人走出医院的大门，所以当时只能读书。没有手机、IPAD，也没有电视。所以我在医院一年读了300本书，大量的世界名著，包括文学、历史、地理都在医院里面读的。

第二件，我在医院的时候做另外一件事情，就是提高自己的英语水平，我背完了一万个单词，平均一天背100个。但是有一个好处非常重要，我后来回到北大，北大毕业以后开始教书，教GRE，当时美国研究生的入学考试，现在GRE这个词汇已经取消了，当时要求有2万个词汇量才可以考试。找北大的老师，词汇量超过1万的都没有几个。我最高的时候词汇量超过35000个。不断地背，不断地背，很厉害，但是后来就忘了。但你会发现这些东西会给你带来一定的好处，所以东西不是白学的。

现在，我每年都要读大概1百本书，这样的话可以保证最新的思想，最新的社会发展进入到大脑中间。现在读书的话，每天会花一个小时左右的时间，读微信上的文章，那些文章有时候比书更加激发你大脑的思考，以及洞察的走向。有些人觉得学习是很累的事情，对我来说学习是无比快乐的事情，而且是无比满足虚荣心的事情。

（引自：http：//www.3023.com/1/264656984.html，原文有删减）

体验感悟与反思

测一下自己的“职商”

回答下面测试题中的问题，尽量做到准确和真实，凭自己的直觉真实地回答每一个问题，提高这个测试的有效性。

共75题，只能选择“是”和“否”。

一、明确目标

1. 你已确定你的主要目标吗？ 是□ 否□
2. 你已确定达到那个目标的时限吗？ 是□ 否□
3. 你制订了达到那个目标的具体计划吗？ 是□ 否□

4. 你规定了那个目标将给你带来的收获吗？　是□　否□

二、积极心态

5. 你知道积极心态的意义吗？　是□　否□

6. 你能控制你的心态吗？　是□　否□

7. 你知道任何人都能控制的唯一的东西是什么吗？　是□　否□

8. 你知道怎样去发现自己和别人的消极心态吗？　是□　否□

9. 你知道怎样使积极的心态成为一种习惯吗？　是□　否□

三、“多走些路”

10. 你有没有经常做一些超过自己能力以外的服务？　是□　否□

11. 你是否知道职员何时会获得加薪？　是□　否□

12. 你是否认识这样的人：不必努力就能成功？　是□　否□

13. 你是否认为一个人不必做没有回报的事情，做了就要有回报？　是□　否□

14. 如果你是老板，你对自己目前的工作满意吗？　是□　否□

四、正确的思考

15. 你是否把不断学习有关你的职业的更多知识作为你的职责？　是□　否□

16. 你是否有一种习惯：对你所不熟悉的问题发表“意见”？　是□　否□

17. 当你需要知识时，你知道如何寻找吗？　是□　否□

五、高度的自制力

18. 当你生气时，你能沉默不语吗？　是□　否□

19. 你习惯于三思而行吗？　是□　否□

20. 你易于丧失耐心吗？　是□　否□

21. 你的性情一般是温和的吗？　是□　否□

22. 你习惯于让你的情绪控制你的理智吗？　是□　否□

六、集体心理、领导才能

23. 你总是通过设法影响别人来使自己完成目标吗？　是□　否□

24. 你相信一个人没有别人的帮助也能成功吗？　是□　否□

25. 你相信如果家庭成员反对，工作也能容易成功吗？　是□　否□

26. 老板和下属和谐共事是否有好处？　是□　否□

27. 当你所属的团体受到赞扬时，你感到自豪吗？　是□　否□

七、应用信心

28. 你相信你有无穷的智慧吗？　是□　否□

29. 你是一个诚实正直的人吗？　是□　否□

30. 你相信你有能力去做你决定要做的事吗？　是□　否□

31. 你是否合理地摆脱了下列 7 种基本恐惧：

(1) 恐惧贫穷？(2) 恐惧批评？(3) 恐惧健康不佳？(4) 恐惧失去爱？(5) 恐惧失去自由 (6) 恐惧年老？(7) 恐惧死亡？　是□　否□

八、令人愉快的性格

32. 你有令人讨厌的习惯吗？　是□　否□

33. 你有应用“金科玉律”比如“己所不欲勿施于人”的习惯吗？　是□　否□

34. 同你在一起工作的人喜欢你吗？　是□　否□

35. 你常打扰别人并使人烦吗？　是□　否□

九、个人的首创精神

36. 你有工作计划吗？　是□　否□

37. 你的工作一定要别人帮你计划吗？　是□　否□

38. 你在工作方面具有别人所没有的卓越才能吗？　是□　否□

39. 你有拖延推脱的习惯吗？　是□　否□

40. 你有力图将计划制订得更完备，尽量想出更好的方法来工作，以提高工作效率的习惯吗？　是□　否□

十、充满热忱

41. 你是富有热情的人吗？　是□　否□

42. 你能倾注你的热情去执行你的计划吗？　是□　否□

43. 你的热情会干扰你的判断吗？　是□　否□

十一、控制注意力

44. 你习惯于把你的思想集中到你所做的工作上吗？　是□　否□

45. 你易于受外界的影响而改变你的计划或决定吗？　是□　否□

46. 当你遇到反对时，你就倾向于放弃你的目标和计划吗？　是□　否□

47. 你能排除不可避免的烦恼而不断地工作吗？　是□　否□

十二、协作精神

48. 你能同别人和谐相处吗？　是□　否□

49. 你能在帮助别人的时候像要求别人帮助你那样大方吗？　是□　否□

50. 你经常同别人发生争论吗？　是□　否□

51. 你认为同事间的友好合作有巨大的好处吗？　是□　否□

52. 你知道不和同事合作会造成损失吗？　是□　否□

十三、从失败中学习

53. 你遇到挫折就会半途而废，遇到失败就停止努力吗？　是□　否□

54. 如果你在某次尝试中失败了，你能继续努力吗？　是□　否□

55. 你认为暂时的挫折就是永久的失败吗？　是□　否□

56. 你从失败中学到了什么教训吗？　是□　否□

57. 你知道如何将失败转变为成功吗？　是□　否□

十四、创新能力

58. 你能把你建设性的想象力运用到工作上来吗？　是□　否□

59. 你具有决断力（自己做决定的能力）吗？　是□　否□

60. 你认为唯命是从比遵从命令另外还加上自己的创意更好吗？　是□　否□

61. 你有创造性吗？ 是□ 否□

62. 你能就你的工作提出行之有效的主意吗？ 是□ 否□

63. 当情况令人满意的时候，你能听从合理的忠告吗？ 是□ 否□

十五、合理安排时间和金钱

64. 你能按照一定的比例节省你的收入吗？ 是□ 否□

65. 你花钱不考虑将来吗？ 是□ 否□

66. 你每夜都睡得很充足吗？ 是□ 否□

67. 你是否养成利用业余时间研读自我修养书籍的习惯？ 是□ 否□

十六、保持身心健康

68. 你知道保持健康的五要素吗？ 是□ 否□

69. 你知道良好健康的起点吗？ 是□ 否□

70. 你知道休息与健康的关系吗？ 是□ 否□

71. 你知道调节健康所必需的四要素吗？ 是□ 否□

72. 你知道"忧郁症"和"心理病"的意义吗？ 是□ 否□

十七、养成良好的个人习惯

73. 你养成了你所不能控制的习惯吗？ 是□ 否□

74. 你已戒除了不良的习惯吗？ 是□ 否□

75. 近来你培养了良好的新习惯吗？ 是□ 否□

评分方法：

(1) 下面的21题都应答"否"：

12 13 16 19 20 22 24 25 32 35 37 39 43 45 46 50 53 55 60 65 73

(2) 其余54题都应答"是"。

(3) 答对了的题，每题计4分，答错不得分。

(4) 计算你的得分，并从下表查出你的职业化商数等级。你的得分__________。

职业化商数等级：

0—99分：极差（下等）；

100—199分：较差（中下）；

200—274分：一般（中等）；

275—299分：优良（中上）；

300分：极优（上等）。

测试说明：

本项测验的结果只是基于目前的认识，并不是决定性的，不可改变的。如果你得的分数高，只表示目前你的职业适应能力强。反之，如果你得的分数较低，只表示目前拟的职业适应能力较弱。原因是多方面，但请你相信，经过相关理论的学习、培训和实践，改变以往的思维模式，你的"职商"一定会有较大的提高。

第一节　个人修养

一、积极心态

心理学相信在每一个人的内心深处都存在两股抗争的力量：一股力量是消极的，它代表着压抑、侵犯、恐惧、生气、悲伤、悔恨、贪婪、自卑、怨恨、高傲、妄自尊大、自私和说谎等；另一股力量是积极的，它代表喜悦、快乐、福乐、和平、爱、希望、负责任、宁静、谦逊、仁慈、宽容、友谊、同情心、慷慨、真理、忠贞和幸福等。这两股力量谁都可能战胜谁，关键是看个体自身到底是给哪一股力量不断注入新的能量，给哪一股力量创造适宜的生存心理环境。

积极心态就是面对工作、问题、困难、挫折、挑战和责任，从正面去想，从积极的一面去想，从可能成功的一面去想，积极采取行动，努力去做。积极心态要求你在一时一事中学会积极的思维，积极思维是一种思维模式，也就是可能性思维、肯定性思维，它使我们在面临恶劣的情形时仍能寻求最好的、最有利的结果。事实证明，当你往好的一面看时，你便有可能获得成功。积极思维是一种深思熟虑的过程，也是一种主观的选择。也就是说，在看待事物时，应考虑生活中既有好的一面，也有坏的一面，但强调好的方面，就会产生良好的愿望与结果。

积极心态是一种对任何人、任何情况或任何环境所把持的正确、诚恳而且具有建设性，同时也不违背人类权利的思想、行为或反应。积极心态允许你扩展你的希望，并克服所有消极心态。它给你实现自己欲望的精神力量、热情和信心，积极心态是当你面对任何挑战时应该具备的“我能……而且我会……”的心态。积极心态是迈向成功不可或缺的要素，积极心态是成功理论中最重要的一项原则，你可将这一原则运用到你所做的任何工作上。

【拓展阅读】

哪里是一无所有，你只是眼里没有自己

我们每个人都有与生俱来的使命和责任，就是寻找自己，寻找那个最优秀的自己，寻找那个最美丽的自己，寻找那个可能光彩夺目的自己。

我们永远不知道完全释放能量的我们可以有多强大，我们永远不知道尽情绽放才华的我们可以有多美好。

我们的天赋、特长、兴趣、爱好，还在更多的青春躯体里沉睡和等待唤醒。

我们周围有很多人很幸运，他们的天赋被老师、家长、学校挖掘开发了。

我们没有，但这并不让人沮丧，自己开发自己同样一路惊喜。

所以，虽然我在学习上一无是处，依然不妨碍我慢慢试探生命的可能。
所以我会坚持读书，只是为了让自己懂得更多内心世界更大。
所以我会坚持练字，只是为了看看我有没有成为书法家的可能。
所以我会坚持写诗，只是为了看看自己有没有成为诗人的天分。
所以我会读故事写故事，只是想看看自己有没有做编剧的才华。
所以我会听相声看段子，只是为了向别人学习让自己变得有意思。
所以我会去新东方，只是为了看看高手如林的讲台有没有我的位置。
所以我会去世界杯，只是为了看看给英格兰女足做翻译会不会成功。
所以我会考公务员，只是看看自己有没有做行政的能力，以及运气。
所以我会开公众号，只是为了看看凭借我的热情和坚持能影响到多少人。
……
我只想找到自己在这些方面的天赋和特长。
非常可惜，我没找到。
这些能力，我都没有。
我没有在上面任何一个领域成为行家里手天下第一。
也无法靠上面任何一项技能做到扬名立万安身立命。
然而，我也没有沮丧。
毕竟，我至少证明了十几种我可能并不适合的职业方向。
这就是我人生的意义啊，我在探索自己的可能与不可能。
所以，人生哪里有什么弯路，弯路不是也有风景么？
而且你不走，你怎么知道是弯路，你怎么懂得下一次巧妙躲开？
然而，这并不是重点。
重点是我依然找到了自己。
我现在读书比大部分人要多。
我现在书法比大部分人要好。
我现在写诗比大部分人要好。
我现在讲故事比大部分人要好。
我现在说相声比大部分人要好。
……
然而，这也并不是重点。
我所有的付出并不是为了比大部分人好，更不是为了通过比较而快乐。
我只是想在经营自己和寻找天赋的路途上，用心行走，百折不回。
我只是想让自己的人生在无法改变的长度上，能有更多丰满的体验。
所以，接下来，我还会去尝试更多，体验更多，感受更多。
人生没有白做的功。
人生没有白费的力。

既然，你一直在努力；
相信，时间终会回报你。
青春最美好的部分是什么？
是拥有无数可能。
如果做不了别人，那就好好做自己。
不妨，让我们一起努力。
遇见，未来最美的自己。

二、正向思维

正向思维使我们的大脑处于开放状态，处于积极的激活的状态，使我们的情绪处于“兴奋”、“激情”状态。这种状态正是大脑指令的表达，并能调动身体各个系统和各个器官有效地、良好地朝指令方向“动作”，于是，能力、创造力和潜力被挖掘出来。负向思维恰好相反，它否定自我，轻视自我，并放弃开发自我的努力。

在恶劣的环境，正向思维的优势就更加显现出来。正向思维的人首先从内心培养坚强的意志，不断地分析自己的长处，不断地强化自己的信念，然后去奋斗和努力。正向思维的人能在追求成功的道路上更多地获得他人的支持，因为他们对他人采取对自己一样的态度：肯定自我、肯定他人、接受自己、接受他人、热爱自己也热爱他人，将自己的力量扩大到群体力量上，他们当然更容易能够成功。

思维方式的建立，是一个长期的调整、强化、反复的过程，这种过程，并非脱离实践的修身养性，而是在追求成功的过程中反复实践和成功循环。不断强化这种思维方式，即正向思维——导向成功——强化正向思维——进一步成功。

一个拥有健康的正向思维能力的人，能抵御生活中各种负向的影响。那种怨天尤人、悲风苦雨、灰心丧气、无能为力、无所作为的情绪，很难进入他们的头脑。即使有些低调，也会及时调整，尽快清除。正向思维的人总处在激情、激活的状态，灵感、思想火花、绝妙的观点和宏伟的策略，都会迸发而出，自觉地、一次又一次地反复调整和控制自己，长此以往，一种良好思维方式就会变成自己的意识活动。

【拓展阅读】

人品第一，能力第二

• 有眼界才有境界，有实力才有魅力，有思路才有出路，有作为才有地位。政从正来，智从知来，财从才来，位从为来！

• 观念比能力重要，策划比实施重要，行动比承诺重要，选择比努力重要，感知比告知重要，创造比证明重要，尊重生命比别人看法重要！

• 方向比速度重要，智慧比吃苦重要，学习比学历重要，机遇比关系重要，要什么比做什么重要！

• 智力比知识重要，素质比智力重要，觉悟比素质重要。方向大于方法，动力大于能力，做人大于做事！

• 拥有远见比拥有资产重要，拥有能力比拥有知识重要，拥有人才比拥有机器重要，拥有健康比拥有金钱重要！

• 信念改变思维，思维改变心态，心态改变行动，行动改变习惯，习惯改变性格，性格改变命运。

• 命运不是放弃，而是努力。命运不是运气，而是选择。命运不是等待，而是把握。命运不是名词，而是动词。

• 决定今天的不是今天，而是昨天对人生的态度；决定明天的不是明天，而是今天对事业的作为。我们的今天由过去决定，我们的明天由今天决定！

• 不是井里没有水，而是挖的不够深；不是成功来得慢，而是放弃速度快。得到一件东西需要勇气，放弃一样东西则需要智慧！

• 播下一个行动，收获一种习惯；播下一种习惯，收获一种性格；播下一种性格，收获一种命运。思想会变成语言，语言会变成行动，行动会变成习惯，习惯会变成性格。

• 你来自何处并不重要，重要的是你要去往何方，人生最重要的不是所站的位置，而是所去的方向。人只要不失去方向，就永远不会失去自己！

• 这个世界唯一不变的真理就是变化，任何优势都是暂时的。当你在占有这个优势时，必须争取主动，再占据下一个优势，这需要前瞻的决断力，需要的是智慧！

• 你能够成为什么？唯一限制的就是你头脑里的框框，你的外部世界永远反映你的内心世界，要想改善外部世界，必须努力改变内心世界！

• 没有比脚更长的路，没有比人更高的山，没有做不到的事，只有想不到的人。阻挡你前进的不是高山大海，而往往是自己鞋底一粒小小的沙粒！

• 要想事情改变，首先自己改变，只有自己改变，才可改变世界。人最大的敌人不是别人，而是自己，只有战胜自己，才能战胜困难！

三、人格养成

人格是指人的性格、气质、能力等特征的总和，也指个人的道德品质作为权力、义务的主体的资格。而人格魅力则指一个人在性格、气质、能力、道德品质等方面具有的很能吸引人的力量。在今天的社会里一个人能受到别人的欢迎、容纳，他实际上就具备了一定的人格。良好的人格特征包括妥善的为人处事方式、广泛的兴趣爱好、幽默的性格等因素。

大学生完善的人格指的是人格构成诸要素气质、能力、性格和理想、信念、人生观等方面的均衡发展。大学生的人格养成要体现在良好的道德素质，综合的文化素质，和谐的人际关系，健康的心理状态，彬彬有礼、温文尔雅的礼仪形象上。同时还要体现在学会感恩父母，学会承担自己在学校在家庭的责任和义务，学会感受为他人服务的快乐，学会在乎每一个人，学会尊重每一个人。

【拓展阅读】

做到这些，你就站在了人生的最高处

当你能够，
忘记你的过去，
看重你的现在，
乐观你的未来时，
你就站在了生活的最高处。
当你明白，
成功不会显赫你，
失败不会击垮你，
平淡不会淹没你时，
你就站在了生命的最高处。

当你修炼到，
足以包容所有生活之不快，
专注于自身的责任而不是利益时，
你就站在了精神的最高处。
当你，
以宽恕之心向后看，
以希望之心向前看，
以同情之心向下看，
以感激之心向上看时，
你就站在了灵魂的最高处。

四、诚信正直

人有长幼、性别、贫富、地位、性格之别，发展机遇和生存环境也各不相同，但是在言行举止、为人处世之中，却处处能够反映出一个人的道德品质和修养。在众多的道德操守中，诚信正直堪称是做人的基本准则。诚信正直是一个人应有的美德，也是一个人的立身之本，是社会得以维系的基础。就人的自身而言，诚实待人，正直处世，可以使人心胸坦荡，正义凛然，可以用更多的时间和精力去干一些正当的有意义的事，有利于树立自己的信誉，有利于自己的发展，有利于社会的进步。这可能也是君子与小人的最大区别，所谓“君子坦荡荡，小人长戚戚”。虚伪奸诈的小人，常常用尽心机，劳神费力地去算计别人，到头来总是会暴露无遗，信誉全失，害人害己，得不偿失。从交际的角度讲，诚实正直具有强大的亲和力，与朋友交往可以减少别人的防范心理，给人可以信赖之感。

一个人的诚信正直，可以在他的各个方面的行为中得到体现，它是内在品格的外在化表现。你的表现应当是可以预见的，因为你的选择及你的行动，一直都没有也根本不会背离你的原则与价值观。诚信正直不是不会犯错误，而是犯了错误之后你依然能坦然地以一贯的正直的态度承认错误并请求别人的谅解。对人以诚信，人不欺我；对事以诚信，事无不成。一个诚信正直的人获得发展的机会可能不如弄虚作假、投机钻营的人来得快，但那些利欲熏心的人不会明白，在他们多得到金钱、地位和满足的同时，已经丢掉了自己做人的品格，显得猥琐而渺小；诚信正直的人获得的成功才是一种真正的成功，即使是小的成就也总是显得那么坦荡而自然。可见，做到了诚信正直，才是一个顶天立地的人，才是一个大写的人。

【拓展阅读】

如果没有忠诚，能力无足轻重

当年，普京的恩师是叶利钦政治上的死对头，叶利钦上台以后，即要把他投入监狱。危机之时，普京冒死将恩师秘密送往国外，不料却因此举得到了叶利钦的赏识，从此一步登天。

他是怎样从一个普通的克格勃，一步步走进权力中枢，最终成为总统的呢？

大学期间他遇到了一个好导师

1970 年，普京考入了彼得格勒大学（即现在的圣彼得堡大学）法律系，索布恰克是他的经济学教授。

普京虽然出身平民家庭，但非常聪明，学习成绩很好，特别是他个头不高，也不强壮，性格上却桀骜不驯。

虽然索布恰克有很多学生，但他特别喜欢普京这个聪明、有个性、敢打敢拼的大男孩。

大学毕业时，普京以一篇《论国际法中的最惠国原则》论文，再次赢得了索布恰克的赞誉："小伙子，我没有看错你，相信你将来一定是个不错的人才！"他提笔在这篇论文上写了一个大大的"优"字。

索布恰克认为，兴趣是事业成功的基础，以普京的性格，到克格勃去摔打摔打也不错。

就这样，普京进入了克格勃。不久，索布恰克也弃教从政，并于 1989 年通过竞选当上了圣彼得堡市市长。此时，已经在克格勃工作十几年的普京也想到了改行，他找到索布恰克，索布恰克二话不说就答应把他调到身边当市长助理。很多人在知道了这件事后，纷纷劝索布恰克："普京在克格勃干过，让他给你当助理不合适。"索布恰克却力排众议："我了解普京，我看中的是他的能力。"

宁愿因忠诚被绞死，也不愿为偷生而背叛

当时，圣彼得堡有很多历史遗留问题，普京的出色表现，让他很快就从市长助理升任了圣彼得堡市对外联络委员会主席，后又出任了主管对外经济联系的第一副市长，成为了索布恰克得力而忠实的助手。

1991 年 12 月 25 日，时任前苏联党政一把手的戈尔巴乔夫宣布辞职，将国家权力移交给新当选的俄罗斯总统叶利钦。随着几个加盟共和国的独立，前苏联作为一个主权国家正式停止存在了。

让普京没有想到的是，自己的恩师索布恰克跟现任总统叶利钦竟然是政坛上的夙敌。原来，在苏联解体之前，有两个民主政治团体一直在争夺权力，一派的代表人物是叶利钦，另一派的代表人物就是索布恰克。现在，叶利钦上台了，索布恰克仍然被视为“第二政治集团”的核心，叶利钦当然不会允许这样的人存在。

此时的普京表现出了一个学生、部下对自己老师和上级的忠诚。他二话不说也辞了职，然后追随索布恰克离开了圣彼得堡市政府，并说了句后来被俄罗斯媒体广泛报道的话：“我宁愿因忠诚而被绞死，也不愿为了偷生而背叛。”

叶利钦也了解普京这个人，并十分赏识他的才华，特别是他觉得普京强硬的政治风格跟自己很对脾气，再加上有丘拜斯的力荐，叶利钦当即任命普京为俄罗斯联邦安全委员会秘书。

义救恩师，叶利钦却放了他一马

1997 年 9 月 24 日晚上，一身功夫的普京悄悄地将几名看守人员制服，然后潜入索布恰克的别墅，将已经熟睡的恩师喊醒：“老师，快跟我走！”然而，索布恰克在问清楚了事情的原委后，却不愿意走：“你如果这样救我，就等于犯下了叛国罪，叶利钦会判你极刑的，你怎么这么糊涂啊！”

普京说：“老师，我在克格勃干过，我知道，就你这样的年纪和身体，如果被关进监狱，就等于判处了死刑！我说过，我这样做是出于我们的师生情，与政治无关，再说我现在也管不了那么多了，救你的命要紧！”然后，便不管他愿不愿意，架起恩师就从别墅的后门跳上了早已安排好的汽车，一直开到了机场。

普京在做这件事时，已经准备好总统叶利钦会以叛国罪判处自己极刑，但他觉得自己必须当着总统的面把事情说清楚。第二天上午，他就来到叶利钦的办公室，把事情的前前后后全都说了出来，“总统，我辜负了您的栽培，但他是我的恩师，我必须这样做！”

让普京万万没有想到的是，叶利钦却说：“你知道我为什么器重你吗？就因为你身上有两个别人所没有的优点，一个是具有军人的气质和果敢，另一个是对待朋友的态度。你让我感到高兴的是，我几次故意当着你的面说索布恰克的坏话，你却从来没有附和一句。这非常难能可贵，因为在这个世界上，在政治和经济利益面前迷失自我，拍马屁甚至出卖朋友的人太多了。好了，就当这事没有发生过，我还有更重的担子让你挑呢！”

这就是一个平民的儿子，一个柔道高手，一个前苏联时代的情报人员，一个能够驾驶战斗机的国家元首——普京。

想要成功都必须需要两手，一手忠诚，一手能力，如果没有忠诚，能力无足轻重！

五、追求卓越

（一）要做就做最好

一项工作，做到最好才算好。比如你得了 80 分，要想办法达到 85 分，达到 85 分了，再想办法达到 90 分，然后是 95 分、100 分，不断努力，不断在否定中提高自己，直至做到最好。

我们对待工作，绝不要抱着无所谓、马马虎虎、得过且过的态度。面对每份工作都应积极开动自己的大脑，勇于承担责任，不为失败找借口，不让抱怨成习惯，每个环节都力求完美，那么你的结果一定是最好的。

（二）多做事情，少问问题

这是一种敬业精神，对上级的托付，能够立即采取行动，全心全意去完成任务——“把信交给加西亚”。上级交给你一个任务，就是给你一个目标，至于采取什么方式去实现目标，那就是员工应该考虑的问题。目标是虚的，而执行力却是由实实在在的工作组成的，如果领导交给员工的工作，员工都能不多问一句地完成好，这样的员工还怕没有成功的那一天？

（三）没有任何借口

接受了任务就意味着做出了承诺，而完成不了自己的承诺是不应该找任何借口的。可以说，工作就是不找任何借口地去执行。思想影响态度，态度影响行动，一个不找任何借口的员工，肯定是一个执行力很强的员工。无论在什么样的工作行为上，都要对自己的工作负责，不要用任何借口来为自己开脱或搪塞。

“拒绝借口”应该成为所有企业追求完美的最有力的保障，它强调的是每一位员工都应该对自己的职业行为准则奉行不渝，没有任何借口地坚定执行。不以任何借口为理由并不是最终的目的，这种要求是为了让个人学会应对压力和挑战，培养自己不达目的决不罢休的毅力。

（四）注重细节

中国伟大的思想家老子曾说：“天下难事，必作于易；天下大事，必作于细。”细节到位，执行力就不成问题。因此，作为员工，应把做好工作当成义不容辞的责任，要认真对待，注重细节，来不得半点马虎与虚假。

看不到细节，或者不把细节当回事的人，对待工作就会缺乏认真的态度，对事情只能是敷衍了事。他们只能永远做别人分配给他们做的工作，甚至即便这样也不能把事情做好。而考虑到细节、注重细节的人，不仅认真对待工作，将小事做细，而且注重在细节中找到机会，从而使自己走上成功之路。

【拓展阅读】

冯友兰：人生的意义及人生中的境界

何谓“意义”？意义发生于自觉及了解；任何事物，如果我们对它能够了解，便有意

义，否则便无意义；了解越多，越有意义，了解得少，便没有多大的意义。何谓“自觉”？我们知道自己在做一种事情，便是自觉。人类与禽兽所不同的地方，就是人类能够了解，能够自觉，而禽兽则否。譬如喝水吧，我们晓得自己在喝水，并且知道喝水是怎么一回事；可是兽类喝水的时候，它却不晓得它在喝水，而且不明白喝水是一回什么事，兽类的喝水，常常是出于一种冲动。

假如我们能够了解人生，人生便有意义，倘使我们不能了解人生，人生便无意义。各个人对于人生的了解多不相同，因此，人生的境界，便有分别。境界的不同，是由于认识的互异；就像旅行游山一样，地质学家与诗人虽同往游山，可是地质学家的观感和诗人的观感，却大不相同。

人生的境界，大体上可分为四类：（一）自然境界——最低级的，了解的程度最少，这一类人，大半是“顺才”或“顺习”。（二）功利境界——较高级的，需要进一层的了解。（三）道德境界——更高级的，需要更高深的理解。（四）天地境界——最高的境界，需要最彻底的了解。

中国的所谓“圣贤”，应该有一个分别，“贤”是指道德境界的人，“圣”是指天地境界的人。至于一般的芸芸众生，不是属于自然境界，便是属于功利境界。要达到自然境界或功利境界非常容易，要想进入道德境界或天地境界却需要努力，只有努力，才能了解。

《中庸》有两句话：“可以赞天地之化育，则可与天地参。”所谓“赞天地之化育”并不是帮助天地刮风或下雨，“化育”是什么？能够在天地间生长的都是化育，能够了解这一点，则我们的生活行动，都可以说是“赞天地之化育”，如果不明白这一点，那么我们的生活行动，只能说是“为天地所化育”。所谓圣人，他能够了解天地的化育，所以始能顶天立地，与天地参。草木无知（不懂化育的原理），所以草木只能为天地所化育。由此看来，做圣人可以说很容易，亦可以说很难。圣人固然可以干出特别的事来，但并不是干出特别的事，始能成为圣人。所谓“迷则为凡，悟则为圣”，就是指做圣人的容易，人人可为圣贤，其原因亦在于此。

总而言之，所谓人生的意义，全凭我们对于人生的了解。

第二节　职业素养与能力

一、领导力

德国领导力学院院长丹尼尔·皮诺提出了强大领导人的六个特点：第一，他有指引企业前进方向的能力；第二，他在关键时刻能快速决策，具有决断力；第三，自信，具有点燃别人的能力；第四，具有强大的沟通能力；第五，具有与人打交道的兴趣，有强大的影响力；第六，具有资源管理能力。

领导力是可以培养的。从社会学的角度来看，没有一个领导者是天生的，西点军校培养出很多将军和企业领导者，他们一直很坚定地宣传一个理念："领袖不是天生的。"领军人物的素质可以通过情境得到培育，可以在经验中得到提高和升华。可以说，一个人的经历、兴趣、能力、情商、个人魅力、个人品质、所处职位、内在动机，都影响到领导的整个过程。

领导力是一个能力问题，大学生可以通过提高自己在领导力方面所必需的一些因素，成为一位成功的领导者。

（一）勇于表达

不论你做出了多么优秀的工作，不会表达，就不能让更多的人去理解和分享，要尽可能锻炼表达能力，积极表达自己对各种事物的看法和意见，并掌握与人交流和沟通的艺术。

（二）积极行动

领导力的锻炼方式不同，大学生在校期间可以把握各种实践机会，培养自己的领导意识，不断锻炼自己，成长自己。

（三）加强学习

要做合格的领导者和管理者，必须大力加强学习，掌握各种专业技能，用丰富的知识来充实自己。

（四）注重调查研究

调查研究是提高领导力的首要任务和基本功，只有掌握了真实的情况，才能做出正确的决策。

（五）坚持原则

团队中领导者的角色不仅仅是对团队进行决策和下达命令，更重要的是必须有力地推动各项工作的开展。除了做好认真细致的调查研究，还要敢于坚持原则，在平时提高工作效率，敢于处理棘手问题，勇于承担工作责任。

（六）善于总结分析

总结分析是提高领导力的重要途径。只有注意总结经验，才能切实提高领导水平和领导能力。培养领导力，既要在事前考虑问题，还要注意事后的分析总结。

【拓展阅读】

领导能力测试

世界上有两种人，一是领导者，二是跟随者，在某些事情上，取得胜利并不是一个人就可以的，要取得胜利就必须有别人的参与，那么其中就要有能够领导的才能，就请大家来试试这一个测验吧！记下每个问题，你的回答"是"，还是"否"。

1. 别人请你帮忙，如果有能力做到，你很少拒绝吗？
2. 为了避免与人发生争执，即使你是正确的，你也不愿发表意见吗？
3. 你循规蹈矩吗？
4. 即使不是你的错，你也经常向别人说抱歉吗？
5. 如果有人取笑你身上的那件上装，你会再穿它吗？
6. 你永远走在时尚的前列吗？

7. 你曾经喜欢穿那种好看却不暖和的衣服吗？

8. 开车时，你曾经咒骂别的司机吗？

9. 你对反应迟钝的人缺少耐心吗？

10. 你经常对人发誓吗？

11. 你曾经让对方觉得不如你或比你差劲吗？

12. 你曾经激烈地指责电视上的言论吗？

13. 如果请的工人没有把事情做好，你会反应强烈吗？

14. 你习惯于坦白自己的想法，而不考虑后果吗？

15. 你是个不乐意忍受别人缺点的人吗？

16. 与人争论时，你总爱占上风吗？

17. 你总是让别人替你做重要的决定吗？

18. 你喜欢将钱投资在扩大再生产上，而胜于投资自身及家庭的文化生活上吗？

19. 你故意在穿着上引人注目吗？

20. 你不喜欢标新立异吗？

计分方式：答是得 1 分，答否的为 0 分。

结果说明：

14～20 分。说明你是个标准的追随者，不适合做领导，你喜欢被动地听人指挥。在紧急的情况下，你多半不会主动出头带领群众，但你很愿意跟大家合作。

7～13 分。说明你是个介于领导者和追随者之间的人。你可以随时带头，或指挥别人该怎么做，不过，因为你的个性不够积极，冲劲不足，所以常常扮演主要的追随者的角色。

6 分以下。说明你是个天生的领导者，你的个性很强，不愿接受别人的指挥，你喜欢指挥别人，如果别人不服你的话，你就会变得很叛逆，不肯轻易服从别人。

二、高效沟通

（一）沟通概述

沟通的定义：是信息凭借一定的符号载体，在个体或群体间进行传递，并获取理解的过程。沟通的内涵是信息的传递和理解。

沟通是一个过程，沟通的完整过程如图 7-1 所示：

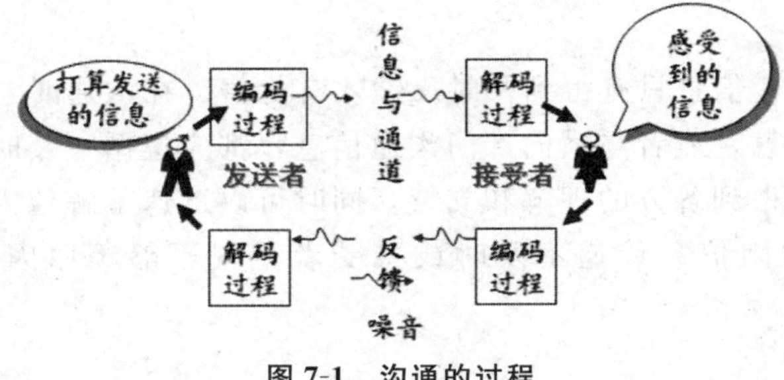

图 7-1　沟通的过程

从沟通的过程可以看出：人与人之间的沟通，不是简单的信息传递，而是通过信息载体，使沟通双方获得一致的信息和感受。信息在沟通传递过程中，是不能完全为对方所理解和把握的，而是受信息接收方的主观因素影响而减少。沟通过程中的信息递减规律，称之为“沟通漏斗”，如图 7-2 所示：

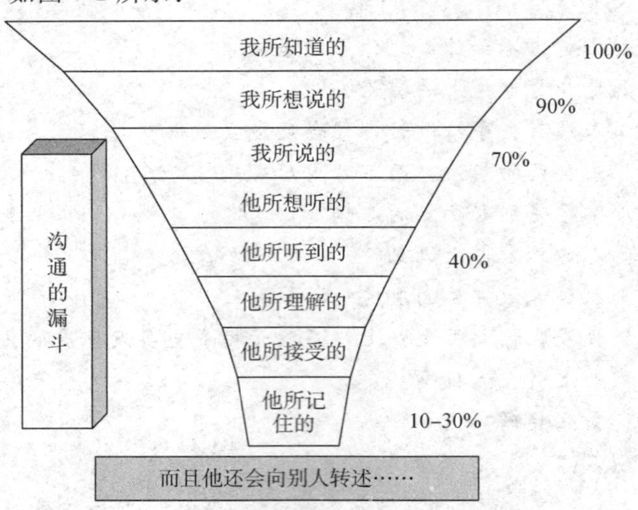

图 7-2　沟通信息的递减规律

沟通漏斗不但形象阐明了沟通信息减少的影响因素，也有助于理解不可能要求信息接收方对信息接收完全和曲解。因此，要想提高沟通效率，改善沟通效果，除了要提高自我表达能力外，还要重点了解对方及其沟通特点，这是努力的方向。

关于沟通，还有一个著名的“7、38、55 法则”：一个人决定要不要接受另外一个人所说的话，有 7%来自于对方所说的内容（是否易懂），有 38%来自于对方说话的声音和语调（是否好听），有 55%来自于对方的外形和肢体语言（是否顺眼）。也就是说，有效沟通中信息的理解与判断的依据，有 7%是说话的内容，有 38%是说话的语调，有 55%是外形与肢体语言。因此，有效沟通离不开听、看、问、说四个方面。在沟通时，应尽量提高内容、声音、肢体动作的一致性，以增强沟通效果。

（二）有效沟通的基本原则

1. 目的性

有明确的沟通目标，重视沟通的准备和计划，注意时机、策略和细节，通过简洁而灵活的方式，达到你沟通的预期目标。

2. 及时性

信息具有时效性，信息只有得到及时反馈才有价值。在沟通时，不论是向下传达信息，还是向上提供信息，或者与横向部门沟通信息，都应遵循“及时”原则。遵循这一原则可以使自己容易得到各方的理解和支持，同时可以迅速了解他人的思想和态度。在实际工作中，沟通常因信息传递不及时或接受者重视不够等原因而使沟通效果大打折扣。

3. **准确性**

所传递的信息必须全面完整、准确无误，所用的语言和方式能为对方理解时，不被受众断章取义或误解。

（三）沟通的种类

根据信息载体的不同，沟通可以分为言语沟通和非言语沟通。言语沟通建立在语言文字基础上，又可分为口头信息沟通和书面信息沟通两种形式。

1. **口头信息沟通**

绝大部分的信息是通过口头传递的。口头信息沟通方式十分灵活多样，它既可以是两人间的娓娓深谈，也可以是群体中的雄辩舌战；既可以是正式的磋商，也可以是非正式的聊天。

优点：信息可在最短时间内被传送，并在最短时间内得到对方回复。如果接收者对信息有疑问，迅速的反馈可使发送者及时检查其中不够明确的地方并进行改正。

缺点：信息在传送者一段段接力式传送过程中，存在着巨大的信息失真可能性。每个人都以自己的偏好增删信息，以自己的方式诠释信息，当信息经过长途跋涉到达终点时，其内容可能会与最初的含义存在着较大的偏差。

2. **书面信息沟通**

书面沟通就是要先确定想要表达的主要意思，然后用合适的方式将它表达出来。不管是使用何种书面沟通方式，重要的是保证表达能够被理解。

优点：能够有形展示、长期保存，可以作为法律依据，对于复杂或长期的沟通来说，这尤为重要；同时，由于要把想表达的内容写出来，可以促使人们对信息更加认真地思考，因此，书面沟通较口头沟通显得更加周密，条理清楚。

缺点：相对于口头沟通而言，书面沟通耗费时间较长，不能及时提供信息反馈，无法确保所发出的信息能够被接收到。

3. **非语言沟通**

非语言沟通是指通过某些媒介而不是讲话或文字来传递信息。非语言沟通的内涵十分丰富，包括副语言沟通、身体语言沟通和物体的操纵信息沟通等多种形式。

（1）副语言沟通

一句话的真正含义，很多时候不仅取决于其表面意思，而且取决于它的弦外之音。因而，副语言分为口语中的副语言和书面语中的副语言：口语中的副语言是通过非语言的声音，如重音，声调的变化、哭、笑、停顿来实现的；书面语中的副语言是通过字体变换、标点符号的特殊运用以及印刷艺术的运用来实现的，例如：某几个字加着重号或用黑体强调。

（2）身体语言沟通

身体语言沟通是指用形体语言（目光、表情、手势、动作）、空间距离、衣着打扮等形式来传递或表达沟通信息。

（3）物体的操纵信息沟通

除了运用身体语言之外，人们也能通过物体的运用，环境布置等手段进行非语言的沟通。

三、培养沟通能力

只有将语言沟通和非语言沟通的技巧有机地结合起来，并在实际沟通中最大化地加以运用，才能切实提高沟通能力。

（一）注意运用语言的艺术

语言艺术运用得好，就能吸引和抓住对方，调动彼此倾谈的激情、兴趣。相反，如果不注意语言艺术，往往在无意间就出口伤人，产生或激化矛盾。掌握人际沟通的语言艺术的方法有：

第一，称呼得体。称呼反映出人们之间心理关系的程度。恰当得体的称呼，能使人获得一种心理满足，使对方感到亲切，交往便有了良好的心理气氛；称呼不得体，往往会引起对方的不快甚至反感，使交往受阻或中断。所以，在交往过程中，要根据对方的年龄、身份、职业等具体情况及交往的场合、双方关系的亲疏远近来决定对对方的称呼。对长辈的称呼要尊敬，对同辈的称呼要亲切、友好，对关系密切的人可直呼其名，对不熟悉的要用敬词。

第二，说话注意礼貌。正确运用语言，表达清楚、生动、准确、有感染力、逻辑性强，少用俚语和方言，切忌滥用辞藻，含含糊糊；语音、语调、语速要恰当，要根据谈话的内容和场合，采取相应的语音、语调和语速；讲笑话要注意对象、场合、分寸，以免笑话讲得不得体，伤害他人的自尊心或者造成尴尬的局面。

第三，适度地称赞对方。每个人都希望别人赞美自己的优点。如果我们能够发掘对方的优点，进行赞美，对方会很愿意与你多沟通。但是赞美要适度，要真诚，要有具体的内容，绝不能曲意逢迎、盲目奉承。

第四，避免争论。年轻人喜欢争论，但争论往往是在互不服输、面红耳赤、不愉快甚至演化成直接的人身攻击或在严重的敌意中结束。这对人际关系的有害影响是显而易见的。因此同学们要尽量避免争论，而要通过讨论、协商的途径解决分歧。最终要以“求同存异”的方式，既表明了必要的原则性，又不伤害彼此友谊，不强加于人，相互有保留的余地。

（二）非语言沟通技巧

非语言沟通技巧是指除了语言沟通之外的各种人际沟通方式，它包括形体语言（如目光、表情、手势、动作等）、空间距离、衣着打扮等，因此又被称为身体语言沟通。

非语言沟通在日常活动的沟通中占有重要的位置。沟通中，语言沟通仅仅占 7%，高达 93%的沟通是非语言的。其中 55%是通过面部表情、形体姿态和手势传递的，38%是通过音调传递的。正如爱默生所说，人的眼睛和舌头所说的话一样多，不需要字典，却能够从眼睛语言中了解整个世界，这是它的好处。

第一，眼睛是心灵的窗户，眼睛一样会说话。面部表情是内心情绪的外在表现，它们均能表达人的态度和情感。如眉飞色舞表示内心高兴，怒目圆睁表示愤怒等。在人际交往中根据谈话的内容和场合，正确运用非语言艺术，巧妙地表达自己的思想感情，有时能起到“此时无声胜有声”的作用。但非语言艺术要运用得恰到好处，不可过于频繁和夸张，以免给人矫揉造作之感。

第二，学会有效的聆听。“倾听”是维持人际关系的有效法宝，几乎所有的人都喜欢“听他讲话”的人。在沟通时，作为听者要少讲多听，不要打断对方的谈话，最好不要插话，要等别人讲完之后再发表自己的见解；要尽量表现出聆听的兴趣和恰如其分的肯定和称赞。听别人讲话时，要正视对方，切忌小动作，以免对方认为你不耐烦；力求在对方的角色上设身处地地考虑问题，对对方表示关心、理解和同情；不要轻易地与对方争论或妄加评论。

第三，选择正确的距离。人际交往的空间距离不是固定不变的，具有一定的伸缩性，这依赖于具体情境，如交谈双方的关系、社会地位、文化背景、性格特征、心境等。不同国家、不同民族，文化背景不同，交往距离也不同。这种差距是由对“自我”的理解不同造成的。社会地位不同，交往的自我空间距离也有差异。了解交往中人们所需的自我空间及适当的交往距离，就能有意识地选择与人交往的最佳距离。而且，通过空间距离的信息，还可以很好地了解一个人的实际的社会地位、性格以及人们之间的相互关系，更好地进行人际交往。

（三）掌握沟通的技巧

真正有效的信息沟通，并非一日之功。下列技巧有助于提高沟通能力，解决信息沟通中的难题，使沟通更富成效。

1. 妥善处理期望值

要想消除员工与企业期望值之间的差异，一种途径是订立业绩协议。员工与企业签订的业绩协议可以使双方明确彼此的期望和要求，帮助设计双方都能达到的目标，并且定期评估协议以确保双方的目标和要求都能得到实现。

另一种途径是向对方清楚说明你的期望。这种做法可以既让对方了解你的期望，你自己又能根据对方的需要对自己的期望做有效合理的调整，预先消除可能遇到的伤害和失望感。

2. 培养有效的聆听习惯

人与人之间的交流充满变数，既复杂又具有挑战性。设身处地是成功交流的一个关键因素。

聆听，但不要受他人情绪的感染。他人有难处时，应设身处地地理解他人，但不能为这种情感左右。必须为自己留一份精力去做自己的事。记住，不要做一块海绵，不论好坏什么都吸收。

3. 反馈

一般来说，反馈是事实和情感因素的结合。交流中的实质信息和关系信息很容易给人带来误解，从而招致不满。因此，在提供反馈意见时，应强调客观公正，不要妄作评判或横加指责。听取别人的反馈时，则要抓住其中对自己有价值的东西，不要计较对方的身份和交流的方式，做到言者无罪，闻者足戒。

4. 诚实

诚实是人与人沟通时最基本、最重要的品质，虽然有时实话实说很伤人。但忠言逆耳，诚实的品质最终能帮助人们建立稳固长久的关系。因此，诚实非常重要。如果在与人的交往中有什么困扰，尽量直接说出来，以免小事化大，到头来更难处理。

5. 制怒

对方怒气冲冲时，如何使其冷静？在此提供几个小方法：让对方的怒气发泄出来；表示体谅对方的感受；询问是否需要帮助等。一般情况下，最恰当的解决方法是，找出对方发怒的原因，从源头上去解决。

6. 果断决策

如果你疲惫不堪、心中烦恼或忙得无法分身，要坦然地说出来。另外找一个时间，使自己处于最佳状态时再来处理事务。

如果优柔寡断、迟疑不决，可采用以下步骤补救：回顾所有事实；反复过滤各种可行方案；选择最佳方式，哪怕这意味着你要多受点委曲；一旦决策，立即行动。

7. 不必耿耿于怀

如果在交流中出现失误，让你失望或受到伤害，请不要放在心上。不妨问一下自己，想不想背上这包袱？自己能从中得到什么？一旦尽心尽力地澄清了交流中出现的失误，就要为自己付出的努力骄傲，该过去的就让它过去。

【拓展阅读】

沟通无力时，你要学会赞美对方

改变别人的想法经常是不可能的任务。多数情况下劝人不成反惹祸，原本对立观点之间的鸿沟愈加扩大，双方甚至可能恶语相向。行为科学研究显示，争论中引用的事实和证据越多，多数人越会想争辩，和解的可能性也就越小。

一种名为“肯定效应”的策略，这可能是唯一能将顽固观点软化，以及创造灵活讨论空间的方法。

在对某事形成观点后，我们很难毫无感情、不注重意义地理性分析，因为通常所持的观点就代表着我们的身份、信仰和阶层。如果有人提出批评或是质疑你的信仰，潜意识层面你会觉得他们在挑战你的身份，大脑会自动准备好迎击对手、攻击其自尊。

达特茅斯学院的布兰登·奈汉和埃克塞特大学的杰森·瑞弗勒是两位长期研究该效应的学者。他们发现如果称赞别人，人们在改变观点方面会更容易接受。在最新实验中，奈汉和瑞弗勒再次发现，“在‘肯定效应’下，人们遇到存在争议的观点时，处理不一致的信息会更容易。另外，获得肯定后拒绝承认事实的冲动会减弱，如若不然他们会将事实视为威胁。”

德鲁·韦斯滕（Drew Westen）领导的科学家团队专门研究人们面对负面反馈时的大脑反应，他们发现大脑中心与情绪、冲突、道德判断、奖励和愉悦相关的部位异常活跃，而与理性思考联系最密切的部位几乎没反应。

所以在对立沟通中，你首先要肯定对方（说些好话，至少得准备好好说话），然后就事论事不掺杂对个人身份的考虑，进行有效沟通。

四、创新能力

（一）创新能力概述

1. 创新的内涵

在英语里，创新一词起源于拉丁语“innovare”，释义为“更新、变革、创造新事物”。美国总统华盛顿在其告别演讲中，告诫美国人民要“保持创新精神”。《现代汉语词典》对创新的解释是：“抛开旧的，创造新的”。

创新是人类在社会实践中扬弃旧事物、旧思想、旧方法，把新设想、新技术、新成果成功付诸实施并获得更高效益的运作过程。换句话说，创新就是人们能动地进行创造并最终获得更高效益的一个综合过程。也可以说，构成创新的基本要素就是：人、创新成果、实施过程和更高效益。

2. 创新能力的特征

创新能力是个体运用已有的基础知识和可以利用的材料，并掌握相关学科的前沿知识，产生某种新颖、独特有社会价值或个人价值的思想、观点、方法和产品的能力。

创新能力由创新意识、创新思维、创新技能三大要素构成。

（1）综合独特性：我们观察创新人物能力的构成时，会发现没有一个是单一的，都是几种能力的综合，这种综合是独特的，具有鲜明的个性色彩。

（2）结构优化性：创新人物能力在构成上，呈现出明显的结构优化特征，而这种结构是一种深层或深度的有机结合，能发挥出意想不到的创新功能。

（二）提高创新能力

1. 了解创新能力形成的基本原理

（1）创新能力形成的第一原理

遗传素质是形成人类创新能力的生理基础和必要的物质前提。它潜在决定着个体创新能力未来发展的类型、速度和水平。

遗传素质，又称天赋、禀赋或天资，是指个体与生俱有的解剖生理特点。包括脑和神经系统的结构、机能特性，感觉器官和运动器官的机能，身体的结构和机能等。

大脑是人的创新能力形成的物质基础，是人的创新能力发展的物质载体。离开了这个物质基础，人的创新能力的形成和发展就成了无源之水、无本之木。

人类创新能力的形成首先要遵循遗传规律。遗传素质是人类创新能力的物质基础。我们承认它，但不把它当作唯一，即“承认天赋，不唯天赋。”如：特殊天才爱因斯坦；判若两人的“设计师”。

（2）创新能力形成的第二原理

环境是人的创新能力形成和提高的重要条件。环境优劣影响着个体创新能力发展的速度和水平。人是社会的人，人的创新实践并不是在“真空”中进行的，必然受到环境的影响。

环境包括自然环境和社会环境。社会环境包括家庭、学校和社会，社会上的各种教育培训机构等都是影响人创新能力形成的重要因素。

（3）创新能力形成的第三原理

实践是人创新能力形成的唯一途径。实践也是检验创新能力水平和创新活动成果的尺度标准。创新能力只有在创新实践中才能得到施展发挥，实践是创新能力变成现实的唯一平台。

人改造实践的活动也就是创新活动。只有通过社会实践才能把人的创新意识变成现实，而创新能力也必须通过实践才能形成，实践是创新能力形成的唯一途径。实践还是检验人的创新成果的唯一标准。如：袁隆平与杂交水稻。

（4）创新能力形成的第四原理

创新思维是人的创新能力形成的核心与关键。创新思维的一般规律是：先发散而后集中，最后解决问题。

创新能力与创新思维休戚相关。没有创新思维，就没有创新活动。创新思维是人的创新活动的灵魂和核心，创新性思维能力是人的创新能力的灵魂和核心。如："味精瓶上多打一个孔"的故事；庞颖超发明的红绿灯。

2. 提高创新思维能力

（1）冲破消极的思维定势

思维一旦进入死角，其智力就在常人之下。

思维定势又称"习惯性思维"，是指人们按习惯的、比较固定的思路去考虑问题、分析问题。它是一种按常规处理问题的思维方式。这种方式可以省去许多摸索、试探的步骤，缩短思考时间，提高效率。在日常生活中，思维定势可以帮助我们解决每天碰到的90％以上的问题。

思维定势是创新思维的基础，它有其积极意义。然而，如果太过依赖这种思维习惯，它就变成了消极的思维定势了。消极的思维定势不利于创新思考，不利于创造，它阻碍了思维开放性和灵活性，造成思维的僵化和呆板。这使得人们不能灵活运用知识，创新思维的发展受到阻碍。

消极的思维定势是创新思维的障碍。消极的思维定势主要表现有：习惯型、权威型、从众型、书本型、自我中心型、直线型、麻木型、偏执型等八种类型。要具备创新思维，必须打破这些消极的思维定势，还自己一个创新型大脑。

习惯型思维定势。也称经验型思维定势，它是指人们不自觉地用某种习惯了的思维方式去思考已经变化的问题。长此以往，它会削弱大脑的想象力，导致人们思维的教条和僵化，影响和限制人们的创新思维，对创新思维的形成产生负面影响。

因此，要辩证地认识知识经验对创新思维的双重作用，注意弱化习惯性思维定势的影响。对现有知识经验批判地继承，在借鉴中有所突破，有所创新，使现有的知识经验都能在创新活动中发挥正面的作用。

权威型消极思维定势。权威型消极思维定势是指人们对权威人士的言行的一种不自觉的认同和盲从。

迷信权威，带来的是无知与懒惰；怀疑、质疑权威，则表现出一个人的勇气；战胜权威，才能证明一个人的知识与智慧。只有这样，我们才有可能站在巨人肩膀上创造辉煌的未来。

从众型消极思维定势。指人们不假思索的盲从众人的认知与行为。

从众心理与行为最大的特征是人云亦云，没有独立思考的品格。当一个人陷入盲从他人的心理状态，必然与创新绝缘。大学生应该摆脱从众的盲目色彩，用独立的思想和明晰的脚印积极主动做事情，这样，你将拥有一个真正属于自己的人生。

书本型消极思维定势。指人对书本知识的完全认同与盲从。

书本知识对人类所起的积极作用确实是巨大的。但书本知识也和任何事物一样有弱点，即滞后性，知识也会过时，知识只有不断更新才能成为有效的信息，才能推动事业的进步和发展。

自我中心型消极思维定势。指人想问题、做事情完全从自己的利益与好恶出发，主观武断地不顾他人的存在和感觉。

以自我为中心对一个人、一个家庭、一个组织、一个民族甚至一个国家是有危害的，它是文化创新、体制创新的最大障碍。

直线型消极思维定势。指人面对复杂和多变的事物，仍用简单的非此即彼或者按顺序排列的方式去思考问题。

在现实生活中直线型思考问题是屡见不鲜的。如把类似的例题拿来照搬，死记硬背现成的答案。直线思维的习惯是不善于从侧面、反面或迂回地去思考问题。

麻木型思维定势。就是不敏感，思维欠活跃。注意力不集中。总是兴奋不起来。

偏执型思维定势。它的表现多样，有的颇为自信，有的是钻牛角尖，明知这条道路行不通，非要往前闯；有的是喜欢唱对台戏，人家往东，他偏往西等。

（2）掌握科学的思维方法

掌握科学的思维方法有助于提高我们的创新思维能力。

发散思维。从某一点出发向四面八方展开思考，寻找事物的多种构成因素、多种可能性、事物发展的多种原因（条件）和多种结果，从而找到解决问题的多种设想、办法和方案。发散思维是一种开放型思维，是创新思维的核心。

该方法思考问题全面周到，有利于决策的正确与准确，避免或减少失误；有利于在各种方案中选优；头脑中有尽可能多的可能性，有利于避免“上当”，有利于捕捉“战机”。

在发散思维基础上，围绕一个目标，将各种因素进行分析、重组，从而构成一个新事物或形成一种新模式、新方案的思维方法叫聚合思维，也叫收敛思维。

逆向思维。丰田总经理丰田章一郎说：“我这个人如果说取得一点成绩的话，是因为什么问题我都爱倒过来思考。”所谓“倒过来思考”就是逆向思维，也叫反向思维，是将人们通常思考问题的方向和路径反过来思考的方法。

逆向思维的具体方法：①从一事物想到与之相反的事物（性质）；②从事物某一作用想到的另一作用；③从甲事物对乙事物的作用想到乙事物对甲事物的作用；④从某一做法想到与之相反的另一做法；⑤将事物的关系颠倒过来思考（正负、主次、好坏、因果等）。

横向思维法。横向思维法是通过借鉴、联想、类比、充分地利用其他领域中的知识、信息、方法、材料等和自己头脑中的问题或课题联系起来，从而提出创造性的设想和方案。

这种方法的特点是：①不用过多地考虑事物的确定性，而是考虑它的多种多样的可能性；②关心的不是怎样在旧观点上修修补补，而是注意如何提出新观点；③不是一味追求正确性，而是着重追求它的丰富性；④不拒绝各种机会，尽可能去创造和利用机会。

与横向思维相对应的纵向思维法是一种直线前进的传统思维方法。一步接一步地设想、推理，思考每一个环节，并沿着最大可能性的路线前进，直到创造完成。这种思维方法能使你思考有序，能顺利地完成某些课题。纵向思维属于传统思维。“纵向思维是在挖深同一个洞，横向思维是尝试在别处挖洞”。

分合思维法。分合思维法是将思考对象的有关部分，从思想上将他们分离或合并，试图找到一种新事物的思维方法。比如，沙发＋床＝沙发床、衣服＋裤子＝连衣裙……分合思维法包括分离思维和合并思维。

转换思维。转换思维也称为变通思维，是指用转换视角、转换问题、转换思路、转换方式来思考，以获得创意的思维方法。我们所熟知的曹冲称象的故事就是转换思维的典型。

想象和联想。想象力和联想力是创造性思维的两大支柱。联想是指思考者在头脑中从一定思维对象出发，根据事物间某种联系想到其他事物。联想可分为相似联想、对比联想、接近联想、连锁联想、飞跃联想。

（3）经常参加社会实践

人获得知识的最有效办法不是听别人讲，实际去做可以更有效地接受信息，更有利于创造性的培养。经常参加社会实践，在实践中感知，在实践中创造。

（4）交流合作

通过交流信息才能产生创新的思想火花。你有一个思想，我有一个思想，我们交换一下思想，彼此都有两个思想。而在思想碰撞过程中，要是碰出新的思想火花，就会有更多思想。

此外，创新固然需要有创新的个体的行为，但是现在创新需要合作。要会协调沟通，发挥团队优势，群体优势，使创新思维和创造力升华，在合作中升华。在团队中去寻找方法。

【拓展阅读】

管道的故事

有两个年轻乡下人（甲，乙）一起挑水去城里卖，一桶卖1元，一天可以挑20桶。

甲：“我们每天挑水，现在可以挑20桶，但等我们老了还可以一天挑20桶吗？我们为什么不现在挖一条水管到城里，这样以后就不用这么累了。”

乙：“可是如果我们把时间花去挖水管，我们一天就赚不到20元了。”

所以乙不同意甲的想法，就继续挑水，甲开始每天只挑15桶，利用剩下的时间挖水管。

五年后，乙继续挑水，但只能挑19桶，可是甲挖通了水管，每天只要开水龙头就可以赚钱。

在职业的道路上，你不可能走别人的路取得成功，很多的成功模式本身就不具有可复制性，很多人成功是因为他们找到了适合他们自己的职业道路，你要想成功，也必须为独一无二的你找到适合你的独一无二的道路，而这条道路只能靠你在工作实践中一步步明晰。

五、团队合作

（一）团队合作概述

所谓团队精神，是指组织成员对组织感到满意与认同，自觉地以组织的利益和目标为重，在各自的工作中尽职尽责，自愿并主动与其他成员积极协作、共同努力奋斗的意愿和作风。

团队精神的实质是组织成员与组织共同的价值观。团队精神表明了组织成员的一种态度，一种对真善美、对个人和组织之间以及组织成员之间的关系、对组织目标、利益与发展、对待团队事务与工作等的根本态度，这种态度与组织的要求相一致。因此，其实质就是组织与个人在长期的活动中形成的共同的价值观，是组织成员对客观事物意义总的看法和观点。这是一种持久的、稳固的、积极的群体心理，是综合群体成员的意向、信仰、情感、意志和品质后形成的一种新的“特殊的情感”。

团队精神的核心是团结协作、优势互补。团队精神强调的不仅仅是一般意义上的合作与齐心协力，因为这最多带来“1＋1＝2”的效果，要发挥团队的优势，其核心在于团队成员在工作上加强沟通，利用个性和能力差异，在团结协作中实现优势互补，发挥积极协同效应，带来“1＋1＞2”的绩效。

（二）培养团队精神

1. 参加校园活动及社会实践，增强团队意识和合作能力

校园文化活动、社团活动和大学生社会实践是同学们的“第二课堂”，对提高综合素质起到重要的作用。比如球类比赛、群体性文艺活动、辩论赛、暑期社会实践等，这些活动的胜出者往往是分工明确、组织协调性较强、善于协作的团队。

2. 提高表达与沟通能力，培养主动做事和敬业的品格

表达与沟通能力是非常重要的，不论你做出了多么优秀的工作，不会表达，不能让更多的人去理解和分享，那就几乎等于白做。“行胜于言”，主要是强调应该多做少说。但现代社会是个开放的社会，好想法、好建议要尽快让别人了解、让上级采纳，为团队做贡献。因此，同学们要抓住一切机会锻炼表达能力，积极表达自己对各种事物的看法和意见，并掌握与人交流和沟通的艺术。

3. 培养宽容的品质和全局意识、增强团队精神

团队中的每个成员各有长处和不足，关键是成员之间以怎样的态度去看待彼此，能够

在平常之中发现对方的美，而不是挑毛病。培养自己求同存异的素质，对培养团队精神尤其重要。这需要同学们在日常的学习生活中，培养良好的与人相处的心态，并在日常生活中运用。

团队精神不反对个性张扬，但个性必须与团队的行动一致，要有整体意识、全局观念，考虑团队的需要。团队成员要互相帮助，互相照顾，互相配合，为集体的目标而共同努力。

【拓展阅读】

我们要做怎样的大学生

（一）

前段时间，现上海新三体企业发展有限公司董事长唐勇在离任新希望集团副总裁时的一封公开信走红网络，其中一段是这么说的：

"'风物长宜放眼量'。如果从时间的维度上来看，个体的生命长度只是人类历史长河中的一瞬。我渴望开启一段新的征程，重新上路，就是从心出发，跟随初心，追寻梦想!"

（二）

我们要坚守人性的本真，做一名"有骨"的大学生。

每一位步入大学校园的人可能都曾被长辈忠告：进入大学就如同进入了社会，长点心眼，小心被骗。也许在大学里，虚情假意容易，真心实意要难；油嘴滑舌容易，平实质朴要难；耳濡目染容易，洁身自好要难。

但是，当面对大学生活带来的种种狡猾、世故、浮躁、委屈、甚至气愤时，当我们走进这个过于物性的世界的时候，遇到低俗、平庸和无耻时，请保持内心的本真，要在生理上产生一种深深的厌恶感。"人之初，性本善，性相近，习相远"，善良、正直、纯真、高尚，是我们每个人与生俱来的"风骨"。

做一个好人不难，难的是始终在纷繁复杂的时代里激浊扬清，守望心灵深处的那片净土，做一辈子好人。

（三）

我们要坚守治学的本真，做一名"有血"的大学生。

每个职业都有融入人血脉的元素，对于学生而言，这种元素就是学习。因此，无论本科、硕士亦或博士，虽然侧重点不同，但终究殊途同归，我们注定与学术为友，与读书为伴。

诚然，在治学求知的道路上，我们会感受到独上高楼的孤寂，会品尝到为伊憔悴的痛楚，会体会到抽刀断水的迷茫，但是，只要我们始终坚守着那份"衣带渐宽终不悔"的初心，始终秉持着那份"咬定青山不放松"的坚韧，始终投身着那份"莫向光阴惰寸功"的奋斗，就一定会见到"守得云开见月明"的光景，就一定会嗅到"梅花香自苦寒来"的芬芳，就一定会实现"欲上青天揽明月"的壮志。

（四）

我们要坚守成长的本真，做一名"有肉"的大学生。

结束了高考这场硝烟弥漫的战争步入大学校园，意味着我们每个人都顺利驶上了成长的“快车道”。大学时期，是我们在生理、心理、智商、情商、世界观、人生观、价值观等各个方面加速成长并最终成形的关键时期，因此，能否在大学这条“快车道”上安全平稳的行使，决定着日后我们能否最终抵达人生巅峰，而我们健康成长保驾护航的要义，就是要事事讲规律、时时懂规则、处处守规矩。

我们要把握成长的规律，既不好高骛远也不故步自封，我们要懂得做事的规则，既不随心所欲也不墨守成规，我们要坚守做人的规矩，既不无法无天也不畏手畏脚。

成长路上追逐梦想的脚步，容不得半点马虎，每一步都要坚定而从容，每一步都要笃实而厚重。

（五）

我们要坚守青春的本真，做一名“有型”的大学生。

“生活不止眼前的苟且，还有诗和远方的田野”，许巍阅尽沧桑的声调浑着晓松看破红尘的词曲唱出了无数年轻人的心声，青春应该充满着徜徉的诗意和梦幻的远方。

在大学，青春是活力的化身，学分绩点 4.90 的“女神”学霸也可以当十大歌星，半年收到 9 所名校 offer 的“名校收割机”也有属于自己的校园唯美爱情故事；

在大学，青春是奉献的化身，青奥会“小青柠”用微笑书写着属于中国的“最美名片”，研究生支教团用汗水浇灌着未来世界的“最强大脑”；

在大学，青春是创造的化身，这里有坐拥千万元风投的创业小达人，也有在科研领域取得世界级研究成果的“中国大学生自强之星标兵”……

在大学，每一名同学都将拥有属于自己的广阔舞台，去张扬年轻的个性，去释放活力的青春！

（六）

只是追求卓越的道路从不会一帆风顺，既欲求收获，就必问耕耘。

思想上的天马行空总有些纸上谈兵的不切实际，态度上的随波逐流总有些消极避世的懒散怠慢，学术上的投机取巧总有些冠冕堂皇的弄虚作假，生活上的矫揉造作总有些逢场作戏的假意虚情。

作为一名当代大学生，我们要保持善良纯真的心灵，在这个纷繁复杂的世界里众人皆醉我独醒，不忘初心方得始终。我们要拥有独立思考的头脑，始终牢记我们只生产知识，而不做知识的搬运工。我们要练就勤劳灵巧的双手，将“纸上得来终觉浅、绝知此事要躬行”内化于心、外化于行。我们要迈开丈量世界的步伐，在“青春须早为，岂能长少年”中心系天下，胸怀无限未来。

从今天起，让我们共同开启新的征程，坚守本真，追求卓越，不忘初心，继续前进！

课堂活动与练习

一、打造个人品牌

1. 个人品牌＝我是谁＋我的愿景

我是谁：________________

我的愿景：________________

2. 个人品牌＝市场卖点

个人市场卖点：________________

3. 个人品牌＝特色定位

用八个字说出你的特色：________________

4. 个人品牌＝形象包装

你最吸引人的形象或符号设计是：________________

5. 个人品牌的媒体渠道

你的个人网站构想（微博或 QQ）：________________

你的个人光盘构想（宣传页或手册）：________________

6. 自我公关与推广

关于你的新闻报道设计：________________

关于你的光辉故事设计：________________

关于你的社会交往规划：________________

二、二十一天养成一个好习惯

美国心理学家研究发现，养成一个习惯需要 21 天。

为了支持你养成优秀的习惯！建议你使用 21 天养成行为习惯的方法！每天训练自己的行为。

具体操作：

晚上上床休息前为自己留出十分钟时间，用来总结今天的计划执行情况及制定明天的计划。

（1）今天的任务我完成的怎样：

____

（2）我对哪些地方满意？为什么？

____

（3）我对哪些地方不满意？为什么？

____

（4）在明天的计划中我将如何进行调整？

____

（5）我明天一天的计划是怎样的：

____

坚持下去！养成优秀的习惯！你将会有令人惊喜的收获！

三、天生我才——学会欣赏自己

活动说明：

同学们认真思考，写下最欣赏自己的7个方面，分别是：

1. 我最欣赏自己的外表是______________________；
2. 我最欣赏自己对朋友的态度是______________________；
3. 我最欣赏自己对学习的态度是______________________；
4. 我最欣赏自己的一次成功是______________________；
5. 我最欣赏自己的性格是______________________；
6. 我最欣赏自己对家人的态度是______________________；
7. 我最欣赏自己做事的态度是______________________。

四、解手链

形式：10人一组为最佳

时间：20分钟

活动目的：体会在解决团队问题方面都有什么步骤，聆听在沟通中的重要性，以及团队的合作精神。

操作程序：

1. 教师让每组站成一个向心圈。

2. 教师说：先举起你的右手，握住对面那个人的手；再举起你的左手，握住另外一个人的手；现在你们面对一个错综复杂的问题，在不松开的情况下，想办法把这张乱网解开。

3. 告诉大家一定可以解开，但答案会有两种。一种是一个大圈，另外一种是两个套着的环。

4. 如果过程中实在解不开，教师可允许学员决定相邻两只手断开一次，但再次进行时必须马上封闭。

有关讨论：

（1）你在开始的感觉怎样，是否思路很混乱？

（2）当解开了一点以后，你的想法是否发生了变化？

（3）最后问题得到了解决，你是不是很开心？

（4）在这个过程中，你学到了什么？

网上精品视频课程

发展生涯能力

用手机“扫一扫”下面的二维码，用浏览器打开相应网址，进入视频课程学习。

专家视角

一、习惯的力量

美国作家杰克·霍吉在他的名著《习惯的力量》中说，习惯是一种重复性的、通常为无意识的日常行为规律，它往往通过对某种行为的不断重复而获得。有调查表明，人们日常活动的 90％源自习惯和惯性。我们大多数的日常活动都只是习惯而已。

（一）向环境学习的习惯

一个刚入职场的年轻人，要尽快适应岗位的要求，成为一个职场中的有用之人，甚至能很快成为别人无法替代的核心骨干，唯一的选择就是养成向环境学习的职业习惯。这里的“环境”主要是指自己的同事、自己的领导、自己的客户、自己的合作伙伴、甚至包括自己的竞争对手。职场和传统的学校有着很大的不同，这里没有固定的老师，也没有规范的教科书，一切要靠你自己的有心、用心和自觉。在工作之中，在工作之余，在一切可能的情况下，全天候地取人之长、补己之短，从而真正地提升自己的职业竞争能力。

（二）在竞争中生存的习惯

在市场经济条件下的职场中，竞争是无处不在的，物竞天择，适者生存，这是职场的基本规律。竞争使每个职场中的人承受着很大的心理压力，逆水行舟，不进则退，在一定的压力下，人的潜能得以有效地激发，在与竞争压力的努力抗争中，人的职业素质和职业能力得到实际的锻炼和强化，从而获得成功的喜悦。如此经历，循环往复，人在这样的竞争环境中逐渐适应，不断迎接新的挑战，从而养成在竞争中生存的职业习惯。这种习惯可以帮助我们适应社会环境，有效提升自身在竞争中的适应性和生存能力，进而成为在职场中获得广泛自由生存空间的成功职业人士。

(三) 尊重别人、替别人着想的习惯

在职场中，人与人之间客观上存在着一种彼此竞争的关系，但彼此的尊重其实更为重要。经常能耳闻目睹一些职场中恶性竞争、水火不容的故事，这样的故事结局无一例外的都是两败俱伤。总结了以往的经验教训之后，职场中的人们都越来越理性、越来越聪明了，一个突出的标志就是，大家都懂得了尊重别人、替别人着想的原理，懂得了实现“双赢”的道理。这其中所包含的其实就是最基本的辩证法道理：你只有更多地替别人着想，别人才会更自觉地为你着想；你要获得别人的认可和尊重，你首先要做的就是尊重别人。

(四) 淡薄名利的习惯

有人说：“职场就是名利场。”这其实是一种片面理解。尽管人们的日常生活离不开名与利，人们总得满足自己的精神和物质需求。但从另一个角度看，你如果过于在乎名利，甚至不择手段地为了一时的名利而角逐争斗，其结果往往是名利没得到，自己却名利尽失、满盘皆输。因此在讨论什么是良好的职业习惯时，应该把淡泊名利这一条加上，因为能够具备这种境界的人，他的为人、他的行为方式，一定是被同事、领导、合作伙伴甚至被竞争对手所欣赏和信服的。如此的人品和行为方式，当然会最大程度地赢得广泛的人气和人心，又如何不赢得职业的成功与辉煌呢？

（引自：《大学生职业发展与规划实训教程》，现代教育出版社，有删减）

二、塑造积极心态的方法

美国成功学学者拿破仑·希尔在《成功之路》关于心态的意义说过这样一段话：“人与人之间只有很小的差异，但是这种很小的差异却造成了巨大的差异！很小的差异就是所具备的心态是积极的还是消极的，巨大的差异就是成功和失败。成功是由那些抱有积极心态的人所取得的，并由那些以积极的心态努力不懈的人所保持。”

(一) 消除脑海中消极因素

切断与自己过去失败经验的所有关系，消除脑海中和积极心态背道而驰的所有不良因素。

(二) 找寻并追寻你的目标

找出自己一生中最希望得到的东西，并立即着手去得到它，借着帮助他人得到同样好处的方法，去追寻自己的目标，如此一来，同学们便可将多付出一点点的原则，应用到实际行动之中。

确定需要的资源之后，便制订得到这些资源的计划，所订的计划不要太过度，也不要太不足，别认为自己要求得太少，记住：贪婪是使野心家失败的最主要因素。

(三) 日行一善保无忧

培养每天说或做一些使他人感到舒服的话或事，同学们可以利用电话、明信片，或一些简单的善意动作达到此目的。例如给他人一本励志的书，就是为他带一些可使他的生命充满奇迹的东西。日行一善，可永远保持无忧无虑的心情。

（四）训练寻找与挫折等值的积极面

打倒你的不是挫折，而是你面对挫折时所抱的心态，训练自己在每一次不如意中，都能发现和挫折等值的积极面。务必使自己养成精益求精的习惯，同学们应该记住：懒散的心态，很快就会变成消极心态。

（五）帮助他人解决问题

当找不到解决问题的答案时，不妨帮助他人解决他的问题，并从中找寻自己所需要的答案。在帮助他人解决问题的同时，你也正在洞察解决自己问题的方法。

（六）与冲撞过你的人联络

彻底地“盘点”一次自己的财产，你会发现你所拥有的最有价值的财产就是健全的思想，有了它你就可以自己决定自己的命运。和自己曾经以不合理态度冒犯过的人联络，并向他致上最诚挚的歉意，这项任务愈困难，你就愈能在完成道歉时，摆脱掉内心的消极心态。

（七）改掉你的坏习惯

我们在这个世界上到底能占有多少空间，是和我们为他人利益所提供之服务的质与量，以及提供服务时所产生出的心态，成正比例的关系。改掉你的坏习惯，连续一个月每天禁绝一项恶习，并在每一周结束时检视一下成果。如果你需要顾问或帮助时，切勿让自尊心使你怯步。

（八）控制你自己

自怜是独立精神的毁灭者，同学们要相信自己才是唯一可以随时依靠的人。把一生当中所发生的所有事件，都看作是激励自己上进而发生的事件，因为只要能给时间舒解你的烦恼的机会的话，即使是最悲伤的经验，也会为你带来最多的财产。放弃想要控制别人的念头，在这个念头摧毁你之前先摧毁它，把你的精力转而用来控制自己。把全部思想用来做自己想做的事，而不要留半点思维空间给那些胡思乱想的念头。

（九）向生活索取合理的回报

感谢已拥有的生活来调整自己的思想，以使它为你带来想要的东西。向每天的生活索取合理的回报，而不要光等着回报跑到你的手中，你会因为得到许多所希望的东西而感到惊讶——虽然你可能一直都没有察觉到。

（十）保持健康状态

使自己多多活动以保持自己的健康状态，生理上的疾病很容易造成心理的失调，身体应和思想一样保持活动，以维持积极的行动。增加自己的耐性，并以开阔的心胸包容所有事物，同时也应与不同种族和不同信仰的人多接触，学习接受他人的本性，而不要一味地要求他人照着你的意思行事。

（十一）付出你的爱

爱是生理和心理疾病的最佳药物，爱会改变并且调节体内的化学元素，以使它们有助于你表现出积极心态，爱也会扩展你的包容力。接受爱的最好方法就是付出你的爱，以相同或更多的价值回报给你好处的人。“报酬增加律”最后还会给你带来好处，而且可能会带来所有你应得到的东西的能力。

（十二）目标的力量胜过任何限制

参考别人的例子，提醒自己任何不利情况，都是可以克服的。虽然爱迪生只接收过三个月的正规教育，但他却是最伟大的发明家。虽然海伦·凯勒失去了视觉和说话能力，但她却鼓舞了数万人。明确目标的力量必然胜过任何限制。

（十三）接受善意的批评

对于善意的批评应采取接受的态度，而不应采取消极的反应，接受学习他人如何看待你的机会做一番反省，并找出应该改善的地方，别害怕批评，你应勇敢地面对它。

（十四）以强烈的欲望驱动你的目标

分清楚愿望（Wishing）、希望（Hoping）、欲望（Desiring）以及强烈欲望（a burning desire）与达到目标之间的差别，其中只有强烈的欲望会给你驱动力，而且只有积极心态才能供给产生驱动力所需的燃料。避免任何具有负面意义的说话形态，尤其应根除吹毛求疵、闲言闲语或中伤他人名誉的行为，这些行为会使你的思想朝向消极面发展。

（十五）锻炼你的思想

锻炼你的思想，使它能够引导命运朝着你希望的方向发展。随时随地都应表现出真实的自己，没有人会相信骗子的。相信无穷智慧的存在，它会使同学们为掌握思想和导引思想而奋斗所需要的所有力量。

（十六）信任与你共事的人

相信你所拥有的解放自己并使自己具备自觉意识的能力，并借着这种信心作为行事基础把它应用到工作上，现在就开始做！信任和你共事的人，并确认如果和你共事的人不值得你信任时，就表示你选错人了。

当学会上文所要求的良好习惯并且调整好自己的思想之后，同学们的心态便会随时处于积极状态。

（引自：《大学新生生涯导航学生用书》，现代教育出版社，有删减）

三、决定职业生涯成功的正能量

（一）决心

决心是最重要的积极心态，是决心而不是环境在决定我们的命运。

（二）企图心

企图心，即对达成自己预期目标的成功意愿。要想成功，仅仅靠希望是不够的。

（三）主动

被动就是将命运交给别人安排，消极等待机遇降临，一旦机遇不来就没办法。凡事都应主动，被动不会有任何收获。

（四）热情

没有人愿意跟一个整天都提不起精神的人打交道，没有哪一个领导愿意去提升一个毫无热情的下属。

（五）爱心

内心深处的爱是你一切行动的源泉。不愿奉献的人，缺乏爱心的人，就不太可能得到别人的支持；失去别人的支持，离失败就不会太远。

（六）学习

信息时代的竞争，已经发展为学习力的竞争。信息更新周期已经大大缩短，危机每天都伴随我们左右。

（七）自信

什么叫信心？信心就是眼睛尚未看见就相信，其最终的回报就是你真正看见了。

建立自信的基本方法有三：一是不断地取得成功；二是不断地想象成功；三是将自己在一个领域取得成功的“卓越圈”运用心理技术，移植到你需要信心的新领域中来。

（八）自律

人人崇尚自由，然而自由的前提是自律。成功需要很强的自律能力。你是不是能忍受与家人暂时分开，去外地推销产品？这一切，就是你必须强迫自己付出的成功代价。

（九）顽强

在追求成功的过程中，一定会遇到许多艰难、困苦、挫折与失败。你不打败它们，它们就会打败你。成功有三部曲：第一，敏锐的目光；第二，果敢的行动；第三，持续的毅力。用敏锐的目光去发现机遇，用果敢的行动去抓住机遇，用持续的毅力把机遇变成真正的成功。持续的毅力就是你顽强的意志力。

（十）坚持

假使成功只有一个秘诀的话，请问那会是什么？那应该是坚持！

（引自：《设计人生——打造未来美好职业生涯》，现代教育出版社，有删减）

一、周杰伦背后的方文山

方文山，周杰伦的最佳拍档！周杰伦说，“没有方文山，我的歌不会这么成功”。方文山的歌词充满画面感，文字剪接宛如电影场景般跳跃，在传统歌词创作的领域中独树一帜。

方文山如今已经俨然是继林夕之后华语乐坛最优秀的词作人，但从媒体上看，如果不说话，你会把他当作送外卖的，实际上他曾经就是个送外卖的。

方文山是电子专业毕业，为了圆梦而在台北苦苦打拼。他做过防盗器材的推销员，还曾帮别人送过外卖，送过报纸，做过中介、安装管线工。他原来的理想是做一位优秀的电影编剧，进而成为合格的电影导演，但当时台湾地区电影的整体滑坡让他望而却步，只好退而求其次地拼命创作歌词。

方文山当时最喜欢的是电影，只是觉得可以通过写歌词这个渠道，可能能帮助他迂回进入电影圈。方文山在做一名还算称职的管线工之余，花了大量的时间在创作歌词上，直到可以选出100多首，集成词册。

这时候，方文山开始了他的求职之路。他翻了半年内所有的CD内页，找最红的歌手和制作人，把集成册子的歌词邮寄给他们，一次寄100份。为什么要寄这么多份？方文山是做了计算的，他估计这些邮件经过前台小姐、企宣、制作人层层辗转，大概只有五六份被目标人物收到。实际上他估算的太乐观了，这样持续的求职行为持续了一年多，结果都是石沉大海，直到有一天接到吴宗宪的电话，同时吴宗宪还签下了一位会弹钢琴的小伙子，他就是周杰伦。

被吴宗宪发掘并赏识，方文山进入华语流行音乐界，和周杰伦结成黄金搭档，被广泛接受和认可，真正地成了“华语乐坛回避不掉的人物”。

看到以上方文山的成功之路，每个有梦想的人可能都会兴奋不已，好似都找到了可以成功的捷径。实际上成功之路远没有那么简单，也不是所有的途径都可以被复制的。但方文山的求职之路能够带给我们很多启示。

1. 梦想是要坚持的

你如果能像方文山一样，在卑微乏味的工作中，喜欢自己，不放弃自己的梦想，在一年多无果的情况下仍然有拥抱梦想的力量，必定能够有所成就。

2. 求职是要结果的

如果方文山寄出去的不是100多首的歌词集子而是一份求职简历，简历上面仅仅是自我评价，如“将音乐视作生命、团结同事、刻苦耐劳”，你觉得他会有机会吗？仅仅有梦想是永远不够的，关键你为梦想做了什么，坚持了什么，有什么样的结果？

3. 结果是要交换的

方文山那本歌词集的第一页是这样一封言辞恳切的信，“这是我去芜存菁后的作品……已经预埋了音乐韵脚，而且充分考虑了流行音乐承转的节奏要求……”求职信是给人看的，不是自我梦呓和陶醉，要充分考虑对方的需求，提供他人认可的价值。

4. 途径是要选择的

方文山说，进入圈子以后我才知道这个寄歌词的渠道有问题，实际上这个圈子基本上是通过圈内的编曲老师推荐，艺人的同学朋友推荐。而我比较走运，刚好赶上吴宗宪想组建音乐工作室。

方文山被吴宗宪相中有它的偶然性。但如果方文山在做出求职行为之前更好地了解音乐圈的规则、采用词曲的渠道，而不是自我想象的话，一定可以加速求职成功的路径。

其实在任何领域都是一样，求职之前一定要做好自我积累，广泛获取信息，了解对方需求，充分准备，完美展示。在可能的情况下也要尽量提前接触圈子，建立人际关系。只有这样，才能增大求职就业的成功率。

（引自：《成长DIY——大学生职业生涯规划自助手册》，现代教育出版社，有删减）

二、你在约会，正是别人拼搏的光阴

这个世界总是有那么多的不均，财富不均、资源分配不均等等，让你有理由赤裸裸的以“92.3%的财富掌握在0.06%的人手中”这个客观事实来为自己的不努力找借口。

可殊不知，你在喝咖啡的时候，也许正是别人在埋头苦干、加班熬夜的时候；你在约会、娱乐的时候，也许别人正在拼搏、奋斗；你在感慨“人与人之间差距怎么这么大的时候”，别人可能在继续拉大着你们之间的差距根本没有时间感慨；你在思索着“年薪10万和年薪100万究竟差在哪里?”的时候，别人可能继续向着年薪千万迈进。很多时候我们看到的是表面财富、资源的不均等，殊不知这种不均等的背后其实很多时候是那些成功人士用“相等的资源”不同的努力换来的。

以有限的资源创造着无限的财富

财富的起点可能是不均等的，但是有些人对财富的创造就是在以不均等的有限资源创造更更加不均等的财富差距。

阿里巴巴马云最初的办公室就是他的家。杭州湖畔花园风荷苑16幢1单元202室这个150平方米的房子原本是1999年马云的新家，还没来得及入住就被拿来当作阿里巴巴的办公室地点。

百度李彦宏最开始是从宾馆开始其百度生涯。当年刚完成美国学业的李彦宏意气风发怀揣着120万美金回到北京，在北大资源宾馆租了两间房，利用北大的校园网开始了其创业生涯。

谷歌和苹果创业第一间办公室从车库开始，充分发挥其最大价值。1976年，乔布斯和他的两个合伙人一同创建苹果电脑公司，他们的第一间办公室就是在乔布斯的车库里。而无独有偶，1998年Google的创始人佩奇和布林就是在一间租来的车库里共同开发全新的在线搜索引擎，然后迅速传播给全球的信息搜索者的。

用相等的资源创造着更加不均等的财富

这个世界有那么多的不公平，但同时也有那么的公平性，比如“一天24小时”这时间资源对于每个人来说都是相等的。但可怕的是又有那么多的人在用隐性的均等创造着更加不均等的资源。

小米科技创始人雷军：“每天11个会，3分钟吃饭时间”。

雷军每天都有很多会议，密集的时候一天会有11个会，导致他每天中午只有3分钟的时间吃饭，而吃不上饭也是常有的事儿。他说：“创业绝对不是人干的事，都是阿猫阿狗干的事，作为一个正常的人绝对不会选择创业。因为你一旦选择了创业，你就选择了一个无比痛苦的人生，你们将承受巨大的压力、困难、困惑，别人的不理解，别人的看不起，真正能走上成功巅峰的是极少数，绝大部分创业者都成了铺路石。”

腾讯董事会主席兼CEO马化腾的员工曾透露，马化腾以前经常晚上12点也还在上班，总能找出很多问题来反馈给相关负责人，大家只好都陪着，一起解决问题，一直搞到深夜。马化腾的母亲黄惠卿曾说：“孩子越成功父母越辛苦。马化腾事业成功了，但在生活上还得我们照顾他，他老爸退休后还得给他熨衣服呢。由于作息时间不一样，我们也要经常等他到半夜，有一次他老爸因为等他，竟在沙发上睡着了，得了重感冒。”

当然这是早期时期的他，如今的他感慨“拼搏的时候也要注意身体健康”，现在的他尽量让自己睡7个小时。

看完这些是否也为他们感慨？这个世界没有无缘无故的成功，每一个传奇背后都有不为人知的痛苦岁月。就像有句话说的：听起来很传奇，走进全是感慨。这个世界最可怕的是，比你有钱的人比你还努力。你看得到的是风光，看不到的是痛苦。然而尽管痛苦着，对于创业者来说，相信他们是乐在其中，享受着痛并快乐着的人生经历。

（引自：http：//www. 360doc. com/content/16/0827/18/17753496 _ 586348715. shtml，有删减）

制作你的个人修养名片

说明：

根据对自己的了解或拟定个人看重的修养内涵，给自己画几张能代表自己品德修养的名片，其内容和形式不限！

利用你手中的名片，去寻找与自己比较相像的同学，交换名片，沟通个人对品德修养内涵的理解。

第八章　行动密码——积极构建生涯体验

不闻不若闻之，闻之不若见之，见之不若知之，知之不若行之。

——荀况（战国）

本章地图

第八章　行动密码——积极构建生涯体验

- 【阅读与思考】
  - 一、花十万学费买到的十二句话
  - 二、洛克菲勒给儿子的信：现在就去做
- 【体验感悟与反思】反思你的职业生涯决策
- 【基本理论与知识】
  - 第一节　职业生涯体验
    - 一、生涯体验的内涵
    - 二、生涯体验的意义
    - 三、生涯体验的形式
  - 第二节　职业生涯规划的评估与调整
    - 一、职业生涯规划评估的内容
    - 二、职业生涯规划评估的方法
    - 三、职业生涯规划的反馈与修正
- 【课堂活动与练习】
  - 一、工作“影子”扮演
  - 二、生涯幻游
  - 三、兼职体验总结与分享
  - 四、行动管理日志
- 【网上精品视频课程】生涯管理与评估
- 【专家视角】
  - 一、高效能人士的七个习惯
  - 二、曾国藩六字箴言：有志、有识、有恒
- 【案例与故事】
  - 一、善于规划，更要勤于实践
  - 二、社团是宝贵的人生经历
- 【课外实践与作业】校外生涯体验活动

一、花十万学费买到的十二句话

（一）哪里有什么快速成长

有很多人问我，你怎么能让公众号在四个半月的时间得到10万粉丝的？有什么特别的秘籍吗？说实话，如果你想要快速成名，快速成长，那么我要告诉你：你在做白日梦。

（二）要往人少的地方走

在任何时代，你要想脱颖而出，一定要思考三个字：差异化。如果这件事，大家都在干，干的人特别多，那么你要脱颖而出，你要付出的成本将会是非常非常大的。

我们每个人都是独一无二的，一定要想清楚这个差异化的问题。

（三）模仿是一件极好的事情

我们学东西，第一步就应该是去模仿。

因为一开始，你并不知道到底我们该怎么做，正确的道路是什么样的，因此你只能选一个你觉得还不错的样本，去模仿他。

模仿的话，可以避免自己少走弯路，但是千万不要忘了，一定要加入自己的特色。

（四）舍得花钱投资自己

参加培训有两个好处，一是确实能学到东西提升自己，二是能够打开自己的人脉圈子，开拓自己的视野。如果年轻的时候不好好学，可能年纪大点了，第一，时间精力不够，第二，可能有点迟了。

我们身边有很多朋友，他们舍得花钱去买一个苹果手机，舍得花钱买一件贵的衣服，但是就是不舍得花钱去学习提升自己，我觉得这完全是在舍本逐末。很多花费是没有必要的，你稍微省一点，省下来的钱就可以拿去买书，或者是参加一个能够买得起的网络课程。

（五）打造好自己的屠龙宝刀

屠龙宝刀是什么意思呢？就是核心竞争力。只有有了这样的屠龙宝刀，我们行走江湖的时候就不会怕，我们才会有行走江湖的底气。

我们每个人都要打造好自己的那把屠龙宝刀，当你有了自己的核心技能以后再去做别的事情，第一，你会更加自信，底气十足，第二，到一个圈子以后，就有自己的交换价值，不要到一个圈子仅仅是和别人去混，当别人问你能干嘛，你支支吾吾地回答不上来，那你去这个圈子只能去混没有太多实际意义。

（六）好的方法都是简单的

练功夫的时候，有很多人可能喜欢追求套路，打得特别好看。但有些人就简简单单地练一到两招，比如右手直拳特别有力，比如侧踹腿特别狠特别准。

那么前者和后者一对抗，如果他们俩训练的时间一样，身体素质也差不多，那么肯定后者占很大优势。

所以，如果别人介绍一种特别复杂的方法，还是不要相信了。咱们这些普通人坚持不下去的。

（七）感恩＋实力才是构建良好关系的神技

在实力还不是很行的时候，只有通过感恩，通过表现出自己的诚意来打动对方。我们每个人即使再弱小，也有我们自己独特的价值。

这个社会是很残酷的，如果实力不够强，有时候再懂得感恩，再有诚意，别人也不会理你。在成年人的世界里，价值交换是非常重要的法则。

（八）视野太窄的人是没有未来的

人活着，最怕你坐井观天却又乐在其中。

很多时候并不是你不能，而是你不知道。

如果你视野太窄，很多可能性不知道，而且对自己不会有太高的期待，如果视野打开，你对自己的期待会更高，而且你会知道很多的路径。

（九）分享是打造个人品牌的康庄大道

互联网时代是分享的时代，我们每个人都有可以分享的东西，如果分享的东西得到很好的传播，那么你的个人品牌就出来了。要以分享的心态打开自己的路子。

（十）没有数量的累积哪来质量的突破

比方说，要提升自己的写作能力，别指望上写作课，参加写作培训，看几本写作的方法类书籍就能写出很好的作品，只有去写写写，十篇不行写一百篇，写多了自然就厉害了。

咱们普通人要想干得过别人，能做的就是比别人更拼，干的比别人更多。

（十一）赶紧上路不要等待

有很多人有这样的习惯，他觉得做事一定要什么都准备好了再去做，其实这是不可能的，任何准备都不可能完美，而且你根本不知道准备的东西够不够、对不对。

你只有真正地去做了，才能发现现实中到底需要什么，我们需要准备什么东西，提升哪方面能力，对接什么资源。很多时候我们就是在等待和准备中，让自己把当初的热情磨没了，然后就不了了之，不干了。很多时候，我们一直在等待，机会成了别人的。

我们永远都不可能做好准备，我们能做的是现在马上出发，在路上才知道能看到什么风景，遇到什么人，需要做什么，在路上才能得到真正的提升。

有想法就去做，不要等。

（十二）不去做就一点用也没有

大多数人都是思想的巨人，行动上的矮子。想得太多，做得太少。你的想法只是想法，只有真正的一步一个脚印去做才能真正拥有满满的收获。

（引自：http://learning.sohu.com/20160528/n451913381.shtml，有删减）

二、洛克菲勒给儿子的信：现在就去做

亲爱的约翰：

我一直相信，机会是靠行动得来的。再好的构想都有缺陷，即使是很普通的计划，但如果确实执行并且继续发展，都会比半途而废的好计划要好得多，因为前者会贯彻始终，后者却前功尽弃。所以我说，成功没有秘诀，要在人生中取得正面结果，有过人的聪明智慧、特别的才艺当然好，没有也无可厚非，只要肯积极行动，你就会越来越接近成功。

遗憾的是，很多人并没有记取这个最大的教训，结果将自己沦为了平庸之辈。看看那些庸庸碌碌的普通人，你就会发现，他们都在被动地活着，他们说的远比做的多，甚至只说不做。但他们几乎个个都是找借口的行家，他们会找各种借口来拖延，直到最后他们证明这件事不应该、没有能力去做或已经来不及了为止。

……

人们用来判断你的能力的真正基础，不是你脑子里装了多少东西，而是你的行动。人们都信任脚踏实地的人，他们都会想：这个人敢说敢做，一定知道怎么做最好。我还没听过有人因为没有采取行动或要等别人下令才做事而受到赞扬的。那些在工商界、政府、军队中的领袖，都是很能干又肯干的人、百分之百主动的人。那些站在场外袖手旁观的人永远当不成领导人物。

要有现在就做的习惯，最重要的是要有积极主动的精神，戒除精神散漫的习惯，要决心做个主动的人，要勇于做事，不要等到万事俱备以后才去做，永远没有绝对完美的事。培养行动的习惯，不需要特殊的聪明智慧或专门的技巧，只需要努力耕耘，让好习惯在生活中开花结果即可。

儿子，人生就是一场伟大的战役，为了胜利，你需要行动，再行动，永远行动！这样，你的安全就能得到保障。

爱你的父亲

（引自：http：//www.cz88.net/lizhi/wenzhang/284784.html，有删减）

反思你的职业生涯决策

通过回答以下 6 个问题，反思你的职业生涯决策的质量如何？

1. 你是否使用了一系列的职业决策方法来找出多种可能的职业选择？

2. 你是否已经仔细探索并研究了你的最终职业选择，包括他们所体现出的价值观以及他们所要求的技能？

3. 你是否对你选择的职业目标的前景的正面和负面后果都进行了仔细的衡量？

4. 你是否广泛收集了最新的信息来进一步评价和衡量自己的职业选择？

5. 你是否实事求是地将职业选择时他人（老师、家长、专家等）的意见做了综合分析，特别是那些反对或不支持的意见和信息？

6. 你是否已做出详细的计划来实现自己的首要职业选择？是否还有当第一选择风险太大或不可实现时，有第二选择来代替它？

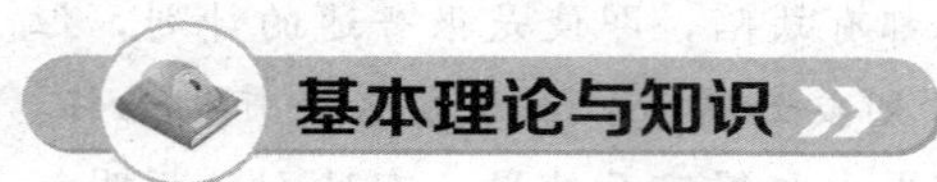

第一节　职业生涯体验

一、生涯体验的内涵

生涯体验是一种生涯历程，它在生活世界的展开构成了生涯个体独特的生活，生活是生涯寻求其意义的活动。每一个个体不仅自身是一个整体，而且还存在于一个更大的世界中，它通过自己的生涯活动与世界发生关系。

生涯体验活动的最终目的在于，通过体验活动加深对生命的感悟，了解自己的职业目标，了解社会，掌握必要的生存技能、增强承受挫折的能力、增强适应能力、树立自信心、练就职业技能，培养自我职业意识和责任心，提升合作与协调能力、沟通与公关能力，锤炼良好的心理素质等，进一步认识、感悟生涯的意义和价值，学会关心自我、关心他人、关心社会，从而树立积极的人生观、职业观和人生规划的意识，深入思考自己未来的职业生涯道路。

人生无时不在选择，每个人都必定要在不同的时期做出不同的选择，在三岔路口、未取之路，如何决策，如何选择，如何实现？通过生涯体验活动，让每位同学在体验中感受人生，体验人生不同阶段的抉择。生涯体验过后，每位同学都有各自的收获，人生前行的脚步将更加坚定。

【拓展阅读】

体验与学习

体验和学习是紧密联系且不可分的。从诸多方面来看，体验和学习指的是同一件事情，因此，体验学习实际上是同一思想的同义反复。正如国外学者所言："我们发现，脱离体验谈论学习没有任何意义。体验不能被忽略；它是所有学习的核心思考点。学习建立并源自体验：不论刺激学习的外部因素是什么——教师、材料、有趣的机会——只有当学习者进行了体验，至少某种程度上进行了体验，学习才会发生。只有通过转化学习者的体验，这些外部影响因素才能起作用。"

通过体验，在体验中，并获得体验，对每个学习者来说都是一种最基本与自然的学习方式。学生体验生活就是体验文化，学习实际上是熏染式的、潜移默化的，而非规定性的、确切的。体验本身即学习，学习离不开体验，二者是统一的，一致的，二者可以统称为体验学习。

体验学习是一种以学习者为中心的、从体验和反思中获得进步的学习方式。体验学习是学习者将自己的身心投入到与外部世界或内部世界的交往中，生成情感与意义的一种个性化学习方式。具体来说，体验学习有以下一些基本特点：

1. 体验学习是一种主体性学习

体验意味着主体的觉醒、心灵的唤醒。凡体验者都有主体意识，那种缺少主体意识的体验是一种“虚假的体验”。体验使知识进入生命领域，真正的体验学习是学习者将客观知识“活化”“生命化”，或者是将客观知识在个体身上“复活”，使其成为个人经验的有机成分，成为“我的知识”。因此，体验学习意味着学生亲自参与知识的建构，亲历过程并在过程中体验知识和情感。

2. 体验学习是一种交往性学习

凡人都是交往者，体验发生在交互作用、相互交流的过程之中。体验学习实际上是一种交往性学习。如人与自然的交往、人与社会（包括人与人）的交往、人与自我的交往（如孤独的心灵体验、内心世界的独白与对话）等，总体上表现为物质性交往与精神性交往的统一。

3. 体验学习是一种过程性学习

过程是通往结果的大道，结果是过程的自然到达。学习的旨趣不是先在于结果，而是先在于过程之中。我们去过黄山，强调的是“结果”，我们经历、感受了“黄山”，强调的是“过程”。后者的意义常常大于前者。体验学习是在游泳中学习游泳，在学习中学会学习，是一种强调过程的学习方式。

4. 体验学习是一种个性化学习

美国著名学者维纳·艾莉指出：“我个人的知识体系中包含大量的对自己来说独一无二的体验和回忆。这些体验过滤了我所知道的和理解的而形成独特的风格。”“我们可以把自己的个人知识看成一张认识的‘网’，许多想法、感觉、概念、思想和信仰都在这里交织在一起。”由此可以说，体验学习实际上是主体根据自己的“理论框架”进行的一种个性化学习方式。它的基本假设是：学生对知识的理解过程并不是一个“教师传授——学生聆听”的传递活动，学生获取知识的真实状况是学生在亲自“研究”“思索”“想象”中感悟知识，形成个人化的理解。

5. 体验学习是一种反思性学习

体验需要反思，反思产生问题、探究、创造。古希腊哲学家认为，思维起源于惊奇和怀疑。惊奇是创造之母，怀疑是创造之父。杜威将反思视为“怀疑”和“探究”的一个连续体。维纳·艾莉指出：“提问是知识的种子，真正的知识始于问题。”诗人但丁说：“我爱知识，也爱怀疑。”这些论述都为体验学习指明了路向，都说明了体验学习与反思学习的密切关系。

6. 体验学习是一种实践性学习

体验离不开实践，体验学习意味着在实践中、通过实践而学习。对学生来说，是通过体验“教学活动”的每一个片段而获得成长；对教师来说，是在教学活动中学习教学，

“在游泳中学会游泳”。因此，体验学习也是一种实践性学习方式。

7. 体验学习是一种情境性学习

体验总是发生在某种特定的情境之中，体验的情境愈独特，愈真实，愈能引发人深刻的体验，乃至高峰体验。杜威在他创立的“五步教学法”中认为，“创设使人感到疑惑、困难的教育情境”，是体验生成的首要环节，而体验是与一个人的直接经验和生活世界分不开的。体验学习与情境有关：要根学习目标、内容和学生的特点创设情境开展教学活动，这个情境可以是真实的，也可以是模拟的；并且考虑学习者学习方式的差异而创设不同取向的学习环境，灵活根据活动情况变化而改变这些环境，以满足不同学习者的需要，让他们通过观察、反思、抽象、概括，最后把体验运用到新的情境中解决问题。

8. 体验学习是一种内在学习

内在学习是人本主义心理学区别于行为主义外在学习的一种学习理论。马斯洛认为，外在学习是单纯依赖强化和条件作用的学习。其着眼点在于灌输而不在于理解，属于一种被动的、机械的、传统的教育模式。在他看来，目前学生浸透着外在学习的态度，并且像黑猩猩对拨弄者的技巧做出反应那样对分数和考试做出反应。“在体验世界中，一切客体都是生命化的，都充满这生命的意蕴和情调”。体验学习反对外在学习，青睐内在学习，它是一种依靠学生内在驱动、充分开发潜能、达到自我实现的学习，是一种自觉的、主动的、创造性的学习方式。

9. 体验学习是一种意义学习

意义学习是人本主义心理学区别于行为主义机械学习的一种学习理论。它与认知心理学的“有意义学习”是有所不同的。奥苏伯尔认为，有意义学习是符号所代表的新知识与学习者认知结构中原有的知识建立非人为的和实质性的联系。它是在对事物理解的基础上，依据事物的内在联系所进行的学习。

二、生涯体验的意义

作为大学教育的生涯体验教育活动，因其目的不同可分为四种类型：一是为提高学生学习效果的“理论实践型”；二是以提高学生职业意识为重点的“职业意识养成型”；三是以体验企业活动为主要目的的“现场体验型”。四是以创业尝试为目的的“创业体验型”。大多数的高校生涯体验教育活动还停留在“现场体验型”的层次，但其教育效果已经显而易见。比如，与企业实践相结合的校企合作，以及以网店创业为特征的创业体验，改善和充实了大学职业生涯教育的内容。职业体验启发了学生的职业意识和学习动机；与现实职场的互动，有利于独创性和自主性人才的培养。

职业生涯体验是指适应具体的工作场所和环境中的职业岗位，为学生提供了一个真实而生动的学习环境和接触工作实质内容的机会。通过职业生涯体验，培养学生具备良好的职业态度和现实的职业能力，比起教室教学，现场环境中的学习更为重要和有效。来自现场的切身体验不是空洞说教，而是现场工作者鲜活的经验和真实的情景，不是标准化了的静态环境，而是瞬息万变的动态生活。在变化着的“人、事、物”中锻炼自身的应变能力，通过感受现场的情景，了解更多的职场信息和职业环境，充分评估各种实际因素对职业生涯的影响，了解社会需要人才的素质和能力，这对于促进学生的职业化和社会化无疑是十分有效的。

从学生参与生涯体验活动后的实效性看，也证实了生涯体验活动的价值。一是通过生涯体验活动，获得了对职业世界和职业场所的了解。“我对企业的认识更为可观，而不是轻信外面的宣传，对企业现状的了解成为我今后求职的重要参考”；“对相关职业岗位信息和职业人的所思所想的熟悉和了解，锻炼了人际协调能力和对于各种事物的判断能力”；“通过与顾客打交道，并采取适当的措施，找到合适的方法，感受到员工对顾客的责任性，以及解决问题之后的成就感”。二是获得了解自我和发现自我的机会。“今后认真思考的机会，促使我思考将要从事的工作和今后的人生”；“发现憧憬已久的工作，与原来想象的有很大的不同”；“只凭想象是不行的，生涯体验让我认识了真实的自我”。三是增强了学习自觉性和职业意识。“扩展了视野，感到了自己在专业知识和一般素养的不足，进一步明确了今后需努力的学习方向”；“经过职业生涯体验，对自己将来有了较为明确的设想，学习目的性增强了”；“应该在事前更好地学习才对，生涯体验活动激发了我今后的学习兴趣”。

【拓展阅读】

教授与文盲

从前，有一位满脑子都是智慧的教授与一位文盲相邻而居。尽管两人地位悬殊，知识水平性格有天壤之别，可两人有一个共同目标：如何尽快富裕起来。

每天，教授跷着二郎腿大谈特谈他的致富经，文盲在旁虔诚的听着，他非常钦佩教授的学识与智慧，并且开始依着教授的致富设想去实现。

若干年后，文盲成了一位百万富翁，而教授还在空谈他的致富理论。

感言：目标再伟大，如果不去落实，永远只能是空想。成功在于意念，更在于行动。制定目标是为了达到目标，目标制定好之后，就要付诸行动去实现它。如果不化目标为行动，那么所制定的目标就成了毫无意义的东西。因此，成功始于心动，成于行动。最后的结果不取决于你想了多少，而取决于你做了多少。

三、生涯体验的形式

（一）社团活动体验

大学生社团无疑是大学校园一道亮丽的风景。迈过 18 岁的门槛，大学生们很快地跨越班级、专业和年级的界限，按照自己的兴趣、特长或需求，自由地组合在一起，建立了各种各样的社团。这些社团可以分为理论学习、学术科技、文学艺术、体育健身、志愿服务、社会政治、同乡会、社会调查等。在社团里，可以认识新朋友，和志同道合的同学交流思想，可以一起读书或打球，可以举办讲座；也可以以社团为单位走出校园，深入社区、企业和公益组织，了解真正的社会现实。在社团里的日子往往是大学期间最难忘的经历：在社团里学到了课堂上学不到的东西，结识了一生都难忘的朋友，通过社团活动也使大学生加深对社会和职业环境的认知。

社团体验作为生涯体验教育的重要组成部分，主要目的是培养广大学生的组织才能、增强创新与参与意识以及他们的领导力和人际沟通能力。当今大学生所面临的是一个社会变革及市场经济迅猛发展社会环境，这就要求具备一定的竞争能力，在这样的环境中学会生存、进步和发展，并承担社会赋予的责任。在这个过程当中，组织才能、增强创新与参与意识就显得尤为重要。

社团体验要求学生根据个人的兴趣和爱好，报名参加校内外的社团组织，或自己创办一个社团。如英语俱乐部、舞蹈社、网球俱乐部等，以及一些以保护环境、关心弱势群体为主题的社团。在参加社团的过程当中，要求学生发现问题，并提出可行的解决问题的办法。

（二）志愿活动体验

志愿活动体验是指学生在校外成为一名志愿者或社区的义务工作者，在非营利组织进行服务和体验。例如福利院、儿童救助站、敬老院、红十字会、聋哑学校、社区等非营利性机构。

学生在体验之前，需要搜集相关的信息和资料，准备在非营利性组织进行体验。首先，依据自身情况，选择出几个人比较感兴趣的机构。之后，从各个渠道（网络、报纸、书籍等）搜集这几个机构的相关信息。最后，根据所搜集的信息，锁定两至三个目标，提供身份或者志愿活动体验的证明材料，与该非营利性组织的负责人进行联系，确定之后，进行志愿体验活动。

建议学生利用暑假的时间进行志愿者服务，一般学生体验的时间为7～15天，完成体验后，也需要完成相应的体验报告。体验要求学生在服务的过程当中仔细观察，除了有同情心之外，还需具备“同理心”，站在对方的立场考虑，设身处地地去感受和体谅他人。体验还要求学生运用SWOT分析法，根据个人的感受和观察，对所体验的组织进行分析。并鼓励学生运用个人的知识，思考如何使非营利性组织运用已具备的和周边的资源进行盈利，增强非营利组织的自身造血生肌功能。

（三）兼职实践活动体验

大学生社会实践是一种以亲身实践的方式实现高等教育目标的教育形式，是利用社会资源对学生进行教育、提高其综合素质的必要途径，更是大学生确立和实现自己人生规划的重要方式和有效途径。在校大学生参加社会实践大多是利用业余时间和假期进行一些兼职的工作，主要方式和途径有以下几个方面：

1. 商业活动的校内宣传和推广

大学生是一个庞大的消费群体，高校也日益成为商家争夺的主阵地，校园内经常会有各种各样的商业宣传和推广活动，比如新产品试用体验、派发，海报张贴、礼品赠送、产品直销代理等。这些活动不仅能使在校大学生获得一些全新的体验，而且丰富了学生的校园生活。开展这些活动时，必须取得学校相关部门的同意，并遵守相关规定。

2. **利用网络资源的有偿服务**

随着新的信息技术的推广，网络成为一个很好的资源，网上购物、滴滴打车、网上银行、微信平台、QQ聊天等已成为我们生活中耳熟能详的字眼。网络也催生了诸多的生涯体验的机会和平台。市场威客，是凭借自己的创造能力在互联网上帮助别人并获得报酬的平台。它可以让我们在家里通过网络完成自己的工作，并获得报酬，无须与雇主见面。如淘宝客、网站宣传、网站编辑和撰稿等，大学生利用自己的专长，依靠网络平台，就能获得有偿服务的职业体验。但是近年来，有些网络诈骗活动也以此面目出现，大学生必须加以辨别。

3. **促销会展服务类**

在这样一个消费驱动的时代，顾客导向的观念为各大商家所青睐，于是无论是商场还是小店，都会有各种各样的促销和展销活动。这也为在校大学生创造了实践的契机，如数码产品促销员、口香糖促销员、展会礼仪员等。通过这些切身体验，大学生在与顾客交往中提升人际沟通的技巧，在服务消费者的过程中体验工作的酸甜苦辣，进而深刻理解敬业精神和服务意识在职业实践中的重要性。

4. **勤工助学**

高校设有规范有效的勤工助学制度，通过各种勤工助学活动，提高同学们的服务意识，锻炼同学们的吃苦耐劳意志，同时使他们珍惜现有的学习机会，增强社会适应能力。如学校各部门的助理、实验室助理、院系的助理等岗位，为在校学生提供了锻炼的机会，在工作中培养了学生良好的职业习惯，增强了学生的社会工作能力。

（四）实习实训活动体验

实习是为就业打基础的，在正式就业前，学生通过实习工作的锻炼，开始了解职场，了解各类岗位的职责、工作内容等，在此过程中探索个人职业目标和职业定位，即未来的发展方向和个人的定位。实习的过程不仅仅是接受企业考察的过程，也是大学生和企业相互了解的过程。在实习的过程中，学生能够比较深入地融入企业，接触到未来的同事，感受企业的文化。

在学习了相关的课程和应用理论知识、掌握了具体的业务工作方法（工具）、学会了怎么做之后，让同学们深入实践，模拟具体的生产经营管理活动，甚至直接参与生产经营管理活动。这样，学生在“理论的指导下”，模拟从事企业的业务活动和管理活动，通过实践丰富“怎么做”的经验和积累“如何做更好”的策略，可以积累“实践经验”，增强业务处理技能和锻炼管理能力。

实训的目的是使同学们基本技能与专项技能熟练，综合技能应用能力强，真正做到上手快、业务熟、职业素养高，形成较好的“问题解决”的业务操作与管理能力。学生在实习实训体验活动过程中不仅能实际感受到企业总体的运营情况，还能对企业发展、管理模式、企业文化等各方面有一个大体的了解。在参与企业的日常工作中发现问题，培养分析问题和解决问题的能力，为自己将来的职业生涯作好规划，打下坚实的基础。

（五）跨文化活动体验

跨文化体验即通过亲身体验的方式习得其他民族文化的学习方式。自从1962年加拿大传播学者马歇尔·麦克卢汉提出“地球村”这一概念以来，世界早已发生了翻天覆地的变化。现代高科技飞速发展，传播通讯技术日益改进，特别是互联网技术迅猛发展，带来了全球性的时空紧缩，人们越来越感觉自己真的住进了“地球村”。当然，全球化的影响不只是停留在经济和国际交往上，今天全球化趋势已远远超出经济领域，正在对国际政治、安全、社会、教育和文化等领域产生日益广泛的影响，做一个具有跨文化交往能力的“国际人”已经成为现代年轻人的追求之一。然而，由于不了解对方文化和其他一些心理因素导致的交际失误甚至冲突事件频繁出现。通过培训提高人们的跨文化交际能力，从而避免此类现象的发生便显得尤为重要。

跨文化体验活动的要求如下：学生根据自己感兴趣并可实施的跨文化交流活动进行初步的筛选，然后根据掌握的相关信息去联络确认活动的可行性，比如可以选择异国访学、交换生项目、跨文化交际活动、跨国企业实习、邀请国外学者讲座、访谈国外人士或组织、观看国外经典名著或电影等。我校为在校学生提供的跨文化交流的项目有：选派交流学生项目、赴海外学习和实习项目、赴境外参加学习、专业实践交流项目。

在跨文化体验中，往往是以原籍国文化为衡量标尺，而去看待他国文化，比如我们常常说中国人去美国体验文化，是指就是中国人在美国的跨文化体验，很多情况下，这种体验是相对肤浅的、走马观花似的。因此，要想真正地了解目的国文化，还应参加跨文化的交流和实践活动。

（六）创业体验活动

中国大学生生活在一个创业浪潮不断涌来的时代，面对越来越激烈的竞争压力，大学生期望通过各种方式和途径尝试创业，增加进入社会的砝码。各种形式的创业活动不仅能够检验他们的实践能力，找出自身与创业所需素质与能力的差距，也能为他们进入社会前提供一个与社会对话的机会和平台。

创业体验的方式可以是大学生乐于接受的“创业训练营”“创业实验室”“创业大赛”等组织形式，也可以是组织创业团队在学校提供的创业基地开展创业活动，其本身可以通过企业的经营管理模式来运行，可以设立董事会、股东大会、CEO、总经理、财务经理、人事经理等等，通过大学生自己的分工协作来推动实训体的管理和发展。通过开设体验活动，让学生模拟实际创业过程，提升学生的创业综合能力，这些活动要求参赛学生围绕一项具有市场前景的产品或服务，经过深入研究和广泛的市场调查，完成一份把产品或服务推向市场的完整而又具体的计划报告，完整的计划报告应该包括企业概述、业务展望、风险因素、投资回报、退出策略、组织管理、财务预测等方面的内容，甚至最终把创业计划变成现实。通过举办创业计划大赛、开设创业体验课等活动，可为学生提供锻炼的机会，积累创业经验；让学生全面了解创业过程，为开展实际创业工作做好心理准备；让学生明白自己的优劣势，明确自己需要加强的方向；融合创业知识，形成基本创业综合能力。

创业的另一种形式是“实战”式的创业体验。经过模拟的创业体验之后大学生萌发了创业意识，可以利用业余时间和自身的优势开展创业实战，校园代理和个人网店是典型的大学生创业体验形式。大学生由于经验、能力、资本等方面都存在不足，直接创业存在很大困难，既不现实，成功率也很低，而校园代理对经验、资金等方面一般没有太高要求，可以利用课余时间代理校园畅销产品，积累市场经验、锻炼创业能力，做校园代理没有成败之分，对于大学生来说多多益善，如果做得较好，还可以积累一定的资金。可见，通过校园代理可以为毕业后的创业之路准备必要的物质和精神条件。

第二节　职业生涯规划的评估与调整

一、职业生涯规划评估的内容

（一）职业生涯目标评估（是否需要重新选择职业？）

假如一直无法找到我们所希望的学习机会和工作，那么可以根据现实情况重新选择职业生涯目标；如果一直无法适应或胜任我们设计的职业生涯目标，在学习工作中得不到应有的发展，导致我们长期压抑、不愉快，或职业给家庭造成极多的不便，家人反对所从事的职业，则需要修正和调整职业生涯规划。

（二）职业生涯路径评估（是否需要调整发展方向？）

当出现更适合自身发展和职业生涯发展的机会或选择，而原定发展方向缺少发展前景的时候，可以尝试调整发展方向。

（三）实施策略评估（是否需要改变行动策略？）

如果在向目标努力的过程中，没有收到实际的成效，则可考虑改变行动策略。

（四）其他因素评估（身体、家庭、经济状况以及机遇、意外情况的及时评估）

如果家庭需要更多的照顾，可将把更多的精力放在家庭，甚至暂时放下工作。如果自身条件不允许，可放低对自己的职业要求或对生涯作出调整。

【拓展阅读】

职业生涯成功的标准

职业生涯成功被界定为个人在工作经历中，逐渐积累和获得的积极的心理感受以及与工作相关的成就，并将其分成客观职业生涯成功和主观职业生涯成功。客观职业生涯成功是指个体在职业生涯中获得的，能由公正的第三方可观察、可衡量、可证实的成果。主观职业生涯成功是指个体从他（她）认为重要的维度，对自己职业生涯内心的理解和评估。

1. 客观标准

职业生涯成功的客观标准，从本质上讲，主要集中在由社会认可的“较高的薪金和职位”上，其他指标可以随“薪金和职位”的获得而拥有。毋庸置疑，以可感知和证实的“薪金和职位”作为客观成功的标准，使我们对职业生涯成功的评价，具有了可操作的评价依据，同时也有助于人们明确职业追求的目标。

但片面地追求客观成功，往往会导致职业价值观的扭曲以及其他一系列不良后果；另一方面，客观成功标准的局限性还在于，它忽视了职业生涯成功因个体、民族、社会、时代的差异性，忽视了其评价标准所应具有的多元性和层次性。

2. 主观标准

在强调客观成功标准的同时，不能忽视主观成功的标准。事实上，很多人在获得客观成功时，主观心理上却伴有失败感，因为“薪金和职位”并不能满足人的全部需要。

主观职业生涯成功在大多数时候，可操作化的指标是指“工作或职业满意度”。成功不仅仅是一个社会的客观问题，也是一个人的主观问题。有些被社会认可的成功经理人，其实对自己的职业生涯并不满意。如果从主观职业生涯成功的标准来看，他们常常认为自己是失败的。因此，对于衡量职业生涯成功的标准，应当引入个人的自我实现和工作意义成分，具体包含自我认同、工作满意和精神满足等主观成功的评价指标。职业生涯成功主观标准的重视和提出，弥补了以客观标准片面地衡量职业生涯成功的某些不足。尽管如此，主观成功标准也有其自身的局限性，主观上的工作满意和精神满足只是一种个人化的心理感受，“职业满意度”并不能真正反映主观成功的本质内涵。

客观职业生涯成功与主观职业生涯成功是职业生涯成功的两个方面，只考察客观成功，或是只考察主观成功都是片面的，我们应从“主客统一”的角度去评价职业生涯成功，同时兼顾主观、客观两方面，二者缺一不可。

二、职业生涯规划评估的方法

（一）评估的方法

1. 反思法。对职业生涯规划实践的回顾，职业生涯规划中计划的学习时间达到了没有？学习上有什么收获？还有哪些问题？方法上有何体会？

2. 调查法。个人生涯规划在每一近期目标实现后，对下一步的主（客）观环境、条件做些调查、分析，看看条件是否变化？哪些变好？哪些变坏？总体如何？要心中有数，然后根据变化了的情况，恰如其分地修改下一步拟订的计划。

3. 对比法。在职业生涯规划时应多比、多思、多学，吸取别人科学的方法。对别人职业生涯规划的分析，往往有助于自己对职业生涯规划进行修改。

4. 求教法。把自己的职业生涯规划、追求公告于知己学友。自我反思通常十分困难，但别人能从旁观者角度清楚地看到自己的弱点。虚心、主动征求别人对自己计划的看法及修改意见，往往会受益匪浅。

（二）评估注意事项

评估可以参照各类短期、中期、长期预定目标和实际结果比照而行。一般来说，任何形式的评估都可以归结为自我素质和行为对现实环境的适应性判断，分析自己现在，特别是针对变化的环境，找出偏差所在，并做出修正。

1. 抓住最重要的内容。在职业生涯的某一阶段。总有一个最重要的目标，其他目标都是指向这个核心的，我们完全可以通过优先排序，重点评估那些可能达到这个核心目标的主要策略执行的效果。

2. 分离出最新的需求。针对变化了的内外环境，要善于发掘最新的趋势和影响。对于新的变化和需求，怎样的策略才是最有效且最有新意的。

3. 找到突破方向。有时候，在某一点上取得突破性的进展将对整个局面发生意想不到的改变。想一想，先前职业生涯规划中的策略方案，哪一条对于目标的达成应该有突破性的影响？达到了吗？为什么没达到？如何寻求新的突破？

4. 关注弱点。管理学中有个著名的木桶理论，即一只沿口不齐的木桶，其容量的大小，不取决于最长的那块木板，而取决于最短的那块木板。在评估过程中，当然要肯定自己取得的成绩与长处。但更重要的是切合变化的环境，发现自己的素质与策略的“短板”，然后想办法修正，或者把这块短板换掉，或者接补增长，唯有如此，你的职业生涯这只桶才能有更大的容量。一般来说，你的短板可能存在于下列方面：观念差距；知识差距；能力差距；心理素质差距。

【拓展阅读】

360度评估法

苏轼的《题西林壁》中有这样的诗句：“不识庐山真面目，只缘身在此山中”。正如“橱窗分析法”描述的那样，人总有自己认识不到的盲区，而自己没有认识到的问题有时别人反倒能看得清楚。为了避免自我觉察可能有的片面性，可以采用360度评估法来进行自我认知。

360度评估法又称为多渠道评估法，是指通过收集与自己有密切关系的、来自不同层面人员的评估信息，来全方位地评估自我。通过评估反馈，可以获得来自多层面人员对自己素质、能力等的评估意见，比较全面、客观地了解有关自己的个人特质、优缺点等的信息，作为自己进行职业生涯规划及能力发展的参考。对于同学们来说，可以请自己的老师长辈、父母家人、同学朋友等对自己进行全面评估。如图8-1和表8-1所示：

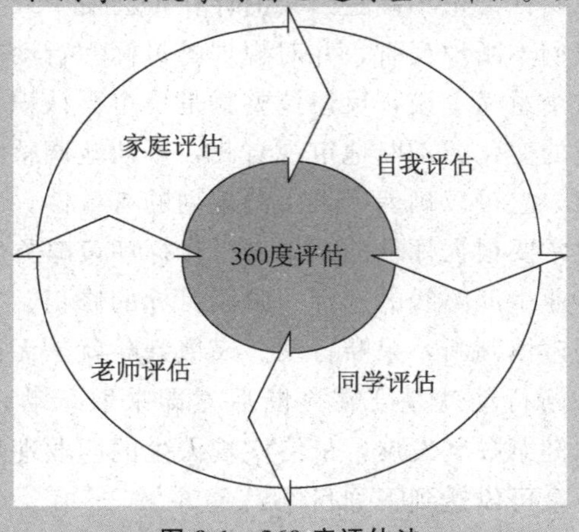

图8-1　360度评估法

表 8-1　360 度评估表

方式	评价内容	评价标准
自我评估	1. 自己的才能是否充分施展？ 2. 对自己的职业发展状态是否满意？ 3. 对自己的学习、生活状态是否满意？ 4. 对处理职业生涯发展与其他人生活动的关系的结果是否满意？	根据个人的价值观念及个人的性格、兴趣、能力
家庭评估	1. 是否能够理解和肯定？ 2. 是否能够给予支持和帮助？	根据父母家人的反馈意见
老师评价	1. 是否获得老师的认可？ 2. 是否有明显的缺点？ 3. 是否获得了长足的进步？ 4. 各项能力是否都得到了提升？	根据行为表现及综合素养
同学评估	1. 是否获得同学的认可与好评？ 2. 是否在某些方面树立了榜样？ 3. 是否存在哪些缺点？	根据行为表现及同学感受

三、职业生涯规划的反馈与修正

在职业生涯规划过程中，最后一个步骤是信息反馈。所谓反馈就是沟通双方期望得到一种信息的回流。由于现实社会中不确定因素的存在，会使个人与原来制订的职业生涯目标有所偏差，这就要求我们不断地反省，并对规划的目标和行动方案做出调整，从而保证最终实现人生理想。从这个意义上说，反馈调整就是一个再认识、再发现的过程。这就要求我们时时注意内外环境的变化，不断地审视自我，不断地调整自我，不断地修正策略和目标，这个过程就是反馈，它可以确保个人生涯规划的有效性。

获得反馈信息后，常常要根据评估的结果进行目标和策略方案的修订。修订的内容包括：职业的重新选择、职业生涯路线的选择、阶段目标的修正、实施措施与行动计划的变更等等。在这期间要做到谨慎判断，果断行动。谨慎判断就是无论变化多大，都要在理清来龙去脉后再做判断；果断行动就是要在判断后立即采取行动，重新修订自己的生涯设计，从而保证职业生涯的健康顺利发展，最终实现人生的职业理想。

通过反馈评估和修正，可以达到下列目的：

1. 对自己的强项充满自信（我知道我的强项是什么）。
2. 对自己的发展机会有一个清楚的了解（我知道自己什么地方还有待改进）。
3. 找出关键的有待改进之处。
4. 为这些有待改进之处制定详细的行动改变计划。

5. 以合适的方式答复那些给予反馈的人，并表示感谢。

6. 实施你的行动计划，确保你能取得显著的进步和成就。

【拓展阅读】

试　错

心理学家利维森认为："早期选择不能永远决定未来的职业生涯。形成一种成熟的职业观是一个复杂的社会心理过程，贯穿于整个求职期。大多数人的确在 17 至 29 岁之间做过第一次严肃的选择，然而，这只是对兴趣和价值观的一种初步确定，他们还需要更多的时间和更多的选择过程重新在许多兴趣中分出真伪，找到合乎其兴趣的职业。"

当然，每个人都必须多次选择才能最终找到适合自己的职业。但是，这并不能成为我们不负责任，随性而为的借口。人生与实验室的试验不同，是不可逆转的，而且每一次选择对未来都会产生不可逆转的影响。虽然"失败是成功之母"，但失败并不必然导向成功。

实验室里的"试错"过程是将所有的可能性全部演示一遍，将错误的排斥，最后得出正确的结论。爱迪生发明电灯时说："我并没有失败过一万次，只是发现了一万种行不通的方法。"但是，职业生涯变数太多，不可能一一试验。

另外，如果选择的方向不正确，再多的试错过程都是徒劳的。一个内向的人如果想成为成功的销售员，会有更多失败的磨砺。一个没有天赋的小提琴手可能尝试过无数错误和失败，还是难以望见成功者的项背。

詹姆斯曾经是"试错"法的崇拜者。从年轻时开始频繁跳槽，频繁转换职业，一直到年老。"我无法了解自己到底适合做什么工作，只好换来换去，希望能在工作过程中找到自己的兴趣所在。"

他一生中从事过 40 种职业，在 100 多家公司工作过，平均一年换两家公司。

"每当受到打击时，我就对自己说，'我的选择也许又错了，我不适合这个行业。我必须调整，否则我会荒废了自己'。于是，又匆匆忙忙地跳到另外一个行业。但是至今我都无法确定自己适合做什么工作。"当"试错"成为一种心理惯性时，就很难从失败中获得经验了，相反，却会成为一个自我逃避的借口。

尽管职业的发展对个人的知识和经验提出了更高的要求，但是，这并不意味着一定要通过频繁转换职业来获得。"试错"不过是获得职业经验的一种方式，而且必须遵循以下规则，才有意义：

——每次选择都必须指向一个正确的方向，如南辕北辙，再多的选择都是徒劳无功的。

——"试错"的意义在于我们永远无法做出最正确的选择，因此必须从错误中获得经验。

——"试错"的过程开始得越早，越容易获得成功。

课堂活动与练习

一、工作“影子”扮演

工作“影子”扮演活动是让同学们基于职业生涯规划的目标职业（工作），以角色扮演的形式设计并展示这些“影子”的工作场景，在活动中加深对该目标职业的认知体验和深入理解。

该活动以小组为单位，最好让相关职业（工作）的同学进行创意设计，以组成一个特定的工作场景来展示。在展示过程中，其他同学像影子一样跟在不同职业角色的职业“模特”后面，观察体验一下现实生活而且了解现实社会的生存结构，领略现实社会的各种各样的职业，积累不同工作角色的实践经验。

二、生涯幻游

身体放松训练

选择一个自己认为舒服、放松的姿势坐好。用“四点放松术”进行放松训练。在幻想的过程中不要给自己压力，顺其自然，跟着感觉走。

开始幻游

在舒缓的背景音乐下，请大家以舒服的姿势坐好，放松。然后，由老师以缓慢轻柔的语言念出下面的指导语：

让我们一起坐在时光隧道机，来到十年后的世界，也就是 2028 年时的世界，请算一算，此时你是多少岁？容貌有变化吗？请你尽量想象五年后的情形，越仔细越好。

好，现在你正躺在家里的卧室的床铺上。这时候是清晨，和往常一样，你从睡梦中醒来，先看到的是卧室里的天花板。看到了吗？它是什么颜色？

接着，你准备下床。尝试去感觉脚趾头接触地面那一刹那的温度，凉凉的？还是暖暖的？经过一番梳洗之后，你来到衣柜前面，准备换衣服上班。今天你要穿什么样的衣服上班？穿好衣服，你看一看镜子。然后你来到餐厅，早餐吃的是什么？一起用餐的有谁？你跟他们说了什么话？

接下来，你关上家里的大门，准备前往工作的地点。你回头看一下你家，它是一栋什么样的房子？然后，你将搭乘什么样的交通工具上班？

你快到达工作的地方，首先注意一下，这个地方看起来如何？好，你进入工作的地方，你跟同事打个招呼，他们怎么称呼你？你还注意到哪些人出现在这里？他们正在做什么？

你在你的办公桌前坐下，安排一下今天的行程，然后开始上午的工作。早上的工作内容是什么？跟哪些人一起工作？工作时用到哪些东西？

很快地，上午的工作结束了。中餐如何解决？吃的是什么？跟谁一起吃？中餐还愉

快吗？

接下来是下午的工作，跟上午的工作内容有什么不同的吗？你在忙些什么？

快到下班的时间了，或者你没有固定的下班时间，但你即将结束一天的工作，下班后你直接回家吗？或者要先办点什么样的事？或者要做一些什么其他活动？

到家了。家里有哪些人呢？回家后你都做些什么样的事？晚餐的时间到了，你会在哪里用餐？跟谁一起用餐？吃的是什么？晚餐后，你做了些什么？跟谁在一起？

睡觉前，你正在计划明天参加一个典礼的事。那是一个颁奖典礼，你将接受一项颁奖。想想看，那会是一个怎么样的奖项？给你颁奖的是谁？如果你将发表得奖感言，你打算讲什么话？

该是上床的时候了，你躺在早上起床的那张床铺上。你回忆一下今天的工作和生活，今天过得愉快吗？是不是要许个愿？许什么样的愿望？

渐渐地，你很满足地进入梦乡。睡吧！一分钟后，我会叫醒你……（一分钟后）

我们渐渐地回到这里，还记得吗？你现在的位置不是在床上，而是在这里。然后，你慢慢地醒过来，静静地坐着。

好，我们已经到教室了，请大家睁开眼睛。

现在，请回答下列问题：

1. 在幻游过程中，给我印象最深刻的画面是________________________________。
2. 进行幻游后，与现在环境最大的不同点是________________________________。
3. 进行幻游后，我最深的感受是____。

对十年后从事的工作的描述：

1. 工作是______________________。
2. 工作内容是______________________。
3. 工作场所在______________________。
4. 工作场所周围的环境______________________。
5. 工作场所周边的人群______________________。

十年后的生活形态：

1. 婚姻状况　□已婚　□未婚　□其他______________________。
2. 家中成员有子女________人　□父母同住　否________　□其他________。
3. 居住的场所在______________________。
4. 居住的场所周围环境______________________。
5. 居住的场所及附近的人群______________________。

在进行幻游后，你觉得未来的人生发展会是怎样的？

1. 我认为未来我会从事__________职业。
2. 我认为我的未来会与幻游过程相关吗？

□会　　　□不会　　　□其他

分享：

请谈谈你刚才幻想到了什么，有什么心得感悟。

三、兼职体验总结与分享

在大学学习期间，有很多与社会接触的机会，你一定有一些兼职、实习、勤工俭学的经历，请将你的这些“职业初体验”记录下来。

1. 该工作你是在什么情形下去找的？
2. 该项工作的主要工作内容？
3. 你从事该项工作的主要收获和体会？
4. 经过工作之后，你如何在以后的学习、生活、实践中进行改进？
将打工（实习）证明贴于此

四、行动管理日志

第____周（____月____日—____月____日）

优先顺序	本周工作目标	完成时限

本周总结
目标完成情况
未完成目标的原因和障碍

续表

优先顺序	本周工作目标	完成时限

本周总结
目标完成情况
克服障碍的对策和方法
本周创新与收获

本周其他目标	
职业规划	
校园生活	
学习成长	
人际关系	
健康休闲	

随笔：

周____　____月____日

重要程度 abc	今日事项，要事第一	

网上精品视频课程

生涯管理与评估

用手机“扫一扫”下面的二维码，用浏览器打开相应网址，进入视频课程学习。

一、高效能人士的七个习惯

史蒂芬·柯维的《高效能人士的七个习惯》堪称打造个人竞争力的宝典，书中提到高效能人士应该具备以下七个习惯：

习惯一：积极主动——个人愿景的原则

积极主动这个词如今经常出现在管理方面的著作中，它的含义不仅仅是采取行动，还代表人必须为自己负责。个人行为取决于自身，而非外部环境。理智可以战胜感情。人有能力也有责任创造有利的外在环境。

习惯二：以终为始——自我领导的原则

“以终为始”的习惯可以适用于各个不同的生活层面，而最基本的目的还是人生的最终期许，它是以所有事物都经过两次创造的原则为基础的。所有的事物都有心智的第一次创造，和实际的第二次创造。我们做任何事都是先在心中构想，然后付诸实现。

习惯三：要事第一——自我管理的原则

有效管理是掌握重点式的管理，它把最重要的事放在第一位。有领导决定什么是重点后，再靠自制力来掌握重点，时刻把他们放在第一位，以免被感觉、情绪或冲动所左右。要集中精力于当急的要务，就得排除次要事物上的牵绊，此时要有说“不”的勇气。

习惯四：双赢思维——人际领导的原则

利人利己者把生活看作是一个合作的舞台，而不是一个角斗场。一般人看事多用二分法：非强即弱，非胜即败。其实世界之大，人人都有足够的立足空间，他人之得不必就视为自己之失。

习惯五：知彼知己——移情沟通的原则

若要用一句话归纳人际关系学方面的一个重要原则，那就是：知彼知己——首先寻求去了解对方，然后争取让对方了解自己。这一原则是进行有效人际交流的关键。

习惯六：统合综效——创造性合作的原则

在互赖关系中，综合效益是对付阻挠成长与改变的最有力的途径。助力通常是积极、合理、自觉、符合经济效益的力量；相反地，阻力多半消极、负面、不合逻辑、情绪化、不自觉。不设法消除阻力，只一味增加推力，就仿佛施力于弹簧上，终有一天引起反弹。如果配合双赢的动机、同理性的沟通技巧与统合综效的整合功夫，不仅可以破解阻力，甚至可以化阻力为动力。

习惯七：不断更新——平衡的自我更新原则

人生最值得投资的就是磨练自己，因为生活与服务人群都得靠自己，这是最珍贵的工具。工作本身并不能带来经济上的安全感，具备良好的思考、学习、创造与适应能力，才能立于不败之地。拥有财富，并不代表经济独立，拥有创造财富的能力才真正可靠。

（引自：《规划未来——大学生职业生涯设计与就业指导》，现代教育出版社，有删减）

二、曾国藩六字箴言：有志、有识、有恒

导读：曾国藩一生奉行为政以耐烦为第一要义，主张凡事要勤俭廉劳，不可为官自傲。并修身律己，礼治为先，以忠谋政，所以在官场上获取了巨大的成功。此外曾老立身处世的三字箴言也是广为流传。

曾国藩认为："盖士人读书，第一要有志，第二要有识，第三要有恒。有志则不甘为下流；有识则知学问无尽，不敢以一得自足，如河伯之观海，如井蛙之窥天，皆无识者也；有恒则断无不成之事。此三者缺一不可。"曾国藩的"三有"是读书的要诀，也是我们立身处世的指导。

有志

有志则不甘下流，有志气者，不会让自己长久处于碌碌无为，琐碎度日中。心中有理想，有追求，不甘于平庸。古人有三不朽之说，分别是立功，立言，立德。孔子也曾说过，君子担心自己到死都没有建功立业，垂名宇宙，被世人所遗忘。

有了这份追求不朽的志气，还有什么困难不能克服呢。孔子陈蔡绝粮，依旧弦歌不辍。有理想，有抱负，必然是积极向上的精神面貌，奋发昂扬的斗志不消。有志之士，绝不会仰人鼻息，尾随人后，就像孟子说的，等待周文王才兴起奋发图强的人那时凡庸之辈，若是那些豪杰之士，没有周文王在世，一样可以建功立业，有所作为。

有识

有识也就是说要有见识，有自己的独立思考判断能力。这也可以说是最重要的一点，一个人，不论做什么事情，最紧要的就是要有识。如此你才可以看得长远，不被眼前小利所蒙蔽，误了大事。也只有有见识，能自己主动思考判断，将命运牢牢掌握在自己手中，而不是被人家卖了尚不知晓。人生很多时候面临着各种抉择，或大或小，但都直接影响关

系到你的人生。只有见识高远，审视清明，才不会将自己毁于一旦。

有了见识，看得多了，了解得的多了，就不会对什么都大惊小怪，不会总以为自己看到的就是整个世界的真相，真理永远掌握在自己手里，自己的观点就是真理，别人的观点再深刻那也是片面的深刻。见识广了，就明白山外有山，人外有人。一山更比一山高。不会仅仅满足自己的一孔之见，坐井观天。学会容纳更多不同的观点，理解不同的境遇。

有恒

有恒心则世上无不可成之事。想这世界之上，多少半途而废之事。大多为恒心不足，毅力不够。古语有云，行百里者半九十，告诫我们在一路上都不可懈怠，就算行百里路，已经走到九十里了，眼看就要成功了，这个时候更加应该小心谨慎，持之以恒。所谓靡不有初，鲜克有终。开头一般人都能鼓足干劲，昂扬向上。但是少有善始善终者，唯有有恒心者可。要有恒心这一点也是在提醒我们，不可急于求成。“不积跬步，无以至千里”“千里之行，始于足下”“饭要一口一口地吃，路要一步一步地走”“欲速则不达”“心急吃不了热豆腐”“慢工出细活”这么多老话，哪一句不是这个理儿！

（引自：http：//mt. sohu. com/20161022/n471002584. shtml，有删减）

一、善于规划，更要勤于实践

信息工程专业的陈同学，由苏北滨海县农村考取我院，大一时担任班级班长，有更多机会参加学院丰富多彩的校园生活，也接触了很多在各个方面取得优异成绩的学长。所以，在他的职业生涯规划中，设计的职业发展目标可以用时下时髦的词“高大上”来形容，包括设计的职业生涯规划方案，也都是经过精心学习、认真研究的。按照职业规划指导老师的评价，是个“有想法”的好同学，他的规划书也被评为了优秀。但就是这么一个“有想法”的“好”同学，却未能如期毕业。

原因何在？原来，在进入大学后，学习、生活方式发生了较大变化，特别是大学更加强调自主学习、自觉学习，而陈同学错误地把其他同学取得的优异成绩不加分析、不加取舍地作为自己的发展目标，没有看到其他同学取得优异成绩背后所做的辛勤劳动，以为自己到时就会像他们一样优秀。所以。目标仍然停留在规划里，而自身则是“哪里热闹去哪里，哪里好玩到哪里”，把自己所制订的职业规划实施方案抛在了脑后，最后连最基本的学业计划都无法按时完成。因此说，一个好的职业规划设计，不仅要规划的科学合理，最关键的是要按照设计的方案克服一切可能和障碍去实施，去实践，并在实施的过程中调整方案。

（引自：《大学生职业生涯规划实务》，现代教育出版社，有删减）

二、社团是宝贵的人生经历

当事人春林说："2007年9月我参加清野动漫社之后即担任外联部部长，负责社团对外的一切事物，如与学院老师、社团管理中心、外校兄弟社团的沟通联系，以及与校外商家的赞助洽谈；并协助社长做好内部管理工作。在2009年3月—2010年3月担任社长期间，社团从系级社团成为苏州大学四星社团，多次举办面向全校的大型活动，如漫画大赛、大型COSPLAY晚会、校外采风；多次组织社团去其他学校演出，并受到一致好评；本人自己编剧导演的Cosplay话剧《仙剑问情长安乱》、《反叛的鲁鲁修》均在学校演出后受到好评，并在校园网上受到热议；自己导演、编舞并主演的COSPLAY舞台剧《长安幻夜》多次在本校和其他学校演出。

由于对动漫的爱好，春林毕业实习时就进入了动画公司，在动画公司工作了一年多之后，产生了自己创业的念头，并且选择了与学校社团活动相关的内容——Cosplay商演、动漫展、动漫设计和广告。选择这个项目一方面是因为自己的兴趣爱好，一方面也是因为大学几年的经验积累。春林和他的小伙伴成功举办过多场漫展，China Joy Cosplay大赛苏州分赛区比赛，商场的各种动漫Cosplay活动，以及动画广告设计等。本人也作为大学生创业代表多次受到政府各级领导的表扬，创业者和创业项目也受到《苏州日报》、《中国劳动保障报》、苏州电视台等媒体的报道，并且在2013年姑苏区创业大赛中获二等奖。

参与社团活动是一段宝贵的人生经历，极大的锻炼了他与人交际的能力，培养了良好的团队协作精神。作为社长带好社团，和经营公司非常相似，可以做一个类比：社团≈公司，社长≈总经理，社员≈员工，校领导、社管中心≈政府主管部门，其他社团≈合作公司，赞助商家≈客户。

对于人的一生来说，大学不仅是为将来的职业打基础的阶段，在这个阶段，我们训练思维、学习知识、锻炼交往，让自己变得丰富而立体；同时又是对走上社会之后生活的提前体验和演习。这种提前体验和演习的好坏，以及是否用心，对以后的职业生涯的融入速度与融入程度，有着极大的关联。

对于大学生来说，首先要有体验和演习的自觉。这种体验和演习不是老师布置的作业，也不是考试的要求，而是我们大学生基于其重要性而给予的发自内心的认同与投入。其次我们体验和演习，要有明确的目的，想在哪个方面达到怎样的锻炼；我们体验和演习的深入程度，是浅尝辄止，还是尽可能以结果为导向。

那么是否我们对于这种体验和演习要完全联系自己将来的职业生涯选择，比如创业的就体验创业的经历，就业的就体验作为一名就业者的经历？其实不然，我们更加提倡这种交叉的、全面的体验，只有这种"换位体验"，才能真正对自己的角色有更深的认知。

（引自：《大学生职业生涯规划实务》，现代教育出版社，有删减）

校外生涯体验活动

请选择一项您认为有意义的体验活动，例如：参加志愿者义工服务，参加社团活动，与家人一起出游，体验拓展活动，探访企业，开淘宝店……请发挥创意不拘任何形式（文字，照片，作品……）将它做成纪录，与大家分享你的收获与成长体会。

参考文献

[1] 高桥、王辉. 大学生职业发展与就业指导教学指南 [M]. 北京：现代教育出版社，2008.

[2] 杜汇良、刘宏、薛徽. 高校辅导员九项知能教程 [M]. 北京：高等教育出版社，2009.

[3] 罗明辉、姚江林、王燕. 大学毕业生就业指南（第二版）[M]. 湖北：华中师范大学出版社，2005.

[4] 蒋建荣、刘月波. 大学生职业发展与就业训练教程 [M]. 北京：现代教育出版社，2009.

[5] 朱坚、陈刚. 规划未来——大学生职业生涯设计与就业指导 [M]. 北京：现代教育出版社，2009.

[6] 迟永吉、欣荣. 大学生职业生涯规划与发展 [M]. 北京：高等教育出版社，2009.

[7] 王佩国. 规划人生构筑未来 [M]. 北京：高等教育出版社，2009.

[8] 史梅. 大学生职业生涯规划与职业素质拓展 [M]. 北京：高等教育出版社，2010.

[9] 史梅. 大学生就业与创业指导 [M]. 北京：高等教育出版社，2010.

[10] 宋景华、刘立功. 大学生职业发展与就业创业指导 [M]. 北京：现代教育出版社，2009.

[11] 贺俊英. 大学生创业基础与实训教程 [M]. 北京：高等教育出版社，2010.

[12] 韩宝平、郭贵川. 大学生职业生涯发展与规划 [M]. 北京：现代教育出版社，2012.

[13] 付玉华、张静、郭丽虹. 大学生职业发展与就业指导 [M]. 北京：现代教育出版社，2010.

[14] 李家华、郑旭红、张志宏. 创业有道 [M]. 北京：高等教育出版社，2012.

[15] 浦解明、宋丽贞. 大学新生生涯导航 [M]. 北京：现代教育出版社，2012.

[16] 周章斌、黄路明. 大学生职业发展与就业指导 [M]. 北京：现代教育出版社，2011.

[17] 张波. 大学生职业发展与就业指导 [M]. 北京：现代教育出版社，2010.

[18] 何平. 大学生职业生涯规划与就业创业指导 [M]. 北京：现代教育出版社，2011.

[19] 黄林楠. “CQD－ECI”模式——大学生就业指导与创业教育 [M]. 北京：现代教育出版社，2011.

[20] 张晖怀. 新编大学生就业与创业指导 [M]. 北京：高等教育出版社，2011.

[21] 张晖怀. 大学生涯与职业发展规划 [M]. 北京：现代教育出版社，2012.

［22］韩国昌．高等职业院校学生职业规划与素质拓展［M］．北京：现代教育出版社，2011.

［23］石勇、薛文湃．新编职业规划与就业创业指导［M］．北京：现代教育出版社，2011.

［24］张福建．大学生职业生涯发展与规划［M］．北京：现代教育出版社，2010.

［25］张福建．大学生就业与创业指导［M］．北京：现代教育出版社，2010.

［26］刘彩云．大学生就业创业指导教程［M］．北京：现代教育出版社，2011.

［27］林志坚．大学生就业与创业教程［M］．北京：现代教育出版社，2011.

［28］张延东．大学生职业生涯规划与设计［M］．北京：现代教育出版社，2012.

［29］张延东．大学生就业指导与创业教育［M］．北京：现代教育出版社，2012.

［30］伊芃芃、刘萍、白冰．大学生职业生涯规划［M］．北京：现代教育出版社，2012.

［31］史梅、宣琳琳、孙晓杰．走向成功：大学生就业与创业指导［M］．北京：现代教育出版社，2012.

［32］朱坚强、周静．大学生职业生涯规划［M］．北京：现代教育出版社，2012.

［33］朱克勇、夏伯平、李爽．大学生入职前十项修炼［M］．北京：现代教育出版社，2012.

［34］黄晞建、夏伯平．大学生职业生涯规划训练教程［M］．北京：现代教育出版社，2010.

［35］张宗恩、朱克勇．大学生创业训练教程［M］．北京：现代教育出版社，2010.

［36］缪劲翔．成长 DIY：大学生职业生涯规划自助手册［M］．北京：现代教育出版社，2012.

［37］吴昌政．大学生职业发展与就业创业指导［M］．北京：现代教育出版社，2012.

［38］陈伟民．职业生涯规划与管理［M］．北京：现代教育出版社，2011.